本书出版获得北京新时代征程文化发展集团有限公司支持

183建交国

礼俗采风

马保奉◎编著

世界知识出版社

图书在版编目（CIP）数据

183建交国礼俗采风 / 马保奉编著. -- 北京：世界
知识出版社，2024.8

ISBN 978-7-5012-6717-0

Ⅰ.①1… Ⅱ.①马… Ⅲ.①礼仪－介绍－世界②风
俗习惯－介绍－世界 Ⅳ.①K891

中国国家版本馆CIP数据核字（2024）第013846号

责任编辑	罗庆行
责任校对	陈可望
责任出版	赵　玥

书　　名	**183建交国礼俗采风** 183 Jianjiaoguo Lisu Caifeng
编　　著	马保奉
出版发行	世界知识出版社
地址邮编	北京市东城区干面胡同51号（100010）
电　　话	010-65233645（市场部）
网　　址	www.ishizhi.cn
印　　刷	北京虎彩文化传播有限公司
经　　销	新华书店
开本印张	787毫米×1092毫米　1/16　35¼印张
字　　数	560千字
版次印次	2024年8月第一版　2024年8月第一次印刷
标准书号	ISBN 978-7-5012-6717-0
定　　价	86.00元

前　言

截至2024年1月24日，与中国建立正式外交关系的国家共有183个。这些国家的政治制度差别很大，但都有一个共同点，即承认中华人民共和国政府是代表中国的唯一合法政府，台湾是中国领土不可分割的一部分。

认识各国，应当熟悉其礼节、风俗。各国的礼节、风俗内容丰富、形式多样，彼此之间有很多不同。例如，世界上多数国家通行点头"yes"（意为"肯定"），摇头"no"（意为"否定"），但在尼泊尔、阿尔巴尼亚等国却相反。

各国的礼节、风俗与文化没有优劣之分，都应得到尊重，我们应尽量做到"入乡随俗"。

国之交在于民相亲。了解建交国人民，理解、尊重他们的礼节、风俗，是避免尴尬、增进友谊的基础。

我在外交部礼宾部门工作多年，去过不少国家，接触过不少外国人士。平时我注意观察、揣摩外方人士的做派，也常常就某些不太懂的外国礼俗问题请教外国朋友。经年累月，我有了不少"收获"。

自2015年4月起，《人民日报》（海外版）"礼仪漫谈"专栏开始连续刊登我写的各建交国礼节、风俗的稿件，至2020年10月专栏结束，刊登了180个建交国在礼节、风俗方面的文章。此后，2021年12月10日，尼加拉瓜共和国与我国复交；2023年3月26日，洪都拉斯共和国与我国建交；2024年1月24日，瑙鲁共和国与我国复交。于是，我又补写了有关这三国的礼节、风俗的文稿。至此，有关183个建交国的礼节、风俗的稿件全部到位，现编辑成册。本书的出版得到了北京新时代征程文化发展集团有限公司的热心赞助。希望本书能够激发有关专业人士和社会大众的阅读兴趣，并为中外友好事业作出贡献。

马保奉

2024年2月于北京

目 录

阿尔巴尼亚 ……………………………………… 001

阿尔及利亚 ……………………………………… 004

阿富汗 …………………………………………… 007

阿根廷 …………………………………………… 010

阿联酋 …………………………………………… 013

阿曼 ……………………………………………… 016

阿塞拜疆 ………………………………………… 019

埃及 ……………………………………………… 022

埃塞俄比亚 ……………………………………… 025

爱尔兰 …………………………………………… 028

爱沙尼亚 ………………………………………… 031

安道尔 …………………………………………… 034

安哥拉 …………………………………………… 037

安提瓜和巴布达 ………………………………… 040

澳大利亚 ………………………………………… 043

奥地利 …………………………………………… 046

巴巴多斯 ………………………………………… 048

巴布亚新几内亚 ………………………………… 051

巴哈马 …………………………………………… 054

巴基斯坦 ………………………………………… 057

巴勒斯坦 ………………………………………… 060

巴林 ……………………………………………… 063

巴拿马 …… 066

巴西 …… 069

白俄罗斯 …… 072

保加利亚 …… 075

北马其顿 …… 078

贝宁 …… 081

比利时 …… 084

秘鲁 …… 087

冰岛 …… 090

博茨瓦纳 …… 093

波兰 …… 096

玻利维亚 …… 099

波黑 …… 102

布基纳法索 …… 105

布隆迪 …… 108

朝鲜 …… 111

赤道几内亚 …… 114

丹麦 …… 117

德国 …… 120

东帝汶 …… 122

多哥 …… 125

多米尼加 …… 128

多米尼克 …… 131

厄瓜多尔 …… 134

厄立特里亚 …… 137

俄罗斯 …… 140

法国 …… 143

斐济 …… 146

菲律宾 ··· 148

芬兰 ··· 151

佛得角 ··· 154

冈比亚 ··· 157

刚果（布） ··· 160

刚果（金） ··· 163

格林纳达 ··· 166

格鲁吉亚 ··· 169

哥伦比亚 ··· 172

哥斯达黎加 ··· 175

古巴 ··· 178

圭亚那 ··· 181

哈萨克斯坦 ··· 184

韩国 ··· 187

荷兰 ··· 190

黑山 ··· 193

洪都拉斯 ··· 196

吉布提 ··· 198

吉尔吉斯斯坦 ··· 201

基里巴斯 ··· 204

几内亚 ··· 207

几内亚比绍 ··· 210

加纳 ··· 213

加拿大 ··· 216

加蓬 ··· 219

柬埔寨 ··· 222

捷克 ··· 225

津巴布韦 ··· 228

喀麦隆 231

卡塔尔 234

克罗地亚 237

科摩罗 240

科特迪瓦 243

科威特 246

肯尼亚 249

库克群岛 252

拉脱维亚 255

莱索托 258

老挝 261

黎巴嫩 264

利比里亚 267

利比亚 270

立陶宛 272

列支敦士登 275

卢森堡 277

卢旺达 280

罗马尼亚 283

马达加斯加 286

马尔代夫 289

马耳他 292

马拉维 295

马来西亚 298

马里 301

毛里求斯 304

毛里塔尼亚 307

美国 310

蒙古国 ·· 313

孟加拉国 ·· 316

密克罗尼西亚联邦 ·· 319

缅甸 ·· 322

摩尔多瓦 ·· 325

摩洛哥 ·· 328

摩纳哥 ·· 331

莫桑比克 ·· 333

墨西哥 ·· 336

纳米比亚 ·· 339

南非 ·· 342

南苏丹 ·· 345

瑙鲁 ·· 347

尼泊尔 ·· 350

尼加拉瓜 ·· 353

尼日尔 ·· 356

尼日利亚 ·· 359

纽埃 ·· 362

挪威 ·· 365

葡萄牙 ·· 367

日本 ·· 370

瑞典 ·· 373

瑞士 ·· 375

萨尔瓦多 ·· 377

萨摩亚 ·· 380

塞尔维亚 ·· 383

塞拉利昂 ·· 386

塞内加尔 ·· 389

塞浦路斯 ………………………………………… 392

塞舌尔 …………………………………………… 395

沙特阿拉伯 ……………………………………… 398

圣多美和普林西比 ……………………………… 401

圣马力诺 ………………………………………… 404

斯里兰卡 ………………………………………… 407

斯洛伐克 ………………………………………… 410

斯洛文尼亚 ……………………………………… 413

苏丹 ……………………………………………… 416

苏里南 …………………………………………… 419

索马里 …………………………………………… 422

所罗门群岛 ……………………………………… 425

塔吉克斯坦 ……………………………………… 428

泰国 ……………………………………………… 431

坦桑尼亚 ………………………………………… 434

汤加 ……………………………………………… 437

特立尼达和多巴哥 ……………………………… 440

土耳其 …………………………………………… 443

土库曼斯坦 ……………………………………… 446

突尼斯 …………………………………………… 449

瓦努阿图 ………………………………………… 452

委内瑞拉 ………………………………………… 455

文莱 ……………………………………………… 458

乌干达 …………………………………………… 461

乌克兰 …………………………………………… 464

乌拉圭 …………………………………………… 467

乌兹别克斯坦 …………………………………… 470

西班牙 …………………………………………… 473

希腊 ··· 476

新加坡 ··· 479

新西兰 ··· 482

匈牙利 ··· 485

叙利亚 ··· 488

牙买加 ··· 491

亚美尼亚 ··· 494

也门 ··· 497

意大利 ··· 500

伊拉克 ··· 503

伊朗 ··· 506

以色列 ··· 509

印度 ··· 512

印度尼西亚 ··· 515

英国 ··· 518

约旦 ··· 521

越南 ··· 524

赞比亚 ··· 527

乍得 ··· 530

智利 ··· 533

中非 ··· 536

附录　183 国与中国建交时间 ································· 539

阿尔巴尼亚

国情

阿尔巴尼亚共和国（简称"阿尔巴尼亚"）地处欧洲巴尔干半岛西南部，国土面积2.87万平方千米，人口279万（2022年），官方语言为阿尔巴尼亚语，首都是地拉那。

交往

阿尔巴尼亚人刚直爽快，自尊心强，办事认真，彬彬有礼，善于交际，喜交朋友。熟人相见，会互相拉住对方的手，问候身体、工作、家庭等各方面的情况。与客人相见，则是客气地握手问好。握手前必脱帽、摘手套，而拥抱、亲吻、贴面礼节，则常见于亲朋好友之间的迎接、告别等场合；家庭成员之间是亲脸、亲额头，平辈亲友间是贴面颊。

讲话时，他们会注视对方，表情丰富，善用手势，如耸肩、摆手等，以此抒发自己的感情或表达自己的情绪。为了向对方表示客气、感谢，他们还常常会用一只手抚住胸口，上身微微前倾。

阿尔巴尼亚人礼节的一个突出特点是"摇头yes，点头no"，即摇头表示肯定、赞同，而点头表示否定、不赞同。到阿尔巴尼亚朋友家里做客，主人会拿出最好的食物款待客人。家里大多铺有地毯，客人进门需脱鞋，进屋后多是席地而坐。另外，他们在晚饭后有散步的习惯，通常会走出家门，与认识、不认识的人打招呼聊天，在一条街上来回走，有时可能会走十几趟，一般能持续两个小时左右。

服饰

阿尔巴尼亚人很注意个人形象，认为这不仅关乎个人，也代表国家的尊严。特别是在首都地拉那等城市，人们在办公场所都是西装革履。比如，在办公室，老板会扎上领结，而女职员则会穿漂亮的裙子、高跟鞋。

在节日期间，偶尔也能看到他们身着民间传统服饰，衣裙上常常装饰着太阳、月亮、星星、鹰、蛇等图案。他们崇尚白色，认为白色象征吉祥如意。男子爱穿白色裤子、衬衫，头戴白色圆筒帽，腰间缠彩色宽布腰带，衬衫外是黑色或深咖啡色马甲，脚蹬船形尖头软皮鞋。有的男子也穿白色百褶裙装，百褶裙的层次越多，表示其社会地位越高、财产越多。女子的裙装也是以白色调为主，不过更为复杂，其款式、图案在全国各地不尽相同，但多数都在裙边、袖口、领口饰有丰富的花纹，坎肩多为深色，刺绣美观醒目，头巾则素雅端庄。

饮食

阿尔巴尼亚的菜肴多用香料，口感丰富，大体说来，以酸辣口味为主。当地穆斯林的饮食习惯深受土耳其影响。现今，阿尔巴尼亚人以面包为主食，最常见的副食是羊肉，城里人也吃牛肉。他们普遍爱吃蔬菜、水果。

阿尔巴尼亚人烹调爱用黄油，通常是炖、烤、炸，不爱吃红焖和带汁的菜肴。由于靠近海边，海产品丰富，鱼虾贝蟹等俱全，将其或炸或烤，可配合各种酱汁吃，也可做成海鲜面、海鲜饭，风味颇为独特。他们佐餐喜用橘子酒、冰水、啤酒等。

阿尔巴尼亚人爱喝咖啡，咖啡一般是意式的，谈公事之前，必先喝咖啡。朋友聊天，也常泡在咖啡馆里，一喝就是几个小时。甜食多是用巧克力调制的蛋糕及冰激凌等。

阿尔巴尼亚人吃午饭的时间一般较晚，通常在15—16时，而晚饭时间则为21—22时。他们招待贵客，一般用烤全羊，蘸着一些作料吃。在农村，人们通常以宰一只羔羊来款待最尊贵的客人，其中的羊头肉一定会先让贵宾品尝。

习俗

阿尔巴尼亚人多数为穆斯林。他们对山鹰感情深厚，认为山鹰刚毅勇敢，是民族的象征，尊其为国鸟。百姓崇拜太阳，他们把每年开春后的第一次农牧活动选在阳光灿烂的日子进行，认为明媚的太阳会带来大丰收。山区姑娘的订婚仪式必须在太阳升起后举行，早晨的阳光预示着未来的希望，象征姑娘的未来生活美满、好运相伴，夫妻能够白头偕老。

阿尔及利亚

国情

阿尔及利亚民主人民共和国（简称"阿尔及利亚"）位于非洲西北部，面积238万平方千米，人口4,508万（2022年），官方语言为阿拉伯语，首都是阿尔及尔。

交往

阿尔及利亚人热情友好，慷慨大方，注重礼节礼貌。他们的姓名拼写是名在前、姓在后，子女随父姓，女子婚后改用夫姓。他们喜用头衔、专业职称来称呼人。与客人见面、分别时，握手有力。熟人之间相见，行拥抱礼、贴面礼，男女之间则互吻面颊。当地穆斯林的传统见面礼节是上身前倾、右手抚胸，向对方致意。谈话时，双目注视对方，并说"愿真主保佑你"。有些地方的人与朋友见面时，喜欢边说话边用右手拍打对方的左手掌，以此表示亲热和友善。

去阿尔及利亚人的家里拜访，人们常送精致悦目的鲜花，花朵为双数。客人来访，主人热情款待，落座之后，通常会敬茶三杯，客人只有把茶喝完才算合乎礼节。此外，咖啡也经常被用来招待客人。

服饰

受伊斯兰文化和西方文化的共同影响，阿尔及利亚人的着装是传统的阿拉伯服装与西式服装并存，也有人将西式和阿拉伯式服装巧妙地搭配起来穿。

传统男性民族服装是头缠白色方巾，或戴宽松的小白帽，身披白色羊毛斗篷。南方人喜欢缠头巾、穿长袍。长袍无领，宽松肥大，长至地面，颜色各异，以白色居多，也有咖啡色和其他颜色。南方妇女的传统服饰也是长袍，她们头裹纱巾，只露出面部、手和脚，有些妇女会戴面纱，只露出眼睛。妇女穿白衣和斗篷是贞节、纯洁的象征，会受到社会尊重。

阿尔及利亚的南北服饰差异明显。在北方，传统风格的服饰并不多见，上班族和知识分子一般是西装革履，着装比较现代。北方妇女一般不戴面纱，特别是女青年爱赶时髦，穿西式裙装、染发，但穿着过分暴露者少见。

饮食

阿尔及利亚人的主食是发面大饼、米饭以及棍状的法式面包。肉类主要是牛、羊、鸡、鸭和鱼肉。招待尊贵的客人，常常是用烤全羊。蔬菜主要有土豆、胡萝卜、黄瓜、番茄等。调料喜用橄榄油、辣椒、盐、葱等。受欢迎的菜肴有：烤羊肉、烹羊肉条、烤羊肉串、咖喱牛肉、扒牛肉、干炒牛肉丝、焖鸭、香酥鸡、葱炒鸡片、煎鸡蛋等。在节假日和喜庆场合，他们常吃"库斯库斯"，类似我们的盖浇饭，做法因地区差异而不同，但主要原料离不开粗麦粉、牛奶、蔬菜、牛羊肉、鸡肉、橄榄油等，也有添加水果的。

上流社会爱吃西餐。正式宴请基本是法式餐饮，餐巾摆放等各项服务，都比较周到。当地人特别喜欢喝咖啡，也喜欢喝绿茶，并习惯在茶水里放入薄荷和冰糖。

习俗

阿尔及利亚虽是葡萄酒的重要生产国，产品畅销世界各地，可是阿尔及利亚人自己却不饮酒，也不喝含酒精的饮料，就连酿酒工人都不会去尝酒的滋味。有的商店售酒，主要是卖给外国人的。

在每天清晨、中午、下午、黄昏和夜晚，穆斯林要面向麦加祷告五次。星期五是聚礼日，所有穆斯林都要沐浴更衣，到清真寺进行集体礼拜。在斋月期间，穆斯林每天从日出到日落不进食、不喝水、不吸烟，日落祷告后方可进食。

穆斯林禁食猪肉，禁止使用猪制品，忌讳谈论有关猪的话题。他们认为左手不洁，禁用左手传递食品。

阿富汗

国情

阿富汗位于亚洲中西部，国土面积64.75万平方千米，人口3,360万（2022年），官方语言为普什图语和达里语，首都是喀布尔。

交往

阿富汗人诚恳朴实，热情友好，慷慨待客。他们相互称呼姓氏或名字，并加上职衔。熟人见面，如晚辈见长辈、下级见上级，多以右手抚胸、上身微微前倾，点头致意，并说"愿真主保佑"，有的还可能拥抱。亲朋好友相见，一般轻吻面颊或轻触额头两次。陌生人之间，一般行握手礼。

阿富汗妇女不在公共场合露面，不与陌生男人讲话。男人即使遇到认识的女士，也不与其握手，不为女士让座、帮扶等。妻子不能走在丈夫前面。去阿富汗人家里做客，不需给女主人带礼物，以免男主人不悦。妇女遇到他人时，为表示礼貌，常以黑纱遮脸。

阿富汗人认为，戴着帽子行礼才是有礼貌的表现，不像西方人那样要摘帽行礼。客人来访，他们会拿出最好的食品招待，有的还会拿出水烟斗让客人抽。说话时在房间里来回走动，被认为是失礼行为。帕坦族人常常把刀或衣服作为礼物送人。在当地旅行时，若穿着部落首领赠送的衣服，佩戴着首领送的匕首，会受到特殊保护。

服饰

在城里，有地位、有身份的富人、知识分子，常穿西装，戴羊羔皮的船形帽，留小胡须，穿轻便皮鞋。乡下百姓，特别是体力劳动者，多是头缠粗布大头巾，留浓密大胡子，身穿竖条花纹长褂，脚穿厚牛皮做的大鞋。

阿富汗内战连年不断，一向骁勇善战的普什图成年男子平常出门总爱挎着枪支，腰上缠着子弹袋。按照传统，妇女外出必须穿上罩袍——布尔卡，罩袍通常为蓝、白、紫色，面料一般是棉布、纱布、涤纶或丝绸等。其头部或缠头巾，或戴圆帽，帽上有的绣着素花，做工比较简单。她们脸上戴面纱，只给眼睛留下纱网，以便看到外部世界。

饮食

阿富汗人口味尚酸、辣、香浓。普通人家以馕、玉米面饼和蔬菜为主要食物，而富裕人家则吃大米和牛羊肉。他们也吃鸡鸭，但不爱吃鱼虾等海味，忌食猪肉。常见美食是手抓饭，即羊肉、胡萝卜和洋葱经过煸炒，加入大米，蒸焖而成。常见蔬菜有番茄、洋葱、菜花、菠菜、茄子、胡萝卜、土豆、豌豆等。调料爱用羊油、盐、葱、蒜、柠檬汁、辣椒、番茄酱等。

阿富汗人除了在正式社交场合或吃西餐时使用刀叉，平时进餐习惯用右手抓取食物，故而注意在进餐前后洗手。他们认为左手不洁，不用左手传递东西。集体进餐时，在地毯上铺一块布，就餐者围坐在地毯上。男女客人不同席，甚至不同室。

阿富汗人招待客人甚为诚恳，客人吃得越多，主人越高兴。他们最爱吃烤羊肉，在重大喜庆节日或招待贵客时，还会烤全羊。他们还爱吃"马肉肠子"，即把马肉、盐塞进马肠内，再煮熟、晒干而成。他们喜欢吃的果品有香蕉、荔枝、菠萝等，干果有核桃、杏仁、松子等。他们谨遵教规，不喝酒，爱喝茶和牛奶，茶叶以"无籽葡萄茶"最为常见。

在乡村，人们有喝奶茶的习惯。当地奶茶是一种水加酸奶、盐和黄瓜片烧煮的饮料。他们以茶待客，讲究敬茶三杯：第一杯止渴，第二杯表示友谊，第三杯是礼节。客人喝完三杯茶，才算知礼。

婚俗

阿富汗人的婚姻由父母包办，重视彩礼。他们的传统是，婚前双方不得见面，即使在婚礼上，一对新人也得用头巾罩住脸，不可看到对方。结婚仪式开始，新人并坐、两人共持一镜时，双方才可首次在镜中看到对方。然而，如今随着社会逐步开放，只在镜中相见的规矩已被打破，双方婚前也可见面，而"镜中相见"的婚俗却得以保留。"相见"后，两人一起背诵《古兰经》，新郎带新娘到灶前吃甜食，至此即完成新娘成为家里新成员的程序。阿富汗人结婚后，家庭稳定，离婚率很低。

阿根廷

国情

阿根廷共和国（简称"阿根廷"）位于南美洲南部，面积278.04万平方千米，人口4,604万（2022年），官方语言为西班牙语，首都是布宜诺斯艾利斯。

交往

阿根廷人常把"谢谢""对不起"等礼貌用语挂在嘴边，如在接受斟酒、上菜、旅馆入住等服务时，要随时道谢；当众打喷嚏，须马上道歉；走路不小心触碰别人，必须说声"对不起"。

交际场合，人们喜称头衔、尊称，并冠以姓氏或"先生""女士""小姐"；除非是亲朋好友，否则要避免直呼其名。朋友久别相见，男人互相拥抱，女人则握住对方双手并互亲面颊。若是初次见面，仅仅握手或点头就可以了。

阿根廷人性格开朗，不喜欢沉默寡言。交谈时，站得近一点，则表示亲近。去阿根廷人家里拜访时，可带些礼品，如给女主人献上一束鲜花或一盒糖果等。注意不要送菊花和手帕、领带、衬衫等贴身物件。拜访翌日，还需派人再送花给主人，以表谢意。

每年1—3月为阿根廷的"暑假"，5—11月最适宜来此旅游、访友，而每年圣诞节与复活节前后两星期，基本不开展商务活动。

服饰

阿根廷人十分注意个人形象，头发整洁，皮鞋锃亮。人们往往会以"衣帽取人"，因此，穿着随便会被人瞧不起。其对着装的重视程度，甚至超过了西欧、北美国家。例如，在欧美，夏天人们穿上短袖衬衫、打上领带，就可出现在公共场合，而在阿根廷却不行。阿政府机关和大小公司都要求男职员一律穿西装、打领带，即使是在炎热的盛夏，也一丝不苟。女士以西装套裙为主，冬天穿上裘皮短大衣，除了御寒，这也是身份的象征。

阿根廷人在观看歌剧、芭蕾舞等演出时，尤为讲究装束。依照传统，男士穿燕尾服，女士穿长裙。现在虽然不那么严格了，但西装、领带仍是必需的。因此，外国人在阿根廷进行访问时，也都应该西装革履。

在周末或节假日等休闲时光，人们穿着随意，多半着牛仔裤、网球鞋和T恤。女士裤装被认为是休闲装，只在周末或节假日才穿。

平时，街上行人也很注意服装整洁。即使是干体力活的工人，也只是在到达工地之后，才换上工装。在公共场合脱掉上衣，会被视为行为不雅，若在火车上这样做，会受到列车员的警告。

饮食

烤牛肉是阿根廷的典型"国菜"。牛肉按不同部位，分成几十个品级，可以烹调出不同的菜肴。阿根廷烤牛肉不用腌制，只需撒上适量盐，用炭火烤至七八成熟即可，这时牛肉的外表略呈焦黄色，肉里还保留着汁液。阿根廷人吃烤肉十分讲究，需与新鲜蔬菜沙拉配搭，再用红葡萄酒佐餐，以减轻肥腻之感。晚宴一般在21—22时开始，餐前鸡尾酒会大约持续一小时，然后才正式进餐。

民间饮料"马黛茶"是阿根廷的"国饮"。马黛茶的传统饮用方式是，在茶壶里插上一根吸管，在座的人轮流用吸管饮茶。客人在品尝完马黛茶后，咂唇表示赞赏，是一种礼貌的表现，会让主人高兴。现在，出于卫生考虑，阿根廷人也使用茶杯喝茶了。不过，当地人认为，用茶杯喝马黛茶失去了阿根廷的"风味"。马黛茶因放入的茶叶较多，初尝者会感到味道较苦，常喝就会感到芳香、爽口。据说，该茶有提神、解乏的功效。

习俗

"新年浴"，即元旦时到河里洗澡，这是阿根廷人的一项传统习俗。元旦时，当地正值盛夏，家家户户都会到江河里洗"新年浴"。他们先把鲜花撒在水面上，然后跳进"花海"，用花瓣揉搓全身，以求幸福吉利。

阿根廷人喜欢在酒吧里唱歌、跳舞。探戈被看作阿根廷的国粹，并令国民引以为傲。探戈发源于阿根廷首都布宜诺斯艾利斯的港口地区，舞者身体几乎贴在一起，快速旋转、踢腿，因难度很高，故难以普及。

与阿根廷人交谈，常见的话题涉及足球等体育活动，以及烹饪、家庭、育儿等。忌讳打听个人隐私，如收入、年龄、宗教信仰等，也应避谈政治、马尔维纳斯群岛战争，以及白人与原住民关系等问题。

阿联酋

国情

阿拉伯联合酋长国（简称"阿联酋"）位于波斯湾南岸、阿拉伯半岛东部，面积8.36万平方千米，人口950万（2022年），官方语言为阿拉伯语，首都是阿布扎比。

交往

阿联酋人的姓名是名在前、姓在后，本人的姓名常常与祖先的名字连起来，看起来像一份家谱。为了使用、称呼方便，名字通常简化为：本人名—父名—祖父名。对普通人一般只称其名，对有一定社会地位的人才称其姓。

本地人一般行拥抱礼或吻礼，但仅限于同性之间。同辈人一般互吻对方脸颊三下；长辈吻晚辈额头；平民百姓吻酋长或地方长官的右肩；王室成员之间则互碰鼻尖。

阿联酋人对外国人行握手礼，但妇女不与男性握手。与当地男士交往，可以问候其家庭，但一般不问及夫人和其他女眷。他们回答孩子人数时，一般只包括儿子。必须与当地妇女交往时，只可简短问候，不能单独或长时间与之交谈。

阿联酋人殷勤好客，贵客临门，必出门迎送。在家宴客，女主人不出面，家中10岁以上的女子都会回避男性客人，不能与男宾同席或同处一室。公共场合的男女活动区域，也会严格隔离。

进屋时，主人首先会为客人举行熏香礼，即在精致的铜香炉内点燃十分珍贵的檀香木，缕缕青烟升起，满室溢香，令人愉悦。熏香仪式后，主人便用茶和水果招待客人。客人告辞时，主人还要在客人手上洒香水。

服饰

阿联酋人的传统衣着是：男人穿白袍，头戴白头巾；妇女穿黑袍，披黑头巾，有的蒙黑面纱。阿联酋人着装比较保守，公司负责接待的女职员一般穿着保守的裙装。外国人在当地着装不当，如过分暴露，可能会引起当地人反感。外国游客着装应尽量避免短、露、透，长度为膝盖以上的短裤、短裙都不宜穿，即使在海滩度假村，也不允许穿着泳装进餐厅。当地酒店往往有着装要求，一般情况下，穿标准时尚的休闲装可通行于高级餐厅或便餐场合。斋月期间，女士们更应注意，要尽量穿长衣和长裤。

迪拜气候炎热，全年大多数时候都可穿轻便服装，但冬季有时需要穿毛衣和外套，尤其是夜间，气温可能低到10℃。迪拜全年阳光普照，紫外线强度高，外出需戴太阳镜、帽子，或采取其他防护措施。

饮食

《古兰经》规定，穆斯林禁食猪肉和某些禽类的肉、血、内脏等，但在阿联酋的外国人士可以在超市买到猪肉。在阿联酋，主食多为发面饼、玉米饼，蔬菜有番茄、洋葱等，而肉食则以牛羊肉为主。名菜有葡萄叶包羊肉、烧羊蹄、牛奶煮羊肉等。阿联酋人最爱吃的家常饭是羊肉汤泡大饼。他们习惯以茶待客，红茶、椰枣茶和薄荷茶是风行的三大饮料。此外，以咖啡待客也很流行，所用的咖啡杯子很小，基本一口一杯，喝三杯就算尽到礼数了。公共场所禁止饮酒。

习俗

阿联酋人爱清洁，做礼拜前必用水清洗身体。他们喜欢棕色、深蓝色，忌黄、紫、粉红色；喜欢羚羊、骆驼、白鹰等动物；忌猪、十字架以及六角形图案。除此之外，他们禁止偶像崇拜，忌讳将酒或女人照片作为礼物送人。

在公共场合，男女的亲密行为被视作无礼，甚至可能被拘捕。不可在阳台上晾晒内衣。男士不得进入妇女活动的场所。醉驾、耍酒疯会受到严厉处罚。

人们平日在家里用餐，习惯席地而坐，用右手抓取食物。他们认为左手不洁，故接递食品必须用右手。穆斯林每天做五次礼拜，无论身在何处，都会准时进行。做礼拜是严肃的事情，旁人不得与其谈话，更不得开玩笑。

斋月期间，日出后至日落前，穆斯林在公共场所不许喝水、吃东西、吸烟，餐馆和食品店也关门停业。商场一般在22时30分关门。

阿曼

国情

阿曼苏丹国（简称"阿曼"）位于阿拉伯半岛东南沿海，扼守霍尔木兹海峡，面积30.95万平方千米，人口488万（2022年），官方语言为阿拉伯语，首都是马斯喀特。

交往

阿曼人待人真诚、慷慨大方。其传统礼节是抚胸举拳礼，即与人相见时，左手抚胸，右手握拳举到额前。除一般的问候外，还常常伴有祝福语，如"你面前的是亲人""你前途无量"等。如今，政界和商界通行握手礼，有时会把握手礼与鞠躬礼相结合，即一边握手，一边微微躬身。有时，男性熟人之间可能会勾肩搭背。他们对本民族的人行拥吻礼，而对其他人行握手礼。

阿曼人有以茶待客的习惯，一般喝红茶或阿拉伯茶。客人造访，主人会捧出香炉，为客人熏香，有时还会往客人手上喷洒名贵香水。

阿曼社会普遍关照妇女，一般遵循"女士优先"原则。

服饰

正式场合，男士习惯穿无领白色长袍，领口左边有一个小穗，用来蘸香水。他们喜欢将头巾紧紧盘绕在头上，留一巾角垂在脑后。现在，男人们也爱穿裙子。有些头巾已改成了帽子，从外观看，仍然是头巾缠绕的样子。此外，男士们还会佩戴"汗吉尔"，即腰刀，象征阿曼人勇敢强悍的民族气概，当然也是身份和财富的象征。

非正式场合，他们喜欢戴线织的圆帽，圆帽上有用金丝线编织的漂亮图案。平常，人们穿轻便宽松的棉织品。妇女习惯穿黑色大袍，戴黑面纱。不过现如今，女士穿长裤的也不少，上街常常摘下面纱，甚至有打扮时髦的女青年出现在街头。

饮食

阿曼人的主食以面食最为常见，如烤馕、大饼等，加了藏红花调味的长粒大米手抓饭也是当地人的日常主食。副食有鱼、骆驼肉、牛羊肉、鸡鸭肉及蛋制品等。他们口味偏辣，传统菜有烤海鲜、烤羊肉、烤鸡等，一般搭配鹰嘴豆泥、沙拉、酸奶等一起吃。冷菜以凉拌番茄、香菜、芹菜等为主。

阿曼人招待贵宾的特色菜是烤驼羔。由于习惯以右手抓取食物，阿曼人非常重视洗手。他们爱喝又苦又涩的浓黑咖啡，也常以此招待客人。

习俗

阿曼有娶堂妹或表妹为妻的习俗。富者往往娶多个妻子。常常是母亲为儿子物色配偶，双方家庭同意后，即可商量彩礼和订婚事宜。订婚时，男青年需亲自出面，女方则由其父亲或代理人出面，到宗教法官处接受问询，回答"是否愿意娶（嫁）对方"，意在防止强迫结婚。通过问询之后，双方当场订立婚约。

婚礼由新郎家出资，双方父母共同操办。婚宴上男女有别，需分两处就座。

结婚当天，新娘精心打扮，将手、脚和脸涂上棕红色染料，画上精美的图案。染料取自一种叫作"苏然"的灌木，是用其橘红色花瓣研磨而成。按照惯例，新娘必须在婚礼之夜穿上绿色礼服，因为绿色预示将来子嗣成群。

婚礼舞会有单人舞、双人舞和集体舞，舞者全是男子，妇女不跳舞。舞会有歌手伴唱，多是民歌和情歌。婚礼高潮是入洞房，即新婚夫妇被送往新房或帐篷时，鼓声大作，喇叭齐鸣，妇女们发出阵阵"惹惹"声，并把大把的鲜花和彩色纸条抛向新娘和新郎。

多数阿曼人从事农牧业，爱牛、敬牛，视牛如宝。他们每天不仅给牛喂草，还经常将美味且富有营养的沙丁鱼干等当饲料喂给牛吃。他们给牛梳妆打扮，一切不洁之物都必须远离奶牛。在阿曼，女人可以给羊挤奶，但不准给牛挤奶，挤牛奶这项工作只能由男人去做。

另外，他们还喜欢举办赛骆驼、赛马、赛木舟等活动。

按照伊斯兰教教规，穆斯林禁食猪肉、禁止饮酒，亦不可在斋月当众进食。用餐时，不用左手取食物。不能穿着太暴露。在别人面前，不可用食指或中指比画。

男性不可随意同女性交谈，更不可亲近女性或对着女性拍照，也忌讳谈及对方的女眷。禁止偶像崇拜，特别是人物塑像。不可随意谈论国王。

阿塞拜疆

国情

阿塞拜疆共和国（简称"阿塞拜疆"）位于亚洲西部，东临里海，面积8.66万平方千米，人口1,016.72万（2022年），官方语言为阿塞拜疆语，首都是巴库。

交往

阿塞拜疆人性格豁达开朗，热情诚恳，重视礼貌礼节。他们重视家庭，爱护子女，敬重老人，有事必与长者商量，用餐时请老人坐上座，事事照顾老人。

社交场合，阿塞拜疆人与客人相见、告别，多以握手为礼。与亲朋好友相见，一般以右手抚胸，施30度鞠躬礼，互相问候后，再施握手礼，女性之间习惯互吻对方面颊。较熟悉的同事或朋友见面和分别时，还常常贴面或亲吻面颊。家庭成员见面时，长者吻幼者的额头或眼睛，幼者则吻长者的手背。

应邀做客或参加欢庆活动，客人常送女主人鲜花。在日常生活中，以右为尊，如端饭、敬茶等动作，必使用右手；穿衣先伸右臂或右腿；出门进门，先迈右腿。

服饰

阿塞拜疆人在对外场合多穿西装，民间活动中则以民族服装为主。男子的民族服装是白色短袖衬衫、宽裆裤、长外衣，腰佩短剑或弯刀，戴毛皮高帽，穿毛袜、软皮靴。女子穿艳丽的齐腰棉布衬衫和紧腰身、带褶的长裙，出门上街时，还要戴上一顶不高的小帽，披上丝绸头巾和披肩，穿毛袜和平底皮鞋。饰物有金丝耳饰、手镯、项链等。

饮食

阿塞拜疆人的食材主要是牛、羊、家禽等的肉，以及里海的鱼和各种蔬菜。他们的传统主食是面包、烤大饼、小饺子汤，搭配葡萄叶包肉、奶油、酸牛奶等一起吃。早餐一般有油煎肉卷，用葡萄或桑葚做的果酱。肉菜里喜欢掺些栗子、杏干、葡萄干和青菜。早餐必喝红茶，将糖果或颗粒较细的方糖含入口中再喝茶，而不是将糖泡在茶水中。各种咸奶酪可直接食用，也可就着饼吃。小番茄、黄瓜等蔬菜，通常蘸盐吃。喝酸奶时，也有人会撒点盐。

阿塞拜疆的特色美食是干酪薄饼和土豆鲟鱼里脊肉。薄饼夹肉末配以酸奶，口感焦香、柔韧、爽滑，颇受人们青睐。土豆鲟鱼里脊肉中的鲟鱼，介乎生熟之间，口感颇佳。

社交场合，当地人使用刀叉等餐具，而在日常生活中，则惯于用手直接抓取饭食。在节日或家庭喜庆日，他们喜吃手抓饭、烤制的甜食。饭后甜点，如冰激凌、蛋糕等的甜度较为浓厚。

当地盛产石榴、葡萄、西瓜等水果，质量上乘。在节假日，人们喜欢聚会和举办宴请活动。宴请时，虽不禁酒，但也多不劝酒。

婚俗

阿塞拜疆人大操大办婚礼，各式烤肉、抓饭、面包、糖果、饮料供应充足，新人会向客人一一敬酒。

这里最吸引眼球的习俗有两个。一是洒鸡血。新郎迎亲，到达新娘家门口时，会安排人杀一只鸡。按当地习俗，鸡血象征一切倒霉的事。在婚礼开始之前，让鸡血在大门外洒尽，代表着把所有的不幸挡在门外，以使婚姻圆满幸福。二是下钱雨。婚庆仪式一般10时开始，会持续到深夜。客人一批接一批，络绎不绝。客人送红包，钱数为5—50马纳特（折合人民币约20—200元）不等。每当音乐响起，人们开始跳舞时，就会从各自口袋里掏出纸币，抛向舞场上空。纸币顺着舞者扭动的身躯，散落在地上。因此，每次起舞，都会下一次钱雨。现场会有专人负责清理"雨钱"。

春节

3月20—21日是阿塞拜疆人一年中最热闹的节日——诺鲁孜节，即春节。过节时，人们习惯将鸡蛋染成红色，以象征吉祥如意、喜事临门。他们还喜欢绿色，在节日来临之际，常常在盘子里种养麦苗。绿油油的麦苗代表春天来临。

一般在节日开始前的四个星期内，每个星期二举行传统的拜火仪式。孩子们点燃篝火，并在上面跳过至少三次，最好是七次，以冀避祸消灾。节日前夕，还要去墓地拜谒先人。

节日期间，邻里互相拜贺，互送礼物，孩子们则会到各家讨要糖果等，并将收到的礼品放在帽子里。节日以欢庆的公共舞会、民间乐队表演、民族体育竞赛等方式结束。

禁忌

阿塞拜疆人认为左手卑贱，不可用左手传递东西。他们认为"13"是不吉祥的数字，会给人带来不幸和灾祸。他们还厌恶黑色，认为黑色不祥。

埃及

国情

阿拉伯埃及共和国（简称"埃及"）位于非洲东北部，地跨亚非两洲，国土面积100.1万平方千米，人口约1.09亿（2021年），官方语言为阿拉伯语，首都是开罗。

交往

埃及流行握手礼，拥抱、贴面以及吻手礼也很常见。埃及人见面时很热情，问候语言丰富且富含感情，如"你好""早上好""你好吧""你身体怎样""祝你平安""真主保佑你"等。他们为了表示亲密，只要当时有时间，问候起来会不厌其烦，凡所能想到的人，几乎都会一个不漏地问候一遍，因此，问候礼节有时会持续几分钟，甚至十几分钟。

在人际交往中，"爸、妈、儿、女"等称谓广泛，老年人叫年轻人"儿子""女儿"，学生称老师为"爸爸""妈妈"，穆斯林之间则互称"兄弟"。

跟埃及人打交道，除了国际上通行的称呼，如能酌情使用当地尊称，他们会很高兴。如"赛义德"，意即"先生"，可用于称呼任何男性；"乌斯塔祖"，意即"教授"，可用以称呼有地位的人。另外，"答喀突拉"，意即"博士"，可用于称呼政府官员。在问候时，讲究年轻者问候年长者，位低者问候位高者，步行者问候骑乘者。他们时间观念不强，很少依照约定时间行事。

在交际场合，男士不能主动和妇女攀谈；不能夸妇女身材苗条。穆斯林家里的女性不出面待客，故无须打听或问候女主人。

服饰

埃及城市里流行西式服装，连衣裙、夹克衫、牛仔裤等也很常见。而在农村，仍保留着民族传统服装，不论男女，仍以穿大袍者为多。按伊斯兰教教义，妇女不能让家人以外的人窥见自己的肌肤和头发，因而上街会把身体包裹得严严实实。普通百姓，尤其是上了年纪的人，喜用长巾缠头，身着长衣大袍、长裤长裙。乡村妇女喜爱佩戴首饰，尤其讲究佩戴脚镯；习惯将发辫梳成单数，每根辫子上还要系上三根黑色丝线，再挂上薄薄的小金属片。

在埃及，穿背心、短裤和短裙者不可去清真寺。

饮食

埃及人注重菜肴的香、脆，口味浓重，喜麻辣味道，主食以面食为主，米饭次之。荤菜有牛羊肉以及鸡鸭等制品，喜食洋葱、黄瓜、生菜、豌豆、茄子、土豆、胡萝卜等蔬菜。常用的调料有盐、胡椒、辣椒、豆蔻、咖喱和番茄酱等。忌食猪肉、狗肉、驴肉、骡肉、龟、虾、蟹、鳝以及动物内脏和血液，自死之动物以及未诵安拉之名而宰杀之动物也在禁食之列。埃及人不喜欢吃整条鱼和带刺的鱼，不吃红烩带汁和未熟透的菜。

按照教规，埃及人不喝酒，平时爱喝酸奶、茶和咖啡。客人来访，落座之后，主人便会献上香茶。客人必须喝光，否则会触犯禁忌，令主人不悦。他们爱好用自制的甜点招待客人。当地人就餐前，一般都会说："以大慈大悲真主的名义。"若在主人家用餐，客人应尽量多吃一些。如果过于客套，则会被认为瞧不起主人，会让主人不高兴。平时埃及人用餐以右手取食，严禁使用左手，并且只在正式涉外宴请场合才使用刀、叉和勺子。正式用餐时，忌讳交谈，否则是对神的亵渎。

斋月期间，在当地人面前吃喝或吸烟，会被训斥。

喜好与禁忌

埃及人视绿色为"吉祥",白色为"快乐",称"美好的一天"为"白色的一天";讨厌黑色和蓝色,形容"不幸的一天"为黑色或蓝色的一天,并用"黑心"来形容充满仇恨、嫉妒、奸诈之人。

埃及人认为数字"6"吉利,"7"是受崇敬的完整数字,因为"安拉"创造世界用了6天的时间,而在第7天休息。他们喜欢金字塔形的莲花图案,禁穿有星星图案的衣服,也不使用有星星图案的包装纸。埃及人喜爱猫和仙鹤,视猫为神圣的精灵,认为仙鹤是喜庆、长寿的象征。

埃及的很多名胜古迹禁止外国人拍照,前去旅游观光者需格外注意。在埃及办事需付小费。

埃塞俄比亚

国情

埃塞俄比亚联邦民主共和国（简称"埃塞俄比亚"）位于非洲东北部，面积110.36万平方千米，人口1.12亿（2022年），阿姆拉哈语为联邦工作语言，首都是亚的斯亚贝巴。

交往

在埃塞俄比亚，同辈人相见，一般是握手并互致问候。问候内容丰富，从身体健康、家庭成员到近况、收成等，直到问候完毕，才会把握着的手放开，有时这一过程可达两三分钟。此外，亲朋好友见面，也会互相轻吻对方面颊，越亲密者，互吻次数越多。吻礼多在女性之间，男女之间也可互吻。身份地位较高之人或神父见面，则互吻肩部。

民众见官员或下级见上级，常鞠躬表示敬意。行鞠躬礼时，他们会把身上披着并裹住头部的披肩"沙马"取下来，露出肩膀，以表诚意。此外，以碰肩表达问候也很常见。亲密好友相见，肩头互相碰撞一两下，同时用另一只手轻轻拍打对方的后背。这种方式男女通用，男性之间更为多见。小孩见到父亲或祖父，常跪吻长辈的脚。

主人接受客人礼物时，若伸出双手，是表示高兴接受；若只伸出一只手，则表示勉强接受。贵客临门时，主人习惯用咖啡待客。为表示对客人的尊敬，女主人在煮咖啡时，一般要穿上整洁的民族服装。煮好咖啡后，主人将咖啡斟入无把手的小瓷杯中，然后用双手捧到每位客人面前，还会端上炒得焦脆、喷香的大麦粒和家庭自制的小点心，让客人品尝。客人接过咖啡，首先要说几句赞美的话，否则会被视为失礼。

服饰

在对外交际场合，人们惯常穿西服。但在民间，当地人多穿民族传统服装：男人上穿高领、长窄袖衬衣，下穿窄裤或马裤，身披白色"沙马"，冬天外加带风帽的斗篷。高原地带的女性一般穿长而窄的花哨连衣裙，用"沙马"裹住头部，只露面部；居住在地势较低地带的女子爱在"沙马"上抹一层黄油，用以挡风、保温。奥罗莫族女人特别注重化妆，喜欢给头发抹上油脂，使其变硬，并在其中加些草，梳成小辫。此外，她们还爱在耳朵上穿孔，佩戴用草或白色贝壳制成的花环；在手、脚上佩戴金属手镯与脚镯，往身上涂抹香料。

饮食

埃塞俄比亚人以嗜辣闻名。其传统主食叫"英吉拉"，是用当地的苔麸（埃塞俄比亚特有农作物）粉或大麦粉发酵后，再烙烤成煎饼状的食品。"英吉拉"极富营养，味道微酸。吃"英吉拉"不用叉子和刀，而是用手撕下一块，蘸着菜汤或者肉汤吃。讲究的汤是用牛肉/羊肉和几种蔬菜制成的。此外，"瓦特"和"菲特菲特"也是该国著名的菜肴，其主要原料为牛肉、羊肉或鸡肉，经炖煮而成。制作"瓦特"的主要调料是咖喱粉，"菲特菲特"则用奶油和其他香料。

用生牛肉款待客人是当地一大特色，即将刚宰杀的鲜嫩牛肉切成块或片状，蘸辣椒面吃。还有一种吃法是先将肉捣碎，拌以适当佐料，用"英吉拉"卷食。以生牛肉招待贵宾，是当地最隆重的传统迎宾礼节。贵宾进餐时，自己不动手，由女主人将生牛肉蘸上辣椒面，一片一片往客人嘴里"喂"。当地人认为，这样才称得上是诚心待客。除在官方社交场合有时使用刀、叉、匙外，当地人士就餐，一般都习惯用手抓取食物。

习俗

在埃塞俄比亚农村，毛驴是重要的交通和生产工具，也是家庭财富的象征。未婚男人家里没有驴，就讨不到老婆。姑娘出嫁，娘家一定会给女儿陪嫁一两头驴，以帮她干活。当地谚语说："如果女人没有驴，她自己就是一头驴。"

埃塞俄比亚的民间历法较为独特。每年9月11日或12日是当地人的新年。太阳升起时间（6时）为零点，是一天的开始，18时是白天12个小时的结束，也是夜间12个小时的开始。

斋月期间，穆斯林不准吃任何肉类，禁食鸡蛋、牛奶等。他们忌讳用左手传递东西，认为左手"肮脏"，使用左手不礼貌、不道德；忌讳数字"13"；忌黑色，不穿黑色衣服出门拜访客人，认为黄色和淡黄色是凶丧之色，只在参加丧葬活动时才穿这些颜色的服装。

在埃塞俄比亚人面前忌讳伸舌头，他们认为此举是对人轻蔑和侮辱的表现。与他们闲谈时，不要涉及政治和伊斯兰教。在当地住旅馆，需避免在房间里喝酒，也不可随便吸烟，对提供直接服务者应付一定小费。

爱尔兰

国情

爱尔兰位于欧洲西部的爱尔兰岛中南部，面积7万平方千米，人口510万（2022年），官方语言为爱尔兰语、英语，首都是都柏林。

交往

爱尔兰人性格外向、开朗，待人真诚、友好、宽容，问候人总是面带微笑。见面、告别，握手示好，目视对方。与亲朋好友相见，往往是亲或贴面颊。初识客人，敬称对方"先生""夫人""小姐"以及"博士""教授"等，认识之后，会以较为亲切的名字相称。交际场合，在自我介绍之后，一般会送上自己的名片。

应邀去爱尔兰人家做客，可给女主人送鲜花或巧克力。不过，百合花只适用于宗教节日，而白色花朵只适用于葬礼，不可用于日常交际送人。如应邀赴宴，还可带名贵葡萄酒或乳酪。

他们为别人过生日和过圣诞节时，往往会赠送礼品。主人收到礼品，通常会马上打开，与客人一起欣赏。男士尊重妇女，"女士优先"已成为共识。

服饰

社交场合，男士穿西装、打领带，女士穿套装或裙装；出席晚间招待会时，大多穿晚礼服。不过，短裙是爱尔兰男性的民族服装，常以传统手工布为材料制成。在一些仪式上，男士爱穿绿色或者橙色的短裙。爱尔兰女性的传统服饰是毛织斗篷和披肩。斗篷用缎带系在前面，形成一个蝴蝶结。女性的裙子以麻布为主，多为绿色。女青年结婚时，一定会置办一件厚实的红色斗篷，以象征吉祥，而围在头上的围巾要在脑后打结。

由于爱尔兰人喜欢绿色，当地人喜欢戴绿色帽子。特别是3月17日，爱尔兰国庆节这一天，大家更要戴绿色帽子。帽子的形状不尽相同，有礼帽、高筒帽等，有的人干脆戴一个绿色假发状的帽子。

饮食

爱尔兰人的主食是面包，而牛奶、土豆也是日常生活中不可或缺的食品。他们喜欢清炖牛、羊、猪肉等，搭配胡萝卜、薏仁、土豆与其他蔬菜。食谱中海鲜丰富，牡蛎、龙虾、三文鱼等最为常见。特色菜有腌牛肉配卷心菜、培根卷心菜以及土豆饼配熏三文鱼（在土豆饼上放熏三文鱼，再放一层奶酪）。上班族的早餐大多是牛奶、玉米或麦片粥，以及果汁、咖啡等饮品。由于午餐时间紧迫，上班族通常以三明治为主，或在酒吧点几道小菜，配上一杯爱尔兰黑麦啤酒。晚餐是正餐，通常有肉类、蔬菜和土豆。

爱尔兰饮食与英国相似，喜欢将调味品放在餐桌上，由就餐者自行调味。家宴通常包括三道餐食，即冷盘、主菜、甜品。此外，还会有奶酪拼盘、红酒以及咖啡或茶等饮料。主菜通常是肉类，配上蔬菜和土豆条、土豆泥等。

习俗

"蜜月"一词，爱尔兰人使用得最恰当、最名副其实。新婚夫妇刚结婚，头一个月是蜜月，世界上很多国家取其"甜蜜"之意，基本上与蜂蜜无关。而在爱尔兰，蜜月却与蜂蜜大有关系。从婚礼开始的一个月之内，新婚夫妇每天都会享用以蜂蜜为原料酿制的蜂蜜酒。婚礼的重要内容之一是亲友们向新人赠送蜂蜜酒，甚至连酒杯也一起送上。爱尔兰人相信，喝这种酒，不仅能保佑婚姻幸福、甜蜜、美满，还可以增强夫妻的生育能力。

爱尔兰国旗由绿、白、橙三色组成。绿色代表生命和力量，也是爱尔兰多数人信奉的天主教的代表色；白色象征希望；橙色代表新教派。这三色配合，即希望天主教徒和新教派之间像兄弟一样团结。

"三叶草"是其国花，佳节庆典之时，人们爱在胸前佩戴一束"三叶草"。爱尔兰人崇拜和喜爱竖琴图案，其国徽图案就是竖琴。他们忌讳"13""星期五"，认为交叉式握手或同时与几个人交叉式谈话，都是失礼行为。若看见单只喜鹊，会认为有倒霉的事临头；若同时见到两只喜鹊，则预示有喜事临门。

他们重视隐私，不过问别人的去向、工资、年龄以及婚姻状况。在他们面前，应避免谈论政治，特别是爱尔兰与英国的关系。

爱沙尼亚

国情

爱沙尼亚共和国（简称"爱沙尼亚"）位于波罗的海沿岸，北临芬兰湾，面积45,339平方千米，人口135.77万（2023年），官方语言为爱沙尼亚语，首都是塔林。

交往

爱沙尼亚人性格内向，不善言谈，回答问题较为简洁。他们更注重自己的事情，很少与人争论。社交场合，不喜欢过多的肢体接触，交谈时，其身体会与对方保持一定距离。与客人相见，尊称"先生""女士""夫人""小姐"等，通行握手礼。除家庭成员外，拥抱或亲吻礼节不常见。

爱沙尼亚的宗教信仰比较多元，如今，在年轻人中，无神论者越来越多。

服饰

爱沙尼亚人的日常穿着多是西装或运动、休闲服装，而民族服装则常见于节日期间和舞台上的文艺演出。

爱沙尼亚的民族服装品种繁多，其特点是色彩鲜艳、图案复杂美观。妇女一般是头戴白色绣花小帽，上身穿白麻布衬衫，外罩短呢上衣或坎肩，下身穿宽大的黑色百褶裙，已婚女子则系上一条围裙。男子穿对襟黑色长大褂、白衬衫，配上略低于膝盖的短裤，系腰带，戴毡帽。

过节时，妇女爱穿花条裙子和绣花翻领衬衫，再配上色彩鲜艳的背心、围巾和围裙。她们喜欢戴金银首饰，尤其喜欢粗大的银质项链。

饮食

日常食品多见烤肉、奶制品、面包和土豆等。这里的土豆很特别，表皮不仅有土黄色的，也有红色、紫色、黑色的等。土豆的吃法多种多样，最常见的是土豆泥烤猪排。

爱沙尼亚常见的快餐是面包加鲱鱼，如黑面包配上腌制的鲱鱼或者面包配上半熟的蛋液和鲱鱼。爱沙尼亚历史上曾被其他国家统治，故当地饮食呈现多种特色。例如，人们可以同时吃到德国口味的酸菜、肉冻、血肠和来自北欧的鲱鱼等。

爱沙尼亚曾是苏联的食品加工基地，大批高质量、口味却不怎么被关注的食品从这里发往苏联各地，因此至今当地的很多食品仍受到独联体国家人民的喜爱。

色彩

爱沙尼亚比较寒冷，在人们的想象中，这里应该是个颜色单调的地方，而事实上并非如此。首都塔林是个五彩缤纷的城市，现代化的楼房林立其间。老城区的房子虽然老旧，但外表色调非常丰富，数千米外就能看到闪耀着金属光芒的教堂塔尖。

当地人很注重用各种鲜花点缀他们的生活空间：一年四季，在家中养花；日常交际，互赠鲜花。送花在当地是必不可少的礼节。

爱沙尼亚人有爱护、经营花草的传统。塔林的花卉市场里，鲜花如海，香气袭人，人头攒动，买卖繁忙。

信息技术（IT）产业

爱沙尼亚的IT行业发达，是欧洲互联网最普及的国家之一，也是实现电子化办公最早的国家之一。早在2000年，该国就宣布把上网作为人权之一。

现在，爱沙尼亚城乡的大部分地区，都能连接免费的无线网络。该国数字报税、数字户口、数字签名、数字汽车等相当普及。爱沙尼亚是世界上第一个允许在网上投票选举的国家。爱沙尼亚政府着眼于未来，在全国范围内，对5岁以上的儿童推动类似于义务教育的编程扫盲，以便为未来的数字化发展打下坚实的基础。

节日

每年6月24日是爱沙尼亚的仲夏节。这天白昼最长，22时太阳还高挂在天上。人们携家带口，拿上大包小包，开车涌向郊外，在河边、湖畔选择合适的地点搭起舞台，燃起篝火，支起烤肉架子。仲夏节活动丰富多彩，篝火照亮山谷，歌声传遍四方。人们开怀畅饮，彻夜狂欢。

爱沙尼亚人特别喜爱唱歌，歌词多以劳动生产为题材，讽刺歌谣尤为普及。自1869年至今，在每年6月20日的收获节，人们都会举行歌咏比赛。届时，居民聚集在一起，唱呀跳呀，尽显节日的欢乐气氛。

首都塔林的露天歌咏场建于1960年，背对大海，设计独特，舞台呈抛物线形。听众席设在面海的天然半圆形平台上，能容纳15万名听众。

安道尔

国情

安道尔公国（简称"安道尔"）是位于西南欧法国和西班牙交界处的内陆小国，面积468平方千米，人口79,877人（2022年），官方语言为加泰罗尼亚语，通用语言为西班牙语、法语和葡萄牙语，首都是安道尔城。

概况

安道尔是袖珍国，其历史可追溯到公元9世纪。现在名义上的国家元首——大公，有两位，都不是本国人，分别是法国总统和西班牙乌盖尔地方主教。不过，现在安道尔国家的实际权力掌握在首相手中。首相由议会（总委员会）选举产生、两位大公任命。

20世纪90年代初举行公投，安道尔成为主权国家，现已加入联合国，但纳贡惯例依旧。在20世纪60年代以前，安道尔还是个闭塞、落后的农牧小国，但是后来大力发展旅游业，实行低税制，不征所得税，成为"无税天堂"，逐步改变面貌。现在，该国每年接待游客近800万人次，旅游收入占国内生产总值（GDP）的80%。人民生活安适，幸福指数较高。

安道尔位于比利牛斯山腹地的南山坡上，平均海拔1996米。白雪皑皑的山头有65座，伫立在崎岖的峡谷之中，形成了许多天然滑雪场。

这里夏季凉爽，冬季漫长寒冷，高山积雪时间可持续8个月。安道尔湖泊遍布，植被丰茂，草地占全国面积的一小半，超过90%的土地是纯天然生态。举目四望，满目翠绿，牛羊悠闲吃草，一派田园风光。进入村镇，尽是青砖黑瓦房舍、弯曲石板小路。家家户户的窗台上都摆放着鲜花，充满祥和与温馨。安道尔也不乏现代建筑，特别是商务区楼房林立，街道繁华，霓虹灯闪耀。

安道尔的商品价格远低于邻近的法国、西班牙，不但免税，而且时不时推出对半打折的高档消费品，对各国游客有着极大的吸引力。

服饰

直到20世纪70年代，安道尔人仍以富有地方色彩的传统服饰为主。男子的典型服饰是皮上衣、紧身裤、高筒靴和贝雷帽，腰间束红色宽腰带。直至今天，当地人还爱穿皮夹克，脚蹬皮靴，干净利落。

妇女的日常衣着和邻近的西班牙农妇差不多，风格素雅，搭配简约。寡妇身着黑色衣服，以示对亡夫的哀悼。

20世纪70年代后，随着旅游业的发展，安道尔人的穿着习惯也在逐渐改变，越来越多的男性穿上西装，女性服饰则越来越艳丽。

饮食

安道尔人爱吃面食，面包的种类有很多。副食有奶酪、牛肉、鸭肉、鱼子酱、鹅肝等。正式午餐从冷盘（或称"开胃菜"）开始，如烟熏肉配上橄榄、各种生菜配上调味汁或可丽饼卷海鲜加奶油汁等。晚餐必上汤，但通常不上冷盘，其主菜和午餐差别不大。典型的安道尔美食有兔肉番茄、烤羊肉、烤罗马蜗牛、冬梨鸭、炖野猪肉、碎坚果烤白菜以及安道尔玉米饼等。他们讲究菜肴与酒的搭配，如吃牛肉时喝红酒，吃鱼时则喝带酸味的白葡萄酒。他们吃动物肝脏，但不吃动物的其他内脏，也不吃无鳞鱼。

烟民

吸烟有害健康已成为全球人的共识，然而在安道尔，人们对此并不在意。

有关统计显示，安道尔居民每人年均吸烟6398.3支，相当于人均每天吸17支香烟。安道尔盛产烟草，这里香烟的售价比法国便宜一半，因而烟草走私屡禁不止。

在安道尔，随处可见吸烟者，即使在公共场所，也会有人无拘无束地"吞云吐雾"。可令人惊异的是，安道尔却是个长寿之国，居民平均寿命高达83岁。这恐怕得益于他们有良好的生存环境、福利待遇等，当然，先进的医疗技术起着支撑作用。

禁忌

安道尔不开展博彩业。安道尔政府认为，博彩业是稳定发展的一大绊脚石，因此明令禁止在其境内赌博。

安道尔居民多信奉天主教。他们认为，经由教会主持而缔结的婚姻为圣事，不得随意解除婚约。

安哥拉

国情

安哥拉共和国（简称"安哥拉"）位于非洲西南部，面积124.67万平方千米，人口3,560万（2022年），官方语言为葡萄牙语，首都是罗安达。

交往

安哥拉濒临大西洋，属于热带气候。安哥拉通行葡萄牙语，同时当地一些部落流行其民族语言。

日常交往中，对不相识的男性可称"amigo"（朋友），女性可称"amiga"（朋友），但对年长者或外来宾客习惯称"papai/papa"（对男性）和"mamãe/mama"（对女性）。社交场合，称对方为"先生""阁下""夫人""女士""小姐"等。

安哥拉人尊重长辈，见到长者会主动问候、让路。亲朋好友见面，一般是握手、互吻对方面颊，并用右手拍打对方的手掌。问候时，他们往往手拉手，以显示亲密无间和友善。乡下妇女见到女宾客，除了问候致意，还围着客人转圈跳舞，同时嘴里发出阵阵有节奏的欢呼声。

应邀到安哥拉朋友家中做客一定要准时，进门需脱鞋。客人来访，会受到美食款待，临别时，主人会送客人土特产或手工艺品作为纪念。

安哥拉人招待客人的饮料，除咖啡、果汁等，还包括特意准备的一碗清水，据说这与当地气候炎热有关。他们招待客人的一个特点是，熟人见面爱开玩笑，对外国友人有时也会调皮地称其为"我的小傻瓜""聪明的小狗"等。当地人比喻开玩笑就像是天气炎热时在头上喷洒些凉水，让人清凉愉悦。

服饰

安哥拉人平时穿着比较随意，男人穿短衬衫、裤子，女人爱穿花色衣裙或紧身背心，头戴花头巾。首都罗安达的青年人爱穿牛仔装、紧身衣。在交际场合，人们重视仪表，着装讲究，男士一般穿西装，女士多穿西服套装、小礼服或晚礼服。

女孩子注重发型修饰，通常是将头发梳成许多小辫，若头发不够长，就把彩线与头发编在一起。女孩子的领饰多是绕在脖颈上的一圈圈绳子、珠子以及贝壳。班图人在参加节日庆典时，爱用彩土、羽毛、树叶等把自己装扮成鳄鱼或鸟兽，翩翩起舞；参加成年仪式时，爱用白泥涂身，腰部捆上草，打扮成动物模样。

饮食

当地人的主食是玉米、木薯、小米等。他们烹调食物的方式多种多样，如烤玉米棒；将高粱糊、玉米糊加上牛奶烙成饼子；高粱糊、玉米糊里放上瓜、果、豆类以及食盐等，煮成稠粥。

食用木薯，则是将其切块，蒸煮后浇上汤汁，或将木薯粉加水熬成糊，再拌以番茄、鱼块、肉丁等，制成浓汁。有时也用木薯粉做肉丁馒头、鱼丁馒头等。

当地盛产香蕉，吃法特别，如将香蕉晒干后磨粉，再加上面粉，制成香蕉糕；将香蕉剥皮、切片后油炸；将香蕉切碎，煮成泥状，再浇上用蔬菜或肉等制成的浓汁；将香蕉放到火上烤，烤出香味后去皮吃。

公务宴请，一般是在宾馆或者饭店举行，多吃西餐，一般是葡萄牙、意大利菜式。其进餐程序、饮酒习惯等与欧洲人相同。

居所

首都罗安达高层建筑林立，宾馆、饭店、酒吧等十分豪华，但也有一些居民住在窝棚里。

安哥拉农村还比较落后，多不通电，人们居住在茅草屋里。如班图人住在四周有屏障的圆锥形或金字塔形的茅草屋里；布须曼人居住在用树枝和干草搭成的半圆形小屋中。

习俗

城里人结婚礼俗已经西化，穿西式礼服，披戴婚纱。热闹的歌舞、高档的婚宴都必不可少，亲朋好友随礼也不可少。

在乡下，男女青年的婚姻大事多由父母做主、媒人牵线，相亲、订婚、结婚以及相应的彩礼、嫁妆等都由双方父母操办，婚礼的花费很可观。农村一夫多妻的现象比较普遍。随着社会的进步，如今受过教育的青年男女多是自由恋爱、结婚。

许多城市的门牌号、宾馆房间号、楼层号，甚至汽车的编号等，均忌用数字"13"。若"13日"和"星期五"碰巧在同一天，则称其为"黑色星期五"，是"倒霉的日子"。这一天人们什么事都不干，只待在家里。

安提瓜和巴布达

国情

安提瓜和巴布达位于加勒比海小安的列斯群岛中的背风群岛南端，面积442.6平方千米，人口10.1万（2022年），官方语言为英语，首都是圣约翰。

概况

安提瓜和巴布达（简称"安巴"），位于加勒比海的东北部，与大西洋相连。该国由安提瓜、巴布达和雷东达三个岛屿组成，居民多数为非洲黑人后裔。这里天空湛蓝，大地翠绿，沙滩洁白，海水清澈。首都圣约翰的幢幢双层小楼沿街排列，秩序井然。大街上没有喧闹，汽车不鸣笛、不抢行，衣着鲜艳的黑人妇女悠然地行走着。

安巴的国旗寓意较多，有红、黑、蓝、白、黄五种颜色。黄色升起的太阳象征新时代的曙光，黑色象征祖先来自非洲，红色象征人民的活力，蓝色代表加勒比海，白色象征美丽的沙滩。V形则是胜利的象征。

皇家安提瓜和巴布达防卫力量，是该国正规国防军。安巴军队冠以"皇家"二字，是因该国承认英国国王为国家元首。安巴国防军是世界上规模最小的军队之一，军费开支占国民生产总值的0.5%。11月1日是安巴独立纪念日，届时会举行阅兵仪式。

交往

安巴人性格开朗，待人热情，与人交往充满友爱。他们生活简朴，做事通情达理，礼节非常周到。外交场合，一般称呼"先生""夫人""女士""小姐"。朋友见面常行握手礼，女士常行贴面礼。

安巴大多数人信仰基督教，星期日和节假日常到教堂祈祷。

服饰

安巴气候炎热，人们一年到头均着夏装。参加节日庆典、出入社交场合或去教堂做祈祷等，男士穿西装，女士穿礼服、套装并搭配礼帽。出席晚宴，女士穿晚礼服。出席丧葬仪式，男女均穿黑色西装、礼服，女士戴黑色礼帽。需要注意的是，安巴禁止携带或穿迷彩服，违者将受到处罚。

饮食

安巴最大众化的食品是一种被称为"dukuna"的甜馒头，它由磨碎的红薯粉和香料制成。还有一种以玉米为原料的辣味浓汤，类似玉米粥。安巴人常吃的肉类菜肴为牛、羊、猪、鸡肉及海鲜制品。其烹调手法以烤为主，如制作龙虾、石斑鱼、红鲷鱼时，一般是将辣椒、百里香、柠檬和洋葱等塞进鱼腹腔后进行烤制，烤熟后再搭配加勒比特色酱吃。

当地人的甜点以蟹肉糕最为出名，它是用面粉裹上蟹肉炸制而成，松脆香浓，颇有地方特色。当地的食材绝大部分从美国及加勒比国家进口。

安巴常见的饮料是当地酿造的朗姆酒及啤酒。这里热带水果很多，最有代表性的是黑色菠萝，其外皮不硬，内无粗硬心，吃前不必用盐水浸泡去涩，十分甜美可口。

音乐

安巴人喜欢音乐，节假日常去参加音乐会。颇具地方特色的音乐是卡里普索（calypso）、索卡（soca）和雷盖（reggae）等。卡里普索属于即兴形式，历史悠久，据说起源于奴隶制时代，以快节奏与温和的人声为特点，常用法式克里奥尔语演出。索卡和雷盖音乐则分别脱胎于美国和牙买加音乐，经过改造，逐渐形成具有当地特色的音乐。安巴人使用的乐器，常常是金属尖锥形棍棒和半封闭铁环组成的打击乐器以及架子鼓和电鼓等。

旅游

安巴环境优美、景色秀丽，对那些向往热带风光的北美、欧洲游客颇具吸引力。于是，安巴政府大力打造本国的高端旅游业，让365处优质海滩变成了全球富豪的度假天堂，在食、宿、玩、乐、购等方面下足了功夫。例如，他们制作的玳瑁旅游纪念品颇有创意，深受游客青睐。玳瑁是安巴的标志之一，其外形高贵典雅，鹰喙般的嘴以及躯体后部锯齿般的缘盾均有别于其他海龟，尤其是其外壳上的花纹色彩斑斓。游客的光顾，提升了安巴国民的生活品质。

澳大利亚

国情

澳大利亚联邦（简称"澳大利亚"）位于太平洋西南部和印度洋之间，由澳大利亚大陆、塔斯马尼亚岛等岛屿和海外领土组成，面积769.2万平方千米，人口2,612万（2022年），官方语言为英语，首都是堪培拉。

交往

在公共场所，澳大利亚人非常注重仪表，男子大多数不留胡须。他们待人友好、热情、稳重，见面习惯握手，不过有些女子之间不握手，时常亲吻对方的脸颊。原住民的握手方式比较特殊，常常是两人中指相互勾住，而不是全部手指、手掌相握。

澳大利亚人的名在前、姓在后，称呼人时一般称姓，再加上"先生""小姐"或"太太"等。熟人之间常以名字相称。男性友人之间，往往亲密地互唤"伙计"（mate）。

澳大利亚人时间观念很强，会见须提前预约，并准时赴约。私人拜访常带上一束鲜花、一盒巧克力或一瓶葡萄酒。

澳大利亚人在公共场所秩序井然。他们注重保持安静，厌恶噪音。大声喧哗，特别是隔门喊人，是很失礼的行为。社交场合，打哈欠、伸懒腰等小动作，不仅不雅，而且会被视为缺乏教养。澳大利亚人乐于保护弱者，多数男士讲究"女士优先"。他们忌讳谈论种族、宗教、工会、等级、地位及个人隐私等问题。

服饰

澳大利亚居民多数是英国和其他欧洲国家移民的后裔，因此服饰风格受欧洲影响较大，但因为独特的地理环境和文化传统，又与欧洲有明显差异。澳大利亚人的服装设计更大胆，色彩更鲜艳，凸显了他们热情的性格。

正式场合，如宴会、仪式、音乐会等，男子多穿西服，或穿黑色礼服，扎领结；女子着裙装、西装套裙或礼服。北部达尔文地区流行一种简便装束——衬衫、短裤、长裤相搭，也可在正式场合穿。不过平时，澳大利亚人无论男女，都喜欢穿牛仔裤。

原住民男子虽然也穿西服，但更常见的是传统装束，即上身赤裸，腰间围一条围巾，身上有许多装饰品，如臂环、项圈、前额箍和骨制鼻针等，有时还会在身上涂上各种颜色，扎上羽毛。此外，文身是历史悠久的原住民的民族传统，这不仅是族群的图腾，也是年龄、功绩的显示 。一般举行过成年礼后都会文身，原住民认为文身可以辟邪，同时可吸引异性注意。

饮食

澳大利亚餐饮受欧美餐饮文化影响，以吃英式西餐为主，海鲜较多。悉尼的早餐海鲜、布里斯班的特色海鲜、塔斯马尼亚质优味美的三文鱼，以及唐人街的招牌菜"帝王蟹"等，都很有名。肉食以牛、羊、猪肉及鸡、鸭等为主，他们对动物蛋白的需求量比较大。蔬菜以芽菜、番茄、黄瓜、生菜、菜花等为主。他们对用煎、炒、炸、烤等烹调方法制作的菜肴有所偏爱，口味喜酸甜。

家人同桌进餐时，应等每个人都吃完后才可离开餐桌。他们喜食烤肉，许多家庭备有烤炉，还喜欢吃奶油烤鱼、炸大虾、什锦拼盘、烤番茄等。同事、朋友等多人外出聚餐，通常是AA制。

澳大利亚人的宴请菜单也很简单，包括汤、主菜、水果、酒水。中餐在澳大利亚颇受欢迎，但澳大利亚人不吃狗肉、蛇肉，不吃动物的内脏与头、足。原住民不吃生肉，但喜欢生吃昆虫。

早餐通常是用冷牛奶泡麦片，配有果汁，主食是面包配黄油或果酱。

习俗

澳大利亚社会讲究平等，人们不喜欢以命令的口气指使别人。他们公私分明，与之交往，不可徇私。不应在星期日与澳大利亚人游玩约会。乘坐出租车一定要系安全带，否则属违法行为。

在澳大利亚，眨眼，尤其是对妇女眨眼，被视作极不礼貌的行为。他们忌讳"13""星期五"；忌讳"自谦"等客套言辞，认为这是虚伪、无能或看不起人的表现。

澳大利亚人讨厌兔子，喜爱袋鼠与琴鸟。欧泊是澳大利亚人珍爱的宝石，也是该国的"国石"。

奥地利

国情

奥地利共和国（简称"奥地利"）位于欧洲中部，面积83,879平方千米，人口910.6万（2023年），官方语言为德语，首都是维也纳。

交往

奥地利人一般名在前、姓在后。姓名中有"Von"，则表明其家庭在历史上是贵族。妇女婚后改为夫姓。

奥地利人重头衔，社交场合通常称呼姓，再加上职务、头衔，如某某部长、董事长、总经理以及教授、博士、工程师等。家人和好友之间，可直呼其名。

奥地利人为人朴实、忠厚，讲文明、守信誉，音乐素养高。他们互相尊重，不干涉他人私事，邻里之间来往不多。

与人相见，多是握手为礼。男人之间一般不互相贴脸，问候女士也并非一定要贴脸，握手就可以。"您"（sie）为尊称，而朋友、熟人之间则称"你"（du）。"谢谢""请""对不起"，常挂在他们嘴边。

接受朋友邀请，要准时出席。事先可以问主人，需带些什么东西。常见的家庭礼物有葡萄酒、鲜花和甜点等。平时忌送表示爱情的红玫瑰、红康乃馨（此类花为5月1日传统民间节日五朔节专用）。

服饰

奥地利男子正式场合穿西装。出席音乐会、看歌剧，需着深色正式礼服。出席宴会，应着深色服装；参加婚礼或生日会，可着浅色服装。维也纳音乐节以及莫扎特家乡音乐节期间，人们爱穿传统民族服饰。如有的男子上身穿白衬衣，下身穿灰色或黑色羚羊皮制成的裤子，腰间系精致的皮带；有的外衣和下装由厚实的毛织品制成，色彩大多为灰色、绿色、棕色等，如灰色法兰绒西装用绿色包边。

节庆期间，女子爱穿色彩艳丽的衣裙，腰上系着用棉布、丝绸或天鹅绒制成的紧身围腰，并饰有花边和银纽扣。

饮食

奥地利人的主食是面包，肉食包括鹅肉、鸡肉、牛肉、猪肉、鱼、虾等，常吃的蔬菜有番茄、柿子椒、卷心菜、辣椒等。奥匈帝国时期留下的风味菜肴，如清炖牛肉、炸牛排、火腿杂块等，更是举世闻名。

在奥地利，人们以白葡萄酒、巧克力为傲。"莫扎特"牌巧克力以莫扎特形象做包装，浓香馥郁，极易溶化。品味此种巧克力，似与欣赏音乐之美妙相通。用餐过程中，他们很在意氛围，餐桌上需始终保持整洁。他们喜欢喝酒；喝咖啡时，习惯放白糖和奶油。当地咖啡馆灯饰布置温馨，常伴有曼妙的古典音乐。

喜好与禁忌

雪绒花姿容美丽、色彩绚丽，奥地利人十分珍视，将其奉为国花。奥地利人视家燕为国鸟，认为它是造福人民的使者，会给人带来活力和吉祥。

奥地利人喜绿色、厌黑色。与当地人交谈时，金钱、宗教或政治均为需要避讳的话题。

奥地利人信奉罗马天主教，忌讳"13日"又逢"星期五"。

巴巴多斯

国情

巴巴多斯位于加勒比海小安的列斯群岛最东端，面积431平方千米，人口29万（2022年），官方语言为英语，首都是布里奇顿。

概况

巴巴多斯位于加勒比海东端，是一个以黑人为主体的发展中小岛国，面积不大，人口密度高。早年，西班牙人登上这个岛时，看到无花果树的藤蔓很像人的胡须，便称此岛为"胡子岛"（Barbados，即"胡须"之意）。

该国沙滩洁白、海水湛蓝、树木翠绿、鲜花绚丽。岛上著名的观赏植物金凤花，高3米，花冠为橙红色，边缘呈金黄色，常年在枝头盛开，被尊为国花。该国的国鸟是白鹈鹕，长着一副硕大、笨重的喉囊，但飞行、游泳十分敏捷，是捕鱼高手。周边海域鱼类丰富，其中闻名遐迩的飞鱼可以跃出水面十几米，在海面上滑翔上百米。

交往

巴巴多斯人对人热情友好，礼貌周到。岛上公路较窄，容易迷路，当地人会热情为人指路，有的甚至驱车相送。交际场合，彼此称呼"先生""夫人""女士""小姐"，行握手礼。不同教派的人，严格遵守各自教规。由于历史上此地长期为英国殖民地，故流行英国的风俗习惯，如注重个人隐私，公共场合着装得体，喜欢户外活动，喜欢喝下午茶，周末一般和家人朋友聚会，驾车右舵、左行等。

服饰

巴巴多斯接近赤道，年日照有3000小时，但受海洋气候影响，并不太炎热，年平均气温为26℃。由于终年气温变化不大，全年都可穿同样厚度的衣服。普通百姓在休闲时主要穿凉爽的服装，如短裤、T恤和吊带裙等；出入商场、餐厅时，着装需整洁。社交场合，男子一般穿西装，女子穿裙装。特别隆重的礼仪场合，男子穿黑色礼服，打蝴蝶结，总督、首席法官等显要人物则穿燕尾服。

饮食

巴巴多斯人的主食有面包、通心粉和馅饼，吃饭必配水果，如木瓜、杧果等；副食多为鱼类，如金枪鱼、鲨鱼、鲑鱼、鳕鱼、红鲷鱼、石首鱼等，还有各种虾、蟹。飞鱼既是巴巴多斯国家的标志，也是最受青睐的美食。这里的牛肉、猪肉、火鸡和鸡鸭肉等多需进口。人们口味上喜辛辣，制作肉类菜肴时，先用草药和香料腌制，然后进行炸、烤，搭配沙拉、肉汁食用。

这里水果比较丰富，除了杧果、香蕉、木瓜、无花果、椰子，还有鳄梨和巴婆果。因境内无河流，故其淡水资源少。抽取的地下水，经过石灰石和珊瑚虫过滤，被认为是世界上极少见的纯净水。居民日常的饮品主要有可乐、咖啡、茶和朗姆酒。

节日

巴巴多斯传统节日丰收节也叫狂欢节，一般在每年6月初至8月初，即在甘蔗收获期即将结束时举行。当最后一批运蔗车归来时，人们便敲响挂在树上的铜锣，各地顿时沉浸在欢庆丰收的气氛中。男女老少身着五彩缤纷的服装，手执花束涌向村镇广场，随着鼓声、乐曲声开始跳舞、唱歌。

7月第一个星期的星期六，四面八方的人们会移步到首都布里奇顿狂欢。庆祝活动还包括爬油杆、捉油猪比赛以及选美等，高潮是焚烧"哈丁先生"——欺压黑人劳工的英裔工头模拟像。人们将石子雨点般地砸向燃烧中的"哈丁先生"，借此宣泄郁积了一年的愤懑和劳苦。

婚俗

巴巴多斯人的婚礼场所常选在阳光明媚的悬崖顶上、黄昏时的沙滩上或酒店的花园里。在现场会搭建鲜花婚礼之门，用鲜花代替地毯铺路。牧师主持婚礼，地方官员证婚。主人用香槟、烧烤晚宴招待客人。婚宴后，篝火庆祝晚会开始，人们唱啊跳啊，直至深夜。

按照民间传统，婚礼必上大蛋糕，供众人品尝。制作蛋糕需用棕糖、黄油、糖霜樱桃、葡萄干、李子、红醋栗等各一磅，将鸡蛋液与面粉和在一起。制成的蛋糕个头硕大，数人才能搬动。制作蛋糕前，还需将多种干果放到朗姆酒中浸泡，并在瓦罐中保存一段时间，这样才能使蛋糕的味道浓郁、独特。这种蛋糕的制作方法一般由母亲传授给女儿。

巴布亚新几内亚

国情

巴布亚新几内亚独立国（简称"巴布亚新几内亚"）位于太平洋西南部，陆地面积46.28万平方千米，人口约995万，官方语言为英语，首都是莫尔斯比港。

交往

巴布亚新几内亚人与客人见面时，一般是握手问好。有些岛民相互见面时，习惯先伸开手掌，再用右手中指与对方中指勾一下，以表示礼貌。在公共场所，他们不习惯与陌生人对视，同性之间常牵手以示友谊，而异性（包括夫妻）之间，应避免牵手。

沿海地区的人、在城市生活的人、同族同乡或讲同一种语言者，有互相帮助的制度，如有人失业、生活无着需救助，只要提出申请，就会有人接纳他及其家人，其食宿等生活上的一应开支均由户主负责，时间可达数月。

服饰

巴布亚新几内亚气候炎热，除城镇一些居民外，平时人们的穿着比较暴露。

他们的传统服饰或简单或复杂。简单者，用草制成草裙，用树叶、树皮、布条和鸟的羽毛等装饰自己。有些部落的男子把猪牙、鸟爪等做的装饰品挂在鼻子上；有些部族的人把木炭和猪油制作的化妆墨抹在脸上，以表现不辱祖先的勇武；还有些部族喜欢用动物的牙齿、骨头或贝壳等做成手饰和脚饰。复杂者，用兽皮或天堂鸟、鹦鹉鸟羽毛等制作服饰，如华丽的帽子，插的羽毛越多、头饰越大，表示佩戴者的级别越高。

巴布亚新几内亚人有一个特点是文身、绘彩面。塞皮克河畔的部落为男孩子举行成人仪式，一般是以鳄鱼图腾为其文身。

面部彩绘因族群不同，颜色和画法也各异，有红脸、黄脸，还有红配黄、黄配黑、黑配红等，不尽一致。婚丧、节假日或其他隆重场合，村民们通常穿戴传统服饰，项圈上的竹片代表拥有猪的数量。在鼻子上插兽牙，是权威和力量的象征，是酋长的特权。有的部族酋长在自己鼻子上打洞，将野猪爪尖嵌进去。

饮食

巴布亚新几内亚人的主要食物有番薯、木薯、玉米、芋头、椰子和香蕉。副食除猪肉外，最常见的是鱼等海鲜以及禽、蛋类等。常吃的蔬菜有山药、番茄、瓜类等。

他们的烹调习惯是煮、焖、炸。进餐时，多以手直接抓取饭食。用猪肉做的菜肴宴请贵宾是隆重欢迎的表示。其中"坑焖肉"颇具特色，制作时先在室外地上挖一个坑，坑内填满烧红的石头，石头上再铺满干净的树叶，然后把切成块的猪肉放在树叶上面，用树叶将肉盖起来，最后用土把坑封住。大约两小时后，肉就焖好了。

男子大都喜欢喝酒，醉酒现象很普遍。百姓大多吸烟，女烟民众多。

习俗

巴布亚新几内亚的一些家族和部族间，为了联络感情、消弭隔阂，每隔几年都会举行一次送礼节，一般在7月举行，届时会互相赠送礼品、食物等。

特罗布里恩群岛有个奇特的习俗，男女热恋后会把对方的眼睫毛咬掉，以显示挚爱的心意。

欣赏夫妻吵架，是当地人传统的娱乐方式之一，各地设有专供夫妻吵架的场地。夫妻开始叫阵，众人不加劝阻，而是站在一旁欣赏。吵架夫妇唇枪舌剑，互相揭发、攻击对方之短，吵得面红耳赤。谁的用语激烈、凶狠，谁就会赢得喝彩。吵得越热闹，旁观者会越开心。直到双方口干舌燥，无力继续争吵下去，才会罢休。吵完后，夫妻仍然会亲亲密密一起回家。

男女之间倾诉爱意时，不用口头或书面语言表达，而是各自吹起一种竹制乐器，以乐曲的优美、动听和时缓时急、时高时低等韵味表达情感。

巴布亚新几内亚人大多信奉基督教，忌讳数字"13"。

内陆高地人的习惯是男子不能提举重物。与女人同行时，若发现男人肩负重物，其妻可能会因此遭受惩罚。

吉米族人忌讳飞狐、猫头鹰和其他长着短嘴的鸟。

巴哈马

国情

巴哈马国（简称"巴哈马"）地处美国佛罗里达州以东、古巴和加勒比海以北，陆地面积13,878平方千米，人口39.4万（2022年），官方语言为英语，首都是拿骚。

概况

"巴哈马"原意为"浅滩"。该国海产资源丰富，但因耕地少、淡水不足，农业资源有限。该国实行开放的金融和税收政策，因而逐步变成了国际金融中心，成为富裕的黑人国家。巴哈马人喜欢运动，户外活动时间较长。他们普遍爱美，不管白天还是傍晚、跳舞还是散步，都很注重服饰的美观。他们的衣服上印满了花鸟鱼虫图案，以展示对大自然的热爱和对美的追求。

首都拿骚仍保留着英国乔治王时代的浅色建筑和造型奇特的木制办公公寓及店铺。随着旅游业的飞速发展，许多现代旅馆拔地而起，主要商业街道两旁商店林立、车水马龙。去往偏僻的乡下或渔村，会看到不太富裕的农民和渔民，他们住在传统的木屋里，屋内比较狭窄而简陋。

饮食

海产品是巴哈马人餐桌上必不可少的菜品。这里的特产——大螯虾是一种无爪多刺的海产品，可以用来烧烤或剁碎做沙拉。鲜海螺可以通过蒸、炸、炖、煮来制作熟食，也可拌辣椒或酸橙汁生着吃。

他们的粮食以玉米、大米、豆类为主，蔬菜以芹菜、洋葱、番茄等最为常见。他们炖鱼时喜欢加入粗玉米粉或蔬菜，做汤时喜欢加入豌豆，制成咸牛肉豌豆汤或火腿豌豆汤等。当地还有一种特色汤品"苏兹"，所用食材为洋葱、酸橙汁、芹菜、胡椒粉和肉类（羊舌、牛尾或猪蹄等），颇受人们青睐。巴哈马人常喝的运动饮料是一种添加了少量甜牛奶和杜松子酒的椰水。

草药

巴哈马人擅用植物做药治疗疾病，这一习惯源自当年被贩卖至此的非洲黑人奴隶。巴哈马卡特岛的居民以长寿闻名，据说与草药有关。

他们用内服或外敷的方法治疗一些常见病症，如头痛、高血压、糖尿病、咳嗽和疥疮等。在巴哈马群岛，具有药用价值的植物大约有上百种，像巴格里纳、菩提香树、蟹草、无花果树叶、木槿树叶、庞德灌木、水手花、刺番荔枝叶等，均可制成药物。

音乐与舞蹈

巴哈马的传统乐器质朴、简约，主要有三种：一是用羊皮蒙筒制作的贡贝鼓，二是锯条，三是制作相对粗糙的低音小提琴。现如今，他们也用萨克斯、电吉他等乐器来演奏。

巴哈马流行的舞蹈具有英国等欧洲国家舞蹈与当地黑人舞蹈结合的特点，如方阵舞和踢踏式波尔卡等。踢踏式波尔卡更像是活泼的游行步伐，前进两步后退一步。通常一人在中间领舞，其他人在其周围伴舞，并伴随着舞步拍手、唱歌，有时也击鼓奏乐。领舞者不断轮换，以保持高昂的兴致。

狂欢节

狂欢节于每年12月26日和元旦举行。一早，表演者就走向拿骚的街头，随着歌声翩翩起舞。沿街站满了人，孩子们爬到树上，观赏那激动人心的场面。游行队伍分为很多方阵，每个方阵有上千人，其服装由五颜六色的绉纱纸或纸板制作，颇为有趣。游行者演奏的乐器有贡贝鼓、铃铛、哨子和喇叭等，乐曲声与人们的歌声、欢笑声交织在一起，形成欢乐的海洋。

狂欢节结束后，评委会评出音乐、服装、集体表演三项优胜奖，并对获奖者予以现金奖励。

猪岛

巴哈马群岛中有个猪岛，位于拿骚以南约100千米。它是一座独立的天然小岛，四周是清澈见底的海水，常年保持24℃的水温。岛上无人居住，于是猪成了那里的主人。岛上的猪不是野猪，而是家养猪，对于它们是如何来到岛上的，人们说法不一，但它们在这里无须人们照管，自由自在地生活。岛上有淡水温泉供它们饮用，吃的东西也不愁，还有游客常常会将面包、朗姆酒等送到它们嘴边。

巴基斯坦

国情

巴基斯坦伊斯兰共和国（简称"巴基斯坦"）位于南亚次大陆西北部，国土面积796,095平方千米（不包括巴控克什米尔地区），人口2.4亿（2023年），官方语言为乌尔都语、英语，首都是伊斯兰堡。

交往

巴基斯坦人热情好客，讲究礼节，待人诚实。尊称别人时，常常是称姓和头衔。男性之间见面多以握手、拥抱为礼，并致以"真主保佑你"等祝福语。女性之间见面通行拥抱和吻礼，先拥抱，再吻对方两颊，如此需三遍。穆斯林还爱行抚胸礼，即用右手按住自己的左胸，上身微微前倾。

迎接久别相逢的挚友、贵宾或亲人，通常会献上花环并在迎宾路上撒花瓣。在西北部地区，逢贵客临门，主人会献上头巾、刀、剑和羊。客人一面表示感谢，一面用手摸一下羊的身子，表示接受主人的贵重礼物。在信德地区，主人会向登门拜访的客人赠送名为"艾吉拉格"的彩印被单。过新年时，妇女们随身携带红粉出门，向亲友道喜并将红粉涂在对方前额上，以示抬头见喜、大吉大利。

服饰

巴基斯坦男性的传统服装为宽松长衫、长裤，即使在炎热的夏天男士也不穿背心、短裤等，更不会打赤膊，但可穿凉鞋，甚至赤脚。天冷时，他们会披一条毯子，但不穿棉衣或毛衣。正式场合，他们穿西服，喜欢戴帽子；参拜清真寺时，必须脱掉鞋子。

平时，女性需穿长袍，不穿裙子，不露胳膊和腿部；用头巾包头，从头顶到两肩，将头发、耳朵、脖子都包住；用面纱蒙脸，把脸、嘴部遮盖起来，只露眼睛。她们喜欢将手和脚的指甲染成深红色，且身上佩饰丰富多彩，如耳饰、颈饰、臂饰、鼻饰、足饰等。佩戴鼻环，是已婚标志。

饮食

巴基斯坦人严守伊斯兰教教规，禁食猪以及驴、骡、马、狗、鹰、蛇等动物的肉和血。对可以食用的动物，宰杀时必须诵念真主安拉的名字数遍。主食多为米饭和面食，副食除牛羊肉外，还有鸡、鸡蛋、鱼、蔬菜等。烹饪时爱放香油、黄油、胡椒、咖喱、辣酱，烹饪方法有煎、炒、烩、涮、油泡等。他们最喜欢吃的菜品有煎牛扒、辣子牛肉丝、炒羊肉丝、涮羊肉、烧羊肉、咖喱鸡、菊花鱼、烩鱼肚、香麻鱼脯、油泡虾丸等。传统食物用手抓食，但只能用右手。

客人来访以及进餐，由男主人陪同，女主人不出面。他们招待客人，常用甜菜泥、西式点心、染色的甜米饭、甜发面饼。饭后，请客人吃梨、柑、橙、香蕉、葡萄等水果。

平时，人们习惯早餐时喝奶茶、吃点心。法律规定，上班的人每天上午和下午各有一刻钟的饮茶时间。由于天气炎热，吃饭时必备冰水。

穆斯林严禁饮酒，违者将遭鞭笞处罚。即使是外国人，在公共场所饮酒，也会受到处罚。斋月里，白天禁饮食，天黑以后才能吃饭喝茶。

习俗

妇女不同丈夫等家人之外的男性接触，不可抛头露面，无重要事情不出门，因而街上女人较少。妇女必须出门时要戴上头巾，有时还要戴上面纱。在公共场所，普什图族女性甚至忌讳与丈夫交谈，更不与外人说话。社交聚会也多为男性，基本看不到女士。婚礼宴席上，男女分开，互不相见。在涉外交际场合，偶然能看到受过欧美教育的女士，男士与其致意时，双方多是微笑、点头。

巴基斯坦人摇头和点头的含义与我们不同，摇头表示赞赏、肯定，而点头则是否定的意思。在巴基斯坦，口说无凭，不可用电话做决定；拜访、交谈等任何约定，均需以书面字据为准。

禁止男女在公共场所拥抱、亲吻，违者罚款或坐牢一星期。参观清真寺，不许抽烟和大声说话。忌讳用手拍打对方的肩背，因为这是警察拘捕犯人的动作。手帕不能作为礼品送人，因为手帕是擦眼泪的。

巴基斯坦人喜欢绿色、银色、金色，尤喜翡翠绿；不喜欢黄色、黑色；认为"13"和"420"是不祥的数字。

巴勒斯坦

国情

巴勒斯坦国（简称"巴勒斯坦"）位于亚洲西部，人口约1,350万（其中约旦河两岸和加沙地带人口530万），官方语言为阿拉伯语。1988年11月，巴勒斯坦全国委员会第19次特别会议通过《独立宣言》，宣布耶路撒冷为巴勒斯坦首都。目前巴勒斯坦总统府等政府主要部门均设在拉马拉。同时，会议宣告成立巴勒斯坦国，但未确定其疆界。

交往

巴勒斯坦人多为穆斯林，见面时必说"阿斯兰姆阿莱古姆"，意为"真主保佑"。见面礼节是握手，但男女相见时，女子主动伸手才可相握。好友久别重逢会拥抱，典型的动作是拥抱三次：头靠左、头靠右、头再靠左。大多数人遵循伊斯兰教教规，不抽烟、不喝酒。

巴勒斯坦女性不见男性客人，不随丈夫参加社交活动，因而日常宴席上只有男士，没有女眷。婚宴上，男女分两处就座。

应邀参加节日欢宴，巴勒斯坦人有送小花圈的习惯。花圈尺寸很小，且花色带有喜庆色彩。过年时，妇女们出门拜年会随身携带红粉，见了亲友将红粉涂在对方前额上，以表示祝贺。

服饰

社交场合，巴勒斯坦人一般穿西服或传统服装。休闲时，年轻人多穿牛仔裤、夹克衫、T恤，姑娘们爱穿花裙子。

巴勒斯坦男人的传统服装多由游牧民族贝都因人和农民手工制作，黑白两色是其特点，如白色长袍、粗呢斗篷、黑色灯笼裤，佩戴白色或黑白相间的头巾，脖颈上缠绕宽大的围巾。女人也着袍装、扎头巾。老年妇女的袍装以黑色为主，而年轻女子的袍装、头巾色彩丰富。女子服装常饰有刺绣，刺绣图案有几何图形、树木、花草、鸟兽等。袍装适合当地炎热的气候条件，走动时会产生通风的效果，能起到祛热降暑的作用。

饮食

巴勒斯坦人的主食是烤饼、面包和大米。粗面饼"恰巴蒂"是当地人必备的主食，此外还有油饼、油炸土豆馅三角等。常常将大米做成黄油抓饭和肉抓饭，婚宴上必定会端上染有颜色的甜米饭。手抓饭或大饼配咖喱羊肉、鸡肉，是当地最常见的食物搭配。

巴勒斯坦人口味偏辣，无论做肉类、豆类，还是做蔬菜，都会放辣椒。其烹调方式不是炒，而是炖，牛羊肉、鸡、鱼以及各种豆类、蔬菜均炖得烂熟。他们用胡椒、姜黄制作的咖喱食物相当出名。

巴勒斯坦人吃饭不用刀叉、筷子，而是在净手后，用右手抓取饭食。他们喜欢喝茶，招待客人时，主人一般会亲自烹煮红茶，同时端上夹心饼干、蛋糕等点心让客人品尝。

节日家庭聚会，少不了"希施巴拉克"——类似中国的馄饨。其馅料一般是羊肉、洋葱加香料。小麦粉加水和成面团后，做面皮儿不用擀面杖，而是用杯状小圆桶压制而成。将适当馅料放入皮内，包成类似中国的馄饨状，再放进烤箱烤熟，与酸奶、蒜末等一同食用。

婚俗

巴勒斯坦的法定婚龄是男子16岁，女子15岁。儿子长大后，母亲会直接到女方家提亲。若双方满意，男女可当面相亲。求亲要举行仪式，男方家人和德高望重的族人都要到场。定亲更隆重，需在宗教法官见证下签订婚约，以确保双方自愿结婚。必不可少的是，订婚时要支付彩礼，众人还会吃甜点"库纳法"。

婚礼活动颇多，通常会持续一星期，其中包括双方的告别单身晚会、婚宴、答谢等。新娘的打扮最受关注。按照当地习惯，会将凤仙花捣碎，以其红色汁液涂饰新娘的双手、双脚。新娘礼服美观、华贵，共分七套，上面缀满金片和钞票，其颜色分别为白、红、绿、黄、蓝、青和黑。婚礼期间，新娘会不时更换礼服，至于什么时间、什么场合穿什么礼服，都会严格遵照传统，有专人指导。

斋月

伊斯兰历的9月为斋月，斋月历时一个月。斋月里，巴勒斯坦人白天不进食。他们的开斋节如同中国的新年，张灯结彩，热闹非凡。节前，妇女们大包小包地购置食品、鲜花和气球。节日期间，清真寺广场上盛况空前，成百上千名穆斯林身穿传统服装，一般是男女分开，进行节日礼拜。

斋月期间，当地非穆斯林群体也会自觉遵从这一节日习惯，不在公共场合进食。

巴林

国情

巴林王国（简称"巴林"）位于卡塔尔与沙特阿拉伯之间的波斯湾海面上，面积786平方千米，人口150万（2022年），官方语言为阿拉伯语，首都是麦纳麦。

交往

巴林位于波斯湾，是一个比较开放的伊斯兰国家。巴林人重情谊、讲礼仪，慷慨大方、为人实在。他们喜欢结交朋友，社交场合一般行握手礼，男女之间也可握手。好友之间相见，除了拥抱，还会互亲面颊。见面时，通常先互致问候，谈话时面朝对方，和蔼可亲。与朋友并肩而行，常相互挽手。

在巴林，握手、敬茶、递物时，均要用右手。如果向朋友夸赞某物，朋友可能会立刻将此物相赠。若不接受，朋友会生气，甚至产生反感。平日闲聊，最常提及的话题是猎鹰和良马。

巴林人星期五至星期六不办公事。政府机关办公时间是7—13时。他们时间观念强，约会时少有迟到现象。

服饰

正式场合，巴林男女均穿袍式民族服装，大方得体。

男女袍装黑白分明。男子一般身穿白袍，头缠白头巾，脸部露在外面。不过，现在的年轻男子多已脱掉白袍，换上休闲装。什叶派女人基本上穿清一色的黑袍，缠头巾。与男人不同的是，女子需把头发包裹起来，脸上罩面纱，已婚女子面纱多为黑色、黄色。戴面纱的妇女，有的露出眼睛，有的露出下巴或额头。妇女能暴露自己脸上的哪个部位，需按照丈夫的吩咐办。女孩子穿的黑袍叫"阿巴亚"，一般是纯黑色，也有女孩爱美，在黑袍上绣上花纹。逊尼派女子多着现代西式服装。

饮食

巴林人以穆斯林餐饮为主，正式宴请场合，遵循伊斯兰教教规禁食猪肉、不饮酒。副食以羊肉、鸡肉、火鸡肉、鸭肉和鱼虾为主，主食是大米饭、发酵的薄面饼以及各种面食搭配各式馅料。在有的超市中能买到猪肉，而牛肉不多见。常见的蔬菜有番茄、土豆、茄子、菜花、黄瓜、青椒等。烹调多为煎、炸、烤，调料主要用桂花、郁金粉、丁香、生姜、橄榄油、黄油、糖等。

巴林人日常习惯吃烤羊肉串、烤羊腿、烤全羊。他们口味喜甜，爱微辣，用餐时习惯用手抓食。在巴林人家中做客，客人吃饭越多，主人越高兴。

当地有很多外国人经营的餐馆，如中餐馆、西餐馆等，甚至还能看到墨西哥风味的餐馆。西式面包、牛排、奶酪、汉堡、薯条、可乐饮品等随处可见，想品尝阿拉伯浓咖啡、茶也很方便。

巴林的涌泉多，灌溉方便，因此水果很丰富，其特产是椰枣。

习俗

巴林的穆斯林每天做五次礼拜。斋月期间，从日出到日落，禁止一切饮食，不吸烟。传统上，穆斯林妇女深居简出，如需外出，须戴上盖头或面纱。妇女的面容若被陌生男人窥见，则被视为不吉利。不过，现在宗教禁令已大为放松，阿拉伯传统和现代文化并行，妇女外出可以穿黑袍、戴面纱，也可以穿时尚的服装；妇女不仅可以单独出门，甚至可以自己开车。

在巴林已经出现酒吧、歌厅、夜总会，娱乐活动中可播放流行歌曲。私家宴饮，非穆斯林可吃到猪肉，喝酒也很常见。

巴林的传统婚姻遵循父母之命、媒妁之言。开放一些的家庭，可以自由恋爱，也可以离婚。有钱的男性可以娶四个老婆。

传统婚姻，男方一般需送彩礼，给新娘购买首饰、衣服、香水和家庭用品。举行婚礼时，新郎在一群小伙子的陪同下，到新娘家迎娶新娘。新娘梳洗完毕，在手脚上涂抹花粉软膏，穿上婚服，然后裹着毯子，由新娘家女眷送到新郎家。

新娘在新房里坐定后，女眷们便按照伊斯兰教教规祈祷："愿真主赐福给你。"随之，新郎揭开新娘的盖头，双膝跪下，祈求真主赐福于未来。

巴林人认为左手不洁，不可用左手递送食物，用左手不仅不礼貌，还有污辱人的意思。赠送礼品时，忌讳送酒、女人照片或女人雕塑作品。男女当众接吻属犯罪行为，轻则罚款，重则判刑。

巴拿马

国情

巴拿马共和国（简称"巴拿马"）位于中美洲地峡，东连哥伦比亚，南濒太平洋，西接哥斯达黎加，北临加勒比海，面积7.55万平方千米，人口440万（2022年），官方语言为西班牙语，首都是巴拿马城。

交往

巴拿马人很友善，热情好客，可能会随时邀请人到自己家里做客。即使未受邀请的客人来到家里，也会受到盛情款待，不会有慢待之虞。他们的社交礼节深受西班牙影响，姓名结构也与西班牙人相同，顺序是：名字—父姓—母姓。社会上最常用的称呼是"先生""女士"或"太太""小姐"。有职务、衔称者，应在其姓氏前加上相应的职称或衔称，如主任、经理、博士、教授等。

巴拿马人常用的问候语是"您好""早上好""下午好""晚上好""很高兴见到您"等。男性之间常行握手礼，女性之间或异性朋友相见，除握手外，还会拥抱和亲吻面颊。街头遇见熟人，则以招手、点头为礼。交谈时，喜欢彼此靠得近些，以显得亲近。他们习惯以吻指尖表示赞美。

当地人接电话，往往先问对方是谁，这与欧美国家先自报家门的习惯不同。中午，他们常常会回家吃午饭，且有午睡习惯，生活节奏较慢。约会，特别是宴请活动，常常迟到，且不喜欢有人催促。应邀到巴拿马人家中做客，可带些食物或小树苗送给主人。

服饰

巴拿马人出席隆重场合，总是衣冠楚楚。在政府部门以及大公司，人们通常是西装革履。参加一般社交活动，穿衬衫、打领带即可。

由于天气炎热，当地人一般以夏装为主，男士爱穿一种颇为时髦的薄纱短衫，名为"波列拉"。它用优质白麻纱制成，上面装饰有贴花或绣有动植物图案，以手工缝制花边，领口饰有色彩鲜明的绒线。

农村居民最典型的服装是"下米西利亚"，是用一种薄料做成的圆领长衬衫。农民喜欢头戴草帽、脚穿草鞋。农村妇女常穿的服装是印花布连衣裙。

在举行节庆仪式时，部落首领会化装——用羽毛装饰自己。而参加仪式的其他人员，则用野兽爪子做装饰。闻名于世的巴拿马草帽，是用一种植物的纤维纺织而成，有黑条纹或花饰，边沿上翘，颇为美观典雅。这种草帽虽然原产于厄瓜多尔，但巴拿马人戴此帽者较多，因而得名。

饮食

巴拿马居民的主食有大米、玉米、豆类、香蕉等，肉食以牛肉或鱼、虾为主。有名的民族菜"瓜乔"，是用大米、豆类和肉做成的。人们还喜欢吃用玉米面和肉做成的面饼以及腊肉大米饭等。

在繁忙的巴拿马运河上，各国人员频繁往来穿梭，因而此地成为世界各国厨艺的荟萃之地。当地水产品种丰富，因此在各种美食中，海鲜更受青睐。

巴拿马人的早餐、中餐简单，晚餐较丰盛、正式，当地人习惯餐后吃甜点。他们常把鸡汤当作饮品，居民常喝的饮料有可乐、咖啡等。巴拿马咖啡风味纯正，口感润滑，很有特色。

习俗

巴拿马首都巴拿马城，每年2月都举行盛大的狂欢节。届时人们身着华丽、古怪的服装，装扮成各种奇异的角色，在高分贝音乐的伴奏下，随着花车游行，手舞足蹈，尽情展示自我，寻求欢乐和放松身心。到了夜间，大街上灯火辉煌，熙熙攘攘，更像是热闹的集市，人人都会找到自己喜欢的去处。

在巴拿马，不论是欧洲移民后裔，还是当地其他居民，其婚俗都受到天主教较大影响，婚礼基本按照天主教习俗进行。但巴拿马乡村的一些印第安人，仍保留着本民族的传统婚俗。例如，有的少女在结婚前要举行成年礼，届时全村人都要赠送礼物，女孩父母要宴请全村人。

巴拿马妇女有一个特殊习惯，即在元旦前夜，要反穿内衣。据说，这种迎接新年的奇特习俗，流传了很久。此外，巴拿马人还经常开展斗鸡、斗牛和赛马活动。

巴拿马人很在意保护隐私，忌讳提及个人的私生活。与妇女交谈，不可问及其年龄。到巴拿马人家中做客，不宜过分赞美主人的某件物品。

11月2日是巴拿马的扫墓节，节日期间禁止销售、饮用含酒精饮料，禁止使用音乐设备，不得举办舞会之类的欢庆活动。

巴西

国情

巴西联邦共和国（简称"巴西"）位于南美洲东部，面积851.04万平方千米，人口2.15亿（2022年），官方语言为葡萄牙语，首都是巴西利亚。

交往

巴西人的姓名由三部分组成——本人名字、母亲姓氏、父亲姓氏。全称只在很正式的场合才使用，平时使用简称，即本名加父姓。日常生活中，互相认识的人，只呼名。原住民多不习惯让外人称呼自己的姓名，一般不把自己的真实姓名告诉他人。

在巴西流行的握手礼，适用于初次见面或不太熟识的人之间。握手应由身份较高的人、年长者、主人或妇女先伸出手，若抢先伸手，会被认为举止不恭。黑人握手时，习惯用左手在对方肩上拍一拍。贴面礼流行于女士之间，有时女士与熟识的男士也互贴面颊。至于吻手礼，社交场合也常见，身份高的女士会伸出手，让人亲吻。

服饰

巴西服装属欧式风格，但是由于地处热带，服装设计大胆、火辣，色彩艳丽，颇为性感。正式场合，他们一定会穿西装或套裙，尽管天气炎热，也必须穿深色服装。日常生活中，男人穿短衬衫、长西裤，女人则穿长裙。巴西妇女爱戴首饰，喜欢色彩鲜艳的时装，习惯赤脚穿鞋。黑人妇女一般爱穿短小紧身的上衣、宽松肥大的花裙，并且经常身披一块又宽又长的披肩。按照当地风俗，那简斯第地区的妇女将帽子戴得偏左表示"未婚"，偏右表示"已婚"，扣在前额上则表示"别理我，我很烦"。

饮食

巴西人平常主要吃欧式西餐，肉类所占比重较大。巴西烤肉闻名于世，特别是烤牛肉，为巴西宴客的一等国菜。烤牛肉不加多余调料，只在牛肉表面撒点食盐，以尽可能保留其原汁原味。炭火一烤，牛肉表层油脂渗出，外面焦黄，里面鲜嫩，散发出一股特有的香味。另外，将黑豆、红豆等豆类加上猪肉、香肠、烟熏肉、甘蓝菜、橘子片，用砂锅烹煮而成的"黑豆饭"，也有"国菜"之称，宴请时不可缺少。

素食主要有烤茄子、烤辣椒、烤菠萝、烤苹果、烤玉米、烤香菇、烤哈密瓜等，风味独特，受人喜爱。

巴西人每日离不开咖啡，还喜以咖啡待客。至于饮酒，提倡饮而不醉，醉酒行为被视为粗俗至极。

节日

"地球上最伟大的表演"——巴西狂欢节，始于19世纪中叶，最初只是贵族举行的室内化装舞会。现今巴西狂欢节在每年2月中旬或下旬举行，持续一星期。狂欢节上奇装异服盛行，男人对女性化的服装狂热追捧，有的男人干脆把自己打扮成女性，而平时性格内向的女人，则大跳热舞。尤其是里约热内卢狂欢节，吸引了成千上万的游人。狂欢节内容十分丰富，主题是弘扬爱国主义，从印第安人历史、巴西足球到人们对现实生活的各种愿望、需求等，都有所反映。狂欢节上，不分贫穷和富有，不论尊卑与贵贱，人们从白天跳到黑夜，尽情欢乐，尽情宣泄。

习俗

在当地，若想进入私人的土地或住处，必须先获得主人的同意。私自闯入者，若被查问三次仍不回应，主人则可以举枪射击。

巴西人喜爱蝴蝶，认为蝴蝶美丽、吉祥；认为棕色、紫色为悲伤的色调，黄色表示绝望，深咖啡色会招致不幸。这里送礼物时，不赠送手帕或刀子，忌讳数字"13"。

交谈时，他们爱聊足球，爱讲笑话，爱听趣闻。对于国内政治、经济、民族问题，则常常闭口不谈，也不议论与邻国阿根廷的有关敏感问题。人际交往中，重视亲笔签名，无论写便条、发传真，还是送礼物，都会签下自己的姓名，否则会被认为不重视交往对象。美国人喜爱的"OK"手势，在巴西却表示"令人厌恶的大便"，是粗俗、猥亵的动作，有冒犯、侮辱对方的意思。

白俄罗斯

国情

白俄罗斯共和国（简称"白俄罗斯"），位于欧洲中部，面积20.76万平方千米，人口920万（2023年），官方语言为白俄罗斯语、俄语，首都是明斯克。

交往

白俄罗斯人性情豁达、豪放，待人诚恳、实在，"请""谢谢"等文明用语常挂嘴边。青年人在一起，多以名互称，而成年人则互称彼此的名字和父名。

常见的见面礼节是握手、拥抱和吻礼。长辈吻晚辈额头，朋友互吻面颊，男士对尊敬的女士常施吻手礼。与不太熟悉的女士相见，不可贸然握手，但可赞其年轻漂亮。

白俄罗斯的传统礼节是以面包和盐欢迎贵宾。受礼人应躬身接过面包，对面包施以吻状，然后手掰一小块，撒上盐、吃掉，并表示感谢。应邀去白俄罗斯人家做客，送鲜花给女主人，花枝应为单数（送逝者为双数花枝）。在家会见宾客，讲究让贵宾坐在圣像下面，主人则坐于客人右侧。

白俄罗斯人高兴时，常开怀大笑，而微微一笑则表示轻蔑，这与我们"礼貌性微笑"的含义有明显区别。宴会上，主人习惯发表长篇讲话，若客人祝酒词过于简短，只表示为友谊"干杯"等，会被认为失礼。

他们守时守约，迟到会道歉。

白俄罗斯人讲究"女士优先"，如问候夫妇二人时，应先问候女士；女士走进客厅，男士应起身表示欢迎，而男客进入客厅，女士可以不起身，仅需面向来人，以示礼貌即可。介绍人们相识，应先把女士介绍给男士，而向女士介绍男士时，应先征得女士的同意。上楼梯、进入室内，男士一般应让女士先行，并为其开门。如果女士站立，男士不应坐着。出门时，男士应帮助同行女士穿大衣；去餐厅、影剧院等，男士应先找座位让女士坐下，自己再坐。请女士跳舞后，应送她回原来的位置，致谢后再离去。

服饰

白俄罗斯人注重仪表，讲究穿戴。公务和社交场合，男士多穿西服，女士则穿裙装。节假日，人们爱穿民族服装。观看芭蕾舞等正式演出，需着正装。

白俄罗斯民族服装多为白色。例如，男子上身是白色亚麻布绣花衬衫，外套坎肩，系彩色腰带，头戴毡帽，而下身穿白色灯笼裤，扎白色裹腿，脚蹬皮靴。妇女一般上身穿白色绣花衬衣，下身穿条纹或方格纹图案的白色大长裙，腰系毛织小花围裙，再配上五彩绒线织成的腰带，头戴花头巾，脚穿皮靴。

饮食

白俄罗斯人的主食以面包为主，副食有猪肉、牛肉、羊肉、鱼、虾、禽等肉类及卷心菜、黄瓜、番茄、胡萝卜、土豆等蔬菜。特别是土豆，既是主食，又是副食，白俄罗斯人能用土豆做出上百种菜，还有专门供应土豆食品的商店。他们口味较重，烹调讲究酥烂熟透。

传统食品有黑面包、黑麦糊以及用面粉、土豆做成的薄饼等。他们喜欢吃肉，也很喜欢酸奶、奶渣、干酪；特别爱喝汤，经常喝的汤有凉杂拌甜汤、白菜汤、淋上酸奶油的罗宋汤等，喝汤时忌讳出声。

白俄罗斯人爱喝烈性酒，且酒量大，一口一杯。与我国一些地区喜欢劝酒的习惯不同，他们不劝酒，能喝就喝，不喝也没关系。他们认为，既然喝酒，首先是自己应该喝个痛快，即使喝醉也无所谓。若大家高兴，一起干杯，就应大大方方饮尽，他们对"逃酒"行为颇为反感。在宴会上，第三杯祝酒往往是为在座的女士干杯。用餐时，忌讳将喝空的酒瓶放在餐桌上。

他们爱喝的饮料是"格瓦斯"等。

习俗

白俄罗斯人认为，白色纯真、洁净，故而崇尚、偏爱白色。他们也喜欢红色，认为红色象征勇敢；忌讳黑色，尤其见到黑猫，会使他们感到沮丧；忌讳送人黄色蔷薇花，因为这是断绝友谊的象征。

白俄罗斯人认为数字"7"是吉祥数字，而"13"会给人带来灾难；认为盐能驱邪除灾，碰翻盐罐是不祥之兆。忌讳在房间里吹口哨，认为这样会将财富吹跑。他们对左撇子没有好感，认为使用左手不礼貌。

进入东正教堂，不论是不是教徒，妇女都应戴头巾，男士应脱帽。坐公交车，年轻人应当给老人让座。接受服务有付小费的习惯。

保加利亚

国情

保加利亚共和国（简称"保加利亚"）位于欧洲南部的巴尔干半岛东部，国土面积11.1万平方千米，人口683万（2021年），官方语言为保加利亚语，首都是索非亚。

交往

保加利亚人的问候用语根据时段而异，分别是"早上好""日安""下午好"，晚上告别时道"晚安"。同多人见面，应先同年长者或地位高者握手、问候，尊称对方"先生""女士"加姓。社交场合见面时，一般施握手礼，而亲朋好友之间则行拥吻礼。女士对特别尊敬的男子常行屈膝礼，并伸出右手给对方，以便对方行吻手礼。与比较熟悉的人可行贴面礼，但应视对方意愿行动，特别是面对女士时，更应如此。初次见面，可根据需要互换名片。社交场合，仪态应端庄，待人应和蔼可亲。

保加利亚人的肢体语言，有一特别之处，即摇头表示同意（yes），点头代表拒绝（no）。

在长辈和客人面前，晚辈不可太随便，要守规矩，坐有坐相、站有站相，不可随意插言。保加利亚人家庭观念重，尤其是家中的老人，会受到尊重和礼遇。

服饰

保加利亚人休闲时穿戴较随便，而在公务场合则比较注意仪表，特别是参加社交活动，需穿比较庄重的西服。节庆活动中，男子穿传统民族服装，常见的有白装、黑装两种。白装历史最悠久，由白衬衫、白长裤、红色坎肩及圆筒状白毡帽组成，用手工土布制作。其衬衫领部、手腕部饰有金色刺绣；裤脚宽松，红色腰带宽大并饰金色刺绣；坎肩无扣，绣有金边或色彩鲜艳的图案。黑装流行于保加利亚东部地区，圆筒黑毡帽、黑裤子均绣有金线，系红腰带，腰间佩挂彩球状吉祥物，而衬衫仍为白色。

常见的女性传统民族服装有斯库曼和莎亚。斯库曼是坎肩长裙，以黑色或深蓝色的布料制成，并饰以色彩艳丽的刺绣，流行于保加利亚东南部及山区。莎亚是一种大氅状红黑色刺绣外套，或只有前后两片刺绣，代替外裙，罩在前后身衣裙之外，制作都十分精美、华丽。保加利亚女性通常爱把丝绸和羊毛围巾折成三角形，披在肩上。

饮食

保加利亚人的主食多为面包和烤饼，米饭次之。早餐通常是牛奶、酸奶、面包、香肠、奶酪等，配以番茄、黄瓜等凉菜和果汁、咖啡、茶等饮料。午餐一般有汤，用餐时先喝汤。平日的午餐通常有牛肚肠、沙拉、面包等。他们一般更重视晚餐，晚餐往往喝酒水饮料，多不喝汤，餐后还有甜食、水果、烤南瓜等。

保加利亚人口味较重，喜辣，不怕油腻，多数人爱吃焖、烩、煎、烤的菜肴。他们特别喜欢酸牛奶。保加利亚是世界乳品的发源地，用保加利亚乳杆菌制成的酸奶，名闻天下。

保加利亚人的就餐座位颇为讲究：在家里，靠火炉最里边的位置为上座，是家中男性长者之位，其旁是夫人的座位，儿子、儿媳等晚辈均在下位。就餐应看在座最年长者的信号，年长者先用餐是一种礼貌。他们就餐时，重视餐桌礼仪，如忌讳咀嚼食物发出响声，不可把胳膊肘总放在餐桌上。

习俗

元旦就餐时，打喷嚏的人意味着会给全家人带来幸福；除夕夜的零时，习惯把灯熄灭三分钟，然后再开灯，重见光明，以表示新的一年开始了。白色是保加利亚人钟爱的颜色，代表勇气、自由、解放和纯洁。保加利亚人信奉东正教。

保加利亚人对婚礼特别重视。在一些农村，婚礼前一天会派人到全村各家各户报喜，并发出邀请。此人通常腰扎三角巾，身后背着一个长颈酒壶。受邀者要喝一口酒壶里的酒。婚礼上，新人不一定穿白婚纱、黑礼服，常按照保加利亚传统习俗打扮：新郎脖颈上挂满钱币，而新娘妆则需专门请化妆师来完成。给新娘化妆时，要先将白色颜料抹在脸上，然后用口红在两边脸颊和眉心处画上三个红点，再用各色亮片在脸上贴出花瓣和绿叶。化妆完成后，再给新娘包上围巾，披上彩色大披肩，由众人簇拥着出现在婚礼上。有的婚礼会持续三天，婚宴排场大，歌舞热闹，最后常以摔跤比赛结束。

北马其顿

国情

北马其顿共和国（简称"北马其顿"）位于欧洲东南部巴尔干半岛，面积2.57万平方千米，人口209.7万（2022年），官方语言为马其顿语，首都是斯科普里。

概况

北马其顿首都的建设以雕塑闻名。1991年独立以后，为了加强爱国主义教育，展示民族自豪感，该国十分重视建造名人雕像。广场、街道两旁，甚至房前屋后，随处可见栩栩如生、形态各异的雕像。

今天的斯科普里市已经脱胎换骨，涅槃重生。原来的铁托广场，改名为亚历山大广场。亚历山大大帝曾是马其顿王国的国王。广场上最醒目的便是亚历山大的青铜像，他手舞宝剑，稳坐在嘶鸣的战马上，勇往直前，其四周由8名武士及4头猛狮簇拥着，雄壮威武。

北马其顿首都另一位名人的塑像是修女特蕾莎的。特蕾莎出生在斯科普里，属于阿尔巴尼亚族人，长期在印度从事慈善事业，1979年获得诺贝尔和平奖，被天主教会封为"圣人"。

斯科普里文化娱乐氛围浓厚，每年夏季最为活跃，斯科普里爵士音乐节吸引了各种流派的音乐人前来参加这一活动；布鲁斯及灵魂乐音乐节以及青年歌剧节等，都颇受当地人喜爱。

北马其顿民间舞蹈比较特别，开始时节奏比较庄重、舒缓，舞步动作较慢，但随着乐曲节奏逐渐加快，舞步也逐渐加快，最后快到难以为继时，音乐、舞蹈动作戛然而止，给人以始料未及之感。北马其顿还有一种"战舞"，以刀剑武装的舞者气势雄壮，别具一格。

交往

北马其顿共和国是地处巴尔干半岛中部的南欧内陆国。马其顿人的见面礼节一般是行握手礼，亲朋好友见面行拥抱、贴面礼。称呼男士为"先生"，称呼女士为"夫人""小姐""女士"。

马其顿人热情好客。家有喜事，如乔迁新居、子女结婚等，常邀请亲朋好友来家做客。

客人一般都会向主人送些礼物，常见的礼物是葡萄酒、巧克力以及鲜花等。应注意的是，喜庆之日，送人鲜花的枝数应为单数，而用于葬礼或拜谒墓地时，鲜花枝数则为双数。

北马其顿主要民族是马其顿族和阿尔巴尼亚族，分别信仰东正教和伊斯兰教，其教规、礼俗不同。访问穆斯林家庭，进屋门时应将鞋脱下，并留在门外。

服饰

平日在首都斯科普里街头，可见年轻人着牛仔裤、超短裙。正式社交场合，人们颇为重视着装打扮，男士通常穿西装、扎领带，女士则穿裙装或套装。

马其顿民族服装有其自身的特色。男子基本上都是上穿白衬衣，衬衣领口和纽扣处有各式各样的花边，外罩黑色呢背心或皮背心，上面缀有彩色刺绣；下穿窄裤或肥裤，配色彩鲜艳的腰带；头戴黑色平顶圆筒形礼帽。女子上穿立领绣花衬衣和短背心，下穿围裙，配彩色腰带，扎白色头巾。男女腰部都系彩锦，悬于胯部，男左女右。男女都穿丝袜和软皮鞋，多为红色。

饮食

北马其顿农产品丰富，如肉、蛋、奶制品、蔬菜、水果等供应充足。他们以面食为主食，喜欢吃肉，口味偏重、偏辣，不怕油腻。普通人家里的伙食一般是烤肉、香肠，搭配面食、大葱、青辣椒。

当地的美食多种多样。科巴比（kebapi）类似于中国的肉夹馍，所夹馅料有肉、洋葱、辣椒和某种草药。突力塔瓦（turli tava）是该国常见的炖菜，是将秋葵、土豆、茄子、碎肉、辣椒、胡萝卜以及大米和洋葱等放入马其顿人的传统瓷器中慢炖而成，与酸奶一起食用。布瑞克（burek）与中国的千层饼类似，与羊乳酪、菠菜、肉末和土豆等一起食用。木萨卡（musaka）的主要食材是土豆，配上茄子、洋葱、碎肉及其他蔬菜一起烤至金黄，酥脆可口，颇受欢迎。萨尔玛（sarma）是用葡萄叶为皮做成的一道沙拉，主要食材有碎肉、洋葱、辣椒和切碎的蔬菜，一般是配酸奶吃。

马其顿人爱喝的饮料有土耳其咖啡、红茶、果子酒和矿泉水。当地人下班之后，喜欢泡酒吧、咖啡厅，周末通常要放松到很晚。

贝宁

国情

贝宁共和国（简称"贝宁"）位于非洲西部，面积112,622平方千米，人口1,180万（2019年），官方语言为法语，首都是波多诺伏（国民议会所在地）和科托努（政府所在地）。

交往

贝宁人民热情好客，社交礼节与国际接轨。在社交场合相见，称呼对方"先生""夫人""女士""小姐"。初次见到同性客人，一般是握手问候致意，而对异性客人则多是含笑、点头或躬身表示问候和欢迎。拥抱、亲吻礼节也很常见，与外来客人"亲吻"的方式多是以自己的面颊轻轻贴一下对方的面颊。

松巴族人见面问候时，一定要叫出对方的姓名，如"温德布则，您好！""温德胡尼，近来身体好吗？"等。

现代贝宁人姓名的基本结构是：姓—名—父名。松巴族人信仰上帝，他们的名字多见"温德布则"（意为"上帝所恩赐"）、"温德胡尼"（意为"上帝的礼物"）、"温德拉帕塞"（意为"上帝是真理"）等。

那哥族人常常根据孩子的出生顺序给孩子取名，如"沃卢"一定是家中老大的名字，"奥英洛拉"是老二，"比奥"则是老三的名字。此外，他们还常常将自己崇拜的人或亲朋好友的名字用作自己的名字。

贝宁受法国影响较深，不少人会在自己的姓名中再加上一组法式姓名，因此有复姓、复名者很常见。

贝宁人的日常称谓比较独特。例如："爸爸"，不仅用于称呼父亲，还可用于称呼伯、叔、舅等；"伊姬"用于称呼母亲，也可用于称呼伯母、叔母、舅妈、姨妈等；"阿拉"用于称呼同辈族人，如兄弟、姐妹、堂（表）兄弟、堂（表）姐妹等；"奥科利"和"奥比利"，分别用于称呼所有与自己同辈的男人和女人；"埃格朋""阿布洛"分别用于称呼与自己同辈，但年龄大于或小于自己的男人；"奥莫"用于称呼子女、（表）侄子女等，也可用于称呼用人、侍从等。

"爸爸—拉"是祖父、祖伯父、祖叔父的称呼；"伊姬—拉"是祖母、祖伯母、祖叔母的称呼。

服饰

由于天气炎热，日常生活中，贝宁人穿着比较随意，以轻便、凉爽为要，但是讲究色彩丰富。外交场合、庆典活动中，男士穿西装或穿宽松无领长袍，妇女则穿色彩艳丽、做工考究的裙子，扎头巾。

当地妇女有文身的习俗：颈部的三条水平线花纹，意为保佑长命百岁；肚脐下的蜥蜴形花纹，表示心胸宽阔等。

贝宁妇女爱打扮，耳环、颈饰、手镯等饰物必不可少，尤以大耳环为美。女孩子很注重头发的梳理和造型，因而创造出许多精美的发型，如凤冠型、船型、多辫型等。她们还喜爱在嘴唇上画各种图画。

饮食

贝宁南方人的主食是玉米、大米、小麦以及豆类，常见食物有玉米粉面团、玉米饼等。北方人以小米、山药和薯类为主食。山药的常见做法是蒸熟后捣碎，再加上花生或番茄酱一起食用。城里人的主食多为大米和面包等。南方人喜爱的肉类以鱼、鸡肉为主，还有羊肉、兔肉、牛肉和丛林鼠肉。肉类的烹调，通常是用棕榈油或花生油煎炸。北方人食用较多的是牛肉、猪肉和鸡肉制品。

贝宁人用餐的规矩，一般是长辈入席后，年轻人才可入席；餐毕，年轻人要向长辈致意，然后才能离开。抓食饭菜时，不可越位，不可抓别人面前的食物；来访的客人不能挑食，样样都要吃一点，否则主人会不高兴。吃鸡时，晚辈不能吃鸡头、鸡腿。

贝宁的水果有柑橘、香蕉、菠萝和杧果等。索达必（sodabi）是当地酿造的棕榈酒，颇为珍贵，在宴会上才能喝到。

蛇节

贝宁南部的人们历来崇拜蛇，视蛇为神灵，家里多养蛇，有时多达数十条。蛇与主人朝夕相伴，甚至会爬到主人身上嬉戏玩耍。吃饭时，主人将木棍斜立在餐席上，蛇则爬上木棍"入席"，与主人一同吃喝。每年7月15日是贝宁传统的蟒蛇节，届时大街小巷披红挂彩，人们穿着节日盛装，载歌载舞。蟒蛇与艺人配合，进行各种表演，最引人瞩目的是蟒蛇捕食老鼠。表演开始，人们将老鼠放在特定的圈内，再放出饥饿的蟒蛇。蟒蛇们争先恐后地爬向鼠群，瞄准一只，迅速发起攻击，将老鼠咬住吞下。

比利时

国情

比利时王国（简称"比利时"）位于欧洲西部，陆地面积30,688平方千米，人口1,169.8万（2023年），官方语言为荷兰语、法语、德语，首都是布鲁塞尔。

交往

比利时人性情和善、幽默、开放，喜欢热闹，善于交际。朋友见面，若双方较为熟悉，往往是先打招呼，然后握手，老朋友之间可直呼其名；若相见的双方不太熟悉，则是一面握手，一面互致问候。初次见面，握手应简捷、有力，主动递上名片。若事先知道对方的头衔，以先生、小姐或夫人加头衔或姓氏称呼对方为好。初次见面不要显得过于亲近。会见离开前，应主动与在场的所有人握手道别。

弗拉芒人相见时，习惯互吻对方面颊，一次（右边）、两次（右左各一次）均可，好友之间往往吻三次，即先右后左再右。与比利时人打交道，不论公务还是私事，凡属面见、面谈以及有劳对方的活动，均需事先约定，甚至就医、理发等也不例外。往访活动宜定在10—17时，午餐面谈最好在13—15时。"虞美人"是比利时的国花，深受人们喜爱。

比利时南北差异较大，即北部弗拉芒人讲荷兰语，礼仪与习俗接近荷兰，而南部瓦隆人讲法语，礼仪与习俗与法国近似。针对比利时这种特殊国情，外国人与比利时人打交道时，必须慎重，以免被动，在没弄清楚所接触者的民族背景之前，最好使用英语交谈。

服饰

比利时服装讲究质地天然、色泽柔和、款式庄重。男士穿西装一般是三件套，即上装、裤子、马甲，且颜色、款式、做工需统一。正规场合，男士大多穿深色西装，领带醒目；女士则穿长裙，化淡妆，佩戴适当饰物。他们重视脸部的修饰、美容。出席社交活动前，他们通常都会去整饰发型，但对奇形怪状、过于前卫的发型也看不惯。

饮食

比利时美食可与法国美食比肩。当地人口味清淡，喜鲜嫩、酸甜口味的食物。早餐习惯喝酸奶，搭配热巧克力、水果、小圆面包等；午餐多是传统煎肉肠；晚餐则是海鲜。一般用餐时先喝开胃酒，然后以葡萄酒佐餐，餐后再喝咖啡以解油腻。比利时可被称为"土豆王国"，其用土豆做的菜肴几乎是每餐必备。专门经营炸土豆的店铺比比皆是，土豆的做法花样翻新。风靡世界的炸薯条就诞生在比利时。

节日

比利时的班什狂欢节名扬欧洲，于每年2—3月举行，与中国春节的时间比较接近。当天涌来看热闹的游客人山人海，人们戴上面具纵情狂欢。滑稽小丑"日乐"是狂欢节游行的主角。他脚蹬四寸厚的木跟鞋，身穿红黄相间的紧身服，头顶一米长的彩色鸵鸟羽毛，在鼓乐中踩起比利时民间热烈欢快的舞步。比利时国王和王后也会亲临狂欢节现场。狂欢节的高潮是抛橘子，其初衷是驱魔打鬼，祈求来年平安如意。在比利时，橘子象征吉祥。小丑们挎着装满橘子的竹篮，顺手将橘子撒向欢呼雀跃的人群。据说，接到橘子的人会好运连连。该狂欢节是比利时最具代表性的民间传统之一，2008年被联合国教科文组织列入非物质文化遗产名录。

英雄尿童

布鲁塞尔的尿童塑像位于市政厅广场北部"狗街"上的一个角落里。据说，历史上有一次敌人夜袭布鲁塞尔，想用炸药炸毁这座城市，正巧被小男孩于连发现。情急之下，他撒尿将燃烧的导火索浇灭，挽救了全城人的生命。后来，人们就立了这尊铜像，以纪念小英雄。

禁忌

比利时人忌讳墨绿色，因为这是曾侵略比利时的德国纳粹的军服颜色；视蓝色为魔鬼之色，遇不祥之事，则用蓝色标记。出于宗教信仰，比利时人忌数字"13"和"星期五"。忌送当地人白菊花。交谈时，忌谈个人收入、年龄、婚姻等隐私。

秘鲁

国情

秘鲁共和国（简称"秘鲁"）位于南美洲西部，面积1,285,216平方千米，人口3,339.67万（2022年），官方语言为西班牙语，首都是利马。

交往

秘鲁人热情好客，拜访朋友必赠鲜花。社交场合，握手礼常见。男人之间常施拥抱礼，同时拍肩背，而女子之间则习惯吻面颊，伴着热情友好的问候语。当地人不喜欢一见面就谈公务等严肃的话题，而是先喝咖啡，待双方有所了解之后，才进入正题。人们喜欢夜生活，有的婚礼甚至在后半夜举行。

秘鲁人约会有迟到的习惯，通常是晚半小时，这被认为是有风度的体现。但是，参加秘鲁人商务会谈的外国人若迟到，会令对方不满。

秘鲁人肢体语言丰富，如吻指尖表示"漂亮"；轻敲脑袋表示"我想想"或"动动脑子"；将食指与小指伸直，作垂直牛角状，是"好运"的意思；而将眉毛抬起，表示"钱"或"付钱"；掌心向外举起手掌并摇摆，表示"过来"。

服饰

秘鲁传统服饰"彭丘"（poncho，意为"披风"）堪称国粹。其色彩绚丽，造型独特，富有历史、地域等特色，表现了南美独有的民族风格，令人惊叹。

不过，现代秘鲁人，特别是白领人群，以西服为主。人们平时衣着较随意，但在正式场合很重视衣着。男士着深色西装，女士着西式套装。秘鲁妇女平时喜爱穿大披肩，宽大透气，别有风姿。

2008年11月，亚太经济合作组织（APEC）会议在秘鲁召开，秘鲁方面特别为与会领导人制作了"彭丘"，给人留下深刻印象。"彭丘"的制作原料是羊驼毛，按照秘鲁安第斯山区印第安人的传统工艺制作而成，呈长方形，像毛毯，两侧的下摆有灰黑相间的传统花边。

饮食

玉米、土豆是秘鲁人的传统主食。他们的早餐一般是面包、牛油、牛奶、咖啡；午餐和晚餐离不开肉食。他们喜爱吃的肉类有牛肉、猪肉、鸡、鸭、鱼等，蔬菜水果多为洋葱、番茄、卷心菜、黄瓜、柿子椒、葡萄、香蕉、杧果、西瓜等，干果则是葡萄干等。他们的口味尚清淡，喜微甜，也有人酷爱辛辣。烤串，特别是烤牛心，经常被用来招待客人。

晚宴一般21时以后开始，以刀叉进食。秘鲁人烹调颇有特色，如将肉食、玉米、豆类等放在卵石上烤制，其香味独特，十分诱人。秘鲁的传统饮料是奇恰酒和皮斯科酒，分别用玉米和葡萄酿制而成。以皮斯科酒作酒基，加入柠檬汁、鸡蛋清、糖浆和冰块，配制成味道清香、爽口的鸡尾酒，受到人们的普遍喜爱，已成为秘鲁餐饮文化的象征。

习俗

秘鲁人自认为是太阳的子孙，故而崇拜太阳。他们每年冬至都举行祭祀活动，向太阳祈祷，以库斯科地区的祭祀最为隆重，连续三天。主祭人头戴假发和面具，带领人们向初升的太阳顶礼膜拜，并在民族乐曲的伴奏下跳太阳舞。向日葵又称"太阳花"，是秘鲁国花。与崇拜太阳相关，秘鲁人喜欢黄色。每逢新年，秘鲁市场上便成了黄颜色商品的天下，最有代表性的就是黄裤衩。届时，男女老少都会买上一条穿在身上，期望借此拥有"贴身"的幸运。除了黄裤衩外，商家们还十分热心地推出其他黄色的产品，如黄颜色的帽子、黄色大眼镜、黄花环等。秘鲁人请人吃饭时的食品也突出黄色，如黄土豆、黄南瓜、黄柿椒等，都是不可缺少的原料。当地华人过年，除了穿黄裤衩，也贴春联。

秘鲁群众性体育娱乐活动有斗牛、赛马。每年10—11月，每逢星期日，都会在首都利马的阿丘广场举行斗牛比赛。而赛马更为普及，当地大小城市几乎都有赛马场。赛马一般是比速度、比马技，传统项目有飞马夺鸡、"马舞"等。赛马的消息和照片每天都在报纸上占据显著位置。

秘鲁的国树为金鸡纳树，国兽是骆马。秘鲁人也很喜欢猫头鹰，认为它是益鸟，会造福人类，是智慧和力量的象征。除了黄色，他们还喜欢红色、绿色，而紫色平时禁用，只在10月举行宗教仪式时使用。他们忌讳"13"和"星期五"；还忌讳乌鸦，认为乌鸦是一种不祥之鸟，会给人带来厄运和灾难；忌将刀剑作礼品，认为会割断友谊；忌食海参类奇形怪状的食品。

冰岛

国情

冰岛共和国（简称"冰岛"）靠近北极圈，在欧洲西北部、北大西洋中部，面积10.3万平方千米，人口37.6万（2022年），官方语言为冰岛语，首都是雷克雅未克。

交往

冰岛人的姓氏与其他西方国家大不相同，他们不延续父系传统家族姓氏，实际上没有传统意义上的姓。其姓氏，通常是在父亲（有时是母亲）的名后加上"son"（子）或"dottir"（女），即为"某人之子或女"。因而冰岛人的姓，只有亲兄弟或亲姐妹相同，且不同于他们的父姓。同一家庭里的子女也不同姓，因此一个由父母和一儿一女组成的冰岛家庭，可能就有四个姓。女子结婚后，不随夫姓，仍保留自己原来的姓氏。

那些使用固定姓氏的冰岛人，多为外来移民。冰岛人之间，包括与朋友乃至长辈、上司见面，打招呼通常都是直呼其名。正式场合，外国人称呼冰岛人，一般是称"先生"或"女士"加名字。

冰岛人见面时，行握手礼、贴面礼。他们时间观念强，找对方办事需预约，失约就是失礼。他们站立时，习惯把腰杆挺直。与人谈话时，不愿靠得太近。宴请重要客人，常常是在家里，而不是去餐馆。外国友人初次受邀到冰岛人家里做客，通常应给女主人带一束鲜花或产自本国的小纪念品。

服饰

冰岛其实并非十分寒冷，绝对温度并不低，只是天气变化大，风雨无常，强风使人感觉寒冷，因而冬季人们需穿大衣、戴口罩和围围巾。夏天白昼最长可达22个小时，气温在15℃左右，凉爽宜人，穿夹克衫即可，但需配备防风雨的外衣。

外事活动场合，如参加舞会、宴会等，一般穿传统的社交礼服或深色西装。女士着装讲究，喜欢穿名贵衣服，佩戴质地考究的首饰，且注重化妆和发式美观。

冰岛盛产高质量羊毛，其质地硬，密度高，保暖效果绝佳。那里的手织毛衣颇具特色，图案设计精美，花纹格调高雅，穿上显得精神、大气，既可显示出现代派的清新、休闲情调，也可透露出古朴、典雅的韵味。无论搭配牛仔裤、西裤等裤装，还是搭配女士的裙装，冰岛毛衣都恰到好处，因而受到本地人的喜爱，在欧洲各地也小有名气。

饮食

由于气候原因，冰岛的粮食、蔬菜、水果大部分依靠进口，本国在温室栽培的番茄、黄瓜产量仅可满足部分需求。

冰岛的海域辽阔，渔业资源丰富，且天然无污染。海产品非常美味，各种熏鱼、干鱼世界闻名，高品质的三文鱼、熏鳟鱼、发酵鲨鱼肉颇受称道。此外，在此还可以品尝到鳕鱼舌、海豹鳍、鲸肉等。

冰岛的羊肉菜品也是一大特色。这里的羊都在夏季天然放养，肉质格外鲜嫩。出名的羊肉菜品有酸羊鞭、羊肝香肠等。

冰岛的奶制品如奶酪、酸奶等品种很多，其中名为"斯奎"（skyr）的奶制品颇为有名。甜味食品名目繁多，有专门的"奶油泡芙日"。

冰岛人用刀叉进食，饮食习俗与北欧其他国家相近。正式宴请时，请帖会提前多日发出，请帖上除注明时间、地点外，还会提醒着装要求。

习俗

冰岛妇女就业率高，妇女自食其力，不靠男人供养。妇女举行的集会游行有多种理由，例如，她们曾举行"给丈夫们一点颜色看"的示威活动，罢工48小时，不做饭、不看管孩子。此外，冰岛女性曾多次举行全国性大罢工，抗议工资差别和性别暴力。又如，一些妇女反对人们用动物皮毛做衣服，为此常常在仲夏节和极夜举行游行活动。

冰岛的地热资源丰富，露天游泳池通常配有温泉池，是冰岛最热门的社交场所。

冰岛人大部分信奉基督教，忌讳数字"13"和"星期五"。

这里没有付小费的习惯，甚至认为付小费是侮辱人的举动。

博茨瓦纳

国情

博茨瓦纳共和国（简称"博茨瓦纳"）位于非洲南部，面积581,730平方千米，人口234.6万（2022年），官方语言为英语，通用语言为茨瓦纳语，首都是哈博罗内。

交往

博茨瓦纳是地处南部非洲的内陆国家。居民性格豪爽，朴实善良，待人真诚，热情好客。见面时，称呼对方"先生""女士""夫人""小姐"等。朋友之间打招呼爱说"普拉"。"普拉"指"雨水"，因为该国终年干旱少雨，原本是渴望下雨之意，久而久之，形成了真诚友好问候的用语。

见面礼节通常是握手，并且习惯互相拉着手说话，直到谈话结束才会松手。见到长辈，先用左手握住自己的右手腕，然后伸出右手去握对方的手。遇见酋长或者其他身份高的人，要蹲在地上或跪在地上，举起右手，握成拳头，嘴里不停地说"阁下健康""感谢阁下光临"等。女性见面多行躬身屈膝礼，现今也有不少女性行握手礼。

服饰

正式场合，男士基本着西装，妇女一般穿民族传统服饰，也穿色彩偏深的套装或裙装。

博茨瓦纳民族服装常用牛皮、羊皮及其他兽皮来制作，日常服饰常印上牛的图案。虽然天气炎热，但妇女们却习惯戴一种用牛皮做的帽子——牛角帽。

平时，女子多穿短裙、短上衣。葬礼上的着装很严肃，男人多穿深色西装、白色或黑色衬衣，女士服装也是以深色为主。

饮食

博茨瓦纳人的主食是玉米、高粱，副食有牛羊肉、家禽的肉和各种蔬菜、水果。日常经常将玉米粒或高粱米煮烂，拌上牛肉和蔬菜制成菜肴。宴客时，男人陪客人吃牛肉，而已婚妇女吃杂碎。两者分开制作，分开食用。

博茨瓦纳的特色菜是爬行毛虫"莫巴哈蜩"，该虫以树叶为食，3月和4月是食用的最佳时间。

每逢国庆、新酋长上任或其他重大节日，通常要举办百牛宴。

习俗

80%的博茨瓦纳人从事养牛业，人均占有牛的数量居非洲国家之首。其国徽中央是醒目的牛头，货币上铸有公牛标志。牛在当地是财富的象征，结婚聘礼、女儿嫁妆都离不开牛，亲戚朋友前来参加婚礼，也是用牛作为贺礼。婚宴自然也是"牛肉宴"。人们有了钱，不是买房、买车，而是买牛。城里人都喜欢在农村办农场养牛，每逢周末就会奔向郊外探视自己的牛群。

城市街道上，偶有牛漫步其间，"霸道"而行。每年7月举行的评牛博览会是该国最热闹的节日，届时，不仅人山人海，更是"牛山牛海"，场面热闹非凡。

博茨瓦纳居民多信奉基督教。结婚需在政府机关登记，在教堂办婚礼，实行一夫一妻制。不过，当地女人不结婚也可生育，其父母，特别是母亲会热心承担照料外孙、外孙女的责任。

这里的女人一向以多生孩子为荣，若不生孩子会被人瞧不起，甚至会遭到父母和亲属的指责。未婚同居现象比较普遍，同居女子若生不出孩子，男子通常不会与之结婚。同居男人另寻新欢，不会受到责备。可是，如果女子已经与男子有了孩子，再与别的男人相好，甚至怀上别人的孩子，则属于严重道德败坏行为，并为人所不齿，不仅会被同居男人抛弃，甚至会被娘家人赶出门。

博茨瓦纳不允许做人工流产，单身母亲只能把孩子生在娘家，由姥姥、姥爷以及舅舅照料。因此，在博茨瓦纳，除了妈妈之外，舅舅往往是最亲近的人。

在博茨瓦纳，男女界限分明，忌讳男人与不熟悉的女性握手，忌讳男人单独同女性交谈或对女性格外热情。

波兰

国情

波兰共和国（简称"波兰"）地处欧洲中部，国土面积312,705平方千米，人口3,774.9万（2023年），官方语言为波兰语，首都是华沙。

交往

与波兰人首次相见，要以"您"相称。若称"你"，则意味着双方关系密切，交往已非一日。交际场合，被介绍给他人时，必须及时上前握手，同时要报上自己的姓名。

波兰人的见面礼节通常是握手和拥抱，民间吻手礼也很流行，他们认为吻手礼是举止高雅的象征。受礼者应为已婚妇女，地点应在室内。行礼时，男士双手捧起女士的手，在其指尖或手背上象征性地轻吻一下。

在室内，男士必须脱帽。男士路遇女士打招呼问好时，也须脱帽。他们注重女士优先，让女士先行、先进门，帮助其脱大衣，道路难行时主动搀扶，帮助其提取重物，就餐时让女士先就座等。

波兰人有很强的民族自尊心，喜欢听客人谈及波兰人对世界文明的贡献，波兰文化及其伟人、名人等。他们不回避谈论个人家庭生活。谈话时，不喜欢对方用手指指点点，特别是不可指人的脸部。公众场合，忌讳大声喧哗，视伸懒腰、打哈欠等动作为不雅、不礼貌之举。

在波兰，男洗手间标志是"△"，而女洗手间则以"○"表示。

服饰

波兰人喜爱红、黄、蓝色条纹的布料，认为这三种颜色搭配在一起和谐、美观。平时男子常穿军服式服装，有的上面还饰有金色流苏。正式场合，男士着西装，女士常穿套裙。

在音乐会等高雅场合，需穿正装，不得穿牛仔裤、旅游鞋等休闲装。举办礼仪活动时，主办方常在请柬上注明对来宾的着装要求。

波兰女性素有爱美的传统，不论是年轻女子，还是年逾花甲的老妪，都很在意自己的容貌和妆饰。已婚妇女常把头发塞进帽子里，而姑娘则把头发梳成两条辫子，用缎带把辫梢系住。她们通常喜欢戴用珊瑚珠、琥珀珠做成的项链，头上喜欢戴花环或系头巾。

饮食

波兰人的主食是面食，副食以土豆制品、猪肉、鸡蛋和各类蔬菜为主，他们也喜欢吃奶油蛋糕和西饼等点心。烹饪以烤、煮、烩为主，口味较清淡。他们忌讳吃猪、牛、羊的内脏（肝除外），也不太喜欢吃虾、蟹等海味。

波兰人吃饭时先喝汤，常见的汤类有甜菜汤、冷蛋花汤、高丽菜汤、大麦汤等。主菜常见的有炸猪排、高丽菜花卷、肉包（类似我国的烧卖）等。因为信奉天主教，所以星期五多数人不吃肉，只吃鱼。请客时，餐桌上人数最好是偶数；吃整只鸡、鸭、鹅时，讲究由在座最年轻的女主人亲手操刀，将其切割，然后分到每位就餐者的食盘中。

波兰人有饮酒的传统。每有喜庆，无论在家里还是餐馆，必摆酒庆贺，开怀痛饮。正式或非正式晚宴上，常常能看到祝酒的热闹场面，酒量大者不乏其人。在波兰，纯白酒最受青睐，人们对葡萄酒、白兰地、威士忌的需求并不多。波兰人习惯饭前喝烈性酒，饭后饮甜酒。他们也喜爱喝咖啡和红茶，且喜在红茶里放一两片柠檬，茶水也不可太浓。

喜好与禁忌

波兰人喜爱鲜花。三色堇（即蝴蝶花）是波兰的国花，当地人普遍热爱三色堇，认为它能给人带来欢乐和幸福；石竹花被赋予了机智与快乐的含义，而兰花被视作激情之花。

到波兰人家里拜访，应给女主人带上一束鲜花。需要注意的是，宜送由一种鲜花组成的花束，且花朵枝数为单数，即使送上一枝花也毫无问题。在献花之前，要把包装纸拆掉。不要送给女主人红玫瑰，因为红玫瑰是爱情的象征；也不可送菊花，因其被视为墓地之花。

他们最喜欢的动物是白鹰，视其为力量和智慧的象征，将其定为国鸟。

波兰人受天主教影响巨大。教徒不在耶稣受难日吃肉；忌讳数字"13"，如旅馆没有13号房间，不可13人同桌就餐，如果13日又适逢星期五，他们则不出游，也不举行任何礼仪活动。

波兰人忌讳打听个人隐私，如工资、年龄、宗教信仰和社会地位等。波兰官方不鼓励收取小费，但私下仍流行。

玻利维亚

国情

多民族玻利维亚国（简称"玻利维亚"）位于南美洲中部，面积109.8万平方千米，人口1,183.2万（2022年），官方语言为西班牙语、克丘亚语、阿依马拉语等，宪法首都是苏克雷，但总统府、国会等位于拉巴斯。

交往

玻利维亚人性情内敛，谦虚和气，感情不过于外露。正式场合，他们习惯称呼职称、学衔；平日里，一般称呼"先生""小姐""太太"加姓氏，熟人之间可称小名。陌生人见面，一般是握手，而熟人和朋友相见，只需致意、问候。大多数男人不喜欢紧紧拥抱或握住对方双肩等动作。女子之间握手较少，一般亲吻对方的面颊。

见面、拜访，最好先预约，而径直前去拜访，也不为失礼。赴宴或参加舞会等活动，要给男主人送鲜花和小礼品，但不可当场拆开包装。赴宴时应把自己食盘里的食物吃光，告别时要与在场的人一一握手。

服饰

玻利维亚人平常以便装为主，牛仔装颇为流行。出席重要或正式活动，男子多穿西服、打领带。妇女一年里大部分时间都穿裙子，出席社交活动时，会套上西装上衣。

当地的印第安人喜欢佩戴装饰品，特别是帽子不可少，尤其喜欢戴绒帽。未婚男子戴羊驼皮做的绒帽，绒帽由红白两色组成，而已婚男子戴的则是红色的绒帽。

女人戴帽子表示已婚，除了睡觉之外，不能脱帽，而未婚女子通常不戴帽子。印第安妇女常常留粗大的辫子，喜欢披颜色艳丽的披肩，穿宽大、层层叠叠的袍裙。她们那鲜绿、火红、天蓝色的裙子，就像安第斯山上的落日霞光那般美丽。此外，她们还习惯穿凉鞋和线袜，不管天多冷，都是这般打扮。

饮食

玻利维亚人的主食是大米、玉米、小麦、木薯、甘薯等。肉类有猪肉、牛肉、羊肉、鸡肉、鱼肉等。蔬菜有番茄、洋葱、卷心菜和豆类等。他们餐桌上的菜品素以丰盛和量大而著称。

饮品有牛奶、啤酒、咖啡等。玻利维亚人爱喝酒，不管男女，都习惯大口喝酒、大口吃肉。

城里人以吃英式西餐为主，口味清淡，不喜油腻；宴请客人也多用西餐，使用刀叉进食。他们晚宴时间较晚，一般在21—22时开始。印第安人的主副食原材料与城里人没什么不同，但做法具有民族特色。他们习惯把香蕉入菜入汤，常做鸡蛋牛肉炸香蕉、大米鸡肉香蕉汤等。

狂欢节

奥鲁罗狂欢节是玻利维亚最壮观、最热闹的节日，每年3月在玻利维亚奥鲁罗市举行，已被联合国教科文组织列为人类口头和非物质文化遗产。相传，人们在奥鲁罗开采银矿时，在矿洞中发现了圣母玛利亚壁画，引起了轰动。随后，教徒们以纪念"洞穴圣母"为名，并结合天主教每年2月2日的圣烛节，每年举行大规模庆祝活动。

如今的狂欢节主题是当地原住民的宗教与天主教的融合，象征宗教大团结。人们身穿五彩缤纷的服装，头戴面具从四面八方赶来，载歌载舞地游行。在长达4千米的游行区域内，活跃着近50个舞蹈团的约2.8万名舞者和150个乐队的1万余名乐手。人们涌向神庙，向圣母朝拜，庆祝达到高潮。每年的狂欢节都有数十万人前来，其中包括各国的游客。

习俗

玻利维亚人祈福的形式颇为独特，他们认为已故亲人的头骨是家人的护身符，故将头骨供奉在客厅最显要的位置。11月8日是"头骨祈福节"，人们手捧头骨到教堂祈福。牧师举办仪式，为头骨洒圣水。

万圣节之后的一个星期里，人们热衷于装饰头骨，如给头骨戴上羊绒帽或戴上时尚的太阳镜与棒球帽，给头骨戴上色彩鲜艳的花环、扎上马尾辫等。他们还将装饰一新的头骨陈列在墓地前，让人们观赏。当地人认为，在家中供奉亲人的头骨，小偷都不敢进屋；尊重、爱护头骨会保佑家人平安、健康、幸福，会让事业兴旺发达。

在玻利维亚，闲谈不可涉及政治和宗教话题。未获同意，不可拍摄原住民。

波黑

国情

波斯尼亚和黑塞哥维那（简称"波黑"）位于巴尔干半岛中西部，面积5.12万平方千米，人口345.3万（2021年），官方语言为波斯尼亚语、塞尔维亚语、克罗地亚语，首都是萨拉热窝。

概况

波黑有两个政治实体——波黑联邦和塞族共和国。

历史上，波黑历经战乱，曾被不同国家吞并，形成多元族群、多元信仰。实际上，他们都属于斯拉夫人，有白皮肤、蓝眼珠，身形魁梧，同东欧其他斯拉夫人的长相没有区别。由于信仰不同，在波黑形成了波什尼亚克人（即南斯拉夫时期的穆斯林）、塞尔维亚人、克罗地亚人等，他们分别信奉伊斯兰教、东正教和天主教，有着不同的传统与习俗。当地男性穆斯林的名字多与土耳其人、阿拉伯人相似。

萨拉热窝老城区的街道两旁店铺林立，游人如织，其热闹的生活与中东伊斯兰国家相似，在欧洲罕有。

交往

波黑人性格豪放、直率，热情好客，且能歌善舞。社交场合的礼节与欧洲其他国家相同。与客人见面时，他们常常热情问候、握手，熟人、朋友、亲人之间则是相互拥抱、亲吻。去波黑人家里做客，一般要带上鲜花、巧克力等，所送花枝一定要为单数。

服饰

波黑男子的民族服饰为上身穿敞领白衬衫，外罩彩色开扣短马甲，下着白长裤，腰间系彩色宽带，脚穿浅色软皮鞋，左肩斜挎一布包，垂于右侧腰下。女子的服饰基本是以白色为主，白头巾用头匜（头匜类似花边，装饰丰富）扎住，披于肩后；身穿白衬衫或白裙，衬衫领部、袖口装饰着花纹，外罩色调素雅的坎肩；腰上缠一条装饰华丽的围裙；穿黑色长筒袜配浅色软皮鞋。

波黑战争后，伊斯兰教有所复兴，农村地区女子虽然不罩面纱，但需要把头发包住。塞尔维亚人居住区则恢复了东正教信仰，服饰有别于穆斯林。萨拉热窝等城市的宗教气氛不如乡镇地区浓厚，大多数人喜欢西方流行服饰，看不到阿拉伯式长袍以及女子蒙面等装束，各族群居民穿戴并无明显区别。

饮食

在萨拉热窝乃至整个波黑，饮食皆以土耳其风味为主，烤肉是必不可少的经典菜式，咖啡自然也是土耳其式的。波黑人的正餐以波斯尼亚餐为主，烹调方法多为烤、焖、煎，招牌菜有烤全羊、土豆焖小牛肉、煎虹鳟鱼等。烤全羊的做法是，在巨大的烤炉上，像舵轮那样的大圆盘不停地转动，将整只羊进行均匀烘烤，直到羊变得金黄、流油，软嫩适度，十分诱人。

此外，波斯尼亚火锅以及熏肉、香肠、奶皮和奶酪等，均名气较大。传统风味小吃有"切瓦比"（牛羊肉丸和洋葱，夹在面饼里食用）、布雷格馅饼等。波黑人爱吃甜食，如核桃仁加蜂蜜、以奶油为主的各类甜度较高的点心等。波黑人喜欢野外烧烤，在春夏季节、周末或节假日，全家人会邀亲朋到河边、湖边聚餐。他们平常在当地穆斯林餐厅、饭馆就餐，可以饮酒。当地生产的啤酒也很有名。

咖啡是全民饮料，各式咖啡馆、咖啡厅遍布街头巷尾。喝咖啡时的一个行为有特殊含义，即如果女人往男人的咖啡里加糖，就代表她喜欢那个男人。

婚俗

按当地习惯，求婚的男青年在女方家都会受到热情招待，餐桌上会摆上丰盛的美酒佳肴。最重要的用咖啡招待求婚者环节中，姑娘会亲手端一杯咖啡献给求婚者。若咖啡苦涩，表明姑娘拒绝求婚；若咖啡里加了糖，则是代表得到了姑娘的认可，求婚者就可以回家布置新房了。一般情况下，新郎向新娘赠送一串念珠、一本祈祷文、一根串着三把钥匙的腰带（用以保护她的贞洁）、一顶毛皮帽、一枚银质结婚戒指；新娘则向新郎赠送一件新衬衣和一枚结婚戒指。衬衣是用金线和彩色丝绸缝制的。婚礼前，伴郎将新郎裹进新娘的斗篷里，以防恶魔侵入，拆散他们相爱的心。

禁忌

参观清真寺、教堂等宗教场所时，着装需整洁，不可太暴露。女性游客进入清真寺，需用头巾包住头发。

布基纳法索

国情

布基纳法索位于非洲西部、撒哈拉沙漠南缘，面积274,122平方千米，人口2,210万（2022年），官方语言为法语，首都是瓦加杜古。

概况

布基纳法索实行总统制，但保留了"国王"。西非封建王国——莫西王国曾维持1000多年，直到19世纪末法国入侵时才灭亡。不过现如今，布基纳法索首都瓦加杜古仍存有莫西王宫，里面住着莫西王国的国王、王后和王妃。当今的国王已经没有实权，只具有在传统文化和礼仪习俗方面的某些影响而已。

莫西族人至今保留着对莫西国王（现第37任国王巴翁戈）的崇敬礼仪，如国王晨起、夜歇都要鸣枪通告。星期五为国王接见臣民的日子，莫西族人事无巨细都要聆听国王的指示。当天一早，国王身穿鲜红的长袍，从王宫走出来，在王后的主持下举行上朝仪式，但王后坐在大家看不见的地方。游客也可以参观莫西王宫。

"布基纳法索"取"君子之国"之意。当地摩西语中的"布基纳"（burkina）意为"正人君子"，而当地班巴拉语中的"法索"（faso）则是"国家"的意思。布基纳法索是个历史悠久的内陆国家，劳动力资源丰富，是西非重要的劳工输出地。

布基纳法索的城市建筑多为阿拉伯风格，又有自己的特点。如当地清真寺呈锥形，外表装饰着刺状木棒。民房多为方形，墙壁上绘着黑白相间的几何图案，颇具艺术感。乡下人的住房，远看像凸起的蘑菇，一般用泥土和草建造，为安全计，其门低矮，仅约一米高。

由于水资源短缺，家家都用泥缸储水，谁家泥缸多，代表谁家富裕。下雨是人人盼望的事情。孩子降生时，若赶上雨天，家人就会感到很幸运，往往高兴地给孩子起名"帕特瓦"（意为"雨"）。在布基纳法索首都瓦加杜古，还建有祈雨雕像。

布基纳法索90％的人口居住在农村，有些地方流行一夫多妻。一般是丈夫在外打工，妻子们在家里干农活、做些小买卖。该国社会治安良好，许多人家没有锁门的习惯。商户晚上关门，店主会把店铺钥匙交给露宿在店铺外的职工，不担心失盗问题。这大概就是"君子之国"的真实写照。

交往

布基纳法索人勤劳、忠厚、友好，对人热情大方，讲究礼貌。他们的见面问候礼节颇有特点，往往是一连串的问候，诸如"你好吗？""夫人好吗？""孩子好吗？""父母好吗？""工作顺利吗？""生活一切都好吗？"即使是熟人，哪怕是一起工作的同事也是如此问候。问候者获得肯定答复后，还会补充一句："那就太好了。"这种流水账式的问候，在通电话时往往也能听到。他们握手的礼节也比较特殊，特别是熟人之间，握手后还要用中指在对方手心里划一下，表示亲切。

在大街上，常见当地男子牵手而行，这是亲密友好的表现。

服饰

布基纳法索的民族服装与阿拉伯人近似，一般是土布袍装。男人的长袍是大领、长袖，多为白色、蓝色、土黄色。帽子是平顶圆帽。公职人员在节庆仪式上必须穿民族服装。

女子也穿袍装，扎头巾和戴金银首饰，但不蒙面。乡间女子多光脚，身上用一块布齐胸一裹，既是裙子，也是上衣，肩和背裸露在外。她们习惯头顶重物而行。乡下一些地方的妇女还有文面的习俗。

饮食

布基纳法索人的主食多为木薯、小米、玉米、高粱等，肉类主要是牛羊肉。用玉米制作的食物有很多种，最基本的做法是，将玉米面烫熟，做成各种形状，然后蘸着酱汁或者肉汤食用。

由于该国曾为法国殖民地，在这里能享受到法国美食，如可以吃到橙皮蛋糕等。

流行于非洲南部的毛毛虫菜，在这里也能尝到。这种毛毛虫是皇帝蛾的幼虫，喜欢生长在莫蟠（mopane）树上，故名"莫蟠毛毛虫"。其营养价值很高，可与番茄、花生、辣椒或洋葱等一起炒、煮，也可用其制成罐头，甚至可以生吃。

布隆迪

国情

布隆迪共和国（简称"布隆迪"）位于非洲中东部，面积27,834平方千米，人口1,260万（2022年），官方语言为布隆迪语、法语，政治首都是基特加，经济首都是布琼布拉。

概况

布隆迪位于非洲中东部的大湖区，自然环境美好，花草繁盛，到处是椰子树。虽靠近赤道，但因其地势较高，年均气温仅21℃，气候适宜，经济首都布琼布拉四季如春。布隆迪城市化率较低，约九成人口居住在乡下，还有的散居在山坡、丘陵地带。住房多为圆锥形泥土茅草屋，用木头搭架，以植物茎干和树叶覆盖屋顶。每家都有院落，称作"鲁戈"（rugo），并用荆棘灌木围起篱笆。孩子长大，即为其在院内盖较小的茅草屋。待其结婚时，则需另觅住处，建造新"鲁戈"。牛羊圈搭建在茅草屋附近。

交往

布隆迪人注重礼节，讲究礼貌，待人诚恳，乐于助人。见有生人问路，他们会放下手中的活，耐心指点或陪同对方走到目的地。在内地农村，当地人见到外国人时，为表示敬意，常常同时伸出食指、中指、无名指，意为"团结、劳动、进步"。现在，布隆迪人见面时也流行握手礼。握手时，晚辈、下级常常微微躬身，且用左手托住自己的右臂，用右手与对方相握。亲朋好友见面常拥抱，并轻拍对方肩背。

素不相识的人赶上谁家有子女出生等喜事，只要表示祝贺，便会受到热情招待，可享受香蕉、啤酒等。外国领导人来访，群众欢迎场面盛大、热烈，击鼓、跳舞等不可缺少。

服饰

布隆迪妇女大多着裙装，更简单一些的是将一块花布围在腰里并披在肩上。妇女服装的色彩很鲜艳，红、绿、白（国旗的三种颜色）为时尚色调。她们用彩巾缠头，背后的婴儿用布缠绕。现在，男人们一般穿长裤、短袖衬衫，青年人爱穿牛仔装。在出席对外活动时，政府官员穿西装。无论男女，一年四季脚上穿的大多都是拖鞋。

饮食

布隆迪人的主食有大米、玉米、红色菜豆、甘薯、木薯、豌豆、车前草等，副食有牛羊肉、鱼类、各种蔬菜和水果等。烹调方式大多是炖或烘烤。当地人把水果、蔗糖以及花生当作零食。人们常常用香蕉酒招待客人，日常消遣也离不开香蕉酒。收工之后，三两朋友喜欢在小铺里边喝边聊，打发时间。首都以及大城镇有法国、希腊风味的饭店，供应西式餐饮，其中受欢迎的主菜有烤鱼、猪排等，味道浓郁，富有地方特色；也有一些亚洲国家风味的用餐场所可供人们选择。

习俗

现在布隆迪的年轻人结婚，多不再由父母包办，而是自由恋爱。婚礼上双方家长讲话，除表示祝贺外，还要宣布送新人多少头牛或其他礼品。接着就是热闹的舞会开场，身穿红、白、绿三色服装的鼓乐手们头顶大鼓，把鼓敲得咚咚作响。新娘与新郎也一起击鼓，并肩端坐在特制的新婚帐篷里，接受亲朋好友们的祝贺。婚礼上比较特别的是，不供饭菜，只供香蕉酒。喝酒时，人们围坐在大酒坛子旁边，将长长的吸管插入坛内，用吸管吮吸坛中美酒。

当地的丧葬风俗是人去世后，当天就土葬。行人迎面遇到灵车，须立正让路；在灵车后面的车辆不得超越灵车。死者葬后一星期内，家属不干活，由亲友送饭食。一星期后，前来探视的亲友还会送给死者亲属一些钱，以表示对他们的关照。一般三个月后，丧事全部结束，死者亲属会邀请亲友前来喝酒，向亲友表示感谢，同时处理与死者有关的财产和债务问题。如死者是一家之主，还应确定一位接班人。

布隆迪人热爱舞蹈，以男性表演的圣鼓舞最为著名，有"非洲心跳"之称。表演者有老、中、少之分，他们身着红、白、绿三色相间的袍式民族服装，边敲鼓边跑步上场，以各不相同的动作、姿态轮番亮相，或旋转飞舞，或凌空腾越，呼喊歌唱，节奏强烈。圣鼓舞充分表现了布隆迪人乐观、刚毅、豪放的性格，受到广泛赞誉，表演者经常应邀出国演出。女子表演的"鹤舞"，则是布隆迪人根据当地珍禽皇冠鹤的姿态、动作而创作的舞蹈。舞者模仿鹤的站立、行走、振翅等各种动作，舞步轻盈，优雅动人，边唱边舞，惟妙惟肖。该舞曾被中国东方歌舞团列为必学舞蹈项目。

朝鲜

国情

朝鲜民主主义人民共和国（简称"朝鲜"）位于亚洲东部朝鲜半岛，国土面积12.3万平方千米，人口约2,500万（2021年），通用朝鲜语，首都是平壤。

交往

尊敬上级、长辈、老师是朝鲜的传统。在家里，他们早晚要向父母及祖父母问安；与长者说话，要使用敬语；进出大门，让长者或有身份的人先行；递接老者的物品，必须用双手。

与客人相见，朝鲜人习惯行鞠躬礼或握手礼。在大庭广众之下，朝鲜人举止谦逊、稳重，不张扬，不大声说笑。接待来访客人，他们会把家里打扫得干干净净。客人落座，他们会端上饮料、水果等热情招待，留客进餐，慷慨大方。外国首脑来访，常常举行盛大欢迎仪式。

朝鲜人对上司称呼职务加"同志"，如"部长同志"等。对教师、医生及有知识的年长者，均尊称为"先生"，而对其他人，一般不称"先生"。他们对邻里年长者称"大伯""大妈""大嫂"；对未婚的姑娘，直呼"姑娘"；对子女、弟妹、亲朋好友，则免称姓，只称名。

朝鲜的大姓有李、金、朴、崔等，人口数量众多，为互相区别，他们常常将姓氏与本贯（籍贯）并称，如"开城李""咸镜李"等。

服饰

朝鲜的年轻人爱穿西服。朝鲜的民族服装颜色尚白，故有"白袍之国"之称。男子穿白色短上衣，斜襟无扣，以布条打结，外罩黑色坎肩，裤子肥大，裤脚系带，适于劳动和运动。妇女穿高腰阔裙，裙长及脚面，且用白绒布包头；上衣袖口和衣襟上，镶有彩色绸缎边，用红、紫、蓝色绸缎作为飘带。年轻女子的裙装大红大绿，大方、醒目、美观。儿童穿七彩服，即上衣袖筒用七种颜色的绸缎配制而成。

传统服饰中，女子的白色勾背鞋很别致：鞋尖翘起，好像钩子，小巧玲珑，整体形似小船，是时髦女性的至爱。

饮食

朝鲜人的主食是大米、面粉。最具民族特色的米粉打糕，在逢年过节、红白喜事、招待宾客时必不可少。冷面是朝鲜传统美食，正月初四必吃冷面，他们相信在这一天吃冷面能长命百岁，故冷面又称"长寿面"。

朝鲜人厨房里常见的调味品有辣椒、胡椒、大葱、大蒜、生姜等。他们口味偏酸辣，最具代表性的菜品是泡菜。泡菜色泽鲜艳，味道鲜美，是朝鲜美食中的一绝。他们的食品加工精细，做菜和糕饼常用辣椒丝、鸡蛋片、紫菜丝、绿葱丝或松仁、胡桃仁等加以点缀，美观可口。

结婚、小儿周岁、老人六十大寿，都要宴请宾客。朝鲜传统菜花样繁多，品相优美华丽。婚宴上，他们习惯摆一只烧好的大公鸡，鸡嘴里叼一只红辣椒，既表达喜庆，又因辣椒多籽而象征多子多孙。

冬天，朝鲜人爱围"神仙炉"（类似中国的火锅）就餐。不过，全家人吃饭时，公公与儿媳、兄长与弟媳不同桌进餐。

习俗

朝鲜人的传统婚宴在新娘家举行。新郎在亲人陪同下到新娘家，向岳父母献礼品，新人饮交杯酒、交换结婚证书等。新人要在新娘家同住两夜，第三天新娘坐轿去新郎家。新郎家也要设席摆宴。

在平壤，婚房由国家分配，不用自己操心，父母为新人准备安家的一应用品，如家具、被褥等。婚宴通常在中午、晚上办两场，由女方、男方家各自承办。婚礼上，新郎新娘穿的衣服需两人在婚前为对方购置。婚礼上，新娘须穿传统民族服装赤古里裙，新郎一般穿西装。婚礼当天，新人先去万寿台广场，向已故领袖铜像献花，然后出席婚宴。婚宴开始，新人互换戒指，热闹欢快的歌舞贯穿始终。在这里，也有交份子钱的习俗，一般约合人民币一两百元。

朝鲜的文艺活动普及率高，男女老少都能歌善舞。朝鲜歌曲旋律婉约、动听。朝鲜舞蹈，舞姿轻盈、曼妙、美观，人们所熟知的长鼓舞、扇子舞、铃铛舞等给人留下美好的印象。

朝鲜人热爱体育运动，竞技成绩骄人，大型团体操十分壮观。民族传统体育项目有荡秋千、压跷板、拔河、摔跤、射箭等。

朝鲜人进门必脱鞋，鞋尖需向内，忌讳鞋尖朝外。

朝鲜人喜欢单数，不喜欢双数，特别是数字"4"读音与"死"相同，要尽可能避开。指人不可只伸一指，应伸出整个手掌，且掌心朝上；招呼人过来，则掌心朝下。

赤道几内亚

国情

赤道几内亚共和国（简称"赤道几内亚"）位于非洲中西部，西临大西洋，国土面积28,051平方千米，人口140万（2021年），官方语言为西班牙语、法语、葡萄牙语，首都是马拉博。

交往

赤道几内亚人淳朴、好客，讲礼貌、重礼节。见面行握手礼，问候时会拉住对方的手，称客人为"先生""夫人""女士""小姐"。朋友来访，主人会拿出家里最好的食物热情款待客人。

赤道几内亚人注重个人信誉，谈判时不轻易动感情，做决策较慢，并不是为了回去商量、请示，而是不愿仓促表态。

服饰

社交场合，当地人注重服饰，男子一般穿西装，女子穿长裙，女子头上缠着各种花样的头巾。

赤道几内亚的传统民族服装称作"袍袍"，是宽大连体的大摆裙子，颜色鲜艳，在节庆期间时常可见。

巴布亚布族的服饰比较原始：男人唯一的衣着是一种由晒干的植物秆做成

的围兜；妇女穿的则是由植物纤维织就的短裙，背部背着一个编织袋。

值得注意的是，在城市公共场合，不可穿短裤、背心，更不可裸露上身。

饮食

当地人的主食是木薯、芋头、玉米等，传统的加工方法是用木棒将粮食捣碎，煮熟或发酵后食用。用玉米制作的"乌嘎里"是当地的"大餐"：将玉米面加水煮至干稠，然后倒扣出来，再在锅中烤制，直到散发出香味，即可就着调料吃。

当地人的副食除了寻常的猪肉、牛肉、鱼肉等，还有海龟肉及海龟蛋等。他们的特色传统美食叫"白色小安娜"，是用香蕉叶包裹南瓜或花生，加上肉类及蔬菜等蒸制而成。

当地人不习惯喝白开水，爱喝生水，住在海边的人喝椰汁。当地生产的酒叫"布萨"。人们喝酒的方法比较特殊，即多人同饮一坛酒，各自用吸管插进酒坛子，边喝酒边聊天。不一会儿，便会有人醉意朦胧，甚至失态。

赤道几内亚城市居民吃饭多用刀叉，乡下人则用手抓取食物。抓饭时，需不停地蘸水，以防粘手。按规矩，抓饭必用右手，不可用左手代替，除非右手已不能使用。

比奥科岛上的居民有一个节日叫"芋头节"，届时，若有客人从家门口经过，主人会热情地把客人迎进来，并用芋头款待他。

习俗

赤道几内亚农村青年谈情说爱，常常在舞蹈中进行。每逢周末或节日的夜晚，人们便会燃起篝火和跳舞，有时可通宵达旦。女性舞者头插羽毛，腰系兽皮衣裙，小腿上绑着成串的贝壳、龟甲片和小铃铛；男性上身赤裸，胸部、腿上画着黑白相间的条纹。每当木鼓等打击乐器响起，众多男女青年便会翩翩起舞，羽毛和兽皮闪闪发光，贝壳和铃铛叮当作响，真是好不热闹。

舞会是男女青年谈情说爱的场所，通过共舞、聊天碰撞出爱情的火花，很多人常常在共舞后变成了恋人。

由于男少女多，赤道几内亚的富人可以娶多位妻子。此外，这里还流行试婚的习俗，很多人往往等到生了孩子后才结婚。

在赤道几内亚乡村，人们常使用一种木鼓，它是用硬木挖空制成的，长约一米。木鼓不仅用于舞蹈伴奏，还是一种通信工具。

由于赤道几内亚乡村多不通电，通信手段落后，需要用击鼓的方法传递消息。鼓声可以穿越深山老林，可以一村传一村、一县传一县。人们把木鼓发出的各种声音编成各县、各村、各家的代号，约定敲击方法和鼓点含义，以此传递各种消息。

从通告个人的大事小情、生老病死，到通知集会、举办娱乐活动等公众事务，都离不开击鼓之声。例如，正在森林里采水果的母亲，听到特定的击鼓声，便知是在呼唤她，会立即赶回家中给孩子喂奶。

丹麦

国情

丹麦王国（简称"丹麦"）位于波罗的海和北海之间，国土面积42,951平方千米（不包括格陵兰和法罗群岛），人口592.8万（2022年），官方语言为丹麦语，首都是哥本哈根。

教育

丹麦注重教育，所有公立学校都是免费的。政府把一流的教育视为经济增长、人民幸福的保证，制定各项政策，采取相应措施，积极满足人们读书、学习知识和技能的愿望。丹麦人平时手不释卷，据联合国教科文组织统计，该国人均借书率居世界前二。丹麦人总是自豪地说："学习是丹麦人快乐的秘密之一。"

交往

丹麦人与人见面时一般以握手为礼。与客人交谈时，他们习惯双方距离稍远些。他们日常的衣着比较随意，在社交场合则是西装革履，特别是在盛大的典礼上，需穿礼服。日常交往，他们喜欢互送鲜花，一般是三四枝康乃馨。不过，送鲜花时对颜色有讲究，婚礼、洗礼和丧礼送白花，其他场合不可送白花。到丹麦人家中拜访，进门后，如果主人请客人脱大衣，则表明主人愿意客人多坐一会儿。

饮食

丹麦人喜欢微酸带甜的口味，爱吃鱼、鸡肉、鸭肉、牛肉等各种肉食。蔬菜以土豆、番茄、葱头、洋白菜等为主。丹麦人喜欢饮酒，每次宴请客人，宾主必会开怀畅饮，但事先会约好，一人不喝酒，以便为大家开车。

应邀到丹麦人家做客时，应准时或稍晚于约定时间（不得超过一刻钟）到达。应给女主人献上一束鲜花，或送上一盒巧克力，或送给男主人一瓶名酒。晚宴一般穿扎黑领结的小礼服。宴会上招待客人，通常用斯堪的纳维亚烈性酒。餐桌上敬酒讲究规矩，如客人要等主人敬酒后才能敬酒，主人没说"请"之前，任何人不应碰酒杯。贵宾在进餐之后，应举杯向女主人致谢，赞美她所准备的精美菜肴。餐后，一般应在客厅再坐一会儿，过早告别是不礼貌的。

习俗

在丹麦，自行车与汽车是同等重要的交通工具，全国有300多万辆自行车，这是丹麦不同于其他欧洲国家的特色之一。坐出租车不必付小费。

丹麦人举止文雅，办事计划性强，喜欢按部就班、从容不迫，生活节奏比较缓慢。丹麦人不轻易外露情感，认为在大众面前过分表现自己是粗俗和缺乏教养的表现。从面部表情上很难看出丹麦人的心思，即使发生了不愉快的事情，他们也不会吵闹，不会把懊丧的情绪挂在脸上，脸上总是洋溢着笑容。他们说话声调低、语气温柔，即使在人多的公共场合，如车站、市场等，也见不到高声说话的人。在大街上，用手机通话，人们也总是把声音调到最低。

世界上许多国家的男子向女子求婚时，均是献上红玫瑰、订婚戒指之类的东西，而在丹麦的一些地方，习俗却有不同。他们送给未婚妻的定情物是一块响木板，它一头宽、一头窄，上面刻满情诗。此外，他们的婚礼是秘密进行的，因其传统观念认为公开筹办婚礼会触怒鬼怪或引起他们的嫉妒。婚礼上，一定会砸碎一个装满酒的坛子，参加婚礼的女孩们争相捡拾坛子碎片，捡到最大碎片寓意最先结婚。

丹麦人非常爱护鸟类，认为鸟会给人带来好运、带走厄运。爱鸟、护鸟成为人们日常生活的习惯，如看到路上落着一只鸟，人们会绕道而行。丹麦的国鸟是天鹅，被认为是"美好、吉祥"的象征。

因为丹麦冬季漫长，所以人们很珍惜夏季阳光，喜欢在7月、8月休假，不希望别人在这段时间过来谈公事。同其他欧洲国家一样，丹麦人忌讳数字"13"和"星期五"，还认为四人交叉握手不吉利、有伤和气；忌讳用一根火柴点燃三支香烟等。平常，人们不爱谈论政治和社会矛盾等话题，也不喜欢别人打听他们的私事。

德国

国情

德意志联邦共和国（简称"德国"）位于中欧西部，面积35.8万平方千米，人口8,430万（2022年），通用德语，首都是柏林。

交往

德国通行握手礼，握手有力，持续时间稍长；与亲朋好友见面常拥抱。有些上了年纪的人，习惯脱帽致意。尽管不少德国人会讲英语，但他们更喜欢用母语与人交谈。他们矜持勤勉，一旦成为朋友，会长时间保持联系。接听电话，会首先说出自己的姓名。德国人在商务谈判中很少让步，但重合同、讲信誉，一旦签订合同，就会严格执行。与他们交谈，时常涉及的话题是业余爱好及体育运动。

称呼别人常用"先生""女士"等。称呼不当，可能会令德国人不快。一般情况下，宜称德国人的姓和名，或仅称其姓。德国人重视职衔、学衔、军衔，交际场合称呼头衔，被视为向其致敬。另外，"您"与"你"的使用也有严格区分：对初次见面的成年人以及老年人，务必称"您"；而对熟人、朋友、同龄者，可以"你"相称。

德国人的日常礼物多为鲜花、巧克力、酒以及家居小装饰品。主人会当面打开礼品，并表示感谢，有时会把收到的礼品摆放出来展示。

德国人喜欢矢车菊，有人将其视为国花。玫瑰象征爱情，蔷薇、菊花用于悼亡，因而不可随意送人。不应送德国女士香水和内衣等，以避过分"亲近"之嫌，即使女性之间，也不宜赠送这类物品。德国官方赠送的礼物常常是介绍本国名胜古迹和城市风貌的画册。

服饰

德国人注重衣冠庄重，正式场合，衣着多为深色。巴伐利亚男性节庆时爱穿以墨绿色为主的无领外套，下身穿有背带的皮短裤，头戴插有羽毛的小皮帽，脚穿长袜与翻毛皮鞋。那里的妇女，一般穿敞领、束腰、袖口带有花边的上衣，下身多穿类似于围裙的长裙，且以红、绿、白色为常见。日常生活中，妇女出门多化淡妆。商务活动中，女士一般不穿低胸、紧身等性感的上装和超短裙。

在德国，男士不宜剃光头，免得被人当作"新纳粹分子"。

饮食

德国人讲究饮食，以肉食为主。在德国，啤酒消费量很大。德国人进餐喜爱自助的方式，不随意浪费食品。

晚宴上，他们有时会关闭餐厅的电灯，点燃蜡烛，以营造烛光中的朦胧优雅和温馨氛围，享受餐饮的愉悦。男士向同桌的女士祝酒时，接受祝酒的女士可端起酒杯抿一小口。

禁忌

多人握手，忌交叉。交谈时，不应涉及纳粹、宗教之争等话题。公共场合窃窃私语，属失礼行为。德国人避忌数字"13"与"星期五"；纳粹礼及符号"卍"等，在禁忌之列。

东帝汶

国情

东帝汶民主共和国（简称"东帝汶"）位于东南亚努沙登加拉群岛最东端，面积15,007平方千米，人口134万（2022年），官方语言为德顿语、葡萄牙语，首都是帝力。

概况

东帝汶居民习惯将家建在山上，因其地势高，不仅凉爽清净，还可躲避水患，阻止敌人进攻。各个部落占据不同山头，因交通不便，彼此往来少，故语言多不相通。东帝汶国家不大，各种方言却不少。居住在山上，毕竟生活不便，现在有当地人开始改变观念，努力攒钱，想方设法到山下盖房子。他们的日常生活中，妇女砍柴、担水、种地、带孩子，男人则是腰间挎着砍刀上树摘椰子、出海打鱼等。东帝汶市场上出售蔬菜、水果等，论堆卖，不用秤磅。只有极少数卖肉的人用秤，也只是大概称一称，不斤斤计较，也不讨价还价。

东帝汶人大多信奉天主教，周末会到教堂做礼拜。

交往

东帝汶民众热情好客，与客人见面多微笑、点头致意，握手礼也很常见。亲朋好友之间见面常行拥抱、贴面礼。欢迎贵宾或同好朋友告别，会把用土布织成的围巾献挂在对方的脖子上。有的围巾把金银丝线与棉线混织在一起，制作精美；有的围巾上织有受赠者的姓名。东帝汶人的姓名结构与葡萄牙人相同，即教名—本人名—母姓—父姓。现在大多数人只保留教名和父姓，女子结婚后随夫姓。东帝汶著名的三大姓是席尔瓦（Silva）、佩雷拉（Pereira）、阿尔维斯（Alves）。现代东帝汶人起名，常参考圣经人物和历史名人的名字。

服饰

当地人的传统服装是把一块土布围在身上，或者把布缝成圆筒状裙子穿在身上。男女都穿裙子，但花色和裙子打结方式有些差异。节庆时，男女老幼都穿上传统服装，敲铜锣、打腰鼓、载歌载舞。

当地人对温度变化较为敏感。在热带气候下，若下雨，气温稍微降低一点，东帝汶人可能会穿上皮夹克，戴上毛线帽，有人甚至会穿棉衣。

当地妇女化妆的方式之一是将嘴唇、牙齿染成红色。其方法是咀嚼一种树叶，蘸上一种白粉（由海里的一种石头烧制而成），吃一种豆角状的植物。据说，常吃这些东西能保护牙齿，不必每天刷牙。

饮食

当地人的主食是大米、玉米、薯类。冷冻肉类如鸡肉、牛羊肉等，从澳大利亚和印度尼西亚进口。当地蔬菜有土豆、番茄、辣椒等，水果有香蕉、杧果、椰子等。烹调少不了辣椒和咖喱。

东帝汶用天然有机肥种植的咖啡颇为有名，采用日晒方式处理，质量颇佳。当地人喝的酒是用纯棕榈树汁酿造的，再往里加入一些当地传统的酿酒药材，最终酒呈乳白色，属于纯天然饮品，口味类似中国的糯米酒。

习俗

当地人结婚一般习惯大操大办，连续热闹几天。婚前，男方要置办昂贵的彩礼，传统彩礼是成群的牛马，据说有的多达50—77头。不过，凡接受彩礼重者，出嫁后女子的家庭责任也会更重。姑娘出嫁时，娘家人不是笑容满面，而是哭得很伤心。

人死后，尸体暂时停放在所住的房间里，像睡觉那样。亲属点燃蜡烛，在旁边守护。一般第三天出殡，下葬时，亲朋好友前来吊唁。死者家里会搭灵棚，供前来吊唁的客人休息、进餐。招待客人餐食，常常要宰杀水牛。客人所送礼物，有钱有物。死者去世后的第一、第三、第五个七日，其家人会举办宗教仪式来祭奠，向死者献鲜花。墓地的修建很讲究，死者常常被葬在自家院子里。

当地人喜欢斗鸡，常见人们怀抱大公鸡，前往斗鸡场参加斗鸡活动。参战的公鸡除了喙部功夫了得，爪上也都绑着利刃，一旦开战，必是招招见血，直到一方认输或被杀死。败方要向胜方付费。赌客预先下注，金额可达数百美元。

东帝汶人属棕色人种，忌说他们皮肤黑。遇有婚丧嫁娶或教会活动的车队，应停靠避让，不得超越。鳄鱼被敬奉为民族图腾，不得猎捕。

多哥

国情

多哥共和国（简称"多哥"）位于非洲西部几内亚湾北岸，面积56,785平方千米，人口809.5万（2023年），官方语言为法语，首都是洛美。

交往

多哥人热情好客，待人坦诚，即使初次相见，也会主动打招呼，热情问候。亲朋好友相见，通常是先握手，再互相拥抱、亲吻对方面颊，然后握住对方的拇指，热情交谈一阵。

见到外国年长的客人，他们会使用敬语问候，握手时，先用左手握住自己的右手腕，右手再与对方相握。在有些地方，与外国客人握手后，他们还会用双手手掌轻轻拍打客人的胸部，并不停地赞扬客人身体健康。

多哥妇女更是彬彬有礼，遇见外来客人时，常行屈膝礼，问候有分寸，回答客人的问话礼貌得体。在农村地区，妇女迎接外国女性客人，常常是围着贵宾转圈跳舞，还会发出有节奏的欢呼声。贵宾临门，他们会搬出家中珍藏的凳子，让客人就座，而其家人则席地而坐。主人会端上各种美食，慷慨招待客人。

服饰

多哥上层人士注重服饰。礼仪、社交场合，男士多穿西装，女士则穿裙装或西式礼服。普通百姓平时穿着随意。因气候原因，男子常见的装束是短衣短裤，小孩子常常不穿上衣，而妇女最普遍的服装是坎嘎裙（一种肥大的袍状花裙子），或者是用一块宽布包裹全身。

婚礼上，新郎穿西装或民族服装"波波"（用棉布或丝绸布料制作的白色袍装）。"波波"做工考究，在袖口和领口绣有美丽的花边。新娘的锦绣"波波"婚礼服，式样似我国旗袍，色泽鲜艳，五彩斑斓，领口绣着彩色花纹，胸前绣着象征吉祥如意的图案。新娘佩戴耳饰、项链、戒指，手腕上还要戴五六只金手镯。

饮食

多哥人的主食有玉米、高粱、甘薯等，副食有牛羊肉、鱼类以及蔬菜、水果。他们口味偏辣，有吃鼠肉的习惯，食品店里也有鼠肉出售。

他们在家中款待客人时，一般请客人品尝当地的传统饭菜，最隆重的待客菜品是烤全羊。招待客人的酒，一般是自家酿制的棕榈酒。饭后，主人还会端上各种美味的热带水果。多哥人平时吃饭多是席地而坐，不用刀叉与筷子，而是直接抓取食物。

习俗

每年的7月，卡布列部族里年满18岁的小伙子都要参加摔跤比赛。比赛先经村、乡、县层层淘汰，排名前四的队伍参加全国总决赛，争夺冠军。比赛场上热闹非凡，男女老少都身着节日的盛装，总统亲临现场。选手们个个威风凛凛，气势如虹。现场指挥一声令下，选手们便与对手扭扯在一起，观众助威、加油，声音一浪高过一浪。依照规则，参赛选手可以抓抱对手身体的各个部位，但只能用力量、技巧压制，不可伤害对方。经历比赛后，参赛选手都会被认定为成人，而优胜者会得到特别的奖赏。摔跤增强了多哥青年的体质，磨炼了他们的顽强意志，激发了他们的进取精神。

多哥部族众多，婚俗不尽相同，有"抢婚"、多妻风俗；有的部族允许女孩自己选择情侣，但征得双方家长首肯后才可结婚。婚前，准新郎每年要到女方家中义务劳动，秋收之后给准岳父母家送3篓玉米，一年或数年之后才能成婚，婚礼当年要送去21篓玉米。

在有些地方，人们习惯在新婚夫妇的洞房里放两张床，男女各用一张，男床放左边，女床放右边，夫妻轮流到对方的床上过夜。直到生下一个或两个孩子后，两张床才可合拢到一起，夫妻才可同床共枕。如果夫妻双方感情破裂，可到当地政府部门提出离婚申请，办完离婚手续后，有关管理人员还会将离婚夫妇的头发各剃去一些，并交由对方保管。

多哥埃维族人认为，人去世是其灵魂回到了神灵和祖先身边，家人不应悲伤，应该高兴。他们的做法是，通知亲友前来彻夜唱歌跳舞，以表达对亡者的眷恋和对其魂归天国的羡慕与喜悦之情。入夜，燃起篝火，他们边唱边跳边吃，累了稍歇，然后继续歌舞，击鼓之声一刻都不许停歇。

天将破晓，开始送葬。伴随女性亲属们的歌声，棺木被缓缓抬起。几名健壮的男子将白垩粉涂在脸上、身上，手执长矛，跳跃着走在棺木前面。长老手执羊尾法器，喃喃吟咏咒语，意在将死者的灵魂尽快引导至神明和祖先身旁。

多米尼加

国情

多米尼加共和国（简称"多米尼加"）位于加勒比海伊斯帕尼奥拉岛东部，西接海地，南临加勒比海，北濒大西洋，面积48,734平方千米，人口1,122.9万（2022年），官方语言为西班牙语，首都为圣多明各。

交往

多米尼加人性格乐观、豁达、实在，待人温和，让人有一见如故的亲近感。日常见面，他们热情打招呼，男士见面问候"你好"，同时握手；女士见面，会根据亲密程度，握手或拥抱亲吻。告别时多说"再见""祝您幸福"等礼貌用语。

社交称呼多为"先生""夫人"等，对不了解婚姻状况的年轻女子宜称"女士""小姐"。称呼职务、学衔、教衔、军衔等，也很普遍。

多米尼加首都圣多明各有一座颇有名气的"中国城"，在这里中华传统文化气息相当浓郁。中国传统节日到来时，侨胞们会燃香点烛，拜祖宗、祭神灵，祈求幸福与吉祥。春节时最热闹，人们燃放鞭炮，辞旧迎新，举办舞狮、舞龙会和武术表演。2018年中多建交，两国人民来往更加密切，侨胞们对未来信心满满，企盼事业越发欣欣向荣。

服饰

由于气候炎热，多米尼加人平时着装比较简单，普遍穿浅色衣服，一般是上穿衬衫，下着长裤。政府官员着西服，城市居民在正式场合也穿西装。妇女一般穿白色衬衫、红色或白色裙子。高档配饰如琥珀、黑珊瑚戒指等，在女士身上也时有所见。

饮食

多米尼加人烹饪的基本食材是大米、马铃薯、海鲜、肉类、奶酪以及各种热带水果、蔬菜。传统早餐一般是煎蛋、火腿和一种泥状香蕉。午餐是米饭配肉类，如大米与鸡肉、沙丁鱼、干鱼等一起做的炒饭。特色美食有咖喱羊肉、香辣炸鱼配玉米饼、红辣椒烤鸡等。现今比萨、炸鸡、薯条以及中式餐点也很普遍。多米尼加人口味偏甜，常见甜品有粉状米和牛奶制成的布丁、凤梨水果蛋糕、椰子豆奶、花生糖等。酒类有朗姆酒、加入树皮或树根的药酒以及啤酒等；饮料有咖啡和一种用菠萝、柠檬做的饮料"马比"。入住旅馆套房、郊区别墅，有配备齐全的厨房，可自行采购食品，自己下厨。旅馆、饭店里的自来水不能直饮。中式饮食文化已融入当地民众的生活，中式调味品以及茶、零食、方便面等，颇受当地人欢迎。

习俗

多米尼加居民善舞，舞风浪漫、热情，风格独特、亮眼，闻名于世。最流行的舞蹈是美凌格（merengue）舞和巴恰塔（bachata）舞。美凌格舞的舞曲节奏明快、强烈。演奏美凌格舞舞曲的乐器，主要有双面鼓、小喇叭、手风琴和该国特有的铁刷（güira）。男舞者头戴白礼帽，身穿白衣；女舞者头饰红花，身穿白裙，手持红绸。巴恰塔舞风格略有不同，其舞曲多为表现恋人分手后的悲伤情感，舞步较为缓慢，舞曲由吉他伴奏，其音调比较尖细。夜幕降临，大街小巷随时随地都可以听到轻快的音乐，看到节奏欢快的舞蹈。尤其到了周末，人们会举办各式舞会，喝着啤酒，尽情狂欢。多米尼加音乐和舞蹈风靡拉美乃至整个美洲大陆，深受当代青年喜爱。

斗鸡是多米尼加最流行的休闲活动。斗鸡被视为多米尼加战斗精神的象征。各地城镇、社区、乡村，都有大型斗鸡场，国家设有全国斗鸡委员会。全国注册的斗鸡场有1500个，斗鸡行业雇用了成千上万的工作人员。每个星期三和周末都有斗鸡比赛，赌斗鸡合法，且金额颇大。比赛于10时开始，先给公鸡们称重，进行对手匹配，并将鸡放入事先标记好数字的笼中。持有执照的斗鸡检察员使用一种酸性清洗剂擦拭公鸡颈部的羽毛、头部和喙，以检验斗鸡身上有无违规的东西。人们会花两年时间精心饲养和训练自己的斗鸡，给其吃特供谷物、维生素，让其住精美的鸡舍，由专业美容师修剪羽毛。比赛时，需将其下腹羽毛剃干净，鸡冠也通过手术摘除。

在多米尼加，忌问妇女年龄，忌摸小孩头部。熟人间说话比较随便，会经常开点小玩笑。拜访时，若同一房间里还有别人，要一并打招呼，不应冷落任何人。

多米尼克

国情

多米尼克国（简称"多米尼克"）位于东加勒比海向风群岛东北部，东临大西洋，西濒加勒比海，面积751平方千米，人口7.4万（2022年），官方语言为英语，首都是罗索。

概况

1493年11月3日，哥伦布到达该地时，正值星期日，西班牙语中"星期日"的发音为"多米尼克"，便以此命名。

该国是一座美丽的火山岛，山势陡峭，热带雨林遍布，植物茂密，奇花异草繁多。这里空气清新，是大自然赋予的天然氧吧，也是加勒比地区的旅游胜地，旅游收入超过国民生产总值的一半。

多米尼克盛产香蕉、椰子等热带水果，其中香蕉出口是该国外汇收入的主要来源之一。出于对自然环境的严格保护，该国不准开矿。首都罗索治安良好。

多米尼克国旗的底色为绿色，象征遍及全岛的茂密森林。国旗中央红色区域绘有一只鹦鹉及十颗绿色五角星。红色区域象征对社会正义的承诺，十颗五星代表该国的十个地区。黄、黑、白色的三个十字纵横整个旗面，黄色代表阳光和主要农作物柠檬、香蕉，也象征着岛上的土著居民加勒比人和阿拉瓦克人；黑色代表当地肥沃的土地和非洲之根；白色象征河流、瀑布和人民的纯洁；十字代表人民的宗教信仰。

多米尼克的国徽呈盾牌形，分为四部分，右上方是一只象征丰富特产的牛蛙，左下方是一艘象征航海捕鱼业的帆船。另外两部分分别是椰子树和香蕉树，代表国家的农业资源。国徽两侧各有一只象征多米尼克的鹦鹉，上端一头金黄色雄狮代表该国是英联邦成员。基部的黄色饰带上写着"吾爱天主，亦爱万物"。

接待公民上访，是该国政府官员的工作内容之一。总理会在政府大楼里亲自接见上访者。来上访的人多数是请总理帮忙的，如建房缺少砖瓦、木料，希望政府部门提供；也有些人是向政府索赔的，比如政府为百姓兴建保障房时，铲掉了他们种的芋头。总之，这里的百姓"不怕"官。

交往

多米尼克人的礼仪、礼节与欧洲人基本一致，流行握手、拥抱、吻手、女士优先等。交际场合，称呼对方"先生""夫人""女士""少爷"和"小姐"等。公务场合，习惯在称呼前加行政职务或学术职称。

这里的居民大多数是黑人和黑白混血人士。官方语言虽为英语，但平民阶层通常讲帕托阿语（一种英语、法语混合的语言）。

多米尼克人多数信奉天主教。人去世后，守灵三天，一般是土葬，葬后第九夜举行悼念活动。天主教徒有专门的墓地，其他人则使用公共墓地。

服饰

多米尼克人着装一般以夏装为主，因为这里温差小，四季都保持在26℃—29℃，没有冬天。他们平时的穿着多为牛仔裤、连衣裙、旅游鞋等。闲暇时到山里泡温泉或到海边散步，人们便换上舒适的运动装。在正式交际场合和参加宗教活动时，人们的穿着比较正式，一般是西装革履。

饮食

多米尼克居民的主食有大米、玉米、豆类、面包、红薯、芋头等。这里的热带水果十分丰富，如香蕉、椰子、杧果、柚子、面包果、菠萝。当地供应最多的肉类食品是鱼，而牛羊肉、猪肉、鸡肉等大都从国外进口，价格昂贵。

当地百姓的一日三餐以克里奥尔风味为主，即西式和当地口味的混合形式。他们喜欢喝的饮料有可乐、茶、咖啡、啤酒和朗姆酒等。

习俗

在当地，对捕猎有一定限制，每年10—12月为捕猎期，捕猎者需凭捕猎证在规定的范围内采用正常的方式捕猎。超出规定期限、范围、方式的捕猎，均属违法行为，会受到法律制裁。

厄瓜多尔

国情

厄瓜多尔共和国（简称"厄瓜多尔"）位于南美洲西北部，面积256,370平方千米，人口1,800万（2022年），官方语言为西班牙语，印第安人多使用克丘亚语，首都是基多。

交往

厄瓜多尔人平和、悠闲、友善、朴实，乐于与人交往。初次见面，人们习惯握手。若遇到女士，需待她们先伸手，才可相握。好朋友见面，女子互亲面颊，男士则互相拥抱。

他们的姓名由名字、父姓、母姓组成。厄瓜多尔人重视身份、职务、头衔，一般不称呼姓或名，而称头衔。他们对成年男子称"先生"，对已婚妇女称"女士"或"太太"，对未婚的女子称"小姐"。

交谈时，他们喜欢彼此靠得近些，有时会将嘴凑到对方耳边说话。在大街上行走，不可拉手而行。拜访时，客人常常会送些小礼物给主人。

服饰

厄瓜多尔地势较高，虽位于赤道地区，并不十分炎热，但昼夜温差大。早晨在首都基多街头，能够看到春夏秋冬各季服装：短袖、西服外套、毛衣套衫和羽绒服。印第安人尤其是妇女们，爱穿传统服装，它们色彩鲜艳。例如一种叫作"图南"的衣裙，五颜六色，很吸引眼球。有些部族的男子穿无袖长衫，妇女则穿带袖的罩衫。他们还喜欢佩戴羽毛和花草做成的耳环。

闻名于世的巴拿马草帽原本产自厄瓜多尔，是用一种名为"多基利亚"的植物纤维纺织而成。草帽的起源可追溯至西班牙人统治美洲前数个世纪。当地草帽手感细密，像丝绸一样柔软光滑，早先是手工制作，只有身份高和有钱的人才戴得起。草帽上带有黑条纹或花饰的边沿上翘，颇能显示绅士的文雅气质。草帽柔软且不易变形，可像纸那样被卷成筒状收藏起来。在厄瓜多尔，几乎家家都会制作这种草帽，但人们忌讳将草帽送到邮局邮寄，因为这样做会被当作一种挑衅行为。

饮食

厄瓜多尔人日常的食物是大米、土豆和肉类。居民习惯食用西餐，以刀叉进食。宴会的菜单上，一般是三至五道菜，前三道是冷盘、汤、鱼，后两道菜是主菜，多为肉或海鲜与蔬菜。另外有甜品或水果，最后是咖啡及小点心。

厄瓜多尔的煲汤多为汤配肉、土豆和奶酪，有的配鱼肉和蔬菜，还有的配一些当地有名的牛鞭。正餐常见菜品有柠檬烧虾、火烧玉米、辣汁肉块、烤乳猪等。烤豚鼠是厄瓜多尔的特色菜，其蛋白质含量比牛肉还高，且脂肪较少。厄瓜多尔海岸盛产的白虾，壳薄体肥，味道鲜美。

厄瓜多尔香蕉味道颇佳，声名远扬。人们日常所食土豆、牛肉、鸡肉、猪肉等，一般都配辣椒。餐厅的辣味配方不尽相同，餐前食客可先尝试，挑选适合自己的辣味。

厄瓜多尔的比尔卡班巴乡是世界著名的长寿地区，那里的人们很少吃肉类和高热量食品，以素食为主，常吃豆类、玉米、甘薯、大米、杬果等。

习俗

厄瓜多尔人多信奉天主教，忌讳"星期五"和数字"13"。大多数部落民众对安第斯山脉的崇山峻岭顶礼膜拜，奉为其衣食住行和荣辱祸福的主宰。每年9月是厄瓜多尔黑母亲节，又称"圣母施恩节"。相传圣母玛利亚的乳娘是黑人，正是这位乳娘引导印第安人和当地人崇拜圣母玛利亚。作为赤道之国，厄瓜多尔每年3月21日和9月23日中午都会在作为赤道标志的空心圆柱前举行祭祀仪式。每逢宗教活动和节日，家家宴席丰盛，载歌载舞，欢呼雀跃。重大节日期间，各行各业歇业，有时可能无车可乘。

除夕夜家家户户烧纸人，纸人的名字叫作"旧年"，象征将过去一年的厄运一烧而光。此外，男人会穿上媳妇的衣服，戴上假发，扮作一些已经逝世名人的遗孀，架起竹竿或拉起绳索，在路口拦截车辆，讨要零花钱。当新年钟声敲响时，每敲一下，过节的人们就欢快地吃一粒葡萄，连吃12粒，预示未来一年每月都有好运。过年时，人们爱穿黄色内衣，据说可以招财进宝。很多人会把钞票塞进鞋子里，希望新的一年不愁钱财。过年时，人们喜欢走出家门，手提空空的旅行箱，在大街上走来走去，祈求新的一年充满机遇。

厄立特里亚

国情

厄立特里亚国（简称"厄立特里亚"）位于非洲东北部，面积12.4万平方千米，人口670万（2021年），全国主要用提格雷尼亚语、阿拉伯语，通用英语、意大利语，首都是阿斯马拉。

概况

厄立特里亚地处红海之滨，地貌多样，多沙漠。乡下人放牧山羊、骆驼和牛，生活环境比较艰苦。当地居所多为圆锥形砖瓦房或茅草屋，以毛驴为交通工具。绿洲阿骚（Assau）的阿法尔人务农，沿海地区的人们则以捕鱼、开采食盐为业。

首都阿斯马拉意为"和平生活"，坐落在哈马森高原上，气候宜人，类似中国昆明。当地树木常青，鲜花四季开放，城市环境清洁，空气比较清新。阿斯马拉没有什么新式高大建筑，主干道上仅存当年意大利人留下的一些低层建筑物，由于历经战乱，显得有些破旧。市区居民住房不足，相关配套设施也有待完善。

尽管厄立特里亚发展滞后，但当地社会秩序良好。独立之后，政府管控有力，当地犯罪率低，恶性案件甚少，就连偷窃、乞讨现象也不多见，到此旅行相对安全。

厄立特里亚居民生活简朴，性格纯真，安分守己，政府官员也比较清廉。

阿法尔人按父系传代，族群内按年龄分成若干组，由组长负责管理以及协调相互之间的关系。他们平日不唱歌、不跳舞，喜欢安静，不愿被外界人士打扰，甘愿保持自己封闭甚至是清贫的生存状态。

当地许多人信奉伊斯兰教，清真寺往往是当地最好的建筑物，一早就有喇叭提醒人们做祈祷。有的人前往清真寺做祈祷，有的人在家中做祈祷。

交往

厄立特里亚经历战争，脱离埃塞俄比亚，实现独立，故至今两国关系仍不太和睦。厄立特里亚边境管控甚严，不论是本国公民还是外国人的出入境审批手续都很严格。

厄立特里亚旅游业不太发达，当地居民与其他国家人民来往较少，但这里的人善良淳朴、待人礼貌。握手是当地最常见的问候方式，还有拥抱、吻面等礼节。接待客人时，主人常常会端上红茶或咖啡。客人告别前，宜将饮料喝完。

厄立特里亚人时间观念不强，对约会迟到不以为意。

服饰

厄立特里亚人在正式场合一般着西装、打领带。他们的民族服装基本是阿拉伯式的，即男女皆着袍装。男士袍装为单色，如白色、蓝色等，用白布缠头；女士袍装色彩绚丽，女子戴头巾。城里人一般不蒙面，乡下女人在穿戴上比较传统，皮肤、头发不暴露在外边。

地区不同，服装颜色及装束也有些差异。西部库那马族节日期间穿的袍装以象征太阳的金黄色为主调，蓝色、绿色袍装也较常见。提格雷族妇女的发辫式样相当复杂，梳起来很费时，只在节假日、婚礼等重要场合才能看到。

不论男孩女孩，到七岁时就要在脸上刻画象征会带来好运的刀痕。在女孩子脸上刻刺痕迹还有一个重要原因，就是不让她们的美丽容貌吸引男人的注意。有些地方的居民会根据自己喜好，将头发、手脚染成黑色或橙红色。

饮食

当地的饭店、餐馆以意大利风味为主，惯用刀叉进食。当地市场上出售的面包、牛羊肉以及蔬菜价格昂贵。招待贵宾，主人会端上生牛肉、油炸白蚂蚁以及具有提格尼亚民族风味的"英吉拉"（用豆粕做的酸饼），这些食品都需蘸着用牛肉、辣椒粉等熬成的辣椒肉汁食用。当地的酒吧不仅出售啤酒、咖啡、红茶、果汁等饮料，也供应快餐食品，如比萨、汉堡包等。首都老城区的小茶馆傍晚很热闹，许多人一边喝茶一边抽水烟。

婚俗

城里人多自主择偶，婚礼穿西式礼服。乡下人结婚，则多由父母做主。从结婚那天起，阿法尔女子就只能待在屋子里，待生下孩子之后才能到院子里干活，等生了第二个孩子后才能外出活动。拉沙伊达（Rashaida）部落的人举行婚礼时，新娘要戴上面具，脸部只留网纱眼供观察与呼吸。他们只与本族人通婚。婚礼期间会举行骆驼赛跑，扎着辫子的宾客欢快地跳"甩头舞"，还能品尝到小麦粥和甜茶。

俄罗斯

国情

俄罗斯联邦（简称"俄罗斯"）地跨欧亚大陆，位于欧亚大陆北部，领土面积1,709.82万平方千米，人口1.46亿（2022年），官方语言为俄语，首都是莫斯科。

交往

目前，"先生""同志""公民"在俄罗斯都可使用。在商务、媒体和官方机构中，人们习惯互称"先生"；而苏联时期普遍使用的"同志"，现在军队、内务等强力部门仍在使用；至于"公民"一词，通常在公共场所使用，如火车站、商店等。当然，对妇女的称呼，如"女士""小姐""夫人"等也可在一些场合使用。交谈时，常称呼职衔，如"教授""工程师""上校""博士"等，但俄罗斯人不习惯称对方的具体职务，如"司长""处长""董事长""总经理"等，更不把姓名与其职务连在一起。

对称呼"您"和"你"界限分明："您"用来称呼长辈、上级和不熟识的人，以示尊重；而"你"用来称呼熟人、朋友、同辈、晚辈和儿童。这点与我国相同。

俄罗斯人的名字由名字、父称、姓氏三组词组成，对姓名的称呼有点特别：只在正式文件中才使用全称；在日常生活中，人们不称呼姓，只称呼名字和父称，有尊重、客气的意思；熟人、家人只称呼名或名的爱称；多年的老友之间，有时还称呼父名，更显得亲密无间。

俄罗斯人喜欢结交朋友，待人友好亲切，感情热烈奔放。这里流行握手、拥抱、吻手等礼节，"女士优先"也很受重视。公共场合，人们谈话低声细语，不大声喧哗。初次见面，不问别人生活细节，尤其不能当面问妇女的年龄。

登门拜访之时，赠送鲜花很流行。花枝应为单数，三枝、五枝或九枝。花的颜色以一两种为宜，不应多种颜色混杂。而追悼亡人时，需送双数枝鲜花。

服饰

俄罗斯人讲究仪表、注重服饰。冰天雪地的莫斯科街头，时髦女郎穿着长筒靴、单丝袜、超短裙、银狐或蓝狐等裘皮盛装，把这座城市打扮得美丽动人。不过，日常人们则多穿西装、西装套裙或连衣裙。上班或参加社交活动，女士都会认真化妆，仔细审视衣饰搭配是否妥当，纽扣是否一一扣好。俄罗斯人普遍认为，不系纽扣或者将衣服拎在手上、搭在肩上、围在腰间，都是不文明的表现。在俄罗斯民间，老一辈已婚妇女常戴头巾，且以白色为主。晚间出席音乐会、观看演出，尤其是观看芭蕾舞剧时，人们更讲究衣着，不少人会穿晚礼服，文明高雅。

饮食

俄罗斯人饮食中常见奶制品。他们爱吃面食，尤喜黑面包，伏特加酒必不可少，对我国生产的二锅头等白酒也感兴趣。进餐方式、上菜次序与西方相同，但是俄罗斯菜肴特点鲜明，鱼子酱、红菜汤、传统小煎饼等都很有名。

俄罗斯人习惯用盘盛汤，喝汤时可吃面包。他们喜喝红茶，且常加入牛奶、柠檬、糖、蜂蜜、果酱等，用茶匙搅拌。用完的茶匙，应放在茶碟上，不能留在杯子里。参加家庭宴会，应适当赞美主人，尤其是女主人的厨艺和盛情款待。按俄罗斯人的习惯，客人吃得越多，主人越高兴。他们表示吃饱的动作是把手横放在喉部，比画着说："到嗓子眼儿了。"

习俗

多人握手时，忌交叉形成十字；隔着门槛，不可与人交谈和握手。赠送礼品时，忌赠手帕，赠送刀叉等带有利刃或齿状的物品时，受礼人常回赠一枚硬币；把金钱当礼物送人，会被对方认为是侮辱其人格。过分赞美人，会让当地人感到虚伪或居心叵测。恭维别人身体保养得好，易让当地人感到不快；忌提前祝贺他人生日。

俄罗斯人爱整洁，乱扔垃圾会受到谴责。在公共场合，卷裤腿、撩裙子、剔牙以及蹲在地上或席地而坐等都是失礼行为。

俄罗斯人普遍偏爱红色，视其为美丽的化身。他们视镜子为"神圣物品"，打碎镜子意味着个人生活可能出现疾病和灾难。打翻盐罐是家庭不和的预兆，但打碎盘碟则意味着富贵和幸福，因此在喜筵、寿筵和其他隆重的场合，人们还特意打碎一些盘碟。

法国

国情

法兰西共和国（简称"法国"）位于欧洲西部，面积55万平方千米（不含海外领地），人口6,804万（2023年），官方语言为法语，首都是巴黎。

交往

法国人性格开朗，待人热情，即使对陌生人，也常会打招呼问好。常用的问候语是"您好"（bonjour），常见的社交礼节是握手。女子握手可戴手套，男士则需摘下手套握手。男士、女士相见，多亲面颊或贴面，男性之间互亲面颊也很流行。

在法国"女士优先"、对女子谦恭礼貌是男士们的金科玉律，被当作判定是否有教养的标准。介绍人们相识，要先介绍女士；拜访或告别，要先向女主人致意和道谢。

在日常生活中，人们彬彬有礼，礼貌用语不离口，稍有失礼，如不小心触碰别人，会马上说"对不起"。法国人性格幽默、浪漫，善于辩论，好开玩笑。

服饰

巴黎是世界时装之都，巴黎时装精致、华丽、优美，享誉全球。巴黎时装往往会成为世界新潮流的宠儿。公务场合，男士穿西装，女士通常穿套裙或连衣裙，颜色多为蓝色、灰色或黑色，款式新颖，质地优良。隆重场合，如庆典仪式，男士多穿带有蝴蝶领结的燕尾服或深色西服套装，女士则穿连衣裙式的单色大礼服或小礼服，且注重发型、手袋、帽子、鞋子、手表、眼镜等与着装协调一致。

饮食

法式大餐世界闻名，其选料广泛，加工精细，烹调考究，菜式繁多，鲜嫩味美。

法国餐饮礼节复杂，细节甚多。诸如听女主人招呼或在其展开餐巾后，其他人才可进餐；入席时从座位左侧就位，坐姿端正，手可搭在餐桌边缘，但两肘不可支在桌上；敬酒先敬女士，后敬男士；干杯时，即使不会喝酒，也需让嘴唇触碰一下酒杯，以示礼敬；席间交谈，应停止进餐，将刀叉呈"八"字状或交叉放在盘上，且刀口向内、叉齿朝下；吃完一道菜，将刀叉并拢收于盘内，叉齿朝上，以便侍者收走；吃牛排，先从左边切，吃一块切一块；嘴里吃进骨刺等需要吐出时，应以叉接持，或用手指轻轻取出，再放到餐盘边沿处，并应尽量避开别人视线；用叉捡食豆类等配菜，可用刀将其轻拨到叉上，送入口中；餐桌上调料瓶较远，应请别人传递，不可站起自取；嘴角有油渍，只可用餐巾一角轻轻按一下，不可用力擦拭。

法国人逢进餐必饮酒：餐前酒多为威士忌、朗姆酒、利口酒等低度甜酒；餐间酒为葡萄酒（若主菜是海味，则佐以白葡萄酒；若是肉类、野味，常以红葡萄酒配之）；餐后酒以白兰地居多。

习俗

与法国人初次见面不送礼，再次相见，一般需送些小礼物，如法国本地产的香槟酒、白兰地等。此外，他们喜欢高雅、有审美价值的艺术品，如唱片、画册等，我国的剪纸、京剧脸谱等工艺品也受到欢迎。

在法国，选择礼品讲究多。如香水是送给亲密朋友的，不可随意送给关系一般的女士，否则有过分亲密之嫌；不宜送刀、剑、剪、餐具等，此类物品常被认为会"切断"双方关系。

接受礼品时，若不当面打开包装，则是一种失礼行为。

法国人喜欢用手势表达自己丰富的感情。不过，他们的手语和我们不同：如我们以食指指鼻表示"是我"，他们则是手指胸膛。我们通常用的"OK"手势，在法国南部表示零或不值钱。法国人把拇指放在鼻子上表示可鄙或可恶；拇指朝下表示坏、差；拍两只手的手指，表示庸俗。

日常法国人以花为礼，只送单枝。除了表达爱意，其他情形下不能送红色花朵；忌送黄色花朵，因为其象征不忠诚；菊花、杜鹃花适用于丧葬仪式，所送花枝为双数。

法国人视核桃为不祥之物；认为黑桃图案不吉利；忌仙鹤图案；忌讳数字"13"和"星期五"，认为这个数字和时间暗藏凶险。

斐济

国情

斐济共和国（简称"斐济"）位于太平洋西南部，陆地面积1.83万平方千米，人口88.5万（2017年），官方语言为英语、斐济语、印地语，首都是苏瓦。

交往

斐济人待人热情厚道。他们见面打招呼，一般先相互微微一笑，再行握手礼。客人进入当地人居室，需脱鞋。

家家户户都备有卡瓦酒，除了自饮，也用来招待客人。这种饮料是用当地的"卡瓦"树的根茎磨粉，以清水冲制而成的。虽称作酒，但并无酒精，色如浓茶，略带苦涩，微麻辣，能去暑解渴，有一定提神作用。卡瓦酒被视为斐济国饮，在祭祖和招待贵宾时必不可少。

服饰

在日常生活中，斐济人着装多半是男裤女裙。不过，男子在正式场合一般不穿裤子，而穿裙子，如政府官员上身穿西装或花衬衫（布拉衫），下身则是过膝的毛料筒裙；其他行业的男子，如军人、警察等，正式着装也是裙装。女子一般穿花布长裙，女子裙装与男子裙装的样式和面料明显不同。斐济人爱美，不论男女，都爱将鲜花编成花环戴在头上，有的是在耳朵上戴一朵鲜花，尤以红色扶桑花多见。据说，将花戴在左耳，表示未婚；戴在右耳，表示已婚。斐济男人爱留长发。有的男人头发长达1.5米，因此每天不得不花许多时间整理自己的头发。而斐济女子年少时虽然也可留长发，但结婚时需要剪短，而且以后会不断修剪，保持短发。

饮食

斐济人以米面为主食，副食以海产品居多，如海龟、海鱼等。龙虾、金枪鱼等名贵海鲜在这里价格便宜。斐济人也爱吃猪肉、鸡肉等肉类。蔬菜有芋头、木薯、山药、番茄、葱头等。调料爱用椰油、胡椒、姜、葱等。烹调方式以烤、炸、煎等为主，传统食品是"烙福"，即挖地坑，在坑内以柴烧石，用嫩蕉叶包住已放好调料的芋头、木薯、山药及鱼、鸡肉、猪肉、龟肉等，放在石上，再以土掩埋，焖制而成。就餐时，他们习惯以手抓取饭食。食品中比较常见的还有杏干，有时当地人以杏干作主食。据说，斐济是"无癌国家"，可能与居民爱吃杏干有关。

习俗

米克舞是当地村民宴飨宾客时的必备节目。舞者在木鼓和竹筒敲击声中登场，以和声咏唱传统歌谣为伴奏。米克舞表演一般在夜幕降临后开始。男演员上身赤裸，脸上、胸前涂抹黑色条纹，下身穿传统树皮纤维草裙，手持木质武器，在火把及月光的映衬下，表演古老传说中的战争场面。在表演时，会有舞者"怒视""恐吓"某位观众，将其当成"敌人"，但随即便会握手言欢，邀客人一起跳舞。场面滑稽、诙谐，常常给观众带来欢笑。

在岛民村庄参观，着装不可太随意，不可穿短裙、短裤，不可戴帽子、墨镜。按当地习惯，只有村长才有戴帽子的特权。举行欢迎仪式，主人献上的卡瓦酒一定要喝光，拒绝喝卡瓦酒是失礼行为，主人会觉得受到极大侮辱。

这里忌用左手或双手接物或取物。不可随便摸小孩子的头。忌讳数字"13"。

菲律宾

国情

菲律宾共和国（简称"菲律宾"）位于亚洲东南部的菲律宾群岛，面积29.97万平方千米，人口1.1亿（2022年），国语为菲律宾语，官方语言为英语、菲律宾语，首都是大马尼拉市。

交往

菲律宾人的姓名是由教名、母姓首字母、父姓组成的。他们喜称职衔，如工程师、律师、教授等。握手礼最为常见，穆斯林相见时，常常双手互握；握手时若无冠，则必须用左手捂头。某些部落，握手礼独特：与客人握手后，即转身向后走几步，意思是身后没有伤人暗器。

在菲律宾，老人受到尊重。年轻人见到年长者要问候、鞠躬、让座，有时要吻长辈手背，与长辈说话时多用"po"（敬辞）。与长辈说话，要把头巾摘下并放在肩上；姑娘见到长辈，要吻长辈两颊。

收受礼物，不可当众打开。菲律宾人钟爱茉莉花，视其为国花。受西方影响，这里盛行"女士优先"。贵客来访，常有年轻女子敬献茉莉花环。过重大节日时，外国女士可能会被抛撒彩色碎纸，这是对客人的赞美和祝福。

服饰

菲律宾男子的国服叫"巴隆",一般为丝质,形似长袖紧身衬衣,衣长可及臀,立领,前领口向下襟垂直延伸。其一般绣有抽丝镂空图案,图案花纹美观大方。20世纪50年代初,此款服装被正式推为菲律宾男子的国服,成为外交场合、庆祝活动和宴会的正式礼服。菲律宾女子的国服叫"特尔诺",是一种圆领短袖连衣裙。其两袖挺直,两肩头高出肩稍许,宛如蝴蝶展翅欲飞,因此也叫"蝴蝶服"。

平时,中上层人士喜欢穿西装。普通百姓中,男子多穿白衬衫和西装裤,女子喜穿无领的连衣裙或纱笼。年轻人喜欢西式皮鞋,老年人仍习惯穿由木头、麻或草做成的拖鞋。

菲律宾男性穆斯林一般着短外衣和宽大的长裤,围一条花围裙作为腰带。完成麦加朝圣的穆斯林,头上会围一条白头巾或戴一顶白帽子。女性穆斯林爱穿带有金属纽扣的紧身短袖背心,裤子宽大,裤脚紧收;若穿裙子,有时会扎颜色鲜艳的头巾,戴手镯、项链和耳环。

饮食

菲律宾人一般以大米、玉米为主食,而在三宝颜等沿海地区,人们习惯以木薯为主食。副食则是各类蔬菜、海鲜、蛋禽及肉类。他们把大米放在瓦缸或竹筒里煮,还喜欢用椰子汁煮木薯、煮饭,然后用香蕉叶包饭。玉米先晒干、磨成粉,然后做成各种食品。

城市中上层人士爱吃西餐,并以刀叉进食,穆斯林和乡下人惯用右手抓食。名菜有咖喱鸡肉、虾子煮汤、肉类炖蒜、炭烤乳猪等。他们大多不喝牛奶和烈性酒,但爱喝啤酒。

菲律宾盛产热带水果,有些水果的吃法很特别。如香蕉,可蒸、可炸、可烤;蒸香蕉撒上黑砂糖,颇有芋头的风味;油炸香蕉条或烤香蕉等小吃,随处可见。杧果、红毛丹等水果,价格便宜,味道鲜美,受到人们喜爱。菲律宾人习惯嚼槟榔，并以此招待客人。

习俗

菲律宾人讲究整洁、干净，进屋先脱鞋。他们大多信奉罗马天主教，忌讳数字"13"，认为"13"是厄运和灾难的象征，令人厌恶。信奉伊斯兰教的人士忌讳猪，不吃猪肉、不使用与猪相关的制品；忌鹤和龟以及这两种动物的形象。他们还忌红色，认为红色是不祥之色。穆斯林不爱吃姜，也不喜欢吃动物内脏和腥味大的食品；忌讳左手传递东西或食物，认为左手肮脏、下贱，使用左手是对人极大的不敬。信仰原始宗教的人相信万物有灵，崇拜自然神，尤其崇拜鳄鱼和鸟类。进门时忌脚踏门槛，他们认为门槛下住着神灵。平时，他们习惯咀嚼槟榔和烟叶，将自己的牙齿染黑。斗鸡是老百姓喜好的娱乐项目。斗鸡的鸡爪上佩戴着锋利的刀片，厮杀时场面惨烈，直到战死。

芬兰

国情

芬兰共和国（简称"芬兰"）位于欧洲北部，面积33.8万平方千米，人口555.6万（2022年），官方语言为芬兰语、瑞典语，首都是赫尔辛基。

交往

在芬兰，初次见面，无论男女，均先握手互道姓名，而吻面颊只适宜于亲朋好友之间。芬兰人与外国人相见，一般称呼"先生"（应带上姓氏），而芬兰人之间通常直呼其名。芬兰人名片上的姓名是名在前、姓在后。芬兰人时间观念较强，约会准时；与人攀谈，一般不愿距离过近；与人交往时，守约、信诺。

服饰

芬兰夏季气候宜人，冬天较冷，但室内温度一般都保持在20℃左右。平时，芬兰人衣着朴素、随意，男士只在社交活动或礼仪场合穿西装、扎领带或穿礼服。通常西装里面除衬衫外，不再加穿其他衣服。女士在社交活动或礼仪场合穿长裙、礼服、高跟鞋。

饮食

芬兰人口味偏甜和微辣，普遍爱吃鱼类、野味、鹿肉，习惯喝浓汤，汤中常加蔬菜、海鲜、山货以及牛奶、黄油等。应邀去芬兰人家中用餐，可以给女主人献上一束鲜花（五枝或七枝）。家庭宴席开始，首先端上桌的常常是一个新烤制的大面包。面包里装满鱼肉及猪肉等，味道十分鲜美。用餐开始，主人先祝酒，客人祝酒一般在宴会将结束时。芬兰人爱喝酒，同时习惯向客人反复敬酒。餐后，主人常常邀请客人一起洗桑拿浴。

桑拿

桑拿浴源自芬兰，又称芬兰浴。桑拿浴室通常是圆木结构的密封小屋，内置大炉，装满石块。用木材把石块烧红，将水泼在石头上，高温蒸气骤然充盈小屋，洗浴者瞬间就会大汗淋漓，初试者往往难以坚持。为了出透汗，当地人有时会用带叶的桦树条抽打身上。高温湿热下，大量出汗会加速心脏跳动、血液流动，促进新陈代谢，有利于健康。现今，洗桑拿浴已经风靡世界，演变为一种广受欢迎的社交活动。

节日与娱乐

除了国庆节和宗教节日等法定节日，芬兰还有很多民间节日。在这些民间节日中，以仲夏节最为热闹、隆重。芬兰6月下旬昼长夜短，6月最后的周末被定为"仲夏节"，以庆祝光明与万物繁茂。节日子夜时分，人们聚集在海边、湖边，围着篝火跳舞唱歌，尽情狂欢，也有许多人选择在这一天举行婚礼。

仲夏节前后，五花八门的民间娱乐活动一个接一个登场，有赛鹿、大学生戴帽、扔靴赛等，其中国际上小有名气的"背夫人"比赛更是热闹非凡。为了获得第一名，丈夫们背驮着自己的妻子奋力奔跑。妻子们虽然不必奔跑，可被扛在肩上也并不轻松。赛场上欢声笑语，温馨风趣。

"背夫人"比赛始于芬兰的松卡耶尔维镇，如今，每年举行的"国际背夫人锦标赛"吸引了大批外国客人前来参赛。

习俗

芬兰人遵守公共秩序，注意文明礼貌。芬兰公共秩序良好，街头看不见交警，行人全凭自觉，严格按照红绿灯指示行动。乘坐公交车先下后上，井然有序。车上有黄色标志的座位是爱心专座，一般乘客不会占据这些座位。乘出租车不必付小费；酒店、餐厅服务等小费已包括在账单中，不必另付。

芬兰人酷爱艺术，喜好读书，也很重视体育活动和旅游。他们普遍偏爱白色，视白色为和平、纯洁、公正之色，是他们的祖国——芬兰大地白雪长存的象征。他们钟爱铃兰花和绣球菊，认为它们不仅美化了环境，还给人们带来欢乐。芬兰人认为，数字"13"和"星期五"不吉利，会避免将这个数字和日期与自己联系在一起。

佛得角

国情

佛得角共和国（简称"佛得角"）位于非洲西部大西洋中的佛得角群岛，面积4,033平方千米，人口54.6万（2020年），官方语言为葡萄牙语，通用克里奥尔语，首都是普拉亚。

概况

佛得角是处于大西洋中的岛国，距离非洲大陆500多千米。佛得角虽然属于非洲国家，但似乎没有多少"非洲味"。其房屋多是不高的黄色尖顶小楼，街道铺石子，两旁绿树成荫。其语言、人名等，都与前殖民宗主国葡萄牙相近，风俗方面更接近巴西，人们也擅长跳巴西桑巴舞。

当地居民绝大部分为克里奥尔人，生活方式如同欧洲人。他们善于打扮，讲究服饰色彩搭配，穿着妩媚动人且注重个性。

当地居民生活节奏慢，幸福指数高。他们时间观念较强，认为迟到、失约是缺乏教养的行为。他们天生喜欢音乐，惯以音乐缓解伤痛。

交往

佛得角人的问候语有"您好""身体好吗""见到您很高兴""愿上帝保佑您"等。初次见面，他们会主动与人握手，用力很重。熟人见面，常常热情拥抱，轻吻对方脸颊，然后握手、问候。拥抱时，忌讳抱得过紧、时间过长。交际场合，对不太熟悉的人则是点头致意，或微微躬身。乡下朋友见面，常常边问候边用右手掌拍打对方右手掌，以表示亲密无间。

女性与男性客人见面时，习惯行屈膝礼或弯腰鞠躬礼。身份地位较高的女性，也会伸手同男性客人握手问候。需要注意的是，男女之间行握手礼，需待女方先伸出手后，男方才可伸出手相握。男方握手时，忌握住女方的手久不松开。

吻礼在这里也很流行，其方式是吻对方的面颊，先右后左，各一次。上流社会流行吻手礼，即女士右手掌心朝下向前伸出，并作下垂状，男士单手或双手轻轻托起女士手掌，微俯身低头，在其手背上轻轻一吻，说声"谢谢"。

饮食

佛得角渔业资源丰富，海鲜是传统美食。最常见的是用鲜鱼、甜薯、生香蕉、薯粉等做的鱼汤。有特色的是烧烤野味，佐以咖喱，口味香浓厚重。还有炸鳗鱼，浇以洋葱和番茄汁，非常可口。炭烤蔬菜串属于当地一绝，即将玉米、辣椒、胡萝卜等食材串在一起烧烤，搭配海鲜吃，既美味又营养。当地的海味价格便宜，刚打捞上来的金枪鱼约4—5欧元/千克。若在岛上租屋居住，自己拥有厨房，可到码头上购买海鲜自己烹饪，享受当地海产美味。

节日

在每年复活节前40天的第一个星期二，全国放假，举办狂欢节。清晨，街上锣鼓喧腾，人头攒动。穿着各式服装、各种扮相的舞者，开始表演桑巴舞。下午，狂欢活动达到高潮，为赢得喝彩和掌声，各个舞蹈队都使出浑身解数。随后，各舞蹈队的彩车相继亮相，缓缓前进。彩车被装扮得华丽无比，每辆车上都有一个少女扮演的公主，频频向人们招手、微笑致意。入夜，灯光璀璨，音乐迷人。造型怪诞、奇异的人们狂舞起来，如醉如痴，通宵达旦。经过评判，会选出优胜舞蹈队和最美彩车，给予嘉奖。

婚俗

天主教徒的婚礼在教堂举行，流程比较复杂。

民间的婚俗是：小伙子用植物叶子包裹鲜花，向姑娘求婚。姑娘接受之后，小伙子便在其身边跳舞，并投以深情的目光。之后，小伙子便以香蕉叶作纸，写信向姑娘父母求婚。信由小伙子的教父或有威望的长者亲自送去。女孩父母当着送信人的面，问询女儿的意见。传信人有义务将姑娘的话如实传达给求婚者。如果顺利，女孩父母会把求婚者请到家里，了解其家庭状况，同时给他一些忠告。求婚者回家向父母禀报时，女方会派人偷听。待其谈话接近尾声时，偷听者会突然出现在面前，询问男方家庭对婚事的打算。

婚礼一般在星期五举行。届时，亲朋好友都穿着鲜艳的民族服装前来贺喜。他们在婚礼上脚踏鼓点，翩翩起舞，尽情欢唱。新娘的父母手执竹鞭，象征性地在女儿身上抽几下，意思是把她赶走，让她不再眷恋父母。同时，他们泪眼汪汪地向女儿、女婿祝福，希望他们白首到老。

冈比亚

国情

冈比亚共和国（简称"冈比亚"）位于非洲西端，面积11,295平方千米，人口240万（2020年），官方语言为英语，首都是班珠尔。

概况

冈比亚位于非洲西部，全境为一狭长平原。冈比亚虽然是世界最不发达国家之一，却是著名的美丽国度。大洋沿岸沙滩迷人、游人如织；沿河两边，湿地、草原风光无限；野生动物种类繁多。

冈比亚优美的景观吸引了世界许多游客前来观光。人们或坐船游览，或与野生动物"亲密"接触，或进行垂钓等。

冈比亚素有"非洲微笑海岸"的美名，当地人对来宾友好、热情，问候语言常常是"主赐你和平"。

冈比亚有八个族群。最大的族群是曼丁哥人，是传统的农民；再就是富拉尼人，以放牧为生；而沃洛夫人则擅长经商。每个族群都有自己的语言，英语则是通用的官方语言。各族群相处融洽，互相通婚。

冈比亚的总统大选方法很特别。由于该国文盲率较高，投票选举不用纸质选票，更不用电子票箱，而是用玻璃球作选票，被称为"球选"。2016年总统大选有三位候选人，设立黄、绿、灰三色圆桶分别代表三名候选人，为了方便识别，还配上了候选人照片。选民到达投票站，经核对身份及做手指模后，会领取一枚玻璃球，然后投进代表自己选中的候选人的圆桶里。每投一票，就会听到一次铃声，计票人会通过声音计算票数。等全部投票完成后，再由专门的工作人员清点玻璃球数量。

饮食

非洲人一般对海鲜兴趣不大，冈比亚人却对海鲜情有独钟，靠海吃海。

冈比亚的粮食作物有玉米、谷子、高粱、大米等。肉类以鱼肉、鸡肉、牛肉最为常见，其烹调手法主要是油炸和烤，如炸牛排、烤鱼、烤鸡等。配菜是沙拉，调味品是花生酱。

冈比亚的水果比较丰富，有杧果、番木瓜、橙子、柚子、菠萝、西瓜等。海滩上的小贩常将这些水果做成混合的或者单一品种的果汁出售。当地还有一种草本植物酸模花，其果汁口味比较独特。

习俗

90%的冈比亚人是穆斯林，他们每天要祈祷五次。其婚嫁风俗既遵循伊斯兰教教规，又有部落特点。通常的求婚方式是：男方若看上谁家女孩，男方父母就会向女孩父母赠送柯拉果（一种植物果实，大小如荸荠，薄皮、浅红色，味苦且涩，有提神作用）。如果中意这门亲事，女方会向亲戚、朋友、邻居报喜，并把这些柯拉果分送给他们。婚礼前，男方派人到女方家商定聘礼，一般是价值约500达拉西（冈比亚货币）的金首饰、一块手表、四条长裙、一头山羊和一袋大米。

结婚仪式一般在新娘家或清真寺举行，双方的父亲或监护人参加，两位新人却不到场。该结婚仪式举办几个月后，新娘家还要举行一次仪式，由邻居中的长者向新娘介绍在新家庭中她应承担的责任。当晚，在鼓乐声中，人们把梳妆打扮好的新娘送到新郎家，正式交给新郎。

在冈比亚乡下，当地人过世后，亲人会把其尸体洗干净，用白布包裹，再用草席卷起来或直接放进棺材。棺材停放在家里或送到清真寺，并做祷告，祷告结束后举行葬礼。葬礼后，死者家属要给送葬人发放柯拉果及其制品，死者家属也会收到钱和食物。葬礼后的第三天、第八天和第四十天，亲朋们都会举行纪念活动，再向死者家属送礼。

寡妇居丧期为四个月零十天，在此期间，须待在家里，不可穿红戴绿，不可出门。

在冈比亚公共场合，需注意着装，不能袒胸露背。在这里，不可用左手取食物，不宜在晚上和星期六探望病人。

刚果（布）

国情

刚果共和国［简称"刚果（布）"］位于非洲中西部，国土面积34.2万平方千米，人口566万（2021年），官方语言为法语，首都是布拉柴维尔。

交往

刚果（布）人民热情、乐观、实在，性情豪爽，爱结交朋友。常见交际礼节是握手、拥吻。刚果河流域，人们相见最亲切的礼节是：双方都伸出两手，躬身吹几口气。他们与人交谈时，常伴有手或头部动作，以加强其要表达的意思。

与人握手应有力，若软绵绵的，会被认为失礼。聊天不涉及个人隐私，如个人情感、宗教信仰、工资收入等。在禁烟场所，不可吸烟；即使在可吸烟场所，如有女士在，也需征求其同意。在街上边走路边吸烟，属不文明行为。

他们的姓名组成与法国人一致，即教名—自选名—姓氏。正式场合称名和姓，亲朋好友只称名不称姓；长辈对子女、特别亲近的人用爱称、昵称。妇随夫姓。日常使用的称呼有"先生""夫人""小姐"等。

他们肢体语言丰富，如两手向前举至与肩平，来回翻动手掌，或者右手举至与肩平齐的高度，前后轻轻摇动，是表示对初次见面客人的问候。见到久别重逢的至亲好友，他们会不停地用右手轻轻拍打对方的手掌，表示感情深厚、关系亲密。若举起右手，捏成拳头，伸出大拇指，不停地挥动，是表示对客人的极大尊敬，常用于身份、地位高的客人。

同客人谈话时，伸出双手，捏成拳头，来回晃动，表示对谈论的话题非常感兴趣。谈话时，用拇指、食指和中指有节奏地弹出"哒、哒"的响声，表示双方谈话投机，十分满意交谈的内容。头部轻轻上下摇动，则表示对谈话内容的赞许。

服饰

首都布达柴维尔街头常见身着西装、牛仔装、便装以及超短裙等追求时尚的少男少女。由于天气炎热，人们的穿着一般都比较简单，男士仅着衬衫、长裤而已，妇女一般是上身穿短衬衫或背心，再用一块色彩鲜艳的布，从腹部向下缠绕数圈，以代替衣裙。在一些地区，男人流行瘢纹饰，即让脸部长出疤瘌、肉瘤，并以此为美；妇女爱将头发梳成无许多小辫，并戴上头饰和海贝串。当地妇女刷牙时，拿一种略带甜味的灌木条在嘴里来回刷。

饮食

木薯是当地人的主要食物，其叶、根均可食用。他们把木薯叶子捣碎、蒸熟，制作成当地美味"萨卡萨卡"。城市里有不少西式餐馆，但当地人喜欢用传统饭菜招待宾客，如肉汁浇米饭、花生面包、木薯馒头、木薯蒸糕以及用香蕉、花生、木薯面、棕榈油、辣椒和盐混合做成的"龙乌马"。至于肉菜，原材料多是牛羊肉，较有特色的是用蚂蚁制作的蚁酱拌猴子肉。多数人就餐时，喜欢席地而坐，将饭盒和菜盒放在中间，用手抓取食物。他们口味喜辛辣，调味多用椰子油、香菜、胡椒、辣椒等。当地人习惯吃大块肉，不爱吃鸡毛菜和虾。热带水果丰富，有香蕉、椰子、杧果、木瓜、油梨等，有些人整年以水果代替粮食。

当地古老习俗——吃一种土，即把土磨细，做成泥巴饼干，常作为孕妇和儿童的主食。研究发现，这种土富含人体所需的微量元素。

习俗

城里人结婚，西装革履，婚纱拖地，大操大办。在乡下许多地方，富家男子有蓄妾风气，女子十几岁就可以结婚，讲究贵重的彩礼。彩礼一般是牛羊牲畜、物品和现钞。如果男子暂时付不起彩礼，可以到女方家干活，以若干年的劳动补偿彩礼。

南方部族多以母系为中心，婚姻大事须征得女方舅舅同意，并给舅舅送礼。婚后所生子女，其父没有太多的抚养义务，待孩子数岁后，需送到舅舅家抚养，并成为舅家的后代。在北方，男女结婚需征得部族酋长认可，订婚、结婚需向酋长送礼。婚礼仪式上，新婚夫妇、双方家长及来宾，需向酋长行跪拜礼。

政府规定，11月1日为"扫墓节"，全国放假。届时，人们扶老携幼到墓地为先人扫墓，拔杂草，摆鲜花、食品，点蜡烛，在墓前对死者说怀念的话。

刚果（金）

国情

刚果民主共和国［简称"刚果（金）"］，位于非洲中部，国土面积2,344,885平方千米，人口约9,995万（2023年），官方语言为法语，首都是金沙萨。

交往

这里的人性格豪爽，感情外向，待人热情，讲究礼貌。礼貌称呼有"先生""夫人""女士""小姐"等。称呼老人用尊称，问候老人常行半跪礼。初见客人，问候时两手举起，来回翻动手掌，或将右手举至与肩齐平，前后轻轻摇动。久别重逢的亲朋好友，除了握手，还会用右手掌轻轻拍打对方的胸脯，并行拥吻礼。

他们见到身份高的人或尊贵的客人，会立正、举起右手，手心向外，左手垂放，大喊一声"master"（意为"主人"），这是最高问候礼仪。被问候者则举拳晃晃，以示回礼致意。妇女见到男性客人，微微屈膝，目视地面，轻声问候。女性之间相见，大多是握手、拥抱。男性不主动同女性握手。交谈时，人们爱用拇指、食指和中指有节奏地弹出"哒、哒"的响声，表示对所谈内容感兴趣、满意。

服饰

在刚果（金），平时穿西装者并不多见。男子大多穿长裤、衬衫和带领扣的上衣；妇女不穿长裤，只穿裙子，或者用一块色彩鲜艳的布，从腹部向下缠绕数圈以代替衣裙。女子裙装多印有小花等图案，蜡染则喜大花图案。母亲会经常将女儿头发梳成一个个小圆圈，并用线固定。

居住在热带森林的巴库图族妇女，腿上常佩戴铜护腿。北方森林中的居民，一般只在腰间围一块兽皮或几片树叶，而妇女喜欢把手掌、脚掌涂成红色，在胸脯上画上红白相间的条纹。西北部布温达地区的巴图人，不论男女，都喜欢把牙齿挫得很齐，脸上涂一层鲜红的颜色。他们用棕榈纤维编织成又薄又软的席子，用粗而厚实的席子铺地，或做房屋中的隔墙、门扉、栅栏等。

饮食

刚果（金）人习惯每天只吃晚餐，男女分席而坐，大多保留着用手抓食的习俗，而上流社会则习惯于西式就餐方式。

主食有大米、玉米、木薯、香蕉等。将香蕉泥、花生粉、木薯面、棕榈油、辣椒糊、食盐等，加水煮成浓糊状的食品，当地人称作"尤乌马"，既是主食，又是菜肴，是招待客人的常见食品。此外，将米粉、豆粉加水拌匀，放入香蕉泥，再用香蕉叶包覆面团，放入蒸笼蒸成粉包。香蕉泥中加入牛奶，冰冻后制成蕉冻，清凉爽口，这既是主食，又是凉食。

刚果（金）人的副食主要是牛羊肉、鸡肉、鱼、蔬菜等，特色菜肴有红焖猴子肉、油炸昆虫等。

这里的咖啡产量很高，成为当地居民不可缺少的饮料。而特色美酒当属他们自制的香蕉酒，芳香扑鼻，口感特殊。

习俗

当地女子自由恋爱，少有违背自己意愿的婚姻，但某些部落存在一夫多妻现象。女性婚前要保持贞洁，否则会受到鄙视，甚至终生受辱。婚嫁重视彩礼，一般是货币、物品或牲畜。如果付不起彩礼，经女方家庭同意，对方可到女方家进行无偿劳动，以补偿彩礼。

婚礼上，新郎向岳父岳母行跪拜大礼。婚礼庆贺活动会持续十天乃至半个月，宾客们在欢乐气氛中翩翩起舞、纵情高歌。婚宴颇为铺张，河马肉、大象肉等野味也会端上席面，花费不菲。

刚果（金）人重视丧仪，政府将11月1日定为"逝者节"，全国放假。人去世后，不保留尸体，而是放在白蚁巢内，让白蚁分食，他们认为这样可使亡者早日升入天国。有的地方盛行树葬，即人去世后，家属会选择一棵大樱杉树，先将部分树皮刮下，在树干上挖洞，将包好的尸体置于洞内，再把树皮贴上，并刻上死者的姓名。樱杉树生长迅速，数年之后，就会成为树棺材。

亲族通奸属于最严重的罪行。禁止女婿同岳母接触。公开场合，禁止男女亲吻。西方人所喜爱的"OK"手势，在这里则表示"肛门"，是侮辱人的肢体语言。用食指敲打自己的脑门，是"靠边站""不受欢迎"的意思。抚摸小孩的头，表示"这个孩子像个傻瓜"。伸出大拇指，表示阻止他人继续讲话。忌讳打听当地人习俗、禁忌的由来。

格林纳达

国情

格林纳达位于加勒比海向风群岛最南端，面积344平方千米，人口11.4万（2022年），英语为官方语言和通用语言，首都是圣乔治。

概况

格林纳达属于发展中国家，以自然环境优美、风景如画著称。该国蔚蓝色的大海、白色沙滩、翠绿植被和热带雨林令人赏心悦目，吸引着世界各地的游客。

色彩斑斓的环境养成格林纳达人追求绚丽色彩的审美。建在首都圣乔治山坡上的木屋、拖车式住宅甚至酒吧，无一不被装点得五光十色、艳丽非凡。人们最崇尚的色彩是红、黄、绿三色，这三种颜色也是格林纳达国旗的三种色调。圣乔治街道两旁的墙壁、路标，海港里的大小船只等，多涂有醒目的红色、黄色和绿色。

格林纳达有着"天堂岛"的美誉。除了环境优美外，其另一个特色是盛产肉豆蔻。肉豆蔻散发的香气让人如痴如醉，格林纳达因此成为著名的香料之国。香料是该国的支柱产业，是该国财政收入的重要来源。

肉豆蔻树是常绿乔木，树高十多米。其果实形状如杏，成熟后会自动开裂，果仁即肉豆蔻。肉豆蔻收获之时是一年中岛民最忙碌、最幸福的时光，不仅享受丰收的喜悦，而且沐浴在香气袭人的氛围中。1974年，肉豆蔻被画在格林纳达的国旗上，足见其在当地人民心中的分量。

交往

格林纳达人热情开朗，朴实大方，乐于助人。当地孩子遇到客人，会停下嬉戏打闹，礼貌地向客人招手，面带天真朴实的笑容。迷路者不必担心，当地人会告知怎么走，有的人还会带路，顺便再讲述当地历史。圣乔治的市场里人头攒动，当地热心的大妈会耐心给客人传授使用当地香料烹饪菜肴的方法。

对外场合，格林纳达人通用的称呼是"先生""夫人""女士""小姐"，常行握手礼，熟人之间也行吻礼。当地居民以非洲裔黑人为主，讲英语，多数人信奉基督教。星期日和节假日，人们会成群结队涌向教堂做祈祷。当地居民爱跳舞，最具代表性的舞蹈是大鼓舞和四对方舞。大鼓舞是格林纳达国舞，舞调激昂欢快，颇具非洲部落文化色彩。

当地的税收和服务费中包括小费，因此无须另付小费。晚上，当地商店不营业，人多待在家里，街上行人稀少。

服饰

当地黑人着装颜色尚白，多穿白上衣和白裤子。乡下人大都赤脚，有的穿木质凉鞋。黑人女子多着裙装、扎头巾，服饰基本色调为国旗上的红、黄、绿三色。社交场合，白人居民一般是西装革履。

格林纳达四季炎热，平时人们穿着较随便，只在参加正式交际活动或宗教仪式时才讲究穿着，如去饭店用晚餐须着正装，去教堂做礼拜须着正装或民族服饰。男士不穿露脚趾的凉鞋。

饮食

格林纳达饮食以西餐为主。早餐多为英式，食物有煮黄豆、熏肉、小香肠、吐司面包、蒸番茄、鸡蛋饼等。烹调多用本地特产香料，如肉豆蔻、丁香、桂皮、香草以及姜和辣椒等。用一种叫卡拉露（callaloo）的植物叶子做的汤，被称作"国汤"。民族菜肴奥依当（oildown）是当地家庭聚会和重要活动的常备美食。

当地菜以海产为主，如石斑鱼、金枪鱼、龙虾、蟹类以及蚌类等，基本烹调方式是煮、烤、炸、焖等。特色美味是用咖喱、葡萄酒和草酱烘焙而成的蟹肉。

格林纳达的热带水果很丰富。饮料有朗姆酒、可可等。该国的就餐礼节基本上与欧美国家一致，喜欢在餐桌上铺一块时兴的红色桌布。佐餐酒一般是红、白葡萄酒。刀叉摆在食盘左右两侧，从外侧启用。

禁忌

在格林纳达，游人不得穿迷彩服或卡其布军装。当地法律明文规定，违反该条款者将被处以最高一万欧元的罚金或被判一年有期徒刑。穿泳衣逛街，即使是在海港附近，也属违禁行为。当地水源水质都好，但自来水仍不宜直接饮用。这里禁止游人剥取当地树皮、获取野生动植物，禁止在当地海里捞取珊瑚。

格鲁吉亚

国情

格鲁吉亚位于亚洲西南部高加索地区的黑海沿岸，面积6.97万平方千米，人口372.4万（2022年），官方语言为格鲁吉亚语，首都是第比利斯。

交往

格鲁吉亚人性格豁达、坦荡、耿直，不拘小节，喜交朋友。他们的姓名由本人名、父名、姓组成，女子出嫁后改用夫姓，本人名和父名不变。社交场合，称呼姓氏加先生、女士或头衔。亲朋好友则直呼其名，家庭成员之间常用爱称或昵称。

初次见面或普通朋友会面，以握手为礼，而亲朋好友，不论男女，相见或告别时多贴脸、拥抱。为表示友好，他们常在握手时轻折对方手背，目光亲切，面带微笑。穆斯林在送别亲友或宾客时，常两手交叉于胸前，施90度鞠躬礼，以表示敬重和惜别之情。介绍双方相识时，一般是把年轻人介绍给长者，把男子介绍给女子，把后来者介绍给先到者，把宾客介绍给主人。到格鲁吉亚人家里做客，宜给女主人送鲜花，且花枝数为双数。社交活动中，互送礼品现象常见，礼物多为香水、葡萄酒、佩剑等物。做客时，讲究从椅子左边入座和离座。

在倾听长辈或客人谈话时，一手托着头，一手玩弄物件，是失礼行为。在公交车上，让座很常见。在旅馆里，对老年人的照顾也很周到。

服饰

格鲁吉亚人注重个人形象，认为不修边幅、衣冠不整是粗鲁的表现。正式场合，人们多穿深色西装，平日则着便服、夹克衫或牛仔服。格鲁吉亚人现代服装以黑色为尊贵，红色次之，浅红色多为青少年穿用，而灰色为谦逊、低调的颜色。城里女性正式服装多为西式裙装，且佩戴耳环、项链、胸花等饰物。

在节日和庆典时，尚能看到传统的民族服装。届时，妇女们身着色彩艳丽的丝绒长裙，长裙呈对襟、紧腰、宽袖口；外罩浅色短上衣，配毛皮镶边；脚穿平底皮鞋，尖头向上翘起；头上戴着饰有宝石的平顶绣花帽。男子民族服装是棉料或绸料斜领衬衫，外罩风衣式外套，小腰身、宽袖口；胸前左右各配一套子弹带式胸饰；头戴羔皮筒帽、小毡帽或长耳风帽；腰扎银色压花皮带；足蹬高筒皮靴；身配短剑。

饮食

格鲁吉亚人口味偏重，喜甜酸味道，每日不可缺少面包、牛奶，用餐时以刀叉为餐具。主食原料是面粉、玉米、土豆，副食有牛羊肉、奶制品、禽蛋、各种蔬菜和水果等。他们爱用菠菜、水果、禽类及各种香料烹制菜肴，爱吃烤制和熏制的肉类、用辣椒腌制和醋浸的食物以及油炸点心、水果与蔬菜。常见的烤制菜肴有烤肉串（大块的牛肉、羊肉、猪肉）、烤乳猪、烤鸡、烤鱼、烤蘑菇等。餐桌菜肴多为共餐，不像西方人那样实行每人一份的分餐制。宴会主人慷慨大方，会鼓励客人开怀畅饮、大块吃肉，以显示其热情好客。

格鲁吉亚水果品种丰富，葡萄、梨、荔枝、苹果等品质俱佳。此地是葡萄酒发祥地之一，酿造历史久远。格鲁吉亚葡萄酒是苏联时期的国宴酒，"葡萄酒"一词就是从格鲁吉亚文音译为英文、德文、法文、俄文、拉丁文的。

格鲁吉亚的酒文化独具特色，人们逢宴必饮酒，还配以热情洋溢的祝酒词。宴席上，每桌都有一位年长者担任酒司令（tamada）。酒宴如果没有祝酒词，会被视为对客人怠慢。祝酒词一般以祝福和平、祖国、先人、后代、友谊、健康、成功等为主题，语言恳切，感情动人。餐桌上每人都可敬酒，但须得到酒司令的首肯。

他们爱喝咖啡、可可和红茶等。格鲁吉亚茶树种植源自中国。19世纪晚期，一刘姓中国人首先在黑海边种植茶树，于是喝茶的习惯逐渐在格鲁吉亚流行起来。至今，在格鲁吉亚西部，"茶"的发音仍为"刘茶"。

习俗

格鲁吉亚人的婚礼多在秋末或冬季举行，星期六和星期日是迎亲的吉祥日子。婚礼隆重，摆宴席、唱歌、跳舞、撒钱等，样样不可少。有的地方还保留着女子"哭嫁"的习俗。逢结婚纪念日，也常举办交际活动。

格鲁吉亚人大多信奉东正教，认为数字"13"不吉利，喜欢数字"7"和"3"。他们认为红色是勇敢、无畏的象征。送人鲜花，忌送菊花和白色、紫色的花。过多的客套话，会有虚伪之嫌。交谈时，不可询问对方的年龄等个人隐私，也不宜谈论民族和宗教方面的问题。

哥伦比亚

国情

哥伦比亚共和国（简称"哥伦比亚"）位于南美洲西北部，面积114.17万平方千米，人口5,216万（2023年），官方语言为西班牙语，首都是波哥大。

交往

哥伦比亚人注重礼仪、礼貌，待人诚恳，不急不躁。他们的生活节奏较慢，客人赴约迟到半小时或更晚，主人也不会见怪，但在首都等较大的城市里，参加外事活动还是比较准时的。

人们见面时很热情，与在场的人握手、打招呼，但女士之间较少握手，通常是抓住对方的手臂或亲吻对方的脸颊。初次交往，异性之间多是点头致意，亲密者则常拥抱和亲面额。常用的问候语是"您好""见到您非常高兴""愿上帝保佑您事业成功""上帝保佑我们共同健康"等。

彼此生疏的人称呼"先生""夫人""小姐"或称呼姓氏加头衔，只有熟人之间才以名字相称。彼此熟悉之后，他们往往会建议，互相改称名字。

应邀到哥伦比亚人家里做客，如果时间许可，应在到达前送去水果、鲜花或巧克力之类的礼物。如果时间来不及，事后送礼也可，同时附上一封短信，对受到的热情接待表示感谢。社交送礼中，只可向非常熟悉的人送领带、香水等个人用品。

客人来访，主人会送上一杯咖啡。客人不可推辞，应愉快接受，否则会被认为是失礼行为。他们喜欢一边喝咖啡，一边漫无边际地聊天、慢条斯理地思考、轻声细语地讨论问题。与他们交谈，最常见的话题是体育运动，特别是足球、斗牛等。

服饰

有身份的哥伦比亚人，其服饰文化受西班牙影响较大，注重仪表和穿着打扮，认为衣着不整是失礼行为。在公共场合，不可只穿衬衫，还应穿外衣、扎领带。在小城市或偏僻地方，这种讲究会少一些。

参加社交活动，一般是西服革履，衣饰整洁得体，而保守式样的西装比较流行。晚间赴宴，应穿白衬衫和深色外衣。妇女外出需着裙装，不可穿便装裤子，更不可穿短裤。出席社交活动，女性多穿西服套裙、化淡妆。女孩子从小就开始佩戴用白色珠子串起来的挂链。

全国大部分地区炎热，人们以夏装为主。首都波哥大位于安第斯山中海拔2600米的高地上，虽近赤道，但气温并不高。波哥大多雨，出门应备雨伞。

饮食

哥伦比亚人的主食是米、面，副食是猪肉、牛肉、禽、奶、蛋及水产品等。蔬菜有土豆、辣椒、葱头、四季豆、生菜、芹菜等。作料爱用胡椒粉、番茄酱、奶酪、桂花、桂皮、蒜、黄油、鸡油、糖等。

哥伦比亚人口味清淡、偏甜，平时惯用西餐，以刀叉进食。他们的三餐中蔬菜较少，果汁较多。早餐以果汁、牛奶、麦片、烤面包以及咖啡等简便食品为主。上班族的午餐主要是生菜沙拉、三明治、汉堡、热狗或馅饼，外加一杯饮料。晚餐比较丰富，可称大餐，一般由果汁或是浓汤开始，常见的主菜有牛排、猪排、羊排及烤牛腩、炸鸡、炸虾、火腿等，最后是蛋糕、冰激凌和巧克力等甜食。他们宴请时，很注意把餐桌布置得美观、大方，以显示主人对客人的重视和热情。

哥伦比亚人喜爱的中餐有苏州菜、上海菜等。哥伦比亚桑坦德省省会布加拉曼卡市有食蚁的习惯，油炸蚂蚁香脆而营养丰富，有滋补作用，是待客佳品。哥伦比亚咖啡闻名于世，人们喝咖啡时，常配一些巧克力、甜点等。

节日

哥伦比亚的混血人较多，非常重视"黑白狂欢节"。其自新年起，逐渐展开，高潮在1月5—6日，分别为"黑脸日"和"白脸日"。这两天，人们分别用黑、白颜料把脸抹成黑色、白色，以示民族、文化差异。同时，各个阶层的人聚集到一起，高喊"黑人万岁""白人万岁"，以表达人们对各色人种融合、宽容、尊重的共同期望。该狂欢节已被联合国教科文组织列入人类非物质文化遗产名录。

习俗

哥伦比亚人忌讳数字"13"和"星期五"，视其为灾难、厄运的象征。他们厌恶基督教传说中的叛徒犹大，每年复活节前的星期六，总会焚烧犹大丑像以泄恨。

哥伦比亚人喜欢红色、黄色，忌讳黑色、紫色；喜欢圆形、三角形及六角形图案。哥伦比亚诺亚纳马人认为，捕杀动物者会遭到神灵惩罚。

哥斯达黎加

国情

哥斯达黎加共和国（简称"哥斯达黎加"）位于中美洲南部，北邻尼加拉瓜，东南与巴拿马接壤，面积5.11万平方千米，人口521.34万（2022年），官方语言为西班牙语，首都是圣何塞。

交往

哥斯达黎加人民文明好客，谦逊友善，感情细腻，待人坦诚，礼貌用语随处可闻。

社交场合，一般称呼"先生""夫人""女士""小姐"，也喜欢称职衔、学衔，如"校长先生""博士先生"等。男子见面，一般行握手礼，关系密切者还常拥抱。男子见到熟悉女子，有时会吻脸；见到尊贵女士，会轻吻其手背。妇女之间，若是朋友或亲戚见面，常常互亲面颊。

哥斯达黎加人喜欢聚会，周末有时会彻夜歌舞。应邀到朋友家中做客，需带些小礼物，如鲜花、蛋糕、酒类等。主人会用点心、甜食、水果、饮料、酒类等招待来客。客人无须腼腆，若不动用招待品，会使主人难堪。

服饰

社交礼仪场合，人们一般穿西式服装。日常生活中，男子服饰比较简单，大多穿衬衫、黑色或深色裤子。城市女子喜欢穿裙装或紧身裤，肩披雷波诺彩色长披巾。城市青年追求时髦服饰，牛仔装很常见。

哥斯达黎加男子的传统服饰多为鲜艳的衬衫、马裤、高筒靴、宽边帽、围巾等。农村妇女一般穿印花布连衣裙。

此外，他们非常重视妆容，精心修饰指甲、眉毛，发型、口红的选择需符合自己的肤色和气质。

饮食

哥斯达黎加人的主食有大米、玉米、豆类等，尤以玉米制品花样众多，如玉米粽、玉米饼、玉米团、玉米酒等。一些居民还食用君子兰、木薯和当地产的茎类食物。

饭店的早餐有煎蛋、奶酪、鲜木瓜、菠萝、罗马甜瓜、熏肉、黑豆饭、黑莓果汁等。晚餐是哥斯达黎加人的正餐，正式宴请是晚宴。晚宴一般开始较晚，有时会持续到午夜。

哥斯达黎加的热带水果丰富，常见的水果有香蕉、杧果、油梨、西瓜和葡萄等。最普遍的饮料是咖啡、加粗糖煮开的朗姆酒、糖酒等。

牛车

牛车原本是哥斯达黎加的运输工具，后逐渐演变成那里著名的工艺品，且哥斯达黎加牧牛传统和牛车被联合国教科文组织列为人类口头和非物质文化遗产。

从19世纪中叶起，哥斯达黎加人开始用牛车运输咖啡豆，从中部谷地到太平洋海岸的蓬塔雷纳斯，需要10—15天。当时牛车的车轮是没有辐条的实心车轮。更特别的是，在颠簸行进时，车楔与金属轴摩擦会发出"吱呀"声，清脆悦耳，被称为"牛车之声"。拥有高品位、美观的牛车，是当时社会地位的象征，成为当地人追求的目标。而后车辆在制造过程中逐渐被美化，会在车上雕刻或绘制美丽的图案等。

随着时代发展，牛车逐渐淡出交通运输领域，而人们制造牛车的兴趣并未减少，只是更注重其艺术价值。于是，一件件大大小小的牛车艺术品应运而生。如今，哥斯达黎加每年都举办全国性的牛车设计竞赛，届时各种设计独特的牛车会云集于此。

地址写法

哥斯达黎加城乡居民住户、机关驻地等，没有明确的地址，不标注街道门牌号码。他们的地址写法，一般是××市（镇、乡、村等），加上当地一个著名地标（如某棵大树或某位著名人士的住宅等），再写上行进方向和距离即可。如中国驻哥斯达黎加共和国大使馆地址译成中文是这样的：哥斯达黎加圣何塞市奥斯卡·阿里亚斯博士宅邸南100米，再往西50米。

禁忌

哥斯达黎加人忌讳数字"13"和"5"，喜欢"3"和"7"。不宜询问他们的种族、年龄。当地印第安人延续传统习俗，不将自己的姓名告诉外人。

古巴

国情

古巴共和国（简称"古巴"）位于加勒比海西北部，面积109,884平方千米，人口1,118.2万（2021年），官方语言为西班牙语，首都是哈瓦那。

交往

古巴人诚实谦逊，待人友善，即使初次见面，也会主动问候。谈得投机，会当场邀请客人到家中做客，热情招待。相见礼节多为握手，但不习惯双手与人相握。若宾主相见，一般是主人先伸手；若男女握手，则应由女性先伸手。此外，拥抱礼也很普及。凡亲朋好友，见面常常会拥抱。而吻礼多由男性主动施以，熟人之间，女性也可以主动施以。

古巴人具有强烈的爱国情怀和民族自豪感。他们乐于助人，总会热情帮助问路者，有时甚至主动送问路者到目的地。在公交车上，人们会主动给老人让座。在大街上，人们可以向政府部门的任何一辆车请求免费搭载。

古巴人之间习惯直呼其名，包括对最高领导人，如菲德尔·卡斯特罗，人们只称"菲德尔"。他们没有称职衔、学衔、军衔的习惯，普遍称呼"同志"，不论民众、官员，均以"同志"相称。

在古巴，"先生""夫人"只是一种礼节性称呼，对内只对年长者使用；对外，如对资本主义国家的外交官，一般也称"先生"。若在对内场合称呼别人"先生"，多半是在向对方表示不满意、不耐烦、不认同，欲与对方划清界限。

社交场合，古巴女性对初次见面的男性客人爱称"亲爱的"，这只是一种礼节性称呼，没有爱慕之意。场合不同，"亲爱的"含义也不同。如在无法说服对方、表示无可奈何时，可能也会说"亲爱的，还是不要这样吧！"

在古巴，儿童见到外国客人多称"叔叔""阿姨"，对年老者则称为"爷爷""奶奶"，有时还加上客人的国名，如"中国阿姨""中国爷爷"等。古巴人姓名顺序是名—父姓—母姓。礼貌称呼是父姓加"同志"，只在相互熟悉以后，才能以名字相称。

服饰

在特别正式的场合，男人多数穿西服，其颜色依据节令或具体场合会有不同，女性则穿礼服或较讲究的衣裙。外事和礼仪活动中，男士着古巴国服"瓜亚维拉"。

一般来说，男人穿着比女人更严整、更规范。例如夏天，尽管天气很热，男人（包括男孩）也不穿凉鞋和短裤，而且必须穿袜子，这已经成为古巴男人着装的常识；而女人可以光脚穿拖鞋出现在公共场合，对此人们习以为常。而去剧院看戏、欣赏芭蕾舞演出时，观众都很注意穿严肃的正式服装。

古巴男人穿衬衫，无论长袖、短袖，里面从不穿背心。古巴成年人，不论男女，短袖衫一般都不是白色的，因为只有服务行业人员或医院大夫才穿。

饮食

古巴人对菜肴的色彩颇为重视，喜爱艳丽浓郁的色调。他们最负盛名的菜肴是"阿希亚科"，其由猪肉同君子兰、芋头、山药、香蕉、南瓜、玉米加入香料加工而成。晚餐主食多是煮大米、黑豆，配以肉类和菜蔬。古巴人不爱吃羊肉。古巴虽然是岛国，当地人并不青睐海产品。

古巴甜食非常有名，但甜度高，初来乍到的外国人多不习惯。古巴人钟爱菠萝，视其为神圣之果。他们喜欢将杧果、柑橘等切成块，放在一起，加大量糖食用。他们爱喝的饮料有咖啡、可可、红茶等，还把水果榨成汁作为日常饮料。古巴人也爱喝酒，宴客离不开酒，主要是冰镇啤酒和甘蔗酒。

习俗

在古巴，竖大拇指表示友爱、赞赏。除夕之夜，古巴人会准备一碗清水，等到午夜教堂的钟声敲响，将碗里的水泼出屋外，表示送走旧年、迎来新年。他们认为红色代表干净，绿色代表希望和庄重，黄色代表思念和期待。他们最爱姜黄色的百合花，尊其为国花，并把菠萝视为国果。

出于宗教信仰，忌数字"13"和"星期五"。平时忌讳戴帽子，他们认为只有亲人去世才戴帽子来悼念。他们不把刀剑当作礼品送人，认为刀剑会"割断"友谊。乘出租车需事先谈好价钱。

圭亚那

国情

圭亚那合作共和国（简称"圭亚那"）位于南美洲大陆东北部，面积21.5万平方千米，人口77.6万（2022年），官方语言为英语，首都是乔治敦。

交往

在圭亚那，人们日常见面喜称职务或头衔。社交称呼是"先生""女士""夫人""小姐"。他们与客人见面多握手，且与客人一一握手。亲朋好友之间，习惯施拥抱礼、吻礼。公务谈判应事先约好，不可贸然到访。上门拜访圭亚那朋友，应准备些礼物。

圭亚那东部牧区的依那族人的迎宾礼有些特别，即朝客人头顶上方射箭，对于初访客人来说，着实吓人。具体做法是，主人为贵客举行欢迎仪式时，在离客人十多步远的地方举起弓箭，朝着客人头部的上方连射四箭，箭头在客人头顶上飕飕飞过。虽然惊险，但不致伤人。据说，这是对真正朋友的一种特殊考验，是对远方来客最真挚、最热烈的欢迎。热情招待客人来访之后，还会以同样的方式为客人送别。

服饰

圭亚那国徽的顶端绘有一顶插着黄、白、蓝色羽毛的头盔，那是印第安人部落首领的头饰，表示印第安人是圭亚那最早的居民。印第安人多居住在内地乡下，穿西服者不多。日常生活中，女子喜戴项链。

在圭亚那，印度裔是第一大族群，人口众多，故而印度服饰文化在当地有相当影响，如男士缠头、妇女披纱丽，与印度本土相似。

因为处于赤道下的圭亚那终年炎热，所以当地人在日常活动中的衣着都比较简单。常见男子穿短衣、短裤，女子穿T恤、连衣裙等。但在正式社交场合，人们衣着都比较讲究，如参加婚礼，女子多着裙装，男人则是西装革履。在宗教活动等场合，人们会穿本民族的传统服装，如信奉伊斯兰教的人身穿白色长袍，头戴白帽或缠白布。

饮食

圭亚那人的主食有大米、玉米、木薯、番薯等，副食有猪肉、鱼虾、家禽以及各种热带蔬菜、瓜果等。通常是一日三餐，早餐是点心、牛奶，午餐和晚餐是肉菜以及面饼、木薯面包、米饭、豆饭等。也有不少家庭将木薯、红薯、芋头、山药等当作主要食物，而沿海地区的乡下，人们多以海鲜为主要食物。

印度饮食在圭亚那影响很大，如当地烹调使用咖喱很普遍，咖喱肉、咖喱鸡颇为有名。此外，圭亚那人在烹饪时喜用香草、洋葱、辣椒、大蒜、丁香、肉桂等，其中的辣椒据说原产自圭亚那卡晏岛的热带雨林中，古称"卡晏辣椒"。

圭亚那传统美食"麦他及"（meta gee）很有特色，它是由玉米粉、山药、木薯、芭蕉、椰子奶和磨碎的椰肉做成的饺子，搭配油煎鱼或鸡、水果，一起炖着吃，味道鲜美。英国饮食风味的萨拉拉（salara）以及菠萝塔、奶酪卷等，是颇受欢迎的甜点。

当地的饮料主要有啤酒、咖啡、椰汁、红酒、白酒以及用甘蔗制作的朗姆酒。与众不同的是，他们还有用树皮制成的毛贝（mauby）饮料以及用木槿花制作的饮料等，颇具地方特色。

习俗

圭亚那一些原住民中，流行一种婚前考验习俗，即将准备结婚的男女青年装进满是荆棘针刺的大布袋中，待上一夜，不得喝水、吃东西。布袋空间有限，稍微一动就会被荆棘刺伤，因而两人必须默契合作，规规矩矩，才能避免被刺伤。只有在考验合格后，双方家长才会为他们举办婚礼。

圭亚那当地的欧式婚礼，一般是下午在教堂举行。两位新人身穿白礼服、白婚纱，在神父主持下宣誓、互换戒指、接受祝福，并在结婚文件上签字。婚礼结束后，由身着漂亮纱裙的小女孩引路退场，边走边撒粉紫色的玫瑰花瓣。当晚，婚宴在新郎家举行，一般备有丰盛菜肴以及甜点、香槟、婚礼蛋糕等。新郎父亲先致辞，亲友代表讲话祝福。婚宴上载歌载舞，气氛热烈。

基督教、印度教和伊斯兰教是圭亚那三大宗教。受宗教信仰影响，印度教徒尊牛如神，故而忌食牛肉，也忌讳使用与牛皮有关的物品。进入印度教寺庙，不得穿着皮革类衣服、皮鞋和系皮腰带等。伊斯兰教信徒则忌谈与猪有关的话题，忌食猪肉及有关食品。

与妇女交谈时，忌讳询问其年龄。

哈萨克斯坦

国情

哈萨克斯坦共和国（简称"哈萨克斯坦"）位于亚洲中部，面积272.49万平方千米，人口1,983.3万（2023年），哈萨克语为国语，俄语是官方语言，首都是阿斯塔纳。

交往

哈萨克斯坦人讲礼貌、重礼节，认为尊老、抚幼是做人的原则。男人见面的礼节是右手抚胸，上身前倾，立正，然后握手；女士则双手抚胸，低头，然后握手。此外，亲朋好友相见，有时会拥抱、行吻礼。

游牧民族传统问候礼节，常常是先问"牲畜平安？"然后才问"全家安好？"另外，与客人相见和谈话时，不可把帽子摘下，他们认为在外人面前不戴帽子是失礼行为。

哈萨克斯坦人的姓氏常常是在本民族姓氏后，加上俄罗斯人姓氏的后缀，如"苏尔坦"变为"苏尔坦诺夫"。不过，现在人们更乐意保持本民族形式的姓氏。

在当地做客时，男女要分开坐；不得左手接触别人，不得用手指或棍棒指指点点、清点人数，这被认为是将人视作牲畜，是失礼行为；不得用脚踢羊或其他动物，也不得用脚踩踏食盐等。日常生活中，人们讲究"右高左低"，出门、进门习惯先迈右腿，服务、行礼使用右手，就连穿衣也是先伸右胳膊、右腿。

服饰

对外交往中，男士大多穿西装，女士则着裙装。男子的民族服装是：夏季穿白色宽大衬衫、宽裆裤，外罩一件齐膝的无袖长衣，头戴绣花小帽或浅色尖顶软毡帽；冬季穿皮大衣，头戴皮帽，脚穿毡袜和高统皮靴。

哈萨克斯坦人以勇武著称，男孩子的衣扣有时会用鹰爪来做。当地妇女擅长刺绣，衣服、帽子、马鞍垫等都绣有优美的图案。女子喜穿白色、红色衣裙，头戴用毛皮镶边的尖顶皮帽，帽上插有猫头鹰等飞禽的羽毛，脚蹬软皮靴。平时妇女上衣短小，一般配穿绣花丝绒坎肩、裤脚带褶的灯笼裤。她们喜欢戴的饰品有手镯、项链和耳环等。

饮食

哈萨克斯坦人以肉食为主，米面为辅，吃蔬菜较少。主食有手抓饭、馕、面包、面条等。肉食尤以羊肉为多，还有牛肉、马肉、骆驼肉及各种乳制品，如奶皮子、奶豆腐、奶疙瘩等。

在宴席上吃羊肉规矩较多：羊被宰杀之前，要展示给客人；招待最尊贵的客人进食羊肉时，应先吃羊肝夹羊尾油，羊头要劈为两半；吃过羊头后，再按顺序吃不带骨、带骨的羊肉；最后喝羊肉汤。此外，客人需从自己的食盘里取些羊肉，请女主人品尝，以表示对主人盛情款待的感谢。有时，客人还会切下一只羊耳，送给在场的男孩子，意在叮嘱其孝敬父母。宴饮完毕，主人会客气地说"菜不多，吃得不好，请原谅"等客套话。客人则举起双手，按住脸上双颊，自上而下抹擦直到胸前，并说"愿真主保佑，饮食丰盛"。

平时用餐，他们常常是盘腿围坐在地毯边缘上，中间铺大块方巾，将餐具和食品放在上面，用右手直接抓取食物；只在对外社交正式宴请中，才以刀叉取食。在哈萨克语里，手抓羊肉是"别什巴尔马克"，意思是"五指"，即用手抓着食用。还有一种流行的美食，叫作"金特"，即将幼畜肉用奶油混合之后，装入马肠内煮熟而成。

传统饮品是牛奶、羊奶、马奶、酸奶和奶茶，当地人一般不饮酒。穆斯林居民忌食猪肉、狗肉、驴肉、骡肉、整条的鱼等，禁食自死的动物、动物血以及未经念诵安拉之名而宰杀的各种动物，也在禁食之列。

习俗

新年是纳乌鲁斯节（公历3月22日前后），过节吃纳乌鲁斯饭，唱纳乌鲁斯歌，向老年人献礼、拜年。肉孜节，即开斋节，也是哈萨克斯坦的重要节日。过节时会互拜、问候，青少年要向长者拜节行礼，还举办各种竞赛、游戏活动，如摔跤、赛马、拔河、叼羊等。

哈萨克斯坦人喜欢猫头鹰，认为它是一种益鸟，还象征坚强、勇敢、一往无前的精神。它的羽毛或图案被视为珍贵之物，用来装饰居所和衣帽。

同哈萨克斯坦人交谈时，忌讳当面夸奖他们的孩子、称赞他们的牲畜，这被认为会给孩子和牲畜带来厄运。在社交场合，应避谈国内民族矛盾以及俄罗斯与哈萨克斯坦的特殊关系等。

韩国

国情

大韩民国（简称"韩国"）位于东亚朝鲜半岛南部，面积约10.329万平方千米，人口约5,162万，通用韩国语，首都是首尔。

交往

韩国的礼俗与中国相近，但也有很多不同。

韩国人早晚向父母问安，吃饭时先为老人或长辈盛饭布菜，老人开始就餐后，其他人才可动筷子。父母外出回来，子女要迎接。乘车时，要让位给老年人。晚辈、下级走路时遇到长辈或上级，应鞠躬、问候，并站在一旁，让其先行。长者进屋时都要起立，和长者谈话要摘去墨镜，与长者同坐时要端正坐姿。

男人之间见面礼节是互相鞠躬并握手，和官员打交道一般是握手或轻轻点一下头。女人一般不与人握手，代之以鞠躬或者点头致意，儿童向成年人行礼大体也是如此。韩国人非常讲究预约，遵守时间，重视名片的使用。进入他们的住宅或韩式饭店时，要换上拖鞋。韩国饭馆内通常有两种选择：使用桌椅或脱鞋上炕。

韩国"金""李""朴"三大姓人数约占全国居民半数，若只称姓，容易混淆，因而称呼头衔是区分的一个好办法。人们在相互介绍时，一般会说出名字，也有些人习惯于最后通报姓氏。

服饰

交际应酬时，他们通常穿西式服装，穿着打扮讲究朴素、整洁、庄重。逢年过节，韩国人会穿传统民族服装。韩国人喜爱白色衣饰。

饮食

放在地炕上的餐桌是矮腿小桌，用餐时，宾主均应盘腿而坐，不能把双腿伸直或叉开，切勿用手摸脚。为了环保，韩国餐馆只向就餐者提供铁筷子。就餐顺序：左手置于桌下，右手先拿起匙，从水泡菜中盛一口汤喝下，再用匙取一口米饭吃下，然后喝一口汤、吃一口饭，接着便可以随意吃任何东西了。他们通常吃烤、蒸、煎、炸、炒的菜类，而辣泡菜和汤必不可少。在酒席上按身份、地位和辈分高低依次斟酒，位高者先举杯，其他人依次跟随。敬酒人右手提酒瓶，左手托瓶底，上前鞠躬、致辞、斟酒。敬酒人只是敬酒，不能与长辈同饮。特殊情况下，身份不同者一起碰杯时，身份低者的酒杯需举得低些，用其杯沿碰对方的杯身，不能平碰，否则是失礼行为。晚辈和下级应侧身或背过脸去，再双手举杯而饮。酒席上不自斟自饮。酒席上未征得同意前，不能在上级、长辈面前抽烟。就餐时不可有声响，避免匙、筷与碗碰撞出声，不可边吃边谈，过多说话是失礼行为。中国人、日本人有端起饭碗吃饭的习惯，但韩国人认为嘴不可直接接触饭碗，以此为不雅行为。不端碗时，他们左手常常藏在桌子下面。忌汤匙和筷子同时抓在手里，同时使用。喝汤时用汤匙，即使汤里有很多的菜，也不能用筷子去捞，筷子只用来夹菜。

习俗

韩国男性多喜欢名酒、名牌纺织品、领带、打火机、电动剃须刀等；女性喜欢化妆品、提包、手套、围巾类物品和厨房里用的调料；孩子则喜欢食品。如应邀做客，要准备一束鲜花或一份小礼物送给主人，并以双手奉上；主人也会用双手接礼物，但不在客人面前打开礼品。

韩国人民族自尊心强，强调"身土不二"，反对崇洋媚外，倡导国货。政府规定，公民对国旗、国歌、国花必须敬重。晴天傍晚举行降国旗仪式，人们会自觉肃立齐唱国歌。有时影剧院放映演出前演唱国歌，观众须起立。在这些场合，外国人如表现怠慢，会被认为是对韩国不敬。韩国的国花为木槿花，国树为松树，国鸟为喜鹊，国兽为老虎。

数字"4"因发音与"死"相同，韩国人视其不吉，因此楼房没有4号楼，旅馆不称第4层，宴会里没有第4桌，医院里绝不设4号病房，军队没有第4师团，吃东西不吃4盘4碗，喝酒绝不肯喝4杯。在喜庆的场合和节日期间，也避免说出"4"以及发音相同的"师""私""事"等字。

荷兰

国情

荷兰王国（简称"荷兰"）主体位于欧洲西北部，本土面积41,528平方千米，本土人口1,792万（2023年），官方语言为荷兰语，首都是阿姆斯特丹。

概况

风车、木鞋、郁金香被称为荷兰国粹。风车不仅提供取之不尽的清洁动力，造福荷兰人，而且是一道美丽的风景线。每年5月的第二个星期六为"风车日"，届时全国风车都启动旋转。同风车一样，木鞋也是一项伟大创举。荷兰地势低平，经常被水浸泡，足蹬木鞋优点很多。现在，木鞋是受游客欢迎的纪念品。荷兰素有"欧洲花园"的美誉，每年春季仿佛鲜花盛开的海洋，让人流连忘返。特别是国花郁金香，美丽、端庄、华贵，备受青睐。鲜花给荷兰带来了巨大经济利益。

交往

拜会荷兰人应预约。初次见面，一般交换名片、握手，注意不要忘记与在场的小孩握手。朋友见面，不分男女，常行贴面礼。自我介绍需说姓，正式信函来往称头衔。荷兰人热情好客，但交谈时保持一定距离，不靠得太近。交叉握手属不礼貌的行为。参加宴会，男士往往要在女士就座以后才坐下。到荷兰朋友家做客，宜送鲜花、巧克力等礼品，但一般不把食品作为礼物送人。送女主人的鲜花最好是五朵或七朵。富有中国文化韵味的礼品，会受到欢迎。礼品宜用色彩鲜艳的纸包装。礼品会被当面打开，不管礼物轻重，主人都会表示感谢。

荷兰人通常喜聊政治、旅行和体育。不少知识分子对中国传统文化有所了解，喜欢谈论老子、孔子、孟子及其学说。

服饰

社交场合，如参加集会、宴会，男子服装庄重，女士衣着典雅秀丽。最隆重的典礼、授勋仪式、大型古典音乐会等，一般穿礼服。公务场合，人们一般穿西服。日常生活中，年轻人爱穿牛仔装。举行节庆活动，如国王诞辰、复活节等，人们习惯穿传统服饰上街庆祝。荷兰男子传统服饰多为黑色，上衣对襟，裤管较肥。裤子夏季为白色，冬季则为黑色。女子上衣有红绿相间的条纹；北部妇女上身衬衣多为黑色毛织物做成，外面套上紧身围腰，围腰上绣有精致的花纹。

饮食

宴会通常是两菜一汤。当地人喜用粟米粉调制成汤，美味可口。冷盘多为沙拉，主菜一般是肉类、土豆、新鲜蔬菜等，品种丰富，但从不讲究奢华。他们的"国菜"不是山珍海味，而是胡萝卜、土豆和洋葱混合烹调而成的"大烩菜"，据说这是为了纪念他们先人的难忘历史。

荷兰人外出就餐喜欢各自付费，即我们所说的AA制，于是形成了英语词汇"go dutch"。如果荷兰人邀请你到他家坐坐，大多只在家请你喝几杯酒，然后再去饭馆就餐。酒杯端起前或喝完第一杯酒后，常起身站立祝酒。牛奶和咖啡是日常生活中不可缺少的饮料。喝咖啡讲究不可装满杯子，装满杯子的2/3为宜，满杯饮用咖啡属失礼行为。

习俗

荷兰高度发达，荷兰人却十分节俭，能够充分利用有限资源。这不仅表现在围海造田、利用风能等宏观方面，而且在日常生活中，到处都能看到人们厉行节约的好习惯。例如，当地厕所里不安装电动烘手器，而是摆上帆布巾供如厕者洗手时擦手。每过几个小时，这种擦手巾就由保洁员换下来清洗、消毒，可循环利用。甚至连孩子的尿不湿、纸巾，他们也会想法循环利用。再如，塑料包装袋需花钱购买，饮料的塑料瓶回收价格几乎与饮料价格相同。这类措施不仅减少了浪费，也大大降低了对环境可能造成的污染。

黑山

国情

黑山位于巴尔干半岛中西部，面积1.39万平方千米，人口62.2万（2022年），官方语言为黑山语，首都是波德戈里察。

交往

黑山地处亚得里亚海东岸，历史上频遭外族入侵，当地居民不断反抗，锻炼出不屈不挠的强悍性格。他们身材高大，喜爱玩弄武器，不少人家中备有枪支，每逢过年过节等喜庆日子，人们便会朝天鸣枪庆祝。他们的日常生活节奏较慢，说话做事慢条斯理。黑山人平日不喜欢待在家里，爱泡咖啡馆、酒吧。他们日常交际喜送鲜花，须送单枝，只在葬礼上才献双数鲜花。

服饰

黑山人的民族传统服装精致、美观。男服一般是白衬衫、宽腿长裤，配长外套或无袖的粗呢短坎肩。外套用金线绣制，并点缀各种精致图案。男子头戴黑呢小圆帽，脚穿软皮鞋或长筒靴，配长袜。女服更为精致，上身是手工绣制的丝织衬衣，外套浅色马甲；下身是长裙，绣有各种美丽图案。女孩子通常戴帽子，已婚妇女扎头巾。年轻妇女的头巾色彩鲜艳，老年妇女的头巾多为白色。

奥斯曼帝国时期，黑山人的服装只能是黑色或其他较为单调的颜色，严禁穿戴颜色鲜艳的服装和鞋帽，且不能用金线装饰。然而，生性刚强、渴望自由的黑山人民不理这一套，偏要在服饰上使用红色，特别是男装必定要用很多金线点缀。

饮食

黑山人三餐的时间稍晚，分别在10时30分、15时和21时左右。主食是面包，肉类有牛羊猪肉及海产品，蔬菜多见黄瓜、茄子、番茄、西葫芦等。烹调方式以烧烤为主，调味品不多，强调原汁原味。肉类美食首选烤肉条，外焦里嫩，香气诱人。

黑山的鱼、虾、蟹等海产丰富，其烹调方式一般是清蒸、水煮、烧烤。海鲜比萨是当地著名美食，做法是将海鲜铺撒在比萨饼表面，没有常见的红椒、洋葱等，味道颇为鲜美。

在各类葡萄酒评比中，黑山多次获奖，著名的品牌有拉吉（raki）、普兰塔杰（plantaze）等，而出名的啤酒品牌是尼克西科（niksicko）。其他饮品有土耳其咖啡、酸奶、果汁等。

黑山居民多信东正教，复活节期间不吃肉蛋类食品。

习俗

黑山人尊敬老人的传统观念根深蒂固，不经家中长者允许，子女不可谈婚论嫁；家中老人健在，不可分家，因此几代同堂的家庭很普遍。根据东正教的习惯，每个家庭都有一位"圣人"，作为家庭的保护神。每年家庭保护神纪念日这天，再远的亲人也要赶回来，与家人热热闹闹团聚。

黑山由于经历的战争多，因此重视战士，重视男孩。家中若生下男孩，便鸣枪庆祝，杀猪宰羊，宴请全体村民。黑山人不习惯建造阵亡将士纪念碑等建筑物，他们认为凡是为国家牺牲的每一位勇士都会活在后人心中。

黑山民间一直流传着特别的订婚习俗。小伙子看上谁家姑娘，可径直到其家中求婚。对于小伙子的到来，姑娘本人及其父母都会出面热情招待。而这种热情只是出于礼貌，并不说明什么。小伙子表达完对姑娘的爱慕之情后，能否应允这门亲事，姑娘及其家人不会直接用语言回答，而是用献咖啡的方式向小伙子传递信息。姑娘献到小伙子手上的那杯咖啡若加糖，味道甜甜的，则代表答应求婚，小伙子会高兴万分；若请小伙子喝一杯不加糖的苦咖啡，则表示拒绝，小伙子便会不失风度地离去。

2月，当黑山大部分地区还是冰天雪地时，含羞花便首先开放，漫山遍野一片金黄，十分美丽。这种素淡、清香的含羞花，被人们赞为"报春花""冬天里的春天"。从20世纪70年代起，每到2月初，黑山亚得里亚海滨一带就布置一新，树木上挂满彩旗。人们穿着节日盛装，带着乐器从四面八方赶来，参加一年一度的含羞花节。众人手捧纤小淡雅的含羞花，跟随乐队沿海滨行进，走在最前面的通常是一名五六岁的小姑娘。当地居民自发用葡萄酒、干无花果招待游人。夜幕降临，化装舞会开始，一直持续到第二天凌晨。

洪都拉斯

国情

洪都拉斯共和国（简称"洪都拉斯"）位于中美洲北部，面积11.25万平方千米，人口1,022.1万（2022年），首都是特古西加尔巴。

概况

洪都拉斯自然风光秀丽，经济欠发达。据说，哥伦布当年抵达此地时，因海底深不可测，无法抛锚，便把这里命名为"hondura"（洪都拉），意思是"无底深渊"。

无论是在首都，还是在其他城市，洪都拉斯都少有高楼大厦，而多低矮的房屋。洪都拉斯处于地震多发区，不太富裕的人常常用汽油桶或废旧巴士搭建屋子居住，这样万一发生地震，可以避免受到伤害。

洪都拉斯濒临加勒比海，这里的居民普遍爱吃鱼，而每年的5—7月，仿佛受到了上天的眷顾，洪都拉斯的德帕塔蒙托德雅若地区便会下"鱼雨"。每当"鱼雨"来临时，必是狂风大作、暴雨倾盆，伴之以一条条活鱼随雨而下。自1989年起，当地人开始庆祝"鱼雨节"。2006年，"鱼雨"竟然出现了两次。其实，"鱼雨"在世界其他地方也出现过，一般同龙卷风等天气有关。

洪都拉斯禁止播放烟草产品的广告，所有香烟包装盒上都必须印上肺癌患者的肺部照片，让人看上去心生惊惧。在室外吸烟必须远离不吸烟的人1.8米以上。在学校、体育馆、餐厅等场合，一律禁烟。在家中吸烟，若亲属认为受到二手烟侵害，可向警察举报。初犯者会被口头警告，再犯者或被罚款，或被投入监狱。

称谓

在历史上，有多位洪都拉斯玛雅王的名字很特别，如"十八只兔子""蛇的嘴巴"等，而他们手下一些将领的名字更特别，如有叫"抽烟"的，还有叫"棍子"的……现代洪都拉斯人的命名思路更是奇特，如有人给自己起名"汽车轮胎""闪亮插头"，有人叫"感谢上帝"，还有人以美国名人为名。起名混乱的现象，让政府很头疼，洪都拉斯便立法禁止人们再起"莫名其妙的名字"，外国名人的名字也在被禁之列。

服饰

洪都拉斯印第安男性通常穿短上衣和斗篷，束腰带。女性则以彩色的长裙、松紧裤子和花卉涂饰为主，同时搭配色彩鲜艳的衬衫、手工编织的肩带和金属制品的首饰，有的裸露上身。

这里炎热潮湿，日间常年平均气温27℃，因而在日常生活中人们更喜欢穿短袖T恤、短裙、短裤等，以保持舒适和凉爽，但在正式场合，也会穿西装、礼服。

饮食

洪都拉斯城市居民喜欢吃西餐，大米、玉米、豆类也是他们的主要食物。水果品种较多，有香蕉、杧果等。当地人喜欢喝啤酒和可乐。当地产的蓝山咖啡，香醇浓郁。炸猪皮是洪都拉斯传统美食，色泽金黄、口感香脆，配上木薯、玉米饼和柠檬，味道鲜美，声名远扬。

吉布提

国情

吉布提共和国（简称"吉布提"）位于非洲东北部亚丁湾西岸，面积2.32万平方千米，人口约100万（2019年），官方语言为法语、阿拉伯语，首都是吉布提市。

概况

吉布提终年高温少雨，年平均气温在30℃以上，最高气温可达50℃，沙漠与火山占全国面积的90%。当地基本没有工农业，包括水等生活必需品均靠进口。

居民主要是伊萨族和阿法尔族，人口约90万。首都吉布提市集中了全国人口的一半以上。市内主要街道以世界名城命名，如"巴黎大街""罗马大街""莫斯科大街"等。星期五是休息日。市内车辆来来往往，但很少听到汽车的喇叭声。大街上没有警察，秩序井然。

交往

吉布提人的姓名，由三部分组成，即名—父名—姓。在正式文件、书信中，要称全名，而日常交往中，可称呼对方的名与姓。对地位高、有名望的人，可简称其姓，并加上"先生"或"阁下"等尊称。吉布提人信奉伊斯兰教，居民多为穆斯林，其姓名的宗教色彩明显，如"穆罕默德"在当地人姓名中很常见。姓名中有"阿尔哈吉"者，表示该人曾经到过伊斯兰教圣地麦加，因朝觐而获得这一称号。

吉布提人热情、有礼，男性之间流行握手礼或将右手贴在自己胸前，女子则多行躬身礼。对同性外国友人，他们常常是热情拥抱，有时还行贴面礼，按右、左顺序各贴一次，同时热情问候、衷心祝愿。分别时，相互再一次热情拥抱贴面，有的还会深情地吻一下对方的嘴唇。

异性朋友相见，即使关系很亲近，也只是相互点点头，躬一下上身，简单地问候一两句，一般不会握手，更不会拥抱，不可有任何亲密的动作。

吉布提人豪爽，待人真诚，一向以热情好客著称。他们同外来客人接触一两次，便会称兄道弟，视为知己，并盛情邀请客人偕夫人、儿女来家做客。届时，主人会邀请自己的亲朋好友前来作陪，以丰盛的宴席款待客人。有时，主人还会热情挽留客人在家里住上几天。按当地传统习俗，上门拜访的客人越多，主人越感到有面子。

服饰

虽然天气非常炎热，但正式场合仍需穿西装、系领带；而日常生活中，多数人爱穿宽大的阿拉伯白色长袍。当地妇女喜欢黄金饰物，每逢节日和重大庆典，妇女们总是用黄金饰品将自己从头到脚打扮起来，以显示自己的美丽与富有。

饮食

官方正式宴请一般在宾馆或饭店进行，私人朋友才会邀请到家中，用传统饭菜款待。主食一般是烤玉米、用高粱和玉米面粉加牛奶烙成的家常饼、用高粱米加豆类和瓜类煮成的浓粥以及各类甜食等。菜肴主要有鸡、鸭、鱼、牛肉、羊肉、蔬菜等制品，招待贵宾用烤全羊。

当地人口味喜辣，招待客人时，总要在餐桌上摆上一罐辣椒肉汁（以辣椒、香料、食糖、牛肉或羊肉制成），用饼包着肉块蘸辣椒肉汁吃。客人吃得越多、越开心，主人就会越高兴。

习俗

吉布提允许一夫多妻，婚姻由父母包办。阿法尔女子自从结婚那天起，就禁止走出屋子，哪怕是自家的院子也不行。只有等她生了第一个孩子后，才能到院子里干点活；生了第二个孩子后，她才能离开院子出去活动。

男女均行割礼。按父系传代续谱、居住和继承财产。社会内部分为若干年龄组，每一年龄组有一个主持人，负责解决纠纷。

在女孩五六岁时，父母会请来专门做针刺的女人，给孩子"美容"，即在其脸部刺上不同的纹络。她们认为这样很美观，因而终生保留。此外，妇女喜欢用一种叫作汉纳（henna）的植物染料，将头发和手脚染成黑色或橙红色。

在吉布提人进行宗教祈祷时，不可上前打扰。另外，当地人不喝含酒精的饮料。

吉尔吉斯斯坦

国情

吉尔吉斯共和国（简称"吉尔吉斯斯坦"）位于亚洲中部，面积19.99万平方千米，人口700万（2023年），国语为吉尔吉斯语，官方语言为俄语，首都是比什凯克。

交往

吉尔吉斯人性格开朗，殷勤好客，日常应酬来往、请客吃饭比较频繁。家里来客人，主人认为是很荣幸的事，会在毡房外迎接。对骑马而来的客人，主人亲自照料客人下马，把客人迎进毡房上位就座，不仅会端上好吃的食物，还会为远道而来的客人准备好干净的铺位，以备客人留宿。

在社交场合与客人相见时，一般施握手礼。与人握手时，仅能使用右手。而与亲友相见时，常以右手按胸并鞠躬施礼，同时要说"真主保佑"等祝愿的话。吉尔吉斯人之间互赠礼品很常见，礼品有牲口、猎鹰、马饰品、皮鞭、乐器以及首饰等，回赠礼品会更加贵重。应邀到吉尔吉斯人家中做客，一般应携带鲜花和礼品，且所送鲜花枝数应为单数，切忌送双数。

服饰

在比什凯克等城市，机关人员、知识分子多穿西服。老年人或乡下人则喜欢穿传统服装，即穿长袍，外罩羊皮衣，下着长裤或皮裤，脚穿皮靴或毡靴。

他们喜欢戴皮帽、绣花小帽或具有民族标志的卡尔帕克高冠毡帽。帽子的颜色和形状不尽相同，可显示其社会地位、财富、年龄甚至婚姻状况。高质量的高冠毡帽多以纯羊毛毡子为原料，手工精制而成。戴帽子是文雅、知礼的表现，若免冠出现在人们面前，或玩弄、抛掷帽子，则被视为不文明行为。

妇女的传统服装为色彩鲜艳的宽大连衣裙，外罩针织丝绒或长绒长袍或小坎肩，下配灯笼裤，长袍外面束一条绣花围裙，脚穿软皮鞋，外套胶皮套鞋。妇女必扎头巾，年轻女子的头巾多为红色、绿色，老年妇女的头巾则多为白色。

饮食

吉尔吉斯人的主食以馕最为普遍，此外，用大米和羊肉做成的手抓饭以及手抓面条也很流行。奶类制品品种繁多，是饮食中的重要组成部分。肉食主要包括羊肉、牛肉、马肉、骆驼肉等，特别是羊肉，绝对不可少。日常聚餐主要是吃羊肉，其中烤全羊是招待贵客的必备食品。他们的口味较重，不忌油腻、辛辣。对外宴请时，使用刀叉，而日常用餐中多以右手抓取食物。

他们爱吃的蔬菜有葱头、番茄、黄瓜、土豆、胡萝卜和卷心菜，爱吃的水果有哈密瓜、西瓜、葡萄、苹果等，常喝的饮料有奶茶、酸奶、马奶以及咖啡、啤酒等。奶茶多用砖茶加奶煮成。

宴请时，一般先上茶，随之是肥羊尾、羊杂和汤，最后上羊肉。主人依照来宾的地位、辈分，给每人送上一块羊的不同部位的熟肉，进餐者需先从自己盘里取食。餐桌上传递切肉的刀时，应让刀把儿朝向对方；将刀送还给主人时，刀尖上应扎一块肉。进餐前，有一男孩提水壶给进餐者倒水洗手，一般按照从左至右的次序。饭后，男孩则从右至左，或从餐室中心至门口，给人倒水洗手。

婚俗

吉尔吉斯人的传统婚姻多由父母包办，抢婚虽不合法，也时有发生。现在，以爱情为基础的自主婚姻是主流。

他们的婚礼多采用具有民族特色的新式婚礼，男士穿黑西服、戴民族帽子，女士穿白婚纱、扎白纱巾，婚礼车队不可少。一些新郎新娘会来到首都胜利广场的圣火纪念碑前，向先烈敬献鲜花，放飞白鸽，祈求幸福，寄托人生美好愿望。

婚宴一般19时开始，现场布置以白色为主调，如宴会桌椅均用白绸缎装饰。

婚礼主要程序有：一对新人点燃火把、喝糖盐水（意味未来生活有甜也有咸）、在婚姻证书上签字、互戴婚戒等。最后一项认亲仪式，即新郎的奶奶或母亲，给新娘扎上具有民族特色的花头巾，并亲吻其面颊。接着是教父母将白卡尔帕克帽、白纱巾，分别戴在新人头上。教父母都是有成就、有威望、有和谐美满生活的年长夫妇。新人成家之后，若产生严重分歧、矛盾，双方家长不参与调解，以防偏袒，多由教父母来帮教。这种教育年轻人的方式颇为新颖，很有启发性。

基里巴斯

国情

基里巴斯共和国（简称"基里巴斯"）位于太平洋中部，陆地面积811平方千米，人口12万，官方语言为英语，通用基里巴斯语和英语，首都是塔拉瓦。

概况

基里巴斯是位于太平洋中部的岛国。基里巴斯人是黑眼睛、黑头发、棕色皮肤，精于航海、捕鱼。他们过着原始自然的生活。妇女擅长编织，如把芭蕉树和麻的纤维编成围裙、席垫或笼子等。他们不仅赡养父母、抚养子女，还抚养堂表亲属。男女老少皆喜欢跳舞、唱歌，其土风舞风格浑厚、粗犷，他们边舞边尖声喊叫，伴随着木板、木箱乐器打击出来的节奏，犹如一场热闹的歌舞会。

基里巴斯拥有美丽的珊瑚岛礁和棕榈树林。居民的茅屋比较简陋，多为棕榈叶搭建的茅草房，顶部颇高，以遮挡阳光的强烈照射。一些屋子没有围墙，家具也很少。少数人住砖瓦房，室内陈设不多，罕见电视、冰箱、洗衣机，但能看到中国产的老式缝纫机、电风扇。有的居室之外搭建了茅草凉亭，是家人日常休闲之所。

村子里一般有类似社区活动中心的地方，村民在这里开会、跳舞、唱歌、办烧烤派对，小孩子们在附近嬉戏玩耍。

基里巴斯横跨国际日期变更线，分属东西两半球时区。这条无形的线使两边时间相差24小时：东部的人过星期一，而西部的人在度周末。基里巴斯人曾为此苦恼：日期怎么计算？到底是1日还是2日？日记怎样记？新闻怎么发？后来经过国际有关机构同意，自1995年元旦起，移动国际日期变更线，将其推到国境之东，使基里巴斯全部归入东半球时区，从而解决了一国两个日期的难题。

基里巴斯面临着多数岛屿将被淹没的巨大压力。诸岛中只有最西部的巴纳巴岛属于上升环礁，地势较高，其余都是略高于海岸的珊瑚岛，地势平缓低洼，平均海拔只有1.7米。在全球变暖的大环境下，在过去的一个世纪里，基里巴斯海平面已上升约20厘米，其海岸线正在收缩，陆地面积正在变小，已经有两个岛被海水淹没。预计最晚到2060年，基里巴斯将不再适合人类居住。之后再过10年，该国大部分岛屿就会被太平洋吞噬。十多万民众何去何从？基里巴斯政府未雨绸缪，2014年花费巨额资金在斐济买了一块土地。

交往

当地居民不讲究人与人之间的敬称，一般场合都习惯直呼其名，但在外事活动中，他们沿用国际上通用的称谓，称呼对方"先生""夫人""女士"等。官员与平民没有什么明显的等级区别，没有过多的礼节讲究，一样到邻里家串门、上街购物、下海抓鱼。

当地人时间观念不强，迟到、爽约司空见惯。他们认为应当以人为中心，而不是以时间为中心。

服饰

平日，男人常常光着上身，腰系草裙，脚踏拖鞋。妇女也常穿草裙，头上戴树叶编的帽子，上身穿白色短胸衣或胸罩。警察上穿白色制服，下穿黑色裙子，头戴军帽，腰扎皮带，脚踏拖鞋。由于天气炎热，在迎送国宾时，人们甚至也穿凉鞋或拖鞋。

基里巴斯人多信基督教，星期日早上去教堂时，需注重服饰整洁，必须穿过膝的裙裤和不露肩的上衣。

饮食

基里巴斯人的肉食以鱼、虾为主，也有人养猪，猪肉的加工方法基本是用火烤整只猪。主副食有椰子干、面包树果实、薯类以及杧果、香蕉、槟榔等。饮料有椰子汁和卡瓦汁（从卡瓦树根部榨取的液汁，有提神作用）。面包树果实的淀粉含量丰富，制作方法通常是烘烤或蒸炸等。海鲜类，如金枪鱼、石斑鱼、大龙虾、大蛤贝等，多生吃。

基里巴斯人的口粮依靠进口。澳大利亚商船每隔两三个月会运来面粉、大米、罐头及各类速食产品，价格不菲。淡水是大问题，珊瑚岛礁上土壤瘠薄而疏松，不能蓄水，淡水来源主要靠收集雨水。

几内亚

国情

几内亚共和国（简称"几内亚"）位于非洲西部，面积245,857平方千米，人口1,504万（2022年），官方语言为法语，首都是科纳克里。

交往

穆斯林在几内亚占多数，其礼仪、礼节颇多。见面互相问候周到，从家人、牲畜到庄稼，无不一一问到。男士相见，常称兄道弟，而对女士，不管婚否，称其"夫人"也不会引起不快，因为在当地婚嫁是妇女有社会地位的象征。

几内亚一般通行握手礼，熟人间常拥抱贴面；晚辈或谦卑者握手时，多屈膝躬身，并以左手持右腕。初次见面握手时，一般主人先向客人伸手，身份高的先向身份低的伸手，女方先向客人伸手。如女方未向来客伸手，男方则不必伸手，可点头致意。与女宾握手时，应轻而快。忌讳与人交叉握手，也不可跨越门槛时与人握手。不方便握手时，可轻拍对方左肩。颇耳族人在拜见身份高者时，将鞋脱在门外，再入室问候。苏苏族人则习惯进屋后才脱鞋、上前致意。

用左手接递物品属不敬行为。亲近儿童时，不得摸其头顶。

服饰

平日，人们常穿短套装、T恤、牛仔裤等舒适的衣服。女性的民族服装"布布"是一种以棉布料为主的袍装，使用大提花、仿蜡染工艺，色彩鲜艳，图案夸张。男服以单色为主，无领无袖，披在身上宽松飘逸。男服可一衣多用，既可遮体、遮阳、避雨、御寒，亦可在睡觉时作铺垫，内藏的大口袋还可保管钱物。

正式场合，有身份的男性头戴穆斯林白毡帽，足蹬白色尖皮拖鞋。讲究的女性，其服装多饰刺绣、翘肩、低胸、掐腰，衣服以及头巾颇为讲究，以同色布料制成。女装缠身布料颇长，平时缠在腰间，亦可用其将婴幼儿裹在背后，衣角处打结可作为钱包。

当地男女平时均习惯穿夹脚拖鞋，女性拖鞋花样繁多，可在任何场合穿拖鞋出入。农村女性婚前半裸，城市女性仅穿胸罩、衬裙上街亦无不妥。年轻女性注重梳妆打扮，为此不惜花费时间和金钱。由于头发短而弯曲，常见年轻女性饰假发辫，发型十分复杂。部族、地位、年龄、婚姻状况的不同，都可在发型上表现出来。不过，现在城市居民的服装渐趋西化。

饮食

几内亚人以大米、玉米及木薯、白薯、马铃薯等作物为主食。福尼奥米（fonio）类似小米，是一种类似草籽的耐旱作物。

几内亚人的副食以牛羊肉、禽类、水产品为主。他们喜吃大块的羊肉、牛肉，不爱吃肉片、肉丁。常见的美食有羊肉大米饭、串烤羊肉等，而烤全羊则用来款待贵宾。老百姓吃饭不用刀叉，习惯用手抓取食物，但这种状况也在改变，现在很多几内亚人都开始使用勺子吃饭。

遇到客人前来，不管熟悉不熟悉，当地人都会邀其共同进餐。他们口味偏重，喜香，不惧油腻，油炸香蕉片和木薯片是物美价廉的大众食品。在几内亚，可以品尝一下那里的特色饮品，如能解暑驱蚊的香茅草热茶、玫瑰茄冰汁等。

习俗

几内亚人眼睛大、眼白多，眼睛和洁白的牙齿与黑色皮肤形成鲜明对比。几内亚人偏爱白色，如剪彩必用白绸，婚礼着白衣，孩子出生用白布接生，辞世用白布送葬等。女子穿白衣和披白斗篷是纯洁的象征，会受到男士们敬重。

城乡居民使用"刷牙棍"刷牙。刷牙棍含有一些药性，刷牙效果颇佳，可使牙齿洁白健康，当地集市上有售。

在几内亚，到处都可听到鼓声，人们高兴时常击鼓。他们用激昂的鼓点表达欢庆的心情。每逢传统节日、公众集会、举行婚礼等的欢乐场景中，击鼓总是最受欢迎和关注的节目。他们视公鸡为力量和美丽的象征，男子喜爱将头发梳成高高的鸡冠状。

几内亚人遵守伊斯兰教传统，穆斯林在祈祷时，他人不可打扰，更不可问话，外人不得擅自进入清真寺。

购物不宜过分讨价还价。卖方同意买方的出价后，若买方又拒绝购买，可能会引发冲突。他们偏爱某些奇数，如"7""9""13"。

几内亚比绍

国情

几内亚比绍共和国（简称"几内亚比绍"）位于非洲西部，面积36,125平方千米，人口207万（2022年），官方语言为葡萄牙语，通用克里奥尔语，首都是比绍。

概况

早年，欧洲水手发现，在非洲西海岸今几内亚一带盛产黄金，英国人也曾用"guinea"（几内亚）代表金币，于是"几内亚"就成了黄金的象征。欧洲人疯狂地到处找"几内亚"，先在非洲占领了三块殖民地，即法属几内亚（现几内亚）、葡属几内亚（现几内亚比绍）、西班牙属几内亚（现赤道几内亚），英国人还到大洋洲占领了一个"几内亚"（现巴布亚新几内亚）。

几内亚比绍濒临北大西洋，陆地面积不大，附属海岛众多。该国自然风光美好，热带森林茂密，河流纵横交错，湖泊星罗棋布，渔产丰富，是大西洋最重要的渔场之一，盛产鳞鱼、对虾、龙虾、螃蟹和软体鱼等海产品。该国虽然不富裕，尚欠开发，但资源丰富，具有很大的发展潜力。

首都比绍在当地巴兰特语中是"往前走"的意思。比绍城内，葡萄牙统治时期修建的城堡和炮台历历在目。市内建筑物多是两三层，有些小楼建得很别致，墙壁色彩鲜艳，门外栽着花草树木，颇为温馨。郊外不远处可看到一些圆形尖顶茅草房，那是乡下人的住房。

音乐在几内亚比绍人的生活中必不可少。刚贝（gunbe）是几内亚比绍音乐的代表，融汇了该国多种民间音乐传统的独特风格，常见于各种礼仪活动中。葫芦是该国最常见的乐器，用于演奏极快和富有节奏感的复杂舞曲。歌词创作常用克里奥尔语（一种深受葡萄牙语影响的语言），内容幽默，与时事政治息息相关。该国的国歌《我们亲爱的家乡》，由中国作曲家晓河创作，为中国与几内亚比绍友谊留下一段佳话。

交往

几内亚比绍居民多信奉伊斯兰教。他们待人友好热情，与朋友见面多行握手礼，对男士称"先生"，对女士称"夫人"或"小姐"。周末晚上，人们通常爱和朋友相约去酒馆，聊天、喝啤酒。他们对新闻、体育运动等兴趣盎然，忌讳涉及个人隐私。这里的计程车司机亲切、礼貌，乘车可以不付小费。在旅社及酒店住宿、用餐，也不需另付服务费。谈生意时，不能讨价还价；若见面就送礼，可能会引起误会；若询及交货日期、付款条件等，就意味着生意成交了。生意谈成之后，为表达对真诚合作的谢意，可以宴请有关人士。

服饰

由于地处热带，当地人的服装比较简约，大多为亚麻织物，穿起来比较透气凉爽。上层人士讲究西装革履，特别是出席仪式、宴会等场合，一般着黑色西装，领结端正，有板有眼，一丝不苟。

在大众歌舞联欢节上，当地人则按照民间传统打扮，即在腰间围上布制或草编裙子，纵情歌舞。穆斯林着装以长袍为主，配上与之颜色一致的平顶小圆帽。

饮食

主食以大米为主，副食有海鲜以及牛羊肉等，蔬菜较少，烹调中使用油脂较多。烤全牲是该国的传统食品。美食有奶油大麦汤、牛奶鱼汤、腊肉洋葱馅饼和黑面包布丁等，肉馅水饺也常见。传统菜有蘑菇汤、白菜汤等。当地人喜欢喝啤酒，酒类还有梅子白兰地、草药苦酒等。

习俗

过年时，当地人按传统习俗洗"新年浴"，即到河里洗澡。届时，人们把一篮一篮的鲜花撒到河里，然后跳进"花海"里，用花瓣洗浴全身。他们认为，花瓣不仅可以洗掉污垢，也可洗掉晦气，换得吉祥和富贵。

几内亚比绍的奥兰格岛上保留着母系社会传统，女孩子主动择偶，挑选自己的终身伴侣。进入青春期的女孩会主动向看中的男孩求婚，其方式是亲自制作一盘美味红棕榈油烧鱼送给男孩。对这种公开求婚的表示，一般不能拒绝。不过，现在随着当地年轻人交际圈的扩大，男孩向女孩求婚的现象也屡见不鲜。这让一些老年人颇不习惯，抱怨道："世道变了，世界颠倒、混乱了。"

加纳

国情

加纳共和国（简称"加纳"）位于非洲西部，面积238,537平方千米，人口3,283万（2021年），官方语言为英语，首都是阿克拉。

交往

加纳人性格温和、谦恭有礼。他们真诚好客，乐于助人，即使对陌生人也是热情相待，甚至提供食宿。见面和告别，习惯以握手为礼。与列队人员握手时，不分长幼、地位高低，一般是从右向左按顺序进行。

他们打招呼的习惯是：客人先向主人致意，老师走进教室先向学生致意。两人相遇时，先看到对方者应先打招呼；如果一个人坐着，应由向他走来的人主动打招呼。然而，在加纳的埃维族人那里，情况却与此相反，即需由主人、后被看见的人以及站着的人主动打招呼。

总体来说，加纳人时间观念不强，事先联系好的会面，有时可能迟到，甚至可能遗忘。他们视左手不洁，忌在人面前指点、打手势，也不可用左手接送、传递食物或物件。他们看重名誉，对待恩人一定会想方设法报答。

服饰

加纳人服饰颇具现代感，既有西装，也有当地流行的民族服装。平日里或休闲时，人们的穿着比较随意，男人穿T恤、牛仔裤、休闲裤，而女子上面也是穿T恤，下面则是一字裙、斜裙、褶裙等裙装。

办公室白领，不论男女，必是正装在身，即男士西装革履，且必扎好领带；女士必穿套裙或职业装。每逢星期五，约定俗成，当地政府机关或大公司的男士们，特别是一些有社会地位的人，均喜欢穿着民族服装上班。而周末，当地人着装则各有所好。男人有的穿西装，有的穿袍装，也有的穿休闲装；妇女们喜穿大花袍、扎花头巾，也有的穿T恤、圆领衫、衬衫和裙子。当地女子服装多为黄、粉、紫色，爱好黄金饰品，如黄金的项链、耳环、手镯、脚链等。

饮食

加纳人的主食是木薯、香蕉、玉米以及大米。家庭饭桌上最常见的传统食品是富伏（fufu），即将木薯煮熟，捣成泥，拌辣椒、花生或带汤的牛肉、羊肉、鸡肉、鱼等，一起食用。还有一种叫肯及（kenkey）的食品，是将玉米面用水搅拌成团，放置一天，第二天用玉米皮将玉米面裹起来，在锅里煮熟，配炸鱼和辣椒酱食用。他们的副食有牛肉、羊肉、猪肉、鸡肉、鱼、虾及蛋等，当地人则喜欢黄瓜、胡萝卜、洋葱、卷心菜、番茄等蔬菜。调料喜用椰子油、棕榈油、丁香、胡椒、辣椒等。菜肴讲究香味浓郁，如烤牛羊肉、烤鱼、烤香蕉。

他们平时吃饭习惯用手抓取，饭桌上必放有盛满清水的小盆，配以液体肥皂和毛巾，以供就餐者随时洗手。对外宴请，则采用西餐形式，使用刀叉。加纳是可可的故乡，可可饮料堪称国饮。啤酒、咖啡和绿茶也是他们常喝的饮料。

习俗

在盛大节日，盛行"斗鼓"比赛。鼓手们带着大小不一的皮鼓来到广场，或铿锵有力地敲，或轻击缓敲，人们以不同的鼓声来表达自己的欢庆心情，基调多为歌颂酋长或追述往事。

加纳人有崇拜凳子的传统，认为凳子是祖先神灵的寄居地。主人去世后，其原先所钟爱的凳子会被漆成黑色，永久保存。遇上节庆，家人会把凳子搬出来祭拜、瞻仰。现今，凳子象征吉祥如意、兴旺发财，人人都渴望拥有一张自己喜爱的凳子。在当地，凳子既是日用品，也是常见的馈赠礼品。男婚女嫁、婴儿出生，常将制作精良的凳子作为贺礼送上。凳子一般用当地硬木制作，雕刻精细，配以精美的图案、花纹等，并镶嵌金银花边，具有较高的艺术欣赏价值。

加-阿丹格贝族人制作逝者的棺材，非常用心和讲究。家人往往根据死者生前的职业、身份特点，定做符合死者身份的棺材。如出租车司机死后，可能给他做一个汽车形状的棺材，而用船形、可口可乐罐状棺材表明死者是渔夫、冷饮店老板等。

加纳人重视个人名誉，忌讳讽刺、讥笑、开过分的玩笑。他们重视馈赠礼节，收礼者若漫不经心，会被认为是轻慢甚至侮辱对方。客人一进门就打听厕所所在，是失礼行为。他们认为"13""17""71"是不吉利的数字；黄色、金黄色象征着高贵、富足、荣耀及成熟，白色代表纯洁、美德、欢乐及胜利。

加拿大

国情

加拿大位于北美洲北半部，南邻美国，面积998万平方千米，人口3,950万（2023年），官方语言为英语、法语，首都是渥太华。

交往

在加拿大，英法移民后裔较多，交际礼节与英、法、美大体一致，但也有自己的特点。

加拿大人待人热情友善，爽朗大方，见面主动打招呼、问好。他们多以握手为礼，亲吻和拥抱礼也很常见。郑重场合使用尊称，即称姓与名，并冠以"先生""小姐""夫人"等。熟人之间习惯直呼其名，略去姓氏，即使是父子也可以名字相称。而头衔、学位、职务只在官方活动中才使用，日常生活中，听不到"主任""局长""总经理""董事长"之类的称呼。

与原住民接触，称其"印第安人"或者"爱斯基摩人"属贬义，有失礼、轻慢之意，前者暗含其并非原住民，后者意为"食生肉者"。对于前者，宜以对方所属具体部落相称，如"怀恩多特"（Wendat）、"波干诺格"（Pokanoket）等；对于后者，应当称为"因纽特人"。

在加拿大，由于英法移民后裔差别显著，在语言、宗教信仰以及各自性格等方面大不相同，因此外来人士需要区别对待，尊重他们的习俗禁忌，谨言慎行。

加拿大人常以家宴款待客人。上门做客应准时，客人常常随身携带酒、巧克力、鲜花等礼物，有的人还特地为女主人和孩子准备一些小礼品。礼品酒会在家宴上饮用。家宴一般是自助餐，位置自选，各人自取食物，站着进餐，或边吃边谈。做客第二天，客人一般会写信给女主人表示感谢。此外，朋友生日、结婚等也会送礼。礼品讲究包装，彩色纸、彩带、装饰彩花、签名贺卡等，一样都不可少。受礼者会当面打开欣赏并致谢。

服饰

加拿大人着装同其他欧美人士并无二致。他们上班穿西服、套裙，而休闲时穿牛仔装、旅游鞋等，怎么舒适就怎么穿。参加社交活动一定会郑重其事，如观看表演、赴宴等，必穿礼服或时装，事前要认真进行自我修饰，男士必理发、修面，女士一般会适当化妆并佩戴首饰，有的人还会专门去做美容。女子服装注重款式新颖、颜色协调、舒适方便。在庆祝本民族传统节日时，当地人会穿上传统民族服装。居住在临近北极的因纽特人，其服装多以麋鹿的毛皮缝制而成，不仅宽大厚实，而且衣裤与帽子常常连为一体。

饮食

加拿大人的饮食习惯与英法两国接近，口味喜甜酸、清淡。早餐喝牛奶、麦片粥、玉米粥、水果汁，烤面包和水果也必不可少。午餐、晚餐多是煎、烤、炸肉类，爱喝清汤。烹调少用调料，而是把调味品放在餐桌上，由用餐者自行调味。多数人饮酒，其他常见饮品有咖啡、红茶、矿泉水。当地人餐后爱吃水果，如荔枝、香蕉、苹果、梨等。常见的干果有松子、葡萄干、花生米等。忌食动物内脏、肥肉、腐乳、虾酱、鱼露以及动物的头、脚、爪等；忌讳在餐桌上化妆、吸烟、剔牙等。

喜好与禁忌

加拿大国旗由红白两色构成，这两种颜色被正式定为加拿大的国色。加拿大有"枫叶之国"之称，其国旗上就印有枫叶，枫叶受到加拿大人广泛喜爱。加拿大人时间观念极强，若不能按时赴约，要事先打电话通知对方。指示方向或介绍某人，忌用食指，而应以五指并拢、掌心向上的手势。加拿大人耸肩时，大多表示"无能为力"，或者是为了掩饰自己的窘态。当地法律规定，同性婚姻是合法的。

加拿大人将"13"视为厄运之数，"666"表示魔鬼撒旦，"星期五"则是灾难的象征。

与加拿大人交谈，应回避隐私内容，如年龄、收入、宗教信仰等。听人讲话时，忌随意插嘴或打断对方的谈话，也不可随意补充对方谈话的意思。

交际场合应当避免议论宗教问题，避免评说英法裔加拿大人之间的矛盾，避免探讨魁北克省独立、将加拿大与美国进行比较，或大讲美国的种种优越之处等。

加蓬

国情

加蓬共和国（简称"加蓬"）位于非洲中西部，面积26.8万平方千米，人口222万（2022年），官方语言为法语，首都是利伯维尔。

概况

加蓬森林资源丰富，被誉为"绿金之国"。加蓬首都利伯维尔是地处西非的美丽城市，西式别墅掩映在热带植物丛中。

在乡下，当地百姓仍居住在传统房屋内。如芳族人的房屋，一般就地取材，多以木桩作为支架，木桩上编织树条，抹泥成墙；用棕榈叶、树皮或砖瓦、铁皮做房顶。以主屋及数座家人房屋组成一家小院，院中设锅灶，灶两侧各有一间通风小房，用来制作风干肉。俾格米人由于生活漂泊不定，经常搬家，他们一般是在林中用树枝、茅草搭个窝棚，以遮阳避雨，不甚费时费力，搬家时弃之。

交往

加蓬人热情好客，讲究礼节。城里人相见，多是握手问好。熟人打招呼的方式是点头躬身致意。老友久别重逢，常常互相拥抱、贴面，长时间地问候、寒暄。此外，当地还流行"碰头礼"，即两人左右额角轻轻相互触碰。与人相见，城里人习惯称呼"先生""女士""夫人""小姐"；在农村，男子遇见与自己年龄相仿的客人，爱称其为兄弟，而对年长的客人，则多称"爸爸""妈妈"。

服饰

一般来说，加蓬人无论男女，都比较喜爱色彩绚丽的服装。参加公务活动时，一般穿西式服装；在婚礼等场合，常见人们穿西式礼服、打领结；参加葬礼时，穿黑色西装，女士不化妆、不戴饰品。

平日里，男子一般穿花衬衫，配长裤。穆斯林长袍在当地也很流行。妇女们喜爱连衣裙或套裙，其布料均为透气、吸水性好的纯棉布。

女士们特别重视头巾，一般会选色彩鲜艳的。缠头巾时，从前额缠起，顺两耳上方向后绕上几圈，再将巾角塞进去，也有人在脑后直接打一个结。

加蓬男子通常蓄胡须、留短发，女子则以长发为美。姑娘们从小就将头发扎成许多小辫，若头发短扎不住，便用细线与头发编在一起扎辫子。从发型可推断女子的基本情况，姑娘、媳妇，已生育、未生育的，生双胞胎以及服丧守孝的，发型各不相同。

加蓬妇女喜欢佩戴首饰，如项圈、耳坠、手镯和脚镯等。项圈很流行，过去多用熟铁或黄铜制成，现在则用金银、宝石制作。

饮食

加蓬是非洲富裕国家。城里人的主食是面包、大米，乡下人则以木薯、芋头、芭蕉为主。副食有肉类、海产以及蔬菜等。

法式餐饮在当地影响较大，常常用来招待外宾，而富有民族特色的菜肴有时也会端到国宴上，如鸡肉曼巴、油炸青蛙腿、贡波树叶炖芋头汤以及棕榈果核汤等。此外，用野杜果仁做成的"奥迪卡"以及芳族人用肉末、葱头、辣椒制成的纳尼汤、芭蕉叶包肉等，都颇受人们欢迎。

婚俗

城市青年男女通过自由恋爱，到国家有关部门登记结婚，然后去教堂举行宗教仪式，这被称为"公证结婚"。不举行仪式的结婚被叫作"秘密结婚"，娶另一个妻子时，一般采取这种方式。

加蓬的许多部族实行一夫多妻制，娶第一个妻子由父母做主，娶第二个及往后的妻子则由本人做主。娶妻送的彩礼，价值高昂，因此换亲之事时有所闻。婚后女方若提出离婚，则必须归还男方送的彩礼。

俾格米人实行一夫一妻制，女子以嫁给猎手为荣。彩礼也特殊，为一张新弓、200个箭头、一支矛、两块兽皮、一串玻璃珠子、两瓶涂箭用的毒液和两只铁锅。

有些部族的传统习惯是，妻子去世后，丈夫续弦必须娶其妻之姐妹，否则需将其子女送回外婆家抚养。有些部族保留着兄弟同妻的习俗。

禁忌

加蓬人认为左手不洁，因此不用左手与人握手、送礼、传递食物。拍照时，不可随意对着人拍。参加婚礼时，忌穿黑白色连衣裙。男子不可主动与年轻女子搭讪。

柬埔寨

国情

柬埔寨王国（简称"柬埔寨"）位于中南半岛南部，面积约18万平方千米，人口约1,600万（2019年），高棉语为官方语言，首都是金边。

交往

柬埔寨高棉人的姓名，是名在前、姓在后。贵族一般继承父姓，世代相传。其名字讲究，一般为多音节，如"帕花黛维"（意为"百花之威"）。平民一般以父名为姓，代代不同，而名多为单音节。当地人彼此不称呼姓，习惯直呼其名，而因长幼尊卑不同，其名也有相应变化。如某男名"恩"，则祖父辈叫他"召恩"（"召"意为孙儿），叔伯叫他"克莫依恩"（"克莫依"意为侄儿），同辈则叫他"邦恩"（"邦"意为兄长）或"洛克恩"（"洛克"意为先生），晚辈称"达恩"（"达"意为大伯）或"布恩"（"布"意为叔叔）。另外，"阿"意为小孩，"宁"意为姑娘。有的平民以水果、日用品等日常熟悉的物件来取名，也有的根据相貌或性格起名，如"莫特"（意为"大胆"）。不过，现在很多年轻人不再拘泥于过去的传统，常常根据个人意愿起名。

柬埔寨人多数信奉佛教，性格温和，讲究谦恭，长幼有序。他们认为人的头部最为神圣，别人不可触摸。"合十礼"是十分常见的传统礼节，见面和分别时，双手合在一起、指尖朝上，口说"三拜"。指尖举得越高，敬意越重。

服饰

为适应热带气候，柬埔寨人的服装单薄。男子上身多是无领直扣开襟衫，天气热时则不穿上衣，只穿纱笼（状似裙子，是将长数尺的布两边缝合，围系腰间，布上印有美丽图案）。还有一种衣服叫"山朴"，是用长条布从腰中往下缠绕至小腿，再从胯下穿过，在背后紧束于腰部，剩余部分伸出如鱼尾。

妇女的服装，上衣多为丝质圆领对襟短袖衫，下身为纱笼或"山朴"。现在，柬埔寨人的穿着也发生了变化。在金边及其他城市里，男士也穿制服、西装、T恤，女士也穿西式裙装，艳丽多彩。

饮食

柬埔寨人的主食是稻米，肉类多为鱼、虾类，他们也吃昆虫，如油炸蚕蛹等。早餐总少不了米线。

遵奉佛教规矩，柬埔寨人喜素食，口味偏辣、甜、酸。他们习惯跪坐在地上就餐，不用筷子，而是用盘子、叉子、汤匙，或用右手抓取饭食。城市里的饭店菜品多样，当地菜、法式西餐、中餐都有，而在乡间，民众大都保持自己民族的饮食习惯，用瓦锅煮饭、煲汤，用椰壳做勺。

他们饮酒比较普遍，水果亦可作为下酒菜。男子一般爱抽烟，女子大多爱嚼槟榔。

习俗

柬埔寨节日很多，其中以送水节最为盛大。每年佛历12月月圆时，雨季结束，人们开始大张旗鼓地庆祝送水节，持续三天，最受欢迎的活动是龙舟竞渡。

湄公河在雨季上涨泛滥，带来大量肥沃的淤泥，对农业生产十分有利，故而当河水消退之际，人们会以喜悦的心情向带来恩惠的河水表示感谢。

在柬埔寨舞蹈中，手势表现力十分丰富，如五指并拢、伸直表示"胜利"，五指攥成拳头表示"不满"和"愤怒"，四指并拢、拇指弯向掌心表示"惊奇""忧伤"等。

柬埔寨人认为黄牛和水牛受神灵保护，若伤害它们，必遭报应。过去，柬埔寨人就有斗象、斗牛、斗鱼等娱乐传统，现在人们更喜爱斗鸡。同处一室，孩子睡觉的地方不能高于父母的床铺。忌讳把裤子挂在别人头上方。

柬埔寨人虔诚信奉佛教，僧侣神圣不可侵犯。当地人一星期每天轮换穿不同颜色的服装，星期一至星期日分别穿嫩黄色、紫色、绿色、灰色或浅蓝色、青色、黑色、红色。

柬埔寨人认为左手不洁，故不用左手传递东西；认为星期六是鬼魂妖魔喜欢的日子，不吉利。到当地人家中做客，忌把鞋子带入门内。忌讳星期一出售东西，也忌讳别人来借钱。但是，在这天若能买到东西，则视为吉利的事情。

捷克

国情

捷克共和国（简称"捷克"）地处欧洲中部，国土面积7.89万平方千米，人口1,053万（2022年），官方语言为捷克语，首都是布拉格。

交往

捷克人性格爽快，乐于同人交往，令人感到亲切、好接近。对外交往中，捷克人讲究礼仪，注重身份对等。初次见面，多称"先生"或"小姐"，行握手礼。男性朋友相见流行拥抱礼，女性之间习惯行吻礼。他们时间观念较强，准时赴约。言谈文雅，举止稳重，跟别人谈话时，他们通常都会看着对方的眼睛。

捷克人在公共场合忌讳勾肩搭背、高声喧哗；讲究秩序，注意礼让，排队不加塞。他们尊重长辈，关爱老人，在大街上老人常会得到礼貌搀扶。他们特别重视50岁生日。对外赠礼，常送水晶玻璃制品、鲜花等。送花时，其枝数为单数。他们的音乐素养普遍较高，正如"每个捷克人都是乐师"的民谚。

服饰

捷克人衣着讲究，认为打扮得体不仅可以体现个人风度，使自己信心满满，同时是对他人的尊重。走在布拉格大街上，就能看到衣冠整洁、文雅出行的人们，即使去办公室上班，人们大多也是西装革履。冬天，人们喜欢穿大衣、戴礼帽，还要围上又长又宽的围巾。按照传统，未婚男子的帽子一侧常饰有羽毛，一旦结婚，羽毛就会被摘下来。女子爱穿具有传统风格的黑色或深红色长裙，同男子一样，也喜欢穿戴各种漂亮的围巾和帽子。

饮食

面食是捷克人喜欢的主食，土豆也必不可少。肉类消耗量大，以猪肉、牛肉为主。捷克人早餐一般少不了麦片粥，而晚餐必有汤。他们爱喝清汤，爱吃用奶油做的点心。正餐喜食炸、焖、烤的菜肴。他们的口味偏咸，烹调用油较重。捷克香肠十分美味，大街上香肠摊点很多。他们认为鲤鱼能带来好运和财富，其为圣诞节不可缺少的菜肴。

典型的家庭用餐一般是烤猪肉、酸菜和馒头片（类似我们的发面蒸饼）。还有一种食品像我国的水饺，即用面皮包裹肉馅，但配料是酸白菜及大酱，味道不错。最有名的一道菜——"古拉什"，是一种炖牛肉，制作颇为复杂，据说要在不同时间添加23种不同的调味品，整个制作过程大约为4个小时。

捷克皮尔森啤酒世界著名。捷克人对啤酒的热爱超乎人们想象，人均年消费量约为150升，居世界之首。捷克亦大量生产品质甚佳的红白葡萄酒。捷克人喜欢的饮料有红茶、可可、咖啡、橘子水、蜜酒等。他们喜欢把葡萄酒、威士忌当作礼物送人。他们喜邀朋友来家做客，但有一个特别的习惯，即要求客人自带餐具。

习俗

当地人的婚礼在教堂举行。当天，新娘家大门紧闭，等待由新郎及媒人所率领的迎亲队伍前来迎娶。新娘家的院子里要栽一棵树，并用彩带和彩绘的蛋壳加以装饰，以此祝愿新娘与这棵树一样活得长久。一些乡村，新娘还保留着佩戴迷迭香花环的古老习俗，以表达对父母的怀念之情。花环在婚礼前夕由新娘的朋友编织而成，象征智慧、爱情和忠诚。捷克一些地方的居民对狼有特殊的崇敬，婚礼上的礼品常绘有狼的图案，宾朋和陪伴新郎新娘的人也要扮成狼的形象，连洞房门口也要挂上纸做的狼。新年伊始，捷克人往往举行迎接新生儿的传统仪式。元月3日，要选出新年里的第一批婴儿公民，被选中者将得到衣服和摇篮车等奖品。

彩蛋是复活节最重要的吉祥物之一。节日期间，人们以彩蛋装饰家居和馈赠亲友，这也是迎接春天到来的一项重要的民间活动。布拉格街头，五彩缤纷的彩蛋、柳条小鞭子、小兔子等各种复活节装饰品琳琅满目，洋溢着喜庆气氛。针对不同的祝贺意向，其礼品彩蛋的绘画内容和颜色也有区别，如蛋壳上画着红心、爱情果等，是送给情侣的；画着花鸟山水的，则表达普遍的节日祝愿；送给年轻人的彩蛋，特别是祝贺学生毕业的，大都绘制成蓝色，因为蓝色象征着亲昵、积极向上。

捷克人偏爱玫瑰花，视其为国花；忌讳红三角图案，视其为有毒标记。他们交谈时，不爱谈论政治问题和家庭琐事，不打探个人隐私，尤忌询问女性年龄，受欢迎的话题是体育运动。他们不喜欢柳树、柳木制品和菊花。多数人忌讳数字"13""星期五"。握手时，忌讳互相交叉，不用盯视对方。

津巴布韦

国情

津巴布韦共和国（简称"津巴布韦"）位于非洲东南部，面积39万平方千米，人口1,690万（2018年），官方语言为英语、绍纳语、恩德贝莱语，首都是哈拉雷。

交往

津巴布韦人性情温和，注重礼貌、礼节，待人热情友好。他们尊重老人，年轻人见到老年人会鞠躬致意、问候安好。男士对妇女谦让，注重女士优先。社交场合，使用国际通行的称谓，如"先生""夫人""小姐"等，而平日人际交往，习惯称呼对方的姓名和职务。

社交场合与人相见，一般握手致意；亲朋好友相见，会热情拥抱并互亲面颊。妇女见到长者或尊贵的客人，一般是蹲身请安。礼貌用语，如"你好""请""谢谢""对不起""打扰了"等，在日常生活中不绝于耳。

津巴布韦人拜访朋友或出席社交活动，准时守约。他们有见面送花的习惯，献上鲜花的同时，说些祝福之类的话语，被视为高雅、知礼的表现。彼此交往，互相送礼也很常见。礼品多是当地土特产、石雕、铜版画等，而牛羊等家畜常作为婚丧、生日的至高礼品。接到礼物后，应表示感谢；拒绝礼物是严重的失礼行为，是对人极为不尊重的表现。

服饰

津巴布韦人平时穿着较随意，而正式场合一般是西装革履。男子民族服饰十分绚丽，如脸和手臂上涂满五颜六色的油彩，头插羽毛，全身挂满彩色流苏；有时头戴彩条面具，身上仅挂几块兽皮。不过这种打扮常见于舞台表演中，日常生活里并不多见。

至于当地女子，从前是上身赤裸，现在已经改变，一般穿色彩鲜艳的裙装，且手臂、脚腕和颈部挂满饰品。在喜庆的日子里，女性常穿由几块布组成的传统服装：上身一块布披在身上，下身一块布当裙子，往腰际一缠，两个布角往里面一塞，同时配上一块相同颜色的头巾。已婚妇女穿着严谨，总是把身体包裹得严严实实。女子身上的几块布，质量和档次因人而异，差别明显。有钱人家的女人用的布料高档、讲究，多为名贵的丝绸或乔其纱，普通家庭妇女则多用棉质布料。不过，无论布料质地如何，其色彩都极为鲜艳夺目。

饮食

津巴布韦的饮食风格，分为本地餐饮和以英式西餐为主的外来餐饮。外来食品，如香肠、肉馅饼、三明治、汉堡包等，随处可见。此外，中餐馆在其首都哈拉雷也有好几家。

津巴布韦人的主食一般是萨杂（sadza），即用玉米面熬粥，再浇上被称作尼亚马（nyama）的肉汁。一般用牛肉或鸡肉，有时也用鳄鱼肉或羚羊肉做肉汁。此外，当地人爱吃一种蝴蝶虫，一般4—5月到森林中采摘鲜虫，经过处理，晒干后拿到市场上出售或自己食用。这种虫口味颇佳，像江米条一样，嚼起来咯咯作响，津津有味，颇受当地人喜爱。此外，东部高原地区颇似大马哈鱼的鱼类，味道也很鲜美。

他们宴请客人，一般在饭店、餐厅，若是请到家中做客，则表示已把对方视为好友，定会用传统饭菜盛情款待。主食和肉类、蔬菜，经过当地传统厨艺处理，风味独特。

当地气候条件、土壤环境适合水果蔬菜生长，果蔬价格也很便宜，可是人们更爱肉食，似乎并不太喜欢吃蔬菜。饮料一般有咖啡、红茶、碳酸饮料以及当地所产啤酒和葡萄酒。

习俗

津巴布韦人的传统婚礼以牛作为彩礼，举行婚礼必杀牛和山羊庆祝。婚礼上，新郎赠送新娘铜环，将其套在新娘颈部、手臂、脚腕部，象征丈夫的富有、强大和妻子对丈夫的忠诚。

绍纳族是津巴布韦第一大民族。绍纳人家里有人去世，一般是通过急促而低沉的鼓声向亲朋好友传递死讯。人们听到鼓声，便陆续前来哀悼。同死者遗体告别后，人们便在死者生前的茅屋外唱歌跳舞。刚开始时，气氛忧伤、悲痛，随后歌越唱越激昂、舞越跳越欢快。埋葬死者后，人们便开怀畅饮。之后牛角声及鼓声四起，妇女踏着鼓点，摇着脚铃，边跳边唱，通宵达旦。

津巴布韦人注重仪态，忌跷二郎腿，忌因过度高兴而笑得前仰后合。当地人认为对人吐舌头是侮辱性举动，亦不待见点头哈腰、评头论足的人。他们民族自尊心强，一旦察觉对方有辱他们的民族或文化，便会不留情面地反击。

喀麦隆

国情

喀麦隆共和国（简称"喀麦隆"）位于非洲大陆中西部，面积475,442平方千米，人口2,861万（2023年），官方语言为法语、英语，首都是雅温得。

交往

喀麦隆人讲究礼仪，注重礼节，称呼人往往是姓名加"先生""朋友"。初次交往会互道安好，行握手礼。相互比较熟悉或表示非常尊重时，可行贴面礼，不论同性或异性间，均可行此礼。见到大酋长，一般情况下不可上前握手、拥抱，应保持一定距离，行注目礼。

在一些少数民族地区，男性居民遇见外国客人会友好鞠躬、鼓掌表示欢迎，女性大多会躬身行屈膝礼。外国客人遇到困难，当地人常常慷慨相助，不索取任何报酬。

喀麦隆的服务行业没有收取小费的习惯，这在非洲比较少见。

服饰

喀麦隆男女皆穿袍装，喜欢包头，光头者少见。过去，人们的衣服颜色比较单一，多见浅绿、蔚蓝、桃红、绛红、咖啡色等；如今，人们更爱穿花衣服。不论男女，若能穿上一身色彩鲜艳、花型时尚的花布衣服，都感觉是很体面的事。因此，不管是西非的平花布、中非的"康佳"独花布，还是喀麦隆独有的提花印花布"巴赞"，都很受欢迎。在当地城乡的街道上，随处都可看到彩衣飘飘的景象。

喀麦隆服装的色彩很丰富，图案、式样繁多，有传统的几何线条、动物形象等，而电灯、飞机、火箭、风扇等各种夸张的图案也会出现在服装上。此外，人们常常将红绿黄三色国旗做成头巾扎在头上，将总统头像印在衣服上。

饮食

喀麦隆南部地区居民食用水果较多，主食有木薯、谷类、香蕉、芭蕉等。由于芭蕉口感较涩，不能生吃，因此他们将其去皮、切片，油炸后食用，或者将其晾干磨成粉，再加入面粉、鸡蛋和糖制成面包。

北部地区居民的主食以小米、玉米、高粱为主。他们将粮食捣碎磨成粉，加水调匀制成蒸糕，同蔬菜一道食用。

喀麦隆城里人的主食是大米、面饼等，副食有牛羊肉、鸡肉、鱼、虾等以及各类蔬菜。进餐时，他们习惯席地而坐，用手抓取食物。他们用左手按住饭盆边沿，用右手食指、中指和拇指将主食捏成团状，放进菜盆里滚一下，夹着肉或鱼块放进嘴里。由于抓食可能会粘住手指，因此必有一杯水摆在面前，以备不时洗涮。

习俗

喀麦隆人脸上、手上常常刺有奇形怪状的图案，这是非洲流传已久的文面、文身艺术。有的人在脸上刻画几道横向刀痕，有的人则刻一个五角星或几个三角形状，还有的人甚至将公鸡或者蝎子刻在脸上。

不同图案含义各不相同，究竟代表什么，外人无从知晓，此为他们的祖传秘密，只有他们自己心里清楚，绝对不会向外人透露。在同喀麦隆人交往时，即使是熟人朋友，对其文面、文身也绝不可盯着看，应视而不见，更不可对那些图案、刀痕指指点点。向他们打听、与他们讨论其脸上的图案，不仅失礼，还会自讨没趣，引发不愉快。

喀麦隆人求婚习俗很特别。男方看上某家姑娘后，父母便带着儿子，背着装满棕榈酒的葫芦去求婚。到姑娘家不直接说求婚，而是说"向某某姑娘的父母借个葫芦喝水"。若同意这门亲事，姑娘会接过男孩的酒葫芦，打开塞子，斟满酒杯，先敬双方的父母，再敬其他家人，之后自己也啜上一口，随后把葫芦递给小伙子请他喝。就这样，大家一起喝了酒，就算订了婚。若不同意这门亲事，酒也是照样喝，只是在客人告辞时，女方会付男方酒钱。

当地的结婚证有两种，即一夫一妻的和一夫多妻的，可以任选一种。若女方不同意而男方坚持娶多个妻子，就只好分手。

当地的巴米克族人认为，人死并不是生命的结束，而将通过其继承人继续生存。因此，人死不应悲伤，而应欢庆。如果酋长去世，当地要组织全村人唱歌跳舞，举行宴会。

卡塔尔

国情

卡塔尔国（简称"卡塔尔"）位于波斯湾南岸卡塔尔半岛，面积11,521平方千米，人口298万（2023年），官方语言为阿拉伯语，首都是多哈。

交往

卡塔尔人对待宾客殷勤周到。客人来访，第一句话往往是"萨拉姆·阿拉库姆"（意为"您好"）。男性穆斯林之间见面，行拥抱礼和吻礼，一般是将左手搭在对方的右肩上，拥抱并吻对方的双颊。同外国客人见面，则多行握手礼。

卡塔尔人时间观念不强，约会一般不会准时赴约，总要迟到一些，认为这是有风度的表现。与客人交谈，他们常常是目光直视对方，认为这是文明知礼的举动。

卡塔尔人把贵客临门看作一种荣耀。客人进门，他们常常要点燃乳香枝或香片，让客厅充满香气，还要往客人身上喷洒几滴名贵香水。在香气宜人的气氛中，宾主开始热情交谈。不论在家还是在办公室招待客人，他们总要为客人煮上又浓又香的咖啡，并在咖啡中撒上桂花或玫瑰水，使咖啡味道更加甜美可口。

日常交往中，他们常常互相赠送香片、香枝、香水等礼物，也特别喜欢以金色的钢笔为馈赠佳品，一般不送烟、酒、雕塑品等。

服饰

卡塔尔男性夏季穿一袭白色长袍，冬季则穿蓝色、咖啡色、灰色等深色长袍；头戴白色、白底红方格或红花格头巾。他们夏天赤足穿拖鞋，冬天则穿皮鞋。

传统上，卡塔尔妇女外出时都穿黑袍、戴黑面纱。女子不得穿短裙、赤足上街，即使是外国人也不例外。但如今较为宽松，卡塔尔妇女外出可穿鲜艳的裙装，扎白色或彩色头巾。

在多哈街头，穿国际潮流服饰、浓妆艳抹的女子已屡见不鲜，但在宗教活动中，妇女仍须着传统服饰。

卡塔尔妇女一般戴戒指、项链和鼻环等首饰，有的妇女还喜欢在前额、脖颈、双颊、双唇、脚掌处染上蓝色花纹。女子多留长发，常见的发式是将头发编成一条或两条长辫，有的一垂到地，有的则缠在腰间。

饮食

卡塔尔人讲究饮食，口味偏微辣。他们遵守穆斯林饮食禁忌，早餐一般是干酪或酸奶，配橄榄以及焖蚕豆；午餐、晚餐以米饭、肉食及新鲜的蔬菜和水果为主，并喜爱在各类菜肴中加入香味调料。

特色主食是椰枣饭，即用椰枣、松子和葡萄干炒的米饭。肉类菜肴以牛羊肉、海鲜制品为主。招待贵宾一般用烤全羊，还有一道名菜是"哈姆拉"，即一种烤制的大鱼，重5千克多，用松枝烤熟，香味浓郁，肉质鲜嫩。招待客人时，常见的特色海味是"蘸汤大虾"，是将大虾油煎或水煮后，蘸着羊肉末制成的作料汤吃。当地人待客非常热情，客人吃得越多，主人越高兴。

卡塔尔人的进餐习惯是席地而坐，用手抓食，一顿饭要吃两个小时左右，饭后喝咖啡。

卡塔尔是最富裕的阿拉伯国家，但是生活必需品大多需要进口，像肉、蛋、奶、大米、蔬菜、水果，甚至淡水，都靠国外供应，因而当地物价昂贵是必然的。

习俗

卡塔尔传统婚姻一般由家长做主。在婚礼的前四天，新娘就开始沐浴、染发和染指甲。婚礼一般在星期四举行（当地星期五休息），亲朋好友分别向两位新人祝贺，新人家里用烤全羊和柠檬汁兑成的羊油汤招待客人。

婚礼期间，会邀请路人入席，跳传统的甩发舞，唱祖辈流传下来的歌曲，朝天鸣枪，以示祝贺。傍晚新郎和新娘入洞房后，客人告辞。次日一早，新娘家举行盛大喜庆早宴；第三天晚上，双方亲朋和邻居家的姑娘聚集在新娘家中，举行 "闺女之夜" 舞会，并赠送新娘各种礼品。随着石油工业的发展，富裕起来的卡塔尔人现代意识增强，穿西式礼服、披白色婚纱的西式婚礼逐渐盛行，亲朋以送花篮、蛋糕等方式祝贺新婚逐渐成为时尚。

在卡塔尔的公共场合，女士应避免穿无袖或紧身的衣裙，男子不可穿背心和短裤。异性不能在公共场合过分亲昵，否则可能会被拘留和处罚。摄影、拍照事先要征得当事人同意，特别应当避免拍摄当地妇女和儿童。

克罗地亚

国情

克罗地亚共和国（简称"克罗地亚"）位于欧洲东南部、地中海及巴尔干半岛潘诺尼亚平原的交界处，面积5.66万平方千米，人口406万（2022年），官方语言为克罗地亚语，首都是萨格勒布。

交往

克罗地亚人的姓名排列是名在前、姓在后。其姓多是父名加后缀"奇"，即字母"C"。"奇"表示是某人之子（女）。女子婚前随父姓，婚后从夫姓。

正式场合，应称姓和名，简化称呼时，可只称姓加尊称。社交场合，称呼"先生""女士""夫人"和"小姐"。关系亲密者彼此直呼其名、爱称或绰号。与客人见面，凡介绍过的人，要一一握手，并报出自己的姓名。亲朋好友见面，习惯拥吻。与女士见面，握手或吻手。

服饰

克罗地亚人的日常服装与欧洲其他国家无异，其传统服装颇具特色，常用亚麻布、毛料以及绸缎缝制。男子传统服装标配：衬衣、长裤、短外套、坎肩、披肩、斗篷、镶有金属饰品的腰带、软皮鞋或皮靴等。女子的传统服装更复杂一些：衬衣、短上衣、坎肩、腰带、各色围裙、宽大的褶裙、斗篷等，服装上花边、刺绣、细窄花纹必不可少。

西服领带由克罗地亚人首创。17世纪中叶，法国军队里有一个克罗地亚人兵团，凯旋时，威严、步伐整齐的军人们颈上都扎了一条彩色围巾，以表达胜利的欢庆心情。崇尚时髦的巴黎人对此极感兴趣，争相模仿，后来又经过不断改进，形成如今的西服领带。

饮食

克罗地亚人受意大利等国的外来影响，又结合本地实际，创造出了多种特色菜。他们的菜式以肉类食品为主，如烤羊肉、烤乳猪、斯拉沃尼亚粗香肠、达尔马提亚熏火腿、帕戈羊羔和羊奶酪、古林（kulen）腊肠等。大陆地区受欢迎的菜还有浸过火鸡汁的烤面团、奶酪咸糕等。另外，当地靠海吃海，海鲜类的菜有达尔马西亚式炖鱼、海鲜汤、海鲜沙拉以及经过仔细烹调的各种口味的鱼、虾、蟹等。

姜饼是克罗地亚的一种传统美食，其原料通常是蜂蜜、红糖及生姜等。制作方法是将原料放在模具里压制成型，然后烘烤、晾干、用食用颜料着色，配以各种图案、文字装饰。为婚礼准备的姜饼，通常要配以新婚夫妇的姓名和结婚日期。

克罗地亚所产红白葡萄酒不乏世界名牌，如特然（teran）、墨尔乐（merlot）、玛瓦吉雅（malvazija）、波斯普（posip）等，颇受顾客青睐。吃海鲜必搭配白葡萄酒，吃烤肉必搭配红葡萄酒，这既是西餐约定俗成的规矩，也是克罗地亚人的饮食习惯。

重视体育

克罗地亚虽然国家不大，人口不多，但人们体魄强健，是世界上有名的体育强国。克罗地亚的足球、篮球水平很高。之所以能取得如此成就，同克罗地亚社会、学校及家庭重视体育有关。当地孩子从小就养成了参加体育活动的习惯，把健身看得与读书一样重要，足球、篮球、手球、水球和网球运动相当普及。

习俗

　　每年2月的克罗地亚狂欢节大游行颇具传统特色。节日那天，人们身着条纹上衣和白色裤子，披上羊皮，头戴面具，走上大街。游行者载歌载舞，互相碰撞，腰间挂的铃铛叮当作响。响声越密集，人们越高兴。游行结束时，人们会焚烧被抹黑的稻草人，象征赶走严冬和黑暗。

科摩罗

国情

科摩罗联盟（简称"科摩罗"）位于非洲大陆东岸与马达加斯加岛之间的一群火山岛上，面积2,236平方千米（包括马约特岛），人口约87万（2020年），官方语言为科摩罗语、法语、阿拉伯语，首都是莫罗尼。

概况

"科摩罗"在阿拉伯语里是"月亮"的意思，故该国有"月亮国"之称；因盛产香草、丁香、鹰爪兰等香料，故也称"香料之国"。

科摩罗地少人多，气候湿润多雨。香蕉、芭蕉、杧果和椰林漫山遍野，自然景观优美。该国渔业资源丰富，但因捕捞技术落后，捕捞量并不能满足国内需求。

科摩罗人主要是阿拉伯人和非洲班图人的后裔，其房屋的建筑风格受阿拉伯影响较大。首都莫罗尼到处生长着伊兰乔木，高3—4米，开黄花，极为清香，是制造某些香水不可或缺的原料。出售丁香、香草、依兰等经济作物是科摩罗外汇收入的主要来源。

交往

科摩罗人性格平和，安分守己，其风俗礼节与阿拉伯人一致。他们信仰伊斯兰教，严格遵守教规，虔诚祈祷，非常重视去麦加进行朝圣活动。

他们对外来客人热情友好，邀请客人到家中，一定会准备当地特有的以水果为主要食材的宴会。

该国由于长期为法国殖民地，因此法式礼节颇为流行。这里称男士为"先生"，称女士为"夫人""女士""小姐"。在外交场合，一般握手问候。当地人说的科摩罗语是斯瓦希里语的一种方言，同时法语、阿拉伯语以及马尔加什语也很流行。

服饰

当地男人的服饰与阿拉伯人基本相同，身穿白色或黄色长袍，有时外面罩一件西式上装，头戴黄色、白色圆形平顶小帽。也有人完全是阿拉伯打扮：长袍、头巾配头扎。人们只在外交场合穿西服、打领带，平时很少见西式装束者。

当地妇女的服饰与阿拉伯妇女有些不同，如不蒙面，有的扎头巾，多数人是将头发梳成漂亮的发髻，戴上发卡。她们着装的色彩要比典型的阿拉伯女子鲜艳，特别是在妇女们聚会时，各种花色的裙装、袍装色彩斑斓。她们脸上涂抹的天然木粉，清凉、爽滑，滋润皮肤，且有防晒的作用。

由于气温高，当地的外国人平时大多穿棉麻面料的衬衫、T恤、薄裙、牛仔衫裤、短套装等舒适服装。

饮食

科摩罗的粮、油、肉、奶等不能自给，依赖进口。海产鱼种主要是金枪鱼、红鱼和青鱼等。主食是大米、玉米、香蕉、面包果、木薯和木瓜等，法式面包也有销售。特色美食有烤香蕉、烤木薯、烤面包果等。当地厨师喜欢在料理中添加丁香，以增强食物的美味。

咖啡是科摩罗普通家庭的常见饮品。当地人也喝用木薯做的糊状汤，据说其有提神的作用。当地普通百姓不用刀叉或其他餐具进食，多直接用手抓取食物。

婚俗

在科摩罗，女性拥有房产，流行女子娶夫。长女尤其受到关照，居深闺，少外出，外出时要有兄弟随行保护。长女的兄弟、舅舅有责任为其建造一座体面的婚房。次女及其他妹妹们在家里承担更多的家务，婚房也相对简单、狭小，但是她们在家中的生活相对自由些。

结婚后，丈夫住妻子的婚房。房子虽属于女方，但房子的空间却分属他们二人。妻子只掌管厨房、卧室和通向庭院那一边的通道，朝向街道的那一边直到客厅出口，则供丈夫和访客使用。

长女的婚姻必须听从家族的安排，必须征得父母的绝对同意，一般来说其配偶必须是当地的同乡。妹妹们的婚姻虽然也要征得父母同意，但是她们择偶会自由一些，比如可以与外地人结合。

科摩罗世代沿袭着一项非常奢侈的传统——举办豪华婚礼。婚礼花费动辄要数万美元。新郎和新娘们的礼服竞相攀比，有的要镶嵌几十件甚至上百件黄金装饰物。婚礼场面盛大，婚宴非常奢华，歌舞持续数日。

虽然对很多家庭来说，举办一场豪华婚礼意味着花掉他们毕生的积蓄，但这仍是很多科摩罗男子一生追求的目标，也是他们人生成功与否、能不能立足于社会的重要标志。举办过豪华婚礼的男子都会顺理成章地在肩膀上搭一条彩色的围巾，光彩无比。

科特迪瓦

国情

科特迪瓦共和国（简称"科特迪瓦"）位于非洲西部，面积322,463平方千米，人口2,938万（2022年），官方语言为法语，首都是亚穆苏克罗。

概况

阿比让等大城市拥有现代化的高楼大厦，而农村住宅为传统土房。北方多见圆锥形"蘑菇屋"，其门和墙多涂以红色、白色；中南部居民住宅高大，略呈方形，天井四面是圆转角；东南部潟湖地区的村庄建在水上，木桩插到水底，在水面之上两米处铺上木板，搭建木屋，以芦苇或稻草做顶，四面开窗，隔热防雨。

阿尼人族长、酋长的宅院里，竖立着象征权力的雕纹擎天柱，柱上雕刻着本家族、本部落的兽像图腾和有关本家族、部落的神话传说。

交往

科特迪瓦人朴实诚恳，热情好客，讲究礼仪。与人见面，握手问好。老友见面，又握手又拥抱，很亲切。交际场合，称呼"先生""女士""夫人""小姐"。日常交往，他们习惯将姓名与职务、职称、军衔等一起称呼，对政府高官称"阁下"，如"部长阁下"。

客人来访，主人会在门外热情迎候，需脱鞋进入客厅。居民有尊老传统，称长者为"爸爸""妈妈"，路遇长者，用敬语问候、鞠躬。

与客人交谈时，他们注意聆听，不轻易打断对方话题。社交场合，忌谈工资、年龄、女人等话题。

服饰

社交场合，人们一般是西装革履。平时，男人穿肥大袍装，由两幅天蓝或雪白的布料横拼而成，无袖、圆领、袍长及脚面；头上佩戴毡帽、针织小帽或用白布缠头。女人的传统服装是色彩艳丽的围裙，当地人称为"帕涅"，是用一块花布在两腋或腰间一围，垂及脚踝。多年来，其款式无大变化，但图案、线条紧跟"形势"。如总统选举期间，许多妇女穿的"帕涅"上印有自己拥护的总统候选人的头像。平时，大街上还可看到一些妇女用"帕涅"上的图案来表达自己的情感，如图案绘有"四只人脚"，寓意"你我寸步不离"。

女子一般会佩戴骨质、石质或金属饰品，特别是黄金制作的项链、耳环、脚环等。

饮食

科特迪瓦北部居民喜食"库斯库斯"，即将高粱、小米等粮食捣碎，加上蔬菜或牛羊肉煮成粥状，讲究者还会将牛奶、蜂蜜等浇在上面。东部、中部地区，主食多为薯类。城里人多以大米、玉米、甜薯为主食，副食有牛羊肉、禽类制品、水产品以及蔬菜。烹饪时，他们惯用的调料有椰子油、棕榈油、香叶、辣椒等。他们喜吃大块牛羊肉，不爱吃肉片、肉丝、肉丁，忌吃虾、鸡毛菜和蘑菇等。

科特迪瓦人宴请客人时，敬酒风俗颇为特别：先是主人给客人斟酒，并将酒瓶放在客人的旁边，然后主人再为自己开一瓶酒，也给自己倒一杯，说声"请"，碰杯饮下。之后，主客便自斟自饮，喝多喝少全由个人决定，不会出现主人、客人互相斟酒、劝酒的情况。

习俗

科特迪瓦面具舞（zaouli）通常是由一名男性舞者男扮女装进行表演，充分表现女性的勤劳聪慧之美。舞者身穿手工编织的舞装，其色彩对比鲜明，手腕、脚踝、腰部周遭装饰着颜色鲜艳的拉菲草。在舞者头戴的面具上，绘有鸟、蛇等装饰，线条细腻。舞者手持牛尾饰品，在鼓点和笛子的伴奏下，双脚交替快速移动，形态优美、活力四射，给人一种太空漫步的感觉。

2017年12月，科特迪瓦面具舞入选世界非物质文化遗产名录。2018年2月，该舞曾应邀登上中国央视春晚的舞台。

克鲁族、曼迪族人传统上实行一夫多妻制。多妻是富有的象征，与丈夫生活时间最长者，为群妻之首。妻子们承担了家里、田里大量繁重的劳动，以便给丈夫腾出时间，让其参与处理村里、部落里的政事。丈夫若再娶，须征得长妻的同意。

家中子女婚配，一般由父亲或者叔父做主。订婚彩礼分两次送：一是姑娘生日时，准新郎会把一对脚环和一些薯块送到姑娘父亲那里；二是在确定婚期的当天，小伙子给姑娘送去钱和做"帕涅"的布料。送完彩礼之后，两人便成为合法夫妻。婚礼上，新郎要当众宣布，他要娶某人为妻，并声明他已经交足彩礼。收到彩礼后，姑娘家若要退婚，男方有权索回彩礼。

科威特

国情

科威特国（简称"科威特"）位于阿拉伯半岛东北部，面积17,818平方千米，人口446.4万（2022年），官方语言为阿拉伯语，首都是科威特城。

交往

科威特人的见面礼节是握手、拥抱、亲吻，有时还要吻鼻子和额头。亲朋好友相见，互亲面颊，按右—左—右顺序，吻三次。家庭成员或家族的人见面，互亲前额。亲密朋友有挽手并肩而行的习惯。

到科威特人家里做客，女主人一般不见男客。女性可出席有男宾参加的社交活动，男女相见时，一般只是点头致意。确需同男客握手时，女性通常会撩起自己衣袍一角包住自己的手，同男性礼节性握一下，以避免同男性肌肤直接接触。

对远方来的客人，即使是陌生人，主人也会热情接待、将其留宿，甚至不问客人姓名，也不介绍自己的姓名。

服饰

科威特男人的传统民族服饰是：头戴白色绸纱巾，内衬针织镂花小白帽，头巾两端垂于胸前，头巾上缠有黑丝绳做成的双圈头箍；夏天穿白色长袍，冬天穿深色毛质夹层长袍，身披斗篷式黑色外套。他们喜欢穿拖鞋，不穿袜子，即使正式场合也是如此。

女人的传统服装是：外穿黑色丝绸披风，从头到脚包裹全身，只露脸部。乡下女人和贝都因妇女外出时，常戴面纱。现如今，富裕的科威特妇女对穿着打扮更讲究，追求档次，不同年龄、不同场合有不同的着装习惯。西式时髦衣裙已经屡见不鲜。

饮食

科威特人多以大米为主食，肉类食品是牛肉、羊肉、骆驼肉以及鸡、鸭、鱼等。祖贝德鱼（Jubed）最受欢迎，类似黄鱼，味道相当鲜美。家常蔬菜有番茄、黄瓜、南瓜、茄子、洋葱、卷心菜、土豆等，调料爱用橄榄油、丁香、豆蔻、郁金粉、芫荽等。他们的口味喜微酸、微辣。招待客人，饭菜丰盛，以此显示主人对客人的慷慨大方。

科威特人传统的用餐方式是席地而坐，用手抓取食物，不过，现在很多人已习惯坐在椅子上，在餐桌前用餐。

他们喜欢喝红茶、绿茶、咖啡等饮料，但含酒精饮料属禁品。他们认为骆驼奶的营养价值远高于牛奶，因此当地骆驼奶比牛奶更受欢迎。

习俗

科威特实行一夫多妻制，但随着社会发展，一夫一妻也日渐普遍。关于孩子，政府更是鼓励多生多育。不过，随着时代的变迁，人们的观念也在悄悄发生变化。现在不少科威特青年主张一夫一妻制，希望建立一个更紧密的小家庭，在二人世界里度过幸福的一生。

现今，传统婚姻依然是主流，其特点是彩礼贵重、婚礼讲排场。

由于婚礼要在新娘、新郎家各举办一场，都要安排新人入洞房，因此两家都得准备新房，而两处新房都由男方家负责修建。婚礼当天，双方要到清真寺签订婚约。婚礼当晚，新郎到新娘家，亲友们手提灯笼，身着盛装，腰间别着短剑或老式手枪等，喜气洋洋地来到新娘家。双方的亲友向新郎新娘祝贺、送礼，最后将他们拥入新房，让他们单独相处，众人则在新房外唱歌、道喜。新郎揭下新娘的盖头，铺在自己面前，一条腿跪在新娘的身边，额头贴在另一条腿的膝盖上，为新娘祝福并感谢真主恩典。第二天，一对新人到新郎家，再重复一遍前一天的婚礼程序。婚礼期间，两家均要招待客人。新娘的婚服非常讲究，在不同场合变换不同颜色的裙衫，有的衣服上还镶有黄金。

穆斯林认为，人死是回到真主"安拉"身边，不应过分悲伤，丧事不应铺张。亲属会将死者遗体擦洗干净，抹上玫瑰油、芦荟油等香料，用棉布包裹，抬到清真寺，让亲友为其祈祷。入葬时，死者面朝圣城麦加。丈夫死后的四个月零十天内，其妻闭门不出，除直系亲属外，不得见任何其他男人，以确定其是否怀孕。之后，寡妇到海里洗澡，寓意重获自由之身。

科威特禁止未婚同居，非婚生子女得不到法律认可。斋月里，公共场所禁止吸烟、饮水和进食。女子穿着须严谨，不得穿吊带、超短裙等。公共场合，男女不得有过分亲密的举止。

肯尼亚

国情

肯尼亚共和国（简称"肯尼亚"）位于非洲东部，面积582,646平方千米，人口4,756.4万（2019年），斯瓦希里语为国语，与英语同为官方语言，首都是内罗毕。

交往

肯尼亚有40多个部族都还保留着自己的语言、服饰和生活习俗。质朴、单纯、友善是其共同特征，因而肯尼亚人很容易与人交朋友。

游牧部族马赛人待客讲究干净整洁，认为这是对客人最大的尊重。客人到达之前，主人洗脸、洗澡，披一块白布，踩着高跷（不让脚沾到土）到村口迎接。他们把刚烤好的牛肉及新鲜的牛奶拿出来，殷勤招待客人。那里民风淳朴，路不拾遗，即使是珍贵之物遗失在路边，也不会有人动。

肯尼亚通行握手礼。握手无力会被视为礼貌不周、没有诚意，会令对方反感。忌用左手同人相握，也不能用左手接递物品或抓取饭食。

服饰

色彩鲜艳、宽大凉爽的"坎加"是肯尼亚乃至东非最流行的民族服装，其外形是一块宽大的长方形花布，上面图案丰富。每块"坎加"上都用斯瓦希里语写着一段吉祥文字。当地人选购"坎加",首先选择文字,其次选择样式和颜色。马赛人的典型装束是红色发亮的披风或色彩对比强烈的麻织坎肩,且佩戴由动物骨头做成的夸张耳环。马赛人无论男女都是自幼双耳穿洞,且耳洞越大越美。在肯尼亚,人们常常可以看到披白衣斗篷的女性,此为贞洁的象征。

饮食

"纳亚玛·楚玛"烤肉是肯尼亚名菜,斑马、羚羊、长颈鹿、鳄鱼等野生动物肉均可烤制。此外,"姆卡姆"是用绿豆泥和土豆泥加上玉米粒制成,配上带汁的炖牛肉,味道鲜美。饮料"爱情果"汁清爽可口,香甜又略带酸味。肯尼亚人请客吃饭,不能吃得一物不剩,特别是忌将餐桌上的肉或汤吃得一干二净。

习俗

咬鼻子是肯尼亚安群岛年轻人的求爱方式。姑娘看中某个小伙子,会趁他上街时,出其不意地朝他鼻梁猛咬一口。如小伙不顾疼痛流血,向姑娘微笑,就算求婚成功;如不同意,小伙子亦可不笑,但需向对方赔偿"礼节费"。肯尼亚的基库尤族有放血订婚的习俗,即朝着肯尼亚山宰羊放血,并取出内脏,表示净化牲畜,抵御一切邪恶,也是婚姻和睦的象征。宰羊前,要让姑娘在羊身上砍一刀,并将羊的肾脏烧熟后吃掉,以此表示婚约有效。

肯尼亚是珍禽异鸟的乐园。肯尼亚人普遍喜爱动物,妇女爱用兽形装饰物,商店、旅馆、团体组织喜用动物命名。肯尼亚公共汽车上画着不同图案:画满动物的,就是开往动物园的;绘有花草树木图案的,终点肯定是公园;车上画着运动图像的,则是开往体育场馆的。

毛驴是肯尼亚重要的交通和运输工具,深受当地居民重视。在该国西部的卡诺平原、杰姆、乌约马等地区,人们视驴为亲人。驴死了,要为其举行葬礼,村里人闻讯会停下手中农活,去参加葬礼。驴下葬时,主人要在墓穴里放上成袋的玉米、谷子、土豆、木炭和鱼等作为陪葬品,以感谢驴生前所付出的辛勤劳动。

在肯尼亚，随意拍摄当地人是极不礼貌的行为，很可能会遭到石块攻击。在旅游景区，可以与部族首领协商，交付一定费用，然后再拍摄。非洲人普遍认为，相机会把对准之物的"精气"吸收殆尽，因而人、房屋、家畜一律不准人随意拍照。特别值得注意的是，和当地人合影，除了征得其同意外，有时还会被索要小费、纪念品。

在肯尼亚流行付小费。餐馆服务费虽然通常包含在账单内，但还需留点小费给服务员。

在肯尼亚，言谈举止不可冒犯国家和总统。穆斯林祈祷时，不可打扰；在信奉拜物教的家庭里，不可打听摆设品的用途，如木偶、图案、标记等，更不可去触摸。用手摸鼻子或者挖耳朵是侮辱人的动作；手心向下比画儿童身高、年龄，是咒骂其夭折的动作。

当地人不喜欢"黑色皮肤"的表述，而比较乐意接受"棕色"的说法。数字"7"是不吉利的数字。

库克群岛

国情

库克群岛位于南太平洋，在法属波利尼西亚与斐济之间，领土面积240平方千米，人口约1.76万（2023年），通用毛利语、英语，首都是阿瓦鲁阿。

概况

库克群岛以英国探险家詹姆斯·库克的名字命名，由15个珊瑚火山岛组成。陆地面积虽小，但库克群岛周围所构成的经济海域范围多达200万平方千米，海洋资源十分丰富。

库克群岛八成以上的人是毛利人。全国只有百余名警察，没有军队，国防由新西兰协助。这里的治安很好，可谓路不拾遗、夜不闭户。

岛上有规定：所有建筑物的高度不得超过椰子树。因此，在岛上没有任何人工建筑能挡住视线。放眼望去，蓝天白云，碧波万顷，绿树婆娑，鲜花盛开，而结构简单的茅草房屋掩映在绿树荫里、百花丛中。这里的环境成就了旅游业的发展，人民安居乐业，幸福指数颇高。

当地使用新西兰货币，也发行本国货币，二者等值。本币以纪念意义为主，其硬币形状多种多样，有圆形、椭圆形、三角形、正方形、长方形、多边形、花朵形、扇形、心形、墓碑形、拱门形等，不一而足。纸币不论面值大小，票幅尺寸都一样。面值3元的纸币印有反映生殖崇拜的木雕图腾，表达了当地人对人丁兴旺的期盼。

交往

库克群岛居民拥有新西兰公民身份。当地毛利人友善、温顺、谦和，看到有困难的人，即使素不相识，也会出手相助，甚至请到家里招待食宿。

他们见面时的问候语是"kia orana"，意为"祝愿你长寿"。"碰鼻尖"是其典型的民族礼节，行此礼前一般先握手。若是同性，彼此将鼻尖凑到对方面前；若是异性，男士会主动凑到女士面前，各自眼睛微闭，轻触鼻尖乃至前额两三次，情谊深厚者会触碰多次。若碰鼻尖时不闭眼睛，则表示不信任对方，是失礼行为。

服饰

毛利人的皮肤为棕色，牙齿雪白，多数人微胖。公职人员偶尔穿西式服装。平时不论男女，人们更爱穿富有民族特色的服装。男人们的上衣比较简单，有人干脆不穿上衣，只佩戴少许头饰。女人们平时穿连衣裙，有时穿短上衣或只穿胸罩；出门必戴用鲜花编制的花环，每天变换花样。她们还喜欢在耳朵上戴一朵鲜花，在脖颈上挂贝壳项链，有时也配上鲜艳的围巾。

饮食

库克群岛盛产椰子、香蕉、柑橘、菠萝、芋头、杧果、木瓜等，凡是没有禁摘告示的地方，一般都可以摘东西吃。

当地人的早餐以牛奶和木瓜最为常见。酒店的自助早餐比较丰富，有面包、炒蛋、培根、麦片、水果等。

至于海鲜，当地人最喜欢刺少无壳、颜色鲜艳的品种，如大骨鱼等。龙虾以及欧美人视作"最佳美味"的椰子蟹在当地并不热销，至于海参更无人问津。当地人一般在早上捕鱼，因此鱼店每天中午开门，只卖鲜鱼。

一些人在家里饲养猪、山羊和家禽等，可以满足部分肉、蛋的需求。肉类烹调多是油炸、烧烤，毛利人传统的地炉烧烤极具特色。

习俗

毛利人擅长歌舞，通常以两把吉他伴奏，虽有点单调，但依然悦耳动听。男演员通常上身赤裸，下穿草裙，头缠彩布条，脸画黑线条。他们跳舞时，双腿呈马步状，怒目圆睁，伸出长舌头，向观众做鬼脸。女演员身穿明快鲜艳的草编或类似草编的絮状裙，头戴锦簇羽毛饰品花冠，颈部佩戴圆润多彩的黑珍珠。其舞蹈动作以剧烈的身体晃动和臀部摇摆为主，同时配合歌唱。

拉脱维亚

国情

拉脱维亚共和国（简称"拉脱维亚"）位于波罗的海东岸，面积64,589平方千米，人口187.6万（2022年），官方语言为拉脱维亚语，首都是里加。

概况

拉脱维亚的乡下人习惯分散居住，当地没有特别大的村庄，各家各户距离较远、来往较少。传统的农舍称"纳姆斯"，进门正中间是厨房，左右两边是卧室和贮藏室。现在农村住房多为砖瓦建造，设施良好，宅旁有花草、果树和菜园。

首都里加老城历史悠久，屋顶多用红瓦，并饰有闪光的风信鸡（一种用金属片制作的公鸡模型）。据说，自13世纪末，风信鸡被当地居民当作避邪之物。现在其不仅有辨别风向的作用，也是这座城市的显著标志。

交往

拉脱维亚人注重"命名日"。当日，当事人常常会收到问候、鲜花和礼物。多数拉脱维亚人的姓氏源自祖上留下的传统，少数人的姓氏源自其他民族。至于名字，多数人采用具有宗教色彩的"教名"，也有一些人用星星、雪、鸟类等自然事物的名字。

拉脱维亚人性格内向、含蓄，大多数人寡言少语，很少能见到喋喋不休的人，彼此间一般保持距离。他们关心自己的家人、家务、生意，对别人的事不太关心，对人比较冷淡，难以接近。然而，朋友间的友谊还是很稳固的。

他们对外交往很重信誉，守时守约。与人相见，一般称"先生""女士""夫人""小姐"，同时热情问候、握手。为表达尊敬，有时会赠送对方用柞树叶子、枝条制作的头冠。

服饰

拉脱维亚城乡居民在交际场合普遍以穿西式服装为主，而平时多穿休闲装等服饰。

拉脱维亚民族服装很有特色。男子一般穿白衬衫、长裤、长大褂，扎腰带，戴呢制礼帽，脚蹬长筒皮靴；女子则穿白底绣花短袖衬衫、宽大方格或条纹裙子，外披色彩鲜艳的大披巾，腰系绣花围裙。已婚女士戴亚麻布帽子，未婚女士则戴穿珠刺绣的花箍。女子的饰物有银手镯、胸针等。民族服装平日不常见，只在过节或文艺演出时才能见到。

饮食

拉脱维亚人以面食为主，常见美食有夹腊肉和洋葱的馅饼、黑面包布丁等。肉类多是猪肉、鸡肉以及鱼、蛋、奶制品。烹调喜油大，少用调料，通常只用盐、葛缕子、蒜和白芥等。菜里的甜味剂采用野生蜂蜜。

他们制作的熏鱼相当出名，广泛出口。常见的菜品有各种做法的马铃薯、豌豆、肉冻制品；传统汤类有奶油大麦汤、牛奶鱼汤、酸奶汤等。他们制作果酱、腌制蔬菜和咸肉的方法独特，它们是民间非常流行的食品。至于饮品，以啤酒最为常见，尤以黑啤最受欢迎。当地人喜欢饮酒，名酒有里加"黑药酒"，其烈度超过伏特加，配方古老，味苦带甜，通常在冬天喝，驱寒功效明显，也常被用来调制各种鸡尾酒。

习俗

　　拉脱维亚是世界上女性比例最高的国家，不过性格内向的拉脱维亚女孩子羞于对男性直接表达爱意，通常用赠送鸡蛋的方式委婉地向对方示爱。如果女孩收到小伙子求爱的玫瑰花，她会以含蓄的方式来表达自己的态度：若回送两个鸡蛋，表示不同意与其来往；送三个鸡蛋，说明她还在犹豫、未下定决心；送四个鸡蛋，表示虽不太喜欢，但愿意与他一起生活，因其富有；而送五个鸡蛋，则表明女孩真心喜爱追求者。

　　复活节到来时，天不亮，人们便会赶到温泉或流向东方的溪水前洗脸，希望获得健康和美貌。节日期间，最重要的活动是荡秋千、互赠彩色鸡蛋。男人们喜欢进行碰鸡蛋比赛，持有最结实蛋壳的人，寓意寿命最长。

　　过仲夏节时，拉脱维亚人有整夜不眠的习惯。人们携家带口涌向郊外，燃起篝火，一起唱歌、跳舞、吃烧烤、喝酒，整夜狂欢。届时，女人戴用鲜花编织的花冠，男人则戴用橡树叶和树枝编成的头冠。节日期间，住房、牛栏、水井、磨坊等场所都用仲夏草木来装饰，一派生机盎然的景象。

莱索托

国情

莱索托王国（简称"莱索托"），地处非洲东南部，面积30,355平方千米，人口214万（2021年），通用英语和塞苏陀语，首都是马塞卢。

概况

莱索托王国地处南非共和国腹地，是"国中国"，境内多山，最高海拔3482米，奇峰众多，风景优美。

首都马塞卢建有一些现代化楼宇，而城市平民的住房多为铁皮房、帆布房。乡下人住传统草屋，呈圆形尖顶蘑菇状，像中国农村传统的粮囤。他们从事农牧业生产，社会财富以牛群数量计算，交通工具多为毛驴。

莱索托地势高，气候条件特殊，冬天（5—9月）寒冷，山区冰雪资源丰富。当地政府积极开发高山滑雪旅游项目，建成了非洲南部仅有的两个滑雪场之一，其为非洲海拔最高的滑雪胜地。

服饰

平时，当地男子穿衣裤，女子着裙装，"国服"则是再加上草帽和披毯。他们的草帽称作"巴索托"，高高的圆锥顶饰有五个草环，帽子边缘布满编织的花纹。据说，这种草帽的设计灵感来自其境内的一座山。莱索托人以此帽为傲，特意将其绘制在国旗上。

莱索托人喜欢披毯。披毯由牛羊或其他动物的毛皮制作，珍贵的披毯往往会传给子孙。披毯的流行同当地环境紧密相关。该国境内多高原山地，昼夜温差大，披毯适合当地的气候条件，既可御风寒，也可当卧具、雨具，因此为当地人民所喜爱。

女孩出嫁来到婆家，婆婆会给新媳妇披上皮毛毯，以此欢迎她加入这个新家庭。据说，莱索托王国的创建者莫舒舒一世有过一件大黑豹皮毯，华丽罕见，至今还被人们津津乐道。

莱索托披毯经过多年演变发展，设计更加精细，色彩更加斑斓，款式更加丰富多样。从平民到国家领导都喜欢披毯，祈祷、节庆或参加隆重的礼仪活动时，人们头戴巴索托草帽，身披皮毛毯，是庄重、得体的表现，是莱索托文化与传统的象征。披毯的披法男女有别，男性是斜肩披，女性则是双肩披。

饮食

莱索托人的粮食作物是玉米、高粱和小麦等，粮食生产不能满足国内需求，每年都需从南非进口。他们的传统肉食是牛羊肉。近年来，猪肉、鸡肉、鱼肉消费逐年增加。

当地人养鱼，但不习惯吃鲜鱼，而是将鱼晒干后再烹调。为了迎合这种饮食习惯，莱索托正在推行鱼类产品加工项目，开发推广鱼类产品熏制技术，力图开拓国内外市场。

习俗

莱索托允许一夫多妻，但大多数人只娶一个妻子。现任国王在迎娶王后时，曾特意表明只娶一个王后。乡下人有个习俗，即长大的男孩把正在吃奶的小牛犊赶到山坡上吃草，便意味着要父母为他找媳妇。媒人牵一头母牛去说媒，回来时，若媒人头发被剪，脸上还被涂上闪闪发光的牛油，则表明说媒成功。若女孩不同意，会用细线缠绕自己的手指，媒人只能知趣告退。

　　结婚的聘礼是牛，或等价值的现金。牛的价值不是看当时的市场价格，而是由女方的父母来决定。婚礼当天，新郎需往返多次，把一头头牛送往老丈人家中，若一次把数头牛赶到女方家，会被认为傲慢无礼。由于婚前男方并未见过女方，有时也会发生男方临时退婚的情况。解决这种纠纷的方法颇为奇特，只要男方把牛油涂到自己的手腕上，就表明婚事已告吹。

　　婴儿出生后，邻居们都会前去祝贺。若是男孩，邻居们会用棍子敲打他的父母；若是女孩，便会向她的父母身上泼水。长子的名字须与祖父相同，次子的名字则与出生时环境相关，如起名"巴塞卡"，意为孩子生在复活节那一天，而起名"特拉"，则表示在饥荒中降生。

老挝

国情

老挝人民民主共和国（简称"老挝"）位于中南半岛，面积23.68万平方千米，人口733.8万（2021年），通用老挝语，首都是万象。

交往

老挝人善良朴实，彬彬有礼。在老挝，直呼他人的姓名是不礼貌的，有不尊重对方的意思。因此，称呼人时，一般需在名前冠以尊称或昵称，如称长辈为"大爷""大娘"，称年纪比自己大的为"大哥""大姐"，称年纪比自己小的为弟弟、妹妹。在国家机关或军队中，一般称同志。见面和分别都需要打招呼，多行合十礼，即双手手指并拢，合掌于胸前，面带微笑，轻声问候"sabaidee"（您好）。当地合十礼的规矩是：对僧侣、长辈、上司等身份高的人，应将两手掌合十于眼部；对平辈或熟人，合十于嘴部；对晚辈、下级等身份比自己低者，则合十于胸前。僧侣对向自己行合十礼者，多以点头回应。

交际场合，老挝男士也互行握手礼，但女士一般仍行合十礼。民间流行拴线祝福礼，即主人摆上插满鲜花的银托盘，鲜花上挂着一束束用香水浸泡过的洁白的棉线，主人将一束棉线拴在客人的手腕上，先左手，后右手。完毕，行合十礼，并说"愿您长寿、健康、幸福"。

服饰

老挝服饰简约朴实，城市里男子多穿制服或西装，女子则穿无领斜襟上衣和筒裙。学生校服的上衣多为淡蓝色或白色衬衫，男生着西式黑色长裤，女生着镶有花边的蓝色筒裙。公务员的制服颜色与其部门的标志色一致，并佩有相应的胸章和臂章标识。

老挝最大民族老龙族的民族服装是：男着无领对襟上衣，下穿纱笼式长裤或长筒宽腿裤；女士服装色彩斑斓，常配有民俗图案，并佩戴珠玉，质朴而庄重。节庆活动时，老挝妇女会穿起民族服装，高盘发髻。年轻女士服装颜色以鹅黄、橘橙、粉红、淡紫为主，中老年女士则青睐深紫、咖啡、墨绿、深蓝等颜色。

老听族人的日常服装是，男子上穿衬衣，下穿深色长裤，或者围上一条很薄的红色布巾；女子喜穿鲜艳的短上衣、黑色或蓝色条纹花布裙，并选择佩戴珠串类的饰物。

饮食

老挝人的主食是大米、糯米等，竹筒饭相当普及，即竹筒盛入大米，蒸烤做成米饭。此外，还用棕榈粉制饼，在烧热的石块上将其烤熟，当地人称之为棕榈粑粑，其深受人们喜爱。老挝菜的特点是酸、辣，蔬菜多生吃。具有民族特色的菜肴有烤鱼、烤鸡、鱼酱、炒肉末加香菜、凉拌木瓜丝、酸辣汤等。

老挝人传统进餐方式是用右手取食，现在也用筷子、刀、叉等餐具。老挝盛产热带水果，香蕉、榴莲较多。佛教徒不禁酒，不必食素，但讲究过午不食，忌食虎豹等动物的肉。在老挝，很多人喜欢嚼槟榔，爱喝酒的人也很多。

到老挝人家做客，主人会将鸡头或鱼头献给客人。他们常与客人共饮一坛酒，即主人搬出自制的糯米酒，在泥封的酒坛口上插若干竹管，或者众人共用同一竹管。大家席地而坐，边说话边喝酒，气氛活跃、亲切、热闹。

习俗

老挝人多信奉佛教，严格遵守教规，佛祖、佛像、寺院、僧侣备受崇拜，男青年还要到寺庙里过几星期僧侣生活。任何对佛失礼的言行，都会受到指责。人们遇到僧侣，不可站或坐在高于他们的地方；忌讳妇女接触僧侣；参观佛寺应穿长衣、长裤，进门脱鞋；不可高声说笑。

公共场所，忌讳男女手拉手或表现过分亲昵。做客时，宾主席地而坐，男人盘腿，女人并膝把双脚侧放一边，忌讳两腿交叉而坐。坐下后，脚不应乱动，最好隐蔽起来，尽量不让人看到。不可用脚代手指人或物，不可用左手触摸东西。头部最为神圣，他人不可触摸。从坐卧之人身上跨过去，是不可饶恕的失礼行为。

与人交谈时，将手放在口袋里或者手舞足蹈，被视作没教养的行为。当两人、多人坐着说话时，不可从他们中间穿过，如无法绕行，应低头并说"对不起"。在老挝，若用下巴指向某处，是提醒"请注意"。他们忌讳白色，如不使用白色蚊帐、不盖白色被子等。

黎巴嫩

国情

黎巴嫩共和国（简称"黎巴嫩"）位于亚洲西部、地中海东岸，面积10,452平方千米，人口607万（2019年），官方语言为阿拉伯语，通用法语、英语，首都是贝鲁特。

交往

黎巴嫩地处东西方文明的"十字路口"，阿拉伯人和欧洲人混血较多，伊斯兰教和基督教等多种宗教在这里共存。

黎巴嫩社交礼节既与阿拉伯国家一致，又与欧洲相通。黎巴嫩人见面一般喜欢握手，而阿拉伯式贴脸问候以及抚胸躬身的礼节也很常见。

登门拜访当地人，最好奉上鲜花、糖果等礼物。当地家庭招待客人，首先是端上果汁，然后拿来各种口味的水烟，供客人享用。开始用餐前，都会祈祷。与欧洲人习惯明显不同的是，黎巴嫩人习惯饭后谈公事。聊天时，他们喜欢听别人赞美其家庭、孩子以及交流旅游见闻等。他们爱听笑话，也爱讲笑话，但不涉及政治、宗教及男女关系等。

服饰

在黎巴嫩，人们的服饰都很讲究，逛商场、进教堂，人们都衣着光鲜。在贝鲁特大街上，穿罩袍、戴头巾的穆斯林女子与穿短裙、吊带背心的基督教女子在着装上形成鲜明对比。

基督教徒在黎巴嫩不到一半，其女性服饰与欧洲没什么区别。超市、商场、咖啡店和餐馆的工作人员、侍者等，着装打扮一如欧洲。

黎巴嫩女子注重个人形象，舍得把钱花在化妆品上，即便囊中羞涩，也要把自己打扮得光彩照人。不论从事何种工作的女子，出门前定会化妆，素面朝天者罕见。她们喜欢画眼线、涂眼影，还很在意指甲的美观，爱将指甲涂成红色、粉红色及紫色等。

饮食

在黎巴嫩首都贝鲁特，可以品尝到世界各国美食。黎巴嫩的特色美食有卷饼蘸酱、葡萄叶包米饭等。最常见的菜品是鸡肉、羊肉及蔬菜制品，佐料总是少不了柠檬和橄榄油。

黎巴嫩人的就餐程序是，冷盘—烤肉或烤鱼—甜点—水果。一些部位的羊肉可以生吃，但吃时要挤上几滴柠檬汁才鲜美。素菜塔波列（tabouleh）是最流行的黎巴嫩沙拉，基本食材有扁叶荷兰芹、番茄、薄荷、洋葱以及柠檬汁、橄榄油等。

黎巴嫩海鲜产品相当丰富。该国举办的海鲜展曾刷新过吉尼斯世界纪录。当地各种鱼虾贝类名菜，应有尽有，烹调手法丰富。饮品主要是当地咖啡、酸甜柠檬汁，由椪柑果和冰水制作的饮料具有地方特色。

习俗

当地基督徒的婚俗与西方一样，而黎巴嫩穆斯林婚俗与其他阿拉伯国家相似，其特点是多早婚，重彩礼。男方除了盖新房、置办豪华家具，还要支付给岳父岳母大量金钱。婚礼一般都会大操大办，有的可能会延续七天。为了将喜讯传遍全乡，婚礼上往往鸣枪通告。

在里布瓦地区，新郎多骑毛驴赴新娘家迎亲，途中常被埋伏在路旁的朋友

"劫"走。新郎必须展现出高超的智慧和武艺，逃脱束缚，来到新娘身边。只有才智聪敏、武艺高强的新郎，才会赢得新娘的芳心，当地人称呼这样的新郎为"骑士丈夫"。

在当地应谨遵伊斯兰教教规，在大庭广众之下，不可吃猪肉和喝酒。忌对黎巴嫩政治和宗教问题发表负面的看法，不得对着军事目标和军队拍照。

在正式场合、宗教圣地和偏远的乡村，女性穿戴应严谨，虽不必蒙面纱，但最好戴上帽子或扎头巾。有的宗教圣地，进入者需脱鞋。

利比里亚

国情

利比里亚共和国（简称"利比里亚"）位于非洲西部，面积111,370平方千米，人口520万（2021年），官方语言为英语，首都是蒙罗维亚。

概况

利比里亚乡下多低矮茅草屋，较为体面的房子是土木结构的。房屋形状各异，有圆形、椭圆形、八角形、长方形等。屋内仅可栖身而已，陈设很简单。农村保留着大家庭聚居的习惯。

在城市及行政、商业区域，居民住房一般是砖房，室内为水泥地，房顶用铁皮覆盖，多为长方形。放眼望去，二层楼房居多，也有三四层楼房和平房。因多年战乱，城市基础设施毁坏严重，一排排低矮狭小的铁皮棚屋构成了成千上万人的居所。首都蒙罗维亚的高层建筑物也不多，总统府是一幢六层的建筑物。

在利比里亚的一个大家庭中，曾祖父母或祖父母衍生下来的子孙一般都居住在一起。在农村，问到家里有多少人时，回答常常是100人以上。大家庭的利益高于家族各户的利益。下属各户的收入并不属于他们自己。家庭内部困难需要解决时，各户都必须给予帮助。每个大家庭的家长一般由年长的男性担任。家长除了控制着大家庭的财产，对于大家庭中的日常事务，都得一一过问，亲自处理。他还代表家庭与外界打交道。不过，随着社会的发展，这种大家庭家长制度日渐衰微，越来越多的小家庭逐渐独立，各家自行其是。

交往

在利比里亚社交场合，一般称呼"先生""夫人""女士""小姐"。两人相见先握手，然后双方会各自将拇指、食指和中指捏紧、轻弹，发出响声，表示愉快。见面落座后，双方会互相热情问候，然后才谈正事。

亲朋好友相见，习惯互相拥抱；女士见面，常常互施贴面礼。贵客来访，当地部落酋长会出面迎接，安排舞蹈表演，向客人赠送公鸡和大米，表示祈福。贵客告辞时，部落酋长常赠其传统大袍并授予其"荣誉酋长"称号，以示感激和祝愿。

利比里亚妇女有以头顶物的习惯。她们头顶的重物有时能超过20千克，但她们步履轻盈，穿梭于大街小巷之间，有的高声叫卖，有的双手轻摆，与人谈笑风生。

利比里亚宪法规定，基督教为国教。星期日被视为"上帝的时间"，这天基督教徒们纷纷到教堂礼拜。

服饰

利比里亚天气炎热，常年在25℃—30℃。人们的衣着比较简单。隆重场合，当地人一般着西装，特别是美国黑人移民后裔，大多身穿笔挺的西服，头戴大礼帽，持手杖，嘴含雪茄，绅士派头十足。

当地原住民仍保持着自己的生活方式，穿民族服装。妇女一般穿各种花色的裙装，手臂裸露，缠头巾，自然质朴。年轻人爱穿牛仔裤、夹克衫等。

饮食

利比里亚的官方宴请一般是西餐。传统主食是木薯粉糊、小米粥和烤玉米。现在，大米也是当地人的主食之一。肉类有鸡肉、牛羊肉和鱼肉等。此外，当地还有养猴和吃猴的习惯。利比里亚人口味偏辣，烹调时喜欢放入辣椒。他们吃饭时，常拌以棕榈油。特色菜是辣味牛肉鱼杂汤，内有牛肉、鳕鱼干、熏海鱼、动物杂碎等，味道独特。当地居民钟爱一种传统酱帕拉瓦（palava），这是用黄秋葵叶、鱼干或肉以及棕榈油做成的。沿海地区盛产水果，居民常以水果果腹。

婚俗

利比里亚内地流行一夫多妻制，社会地位显赫、富有者可娶多名妻子，部族酋长的妻妾可达百人。彩礼一般是现金或牛、羊、土布、衣服等实物。如果婚后双方因发生纠纷而离婚，女方回到娘家，女方父母应将女儿结婚时收下的彩礼一一退还。

女子婚前与人私通，不会受到社会谴责，所生子女归属女方父亲抚养。女子结婚时，父亲可让女儿把孩子带走。如果生的是女孩，则女方父亲对该女孩拥有一半的权力，即当该女孩长大出嫁时，外公获得彩礼的一半，另一半归其生母所有。女子婚后生的子女属丈夫，不论丈夫是否是孩子的生父。目前，这种婚俗正日益受到冲击。

利比亚

国情

利比亚国（简称"利比亚"）位于非洲北部，面积176万平方千米，人口710万（2022年），阿拉伯语为国语，首都是的黎波里。

交往

利比亚人的姓名一般由三节构成，即本人名、父名、祖父名，也有些人加上曾祖、高祖之名。

社交场合与客人见面，一般行握手礼，也常常行拥抱礼和贴面礼。两个男子牵手并行是友好、亲密的表现。交谈时，双手交叉或抱住自己的胳膊，被视为傲慢无礼。

服饰

社交活动中，利比亚人穿阿拉伯式长袍或西服。北部地区，男子常穿用驼毛织成的带头巾外套，披毛织大披肩；妇女穿黑布长袍，用长头巾包头，脸罩面纱，只露眼睛。城市女子服饰比较开放，只扎头巾，可不戴面纱。

生活在撒哈拉沙漠中的图阿雷格人习俗特殊，女子不戴面纱，男子却戴面纱。图阿雷格人都爱穿用皮条做的凉鞋，鞋面上精心编制了各色花样。

饮食

利比亚人一般以发面饼为主食，肉类多是牛羊肉。日常生活中，不可缺少大饼、舍尔巴汤，并佐以番茄沙拉、洋葱、拌辣椒、煮豆、酱等。特色菜"考斯考斯"用粗面粉、肉和马铃薯混合蒸制而成。

欢迎贵宾时，利比亚人常常献上鲜羊肝。以烤全羊待客颇为隆重：主人、客人按身份高低、长幼次序围成一圈，盘腿坐在毯子上。主人用水壶为客人冲手后，方可以右手抓取食物进食。

习俗

农村人结婚遵循老传统，姑娘出嫁前一般会涂青，即用青色染料涂在新娘的下颌处，其终生不褪色。

入洞房前两天，新娘染红指甲，寓意吉祥如意。入洞房前一晚，迎亲队伍来到新娘家。次日，新娘坐婚车到新郎家，进大门以及洞房门时，都要打碎一个鸡蛋，且需将蛋黄洒于庭院中。据说，这预示着婚后美满幸福、早生贵子。

利比亚人善舞。婚丧嫁娶、欢庆佳节，人们都要通宵达旦地跳舞。南部地区和北部地区的舞姿不同，北部舞蹈以胯部扭动和颤抖为特点。男舞者扭胯动作粗犷、强悍，以表现威武气概，尤以碎抖双肩引人注目。

贝都因人居住在沙漠地区，女子的舞蹈以腿脚的动作为主，没有胯部的扭动。男舞者的动作重点也在腿脚上。男子所穿服装是长裤、大袍，束宽腰带，缠头蒙面，体现了沙漠生活的特点。

利比亚人喜绿色，忌黑色，忌女人形体及猫的图片。按伊斯兰教教规，穆斯林禁酒、禁食猪肉及相关制品。

立陶宛

国情

立陶宛共和国（简称"立陶宛"）位于波罗的海东岸，面积6.53万平方千米，人口279.5万（2022年），官方语言为立陶宛语，首都是维尔纽斯。

交往

立陶宛人大多信奉天主教，少数人信奉东正教。他们为人谦逊、慎重、内敛，爱旅游，喜运动，高超的篮球技艺世界闻名。

立陶宛人注重礼节、礼貌，"请""谢谢"不离口，即使对非常熟悉的人也是如此。社交场合，惯行握手礼；与亲朋好友相见，为了表达喜悦、敬慕之情，大多互相拥抱、施吻礼。与宾客交谈，他们习惯轻声慢语，喜欢营造悠然场景、温馨气氛。"女士优先"是其共识，如行走、乘车、进门、就餐等，男士都会礼让女士，予女士以关照。他们爱好整洁，居室和工作场所都井井有条。

服饰

立陶宛人一般是男穿西服，女着裙装。他们着装注重式样新颖、做工考究、色彩丰富，强调个性化，服饰雷同者少见。立陶宛传统服饰色彩艳丽、图案丰富。节假日期间，在公共及欢庆场合常见传统民族服装。男子民族服装一般是无领白衬衫，其领口、袖口及纽扣处饰有绣花图案，外套粗麻布缝制的翻领短大衣，头戴圆顶毡礼帽，腰缠编织的彩色腰带；女子则穿翻领长衬衫和宽大长裙，头戴色彩不同的各式圆帽或头巾，衬衫外必穿束腰坎肩，衬衫的领子、袖口及坎肩上绣满了花纹图案，甚是华丽、醒目。女子腰带常用作礼品，敬献给贵宾，以此向客人表达最为崇高的敬意。

饮食

立陶宛人主食是面食，肉类主要有猪肉、牛肉、羊肉及其制品。他们虽处于沿海地区，但不太喜欢吃鱼虾等海味，也不爱吃清蒸类的菜肴。他们的奶制品十分丰富，喜欢的蔬菜有土豆、甜菜、白菜等。

他们认为乌鸦肉不仅美味，且有壮阳作用，因此不少人喜食乌鸦肉。他们习惯俄式西餐，进餐使用刀、叉、匙。用餐时，忌讳餐具及咀嚼食物的声响。

立陶宛人有几种经典菜。一是甜菜汤。汤呈粉红色，不浓稠，内有甜菜根丝、黄瓜丝等蔬菜丝，搭配酸奶油食用。二是用土豆、肉馅制成的大丸子。丸子皮用土豆粉做成，内塞肉馅。丸子较大，犹如我们常吃的狮子头，由烤箱烤制而成。这种丸子的皮嚼起来很劲道，肉馅多为鲜羊肉，加上洋葱等，味道鲜美。三是"东部肉包子"。其外形同我们常吃的包子差不多，也是肉馅，不过不是上锅蒸，而是在烤箱里烤。据说，这种食品来自欧洲东部，因此得名。四是土豆煎饼，它香气扑鼻。

至于饮料，当首推格瓦斯。其为加入黑面包发酵的饮料，略带面包的淡淡清香，甜而不腻，清凉爽口。酒在立陶宛的消费量很大，据统计，2016年立陶宛人均酒精消费量为16公升，创下世界纪录。

习俗

立陶宛人的婚礼在教堂举行，由神父主持，主要程序是：首先，神父对新人说祷告词；其次，神父开始询问双方是否愿意接受对方为自己的妻子（丈夫）；再次，在获得双方认可后，神父请他们交换结婚戒指，最后，神父宣布双方正式结为合法夫妻。之后，新郎揭起新娘的面纱，亲吻新娘。在立陶宛，还有一个不可缺少的环节，那就是要到首都郊区风景优美的"定情山"去"抛锁"，即新郎、新娘两人一同将一把新锁锁牢，然后把锁和钥匙分别抛到山下，寓意锁住双方的心和感情，永远不分离，直到终老。

立陶宛人注重隐私，忌讳谈论个人隐私，如工资、年龄、宗教信仰等。与当地人交谈，应尽量避免提及苏联，以及他们与俄罗斯之间敏感的关系。他们认为"13"和"星期五"是令人沮丧的数字和日期，而"7"则被视为吉利数字。忌讳在门槛处与人握手；忌讳在众人面前窃窃私语；忌讳用一火连续为三人点烟。参观教堂时，应衣帽整洁，保持肃静。

列支敦士登

国情

列支敦士登公国（简称"列支敦士登"）位于欧洲中部，在瑞士、奥地利之间，国土面积160平方千米，人口39,680人（2022年），官方语言为德语，首都是瓦杜兹。

概况

袖珍公国列支敦士登由11个村镇组成，街道古朴、整洁、秀丽。自1866年独立以来，一直保持中立，外交、国防由瑞士代管，如今该国只有一支小规模警察队伍负责国家安全。不过，该国宪法规定，一旦遭到外敌入侵，60岁以下成年男子都有义务保家卫国。

列支敦士登虽然国小民寡，但很富裕，人均国内生产总值很高，收入主要靠旅游、邮票、义齿制作等产业。当地物价昂贵，是欧洲旅游消费较高的国家。

列支敦士登的公务员队伍很小，政府仅设首相、副首相及各部门的综合办事人员。他们的办公场所是一座三层楼房，里面集中了政府、法院、财政等所有的国家机关。

列支敦士登被评为世界上最安全的国家之一，治安状况良好。遇有体育比赛等大型国际赛事，外来人多、情况复杂，仅靠本国警察难以维持秩序，因此需向外国求助。

2011年4月，列支敦士登推出"国家出租计划"：付14万美元即可租用该国两天。其服务内容有：招待150人食宿，议会赠送象征性的国家钥匙，乘马车巡游首都瓦杜兹，观看烟火表演，坐平底雪橇滑雪，到国家元首私人酒窖品尝葡萄酒并享受城堡奢华晚宴，让承租者的名字出现在临时路牌与货币上。

当然这只是一项吸引游客、促进旅游业发展的举措，并不是将整个国家机器交给外国承租人，让其发号施令、管理国家。出租期间，会预留足够的民居供零散租客居住。接待租客期间，政府、老百姓该干什么干什么，生活如常。全国的警察名义上要为租客待命，但由于治安良好，实际上并无多少治安警卫任务，通常只是为旅客提供一些咨询服务而已。

服饰

逢年过节等特定场合，他们会换上传统服装。男式传统服装的标配是马裤、马夹以及平顶黑色礼帽，女式传统服装则由上衣、长裙、围裙和头巾组成。

卢森堡

国情

卢森堡大公国（简称"卢森堡"）位于欧洲西部，面积2,586.3平方千米，人口66万（2023年），官方语言为法语、德语、卢森堡语，首都是卢森堡市。

概况

卢森堡大公国是欧洲西北部的一个内陆国。国名中的"堡"虽属音译，但实际上在该国境内确曾留下许多著名的要塞城堡，因而有"千堡之国"的美誉。这些城堡一般都建在险要之处，大有"一夫当关，万夫莫开"之势。首都卢森堡市有过三道护城墙、数十座坚固城堡，地下有23千米长的地道和暗堡，进可攻，退可守。卢森堡的森林、植被覆盖率高，环境优美。

卢森堡主体民族是卢森堡族，血缘上与法国人、比利时人、德国人相近。法语多用于行政、司法和外交中；德语多用于新闻中；卢森堡语为民间口语，亦用于地方行政和司法。97%的居民信奉天主教。

交往

交际场合，一般称呼"先生""女士"，少用头衔。常见礼节是握手，不论是陌生客人还是熟人，不分男女，凡相见、告别，一般都是握手。吻面礼只见于至亲、挚友之间。互吻面颊，一般是右左各一次。

去当地人家做客，要给女主人送鲜花、巧克力等礼物，但不可送菊花，菊花只用在丧葬礼仪活动上。约会要准时，提前赴宴亦属失礼行为。就餐时应保持安静，忌讳大声喧哗。

与人交往，重视平等，不讲究头衔。

服饰

卢森堡人参加公务活动一般西装革履。礼仪场合，着西式礼服，男士打领结。节假日，人们爱穿民族服装，参加各种娱乐活动。男子的民族服饰一般包括宽边黑礼帽、白衬衫、黑色或红色马甲、黑长裤、黑皮鞋。女子则身穿白色上衣，外罩红色或彩色连衣裙，腰束华丽的宽布腰带，头戴红色长头巾并披于肩后，脚上穿白袜、白鞋。他们忌讳穿奇装异服。

饮食

卢森堡饮食习惯与德法两国相近。日常主要食材是土豆、猪肉和牛肉。餐桌上经常出现的熏猪肉配土豆、蚕豆奶油沙拉是当地的传统民族菜式，烤排骨、肝肉团配德式泡酸菜、黑布丁、煮肚以及熟奶酪在卢森堡是颇受欢迎的美食。

在卢森堡，德式、法式、意式餐厅以及土耳其、中国餐馆都可看到，但普遍价格昂贵。

卢森堡境内的莫塞尔河谷盛产优质葡萄酒、啤酒，其为当地人最喜爱的佐餐饮料。

习俗

卢森堡人去世，亲属不号哭，家中不停灵柩，不设灵堂，通常不开追悼会。按照天主教的说法，人死是魂归天堂，一旦升天，就永远脱离了人间疾苦，因此不必为此伤心，只需为死者准备一副金属棺材，葬于公墓中即可。参加葬礼者素颜、素服，手捧菊花，唱着圣歌与逝者告别。棺材下葬后，立十字架于其上。逢逝者忌日，至亲好友常去墓地祭奠、拜谒。

　　卢森堡人平日忌讳菊花，不喜欢绿色。相互交谈时，忌讳涉及个人收入、钱财等隐私事项。禁止邮寄未署名及未标明出版者的书籍等。

卢旺达

国情

卢旺达共和国（简称"卢旺达"）位于非洲中东部赤道附近，面积26,338平方千米，人口1,325万（2022年），官方语言为卢旺达语、英语、法语、斯瓦希里语，首都是基加利。

交往

卢旺达人注重言行举止，待人斯文，说话温和，喜交朋友。社交场合，行握手礼或贴面礼。多日不见的老朋友必会拥抱、贴面，有时会贴面三次。与人相见，年轻人多行举手礼，而中老年人则习惯行脱帽礼。初次见面交谈后，当地人就会热情地请客人到家中做客。卢旺达人招待贵宾的方式之一是请客人喝酒、品尝美食。这里待客流行的一条规矩是：主人在递给客人饮料、酒以及食物前，自己一定会先尝一口，以证明食品是安全的。

饮食

当地居民的主食以土豆、芸豆、饭蕉、玉米、高粱、薯类等为主，城市居民也食用大米、面粉做的食物等。饭后常吃香蕉、菠萝、木瓜等水果或水果沙拉。肉类有牛肉、羊肉、猪肉、鸡肉等。蔬菜有卷心菜、生菜、黄瓜等，常生食。常见的食物是"乌伽黎"，即捣碎的木薯或玉米加水调制煮成糊状食品。

当地居民口味偏爱辛辣，进食多用手抓，也有些人用刀、叉、勺。烹调方法以煮、蒸、烧、炸、烤为主，其中尤以烤为多见，如烤羊肉、烤牛肚、烤鱼、烤香蕉等。

常见的饮料是牛奶、酸奶，最有特色的饮料是香蕉啤酒。其略带酸味，清香甘醇。日常交际活动，喝香蕉啤酒必不可少。一般是将香蕉啤酒盛在葫芦里，用芦苇秆插入葫芦内，大家轮流吸饮，边喝边聊。此外，他们也爱喝咖啡和红茶，且要加入奶粉和糖。

习俗

卢旺达基督教信徒结婚时，男女双方会在教堂里向圣像祈福，唱赞歌。按照当地习俗，新郎抱着新娘迈过火堆后，才能入洞房。男女双方家庭婚礼前互赠礼品，参加婚礼的亲朋好友、左邻右舍也都拿着包好的礼品，送给新郎新娘，表达美好的祝愿。

在卢旺达，牛是财富的象征。在农村，聘礼一般是一头牛或相当于一头牛价值的羊及其他彩礼。女方接受聘礼后，也要向男方家庭回赠，通常也是一头牲畜。

卢旺达人生活水平虽不高，但生活很快乐，无论是青年男女，还是老人、儿童都擅长歌舞。每逢重大庆典等活动，当地都要组织隆重的歌舞表演。节假日里，人们也乐于欢聚一堂，纵情歌舞，直到深夜。

盛大庆典，通常表演英托雷舞。该舞早年是卢旺达王国的贵族子弟进行军事训练时表演的舞蹈。舞者头插茅草，身穿草裙，额上、身上佩带彩色珠带，双脚系大串铃铛，一手持长矛，一手握盾牌。几十名男性舞蹈者随着长老的哨子起舞，以脚上的铃铛声响伴奏。舞蹈节奏明快、欢乐，动作铿锵有力，充分表现出武士出征前的英勇气概和胜利后的欢乐情绪。

卢旺达人携带重物，不是背、扛，而是顶在头上，婴儿就放在背后的襁褓中。

卢旺达有一种称作"乌姆冈达"的民族传统，意为"邻里间的互助"，即重视邻里间互相帮忙。谁家建造房屋、迁居新地，或是儿女嫁娶、筹办丧事等，左邻右舍、亲戚朋友都会主动前来相助，出钱、出物、出力，大家齐心协力将事办好，不计任何酬谢，只在当事人家喝一次酒就够了。

敬老也是他们的传统。无论在农村还是城市，年长者都是当家人，家中的大事小情均由一家之长——老人拍板决定。晚辈对长辈总是毕恭毕敬，见到长辈，要让路、行礼。

当地政府规定，每月的最后一个星期六为义务劳动日。当日7—11时，全体成年人都要参加义务劳动，如修路建房、植树造林、美化环境等。这项规定自1974年2月开始，当时的总统哈比亚利马纳曾带领卢旺达军队部分官兵到首都基加利郊区的尼亚鲁贡加山谷开荒造田，后逐渐发展成全国义务劳动日，持续至今。

卢旺达很重视环保，城乡严格禁止使用塑料袋，到处干干净净。

罗马尼亚

国情

罗马尼亚位于欧洲南部的巴尔干半岛北部，国土面积23.8万平方千米，人口1,905万（2023年），官方语言为罗马尼亚语，首都是布加勒斯特。

交往

罗马尼亚人待人热情，喜交朋友，说话直截了当。一般情况下，对男士称"先生"，对女士，则要按身份的不同，称"女士""夫人"或"小姐"。正式场合，称呼头衔加姓氏。亲密朋友，以名相称。

尊重老人成为社会风尚。常见年轻人帮扶老人，向年长者脱帽致敬。公共场合，男士注意关照女士，女士优先。男女路上相遇，总是男方先向女方打招呼，女方再回应。

交际活动中，多行握手礼，握手时要目视对方。平时，男士相见常常互相拥抱，女士相见则习惯互贴面颊。男士见到女士，多行吻手礼。在家庭内部，通行拥抱和吻礼。

迎接贵宾的传统礼仪是让身着盛装的姑娘向贵宾献上整块新鲜面包和盐，请客人品尝。应邀到罗马尼亚人家里做客，要给女主人送鲜花，白玫瑰尤为珍贵。送花时要送单数枝，不能送双数枝。送给东道主的其他礼物还可以是香水、化妆品、牛仔裤或咖啡等。聊天时，他们喜谈体育、旅游、音乐、服装以及书籍等方面的话题。

服饰

正式场合，男士穿深色西服，女士穿裙装。节假日，人们大多喜欢穿民族服装，其特点是色彩协调，花边简洁，款式多样。男人爱穿宽袖白色上衣、白色裤子，衣裤上多有绣花或镶边，且裤脚塞进黑色长筒靴里，腰间扎一条皮带或华丽的编织腰带。女装上衣亦多为白色，质料有丝、棉、麻或毛等，领口和袖口做成褶皱，紧凑得体，领口上绣有花纹、图案；长裙长及脚踝，裙子多为红色、黑色、蓝色或绿色，绣有花卉或动物图案。

看农村妇女的头饰便可知其是否已婚：梳辫子且在辫子上佩戴饰物者，是未婚姑娘；用各种饰物把头发遮盖起来的，则是已婚妇女。妇女最喜欢、最常用的是头巾，长近两米，特点是丝织、绣花、透明。多数地区的妇女把头巾绕过脖子拖在背后，布拉索夫地区的妇女则用两根金属簪固定头巾。金属簪别具特色，簪头呈半球形，上刻精美花纹，还缀有红绿色珠子串成的流苏。

饮食

罗马尼亚人以面食、马铃薯为主食，肉类包括牛肉、羊肉、猪肉和鸡肉、鸭肉等。最常见的蔬菜有菠菜、白菜、茄子、辣椒、番茄、黄瓜、丝瓜等。当地人爱吃的果品有苹果、葡萄、菠萝、香蕉、橘子、葡萄干、花生米、杏仁等。烹调多为煎、炒、焖、烤，调味爱用葱蒜、辣椒、胡椒粉、奶油等。

罗马尼亚人口味喜微酸，常喝酸奶，爱吃酸菜、香肠。餐桌上常见的菜品有煎牛排或猪排、土豆烧牛肉、火腿煎蛋、煎鸡饼、烤鸭配酸菜、猪脑炒饭、番茄牛肉汤、鸡杂汤等，平时鱼虾等海味较少。日常的饮品有咖啡、葡萄酒、橘子汁等。他们不爱喝开水，爱喝冰镇的饮料。

习俗

在农村和山区，新娘在婚礼前要用加入牛奶的净水洗身，然后由闺蜜帮助梳妆打扮。圣诞夜，人们习惯成群结队地前往亲朋好友家庆祝节日，一般先在门口或窗前唱一段节日贺词，然后进门祝贺。麦收开始，即举办庆丰收活动；收获完毕，要用麦穗做"花冠"，戴在一位少女头上，人们跟随其后，边走边唱，并相互泼水，以表达丰收的喜悦。

黑海沿岸的北埃福里亚是度假胜地。每年夏季，人们将全身涂满黑色泥浆，躺在沙滩上晒太阳，这就是罗马尼亚著名的"泥浆浴"。据说，"泥浆浴"能促进人体血液循环，增强新陈代谢，并具有一定的消炎、止痛、消肿等作用。

罗马尼亚人认为绿色象征希望，白色象征纯洁，红色象征爱情，黄色象征谨慎；他们不喜欢黑色，认为黑色是不祥之色。当地人传统上认为"过堂风"常使人得病，对此甚为忌惮。罗马尼亚人忌讳数字"13"。

马达加斯加

国情

马达加斯加共和国（简称"马达加斯加"）位于非洲大陆东南方向的印度洋上，面积59.2万平方千米，人口2,892万（2023年），官方语言为法语，首都是塔那那利佛。

姓名

一般来说，马达加斯加人没有固定的家族姓氏，连家庭成员之间的姓氏也不一样，且每个人在其人生不同阶段都可使用不同的姓名。如在出生洗礼、割礼、成人礼、结婚、第一个孩子出生甚至去世那天，人们都可以改变姓氏。

在他们看来，姓氏不单是身份的标签，更应表达一种愿望、一个故事，因此他们的姓名都比较长。例如，有人姓"享受美好生活的贵族""不会出错的智慧""前几个婴儿夭折后继续生育"等。他们的名字相对简单些，比如有叫"甜蜜""勇气"的。他们的姓名虽常变化，但是只有用于登记或签署官方文件的那个才是正式的，通常是举行男孩的割礼及女孩的成人礼时确定的那个姓名。不过，由于受法国殖民统治影响，马达加斯加人对家族姓氏的继承越来越多。

交往

马达加斯加人热情友好，见面流行握手礼，亲朋好友之间也行贴面礼。首次见面，一般送些小礼物，如工艺品及日常生活用品。他们尊重长辈。元旦当天，夫妇要向双方父母献送鸡尾，表示对长辈的尊重和敬仰。村里举行活动，老年人总坐在显要位置。坐车、行路、参观等，也处处礼让年长者。在马达加斯加的社会机构中，管理人员多为上了年纪的人。他们认为年纪大的人见识广、经验多，办事牢靠。当地社会尊老是由其对先人的崇敬发展而来的。他们认为去世的先人是神灵，能决定家庭是否幸福、家畜是否患病以及水稻等农作物的收成等。因而逢年过节，马达加斯加人都要举行盛大的敬拜先人仪式，献上鸡、鸭、牛、酒和蜂蜜等祭品，祈求去世祖先的指引、帮助，福佑后辈，保佑他们的安康。

服饰

马达加斯加天气炎热，人们主要着夏装，但因当地早晚温差较大，首都塔那那利佛七八月的夜里温度只有11℃—12℃，所以人们早晚仍需穿夹衣。参加官方正式活动，人们一般穿西服或礼服。

当地妇女喜欢五颜六色的裙装。常见的一种民族服装名为"兰巴"，用棉麻等混织而成，类似印度、孟加拉国妇女身上披的纱丽。马达加斯加妇女还十分重视发型、发饰。

饮食

马达加斯加人以大米、木薯为主食，副食是家畜、家禽肉以及海产品、蔬菜等。当地人烹调，以煮、烩、煎、炸为主，喜欢放辣椒和五味香料，重视菜肴味道鲜美，不讲究其外表颜色。

平日就餐，将食物放在盘子里用勺进食；对外宴请，一般使用刀、叉。在高档餐馆里，可以品尝到美味的驼牛肉，其肉质细滑鲜嫩。在当地，法式西餐影响较大，而当地传统中餐是由早年定居在此的华人带去的，如馄饨、汤面、水饺、叉烧、春卷等，颇受当地人欢迎。他们爱喝酸奶、甘蔗汁等，传统的热饮有咖啡、茶、米浆。佐餐酒多是当地产的啤酒、葡萄酒、朗姆酒、椰子酒等。

当地生产的香料"华尼拉"可用于制作糕点、饮料，是该国出口换汇的重要商品。马达加斯加岛上盛产的多种优质水果，是当地居民不可缺少的食品。

习俗

马达加斯加盛产驼牛，或称"瘤牛"，即此类牛背上长有一个凸起的驼峰。驼牛体形比中国黄牛略小，是马达加斯加农业生产、日常生活中不可缺少的家畜。该国人对牛的感情特别深厚，甚至达到尊敬和崇拜的程度。牛是财富的象征，牛头为国家标志。牛犊出生后，要像孩子一样接受洗礼。用于拉车、耕地的成年牛，一个星期总要休息一天，不可每天都强迫它干活。行驶的汽车在马路上遇到牛，必须让道。

马尔代夫

国情

马尔代夫共和国（简称"马尔代夫"）是印度洋上的群岛国家，陆地面积298平方千米，人口52.1万（2024年），官方语言为迪维希语，首都是马累。

交往

马尔代夫人性情温和友善，淳朴好客，重视礼貌、礼节，乐于助人。朋友相见，常常拉住对方的手问好。朋友来访，主人会拿出家里最好的食物款待。作为穆斯林，他们每天要进行五次祷告。每到祷告时间，电视台将停止播放节目，机关、商店会暂时休息。多数人到清真寺祷告，也有人找一个相对独立、安静、清洁的地方，铺一块小地毯，面朝麦加，跪在地毯上默念《古兰经》，祈求真主保佑。

马尔代夫妇女大多数在家里相夫教子、忙碌家务。相比其他伊斯兰国家，马尔代夫女性社会地位较高，女童同男童一样可上学读书，女性可自由与男性交往，婚后可保留本人的姓氏，可外出工作、参与社会活动。她们主要从事教育、护理、行政或文秘行业，国家机关中也有女性工作者。虽然当地法律允许男人娶四个妻子，但多妻现象并不多见。

依照宗教习惯，妇女一般不主动与男人握手。当地居民星期日至星期四上班，星期五和星期六休息。

服饰

由于天气炎热，当地人喜欢穿轻便、透气的棉制或亚麻衣服。男子平时穿长裤、衬衣等便服，但不可穿短裤。公务人员在参加隆重仪式时需穿西服。首都的时尚女孩穿着比较开放，多穿T恤、西式短上衣或单薄宽松上衣，以及时髦的牛仔裤、长裤或短裙等。年长妇女穿遮体长裙，一般不戴面纱，喜缠头巾，以示笃信伊斯兰教。在正式仪式上，女性必须穿着官方认可的国服，即里巴斯（libaas）上衣以及地古合昏（dhiguhedhun）长裙，或穿印度式宽松罩衫和长裤。

进入清真寺，穿着更为严肃。男人不许赤膊，必须穿长衣、长裤；女人穿长裙，不准穿低胸上衣或紧身短背心。帽子和伞都要收起来，鞋子要脱在寺外，并整齐放好。出于对当地风俗的尊重，外来人着装也不应太随意。

饮食

马尔代夫人的主食是稻米、玉米、红薯、山芋等。副食中，人们吃得最多的是鱼，每餐必有鱼。当地的海产品种类很多，如金枪鱼、鲣鱼、马鲛鱼和贝类等。烹调以煎、炸、烤、煮为主。当地著名的佳肴有炸鱼球、辣鱼糕、金枪鱼和椰子做的古拉（gula）、椰奶加白饭布丁做的弗尼-布肯巴（foni boakiba）等。除鱼之外，其他副食还有羊肉、鸡肉制品。进口的牛肉价格昂贵，只有在高档宴会上才能吃到，日常很少食用。

马尔代夫人喜欢用咖喱调味。咖喱是从印度、斯里兰卡传入的，但当地人做出的咖喱菜品不像印度那么辛辣，口味以甜淡为主。

马尔代夫的传统美食是"咖尔迪亚"，其历史悠久，常出现在招待宾客的宴会上。"咖尔迪亚"的主食是蒸香蕉、薯类或面糕，配料是切碎的洋葱、椰肉和青柠檬汁等，一般都是将这几种食物分别盛在大盘子里，排列在餐桌上，以自助餐的形式供人们挑选。

当地有名的小吃杜发-义式泰（dhufaa-echetai），以槟榔果、槟榔叶、丁香及酸果、烟叶等为原料制作而成，是人们每天饭后的零食。当地最流行的饮料托地（toddy），由棕榈树榨出的汁液制成。

马尔代夫人不饮酒，首都酒吧里的饮品都不含酒精，但在旅馆、度假村，外来客人是可以喝到含酒精饮品的。当地特产鸡尾酒——"马尔代夫淑女"，颇受欢迎。至于热带水果，如面包果、椰子、菠萝等，长年都有供应。

有些居民用餐不用刀叉、筷子，甚至也不用匙，而用手把食物捏成团放进口中。他们认为左手不洁，吃东西一定要用右手。当地人喜欢咀嚼槟榔，因此牙齿往往是黑的。

禁忌

马尔代夫是伊斯兰国家，在度假村以外的地方，人们不可喝酒或食用猪肉。他们对于伊斯兰教以外的宗教非常敏感，禁止传教士以及耶稣像、《圣经》、十字架、佛像等物品入境。

马尔代夫人环保意识强烈，当地相关法律规定健全、严谨，如严禁采摘或践踏珊瑚、私自钓鱼，不得在岛上喧哗、吵闹，不得乱扔垃圾等均有规定。

马耳他

国情

马耳他共和国（简称"马耳他"）位于欧洲南部、地中海中部，面积316平方千米，人口51.6万（2021年），官方语言为马耳他语、英语，首都是瓦莱塔。

交往

马耳他是位于地中海中部的岛国，人们的礼节、习惯跟欧洲大陆诸国基本一致。社会倡导慈善，爱护动物，神父甚至会为动物做祈祷，因而在当地人面前，不可呵斥宠物。

社交场合，人们衣着得体，待人热情、友好。与客人相见时，要与已介绍过的客人一一握手，并报出自己的名字。亲朋好友相见，行握手、拥抱乃至吻礼。会见、会谈必须事先预约，贸然造访某人、某机构属于不礼貌行为，会被礼貌回绝。

马耳他人大多数信奉天主教。教职人士有各自的专用服饰，如白色长袍或斗篷，有的肩部披着蓝色短上衣。人们进入教堂，需着装整洁，行为严肃，不得喧哗、嬉戏、吵闹。

饮食

马耳他菜肴混合了地中海周围各地的饮食风味，形成了独特的饮食风格。

主食一般是硬皮面包，其外皮酥脆，内里绵软香甜。面食还有廷帕纳、马夸伦费尔芬，均烤制而成，内夹肉、鸡蛋或奶酪等。肉类菜肴主要是牛肉、羊肉、猪肉和鱼类制品。传统烧烤一般是烤牛肉或猪肉，复活节烤小羊肉。

蓝普卡鱼（lampuka）为马耳他所特有，每到九十月份，这种鱼必定游到马耳他岛。店家会根据鱼的大小，或油炸或烧烤，制作出一道道当地的名菜。此外，还有一种吃法，是用蓝普卡鱼加上菜花、青豆、土豆等做馅，包成馅饼烤制，这就是当地有名的蓝普卡馅饼。另外，旗鱼也很受人们喜爱，用这种鱼做出的菜肴味道独特，令人难忘。

说到马耳他美食，不能不说他们的"鲜花餐"，即用鲜花做成的菜肴。其中，用梨花、凤尾花与草莓做的"三色汤"以及将葫芦花切碎做成的"碎花汤"，颇受欢迎。马耳他人甚至在酒和饮料中放入鲜花，使饮品芬芳四溢，更具风味。

马耳他的葡萄酒、啤酒有名，咖啡也不错，每年7月底在此举行的国际美食和啤酒节，吸引了无数食客光临。

习俗

马耳他人的婚礼在教堂举行。新郎身穿西式礼服，在其亲属陪同下来到教堂，男女宾客也个个衣着光鲜。身披白色婚纱的新娘挽着父亲的手臂来到婚礼现场，两名花童作为前导，四位身着蓝色礼服的伴娘紧随其后。在婚礼进行曲中，新娘的父亲将新娘交给新郎，大主教开始领读经书、祷告、祝福新人。新郎新娘一拜天主、二拜神父、三拜父母，并与双方父母及兄弟姐妹行贴面礼。最后，新郎新娘交换戒指，宣读誓言，并再次诵经唱诗。

婚礼仪式结束后，新郎新娘伴随着缤纷的玫瑰花瓣，缓缓走出教堂。随后是鸡尾酒会、舞会等庆祝活动。

马耳他年轻人婚前基本与父母共同生活，婚后分开住，但亲属之间关系较为密切。马耳他人大多信奉天主教，曾长期禁止离婚，结婚时男女双方要在教堂里互相承诺："只有死亡让我们分开。"长期以来，这一戒律屡遭非议。2011年经全民公决，离婚在当地才得以合法化。

每天12—16时为马耳他人午饭、午休时间，此时机关不办公，商店不营业。星期日与其他法定假日期间，所有商店不营业。出租车分黑白两种颜色，前者电话约车，价格较便宜，后者可随叫随停，按表计费，价格较高。

当地孩子一周岁时，家人会把许多小物件放在盘子里，让孩子挑选，以预测孩子的未来。这同我国一些地方的"抓周"风俗相似。

公牛角象征力量、坚强，因而备受当地人喜爱。乡村的许多屋顶、高处或大门上都挂着一只朝向外面的公牛角。孩子们做游戏时，常偷偷伸食指和小指作牛角形状，意思是要战胜对方。

出海的船在船头两边都装饰着警惕的大眼睛，而马车上则系着红丝带或羽毛，意思是时刻警惕厄运来临。

他们认为绿色不吉利，因此家长不让孩子穿绿色衣服去参加重要考试。

民居大门上若饰有一枚白色蝴蝶花结，则表示家里有婚庆喜事；而如果家里正在治丧，则要在大门口放一碟盐或一杯水，以使亡灵回家后不会口渴，食物也不会淡而无味。

马拉维

国情

马拉维共和国（简称"马拉维"）位于非洲东南部，面积118,484平方千米，人口1,960万（2021年），官方语言为英语、奇契瓦语，首都是利隆圭。

概况

马拉维共和国是内陆国家，有"非洲温暖的心脏"之称。

"马拉维"在当地语言中意为"火焰般的闪亮"，指金色太阳照射在湖面上，闪耀起火焰般的光芒。该国地势较高，非洲大裂谷纵贯其南北，湖泊占据全国总面积的25%，自然风光绮丽。

马拉维首都利隆圭的建筑较新。别墅区造型优美，排列整齐，环境幽雅，一些生活富裕的家庭在此居住。工人住宅区的房屋相对低矮，街道狭窄。乡下人大多居住在圆形或长方形的茅屋里，墙体一般是用树枝编织后抹泥制成，屋顶用香蕉叶和茅草覆盖。一村大约有三四十座大大小小的茅屋。

交往

马拉维人热情好客，以礼待人。他们喜欢歌舞，逢年过节便会敲起锣鼓、舞动起来。

他们握手致意的方式比较特别：以右手与人相握，同时用左手抓住自己的右手腕。他们的民族自尊心较强，交谈时应回避有损其民族感情的话语，包括暗示和比喻等。他们忌讳谈论年龄、财产等属于个人隐私的话题。

服饰

城镇居民着装体面。在宴会等正式场合，人们大多穿黑色或白色西服。男子一般穿T恤、西裤或猎装，不得穿上窄下宽的喇叭裤，也不得留长发。妇女们大都爱穿圆领汗衫或背心，配上色彩艳丽的裙子，头上常常包一块花布。妇女不可穿暴露的衣服，裙长必须过膝。

饮食

马拉维人常用玉米或高粱面加牛奶烙饼，同番茄、牛肉汤一起煮食。他们还爱吃烤玉米、香蕉饭等。他们口味偏辣，烹调鱼、牛肉、羊肉、鸡肉等必放辣椒。

当地人有食白蚁的习惯。每当七八月间雨季来临，人们便在晚上点亮油灯，利用白蚁趋光的本能将它们抓获。或生食或用油煎炒白蚁，也可将其晒干，用盐炒了当"咸菜"。还有一种做法，是把白蚁干掺进玉米面里蒸熟，再浇上卤汁。

首都利隆圭的许多风味餐馆，均为顾客供应白蚁大餐。此外，田鼠也是当地的"美味"，常有人沿街叫卖腌制或者风干的熟田鼠。

婚俗

马拉维人的婚礼很热闹，参加婚礼的宾客动辄数百人，超大分贝的音响播放着当地的民间音乐。女主持人身着红色礼服，女宾们身着五颜六色、风格迥异的裙装。

新郎一身漂亮的西装，由5名帅小伙引路，一同跳舞亮相。新娘一身民族服装，打扮得花枝招展，9名姑娘、小伙伴舞。双方亲朋好友也随着音乐舞动，边舞边把小面额的纸币撒向新郎、新娘。一旁有专人拿着箩筐捡钱。舞蹈毕，新娘跪在地上给新郎敬酒，新郎也跪地给新娘戴戒指。双方家族代表交换活鸡，表明婚事完成。

马拉维的女孩结婚早，一般15岁左右就嫁人了。该国存在一夫多妻现象，妻子们均单独居住。孩子跟着母亲，按母亲族谱排序和继承家产。

马来西亚

国情

马来西亚位于亚洲东南部，面积约33万平方千米，人口3,320万（2023年），官方语言为马来语，通用英语，首都是吉隆坡。

交往

传统的问候礼节是互相摩擦一下手心，然后双掌合十，再摸一下自己的心窝。穆斯林之间行抚胸鞠躬礼，即弯腰鞠躬，同时右手抚于自己胸前，道一声"你好"（salam）。不过现在，不论是马来人、华人还是印度裔，男子之间一般都习惯行握手礼。男士与女士会面，只有当女士主动伸手时，男士才可握女士的手。

对长者不能直呼"你"，而要称"先生""夫人"或"女士"。马来人通常只有自己的名字，没有固定的姓氏，儿子以父名为姓，父亲则以祖父的名字为姓。

介绍认识时，先向女子介绍男子，先向年长者介绍年幼者，先向地位高者介绍地位低者。在指示地点、物品或他人时忌用食指，通常用右手的拇指，且另外四指紧握。

当地人特别注重社交场合衣冠的整洁。去别人家中做客，进内厅前须脱鞋，并将其放在楼梯口或门口处。主人对来访宾客十分热情，常用点心、茶、咖啡、冰水招待客人。客人应当大方接受招待，若不吃不喝，则被认为是对主人不敬。

服饰

在正式场合，马来西亚男士通常穿民族礼服或西服。民族服装——长袖巴迪衫，是一种蜡染花布做的长袖上衣，质地薄而凉爽，备受青睐，逐渐成为马来西亚国服。男士的传统礼服是无领上衣、长裤，腰围短纱笼，头戴"宋谷"无边帽，脚蹬皮鞋。马来人还喜欢佩戴短剑，因短剑象征着力量、勇敢和智慧。女士的传统礼服为上衣和纱笼，衣宽如袍，头披单色鲜艳纱巾。马来人传统服装共同的特点是宽大，色彩鲜艳，图案别致，样式美观。马来人只在探亲访友或重大节日时，才穿传统服装。

除皇室成员外，在马来西亚，人们一般不穿黄色衣饰。华人以穿西服者居多，女士爱穿旗袍。

饮食

马来人口味喜香辣，不可太咸。他们喜欢吃桑粑，即将虾发酵后做成虾酱，拌上辣椒，放在石臼里捣碎，浇上酸橙汁。米饭、桑粑加蔬菜是最基本的饭菜，也会配上洋葱、大蒜、生姜、香料、小干鱼等。他们爱用咖喱粉、胡椒粉等调味品。当地最有名的风味食品叫"沙爹"——炭烤肉串，配以橘黄色沙哆酱，质地细腻如膏脂，味辛辣，咸中带甜。

伊斯兰教教徒不喝带酒精的饮料。印度教教徒和佛教徒不吃牛肉。马来人和印度裔人用手取食，一般在西式宴会或高级餐馆用餐时，才使用刀叉和匙。以手进食者，餐前餐后必须把手洗净，同时餐桌上也放着装有清水的壶、罐，供其随时使用。客人在取食之前，出于礼貌，会先把手放在水罐中蘸湿。

马来人习惯在地毯上席地围坐进餐，男子盘腿而坐，女子跪坐，只有上了年纪的妇女才可盘腿坐。宴席上，主人爱用冰水或茶水待客。此外，当地人有咀嚼槟榔的习惯。客人到访，首先捧上槟榔盘，请客人共嚼槟榔。

大部分华人以中餐为主。当地中餐近似中国粤菜，不过马来式中餐没有冷热菜之分，绝大部分都是热菜。"肉骨茶"是当地华人创造的一道美食，主要原料是猪大排，佐以当归等中药材。

习俗

马来人尊敬父母，在父母面前坐板凳不得叉开双腿，也不得跷二郎腿；在地毯上坐时应面向父母跪坐，不得盘腿坐。

在首都吉隆坡，对乱扔杂物者会处以重罚。上卫生间通常使用左手，故当地人认为左手不洁。如用左手取食或给人递东西，属大不敬行为。他们忌讳与异性肢体接触，男女当众亲热被视为伤风败俗。不可触摸马来人的头和背部，尤其不能摸孩子的头，他们认为摸头、碰背会带来厄运，属于侵犯人身。不可把脚底或鞋底对准别人，不可用脚碰任何东西。

马来西亚不禁止一夫多妻，故不可议论他人的家务事。问别人年龄也是不礼貌的行为。不能当着送礼者的面打开礼物包装。

马来西亚人认为狗不祥，会给人带来厄运，令人生厌；视乌龟为不祥之物，视其为"色情""春药"和"污辱"的象征。

马里

国情

马里共和国（简称"马里"）位于非洲西部，面积124万平方千米，人口2,150万（2022年），官方语言为法语，首都是巴马科。

交往

马里人朴实、热情、真诚。熟人相见，多行右手抚胸礼；晚辈遇见长辈，右手握拳行举手礼；熟人见面，会手拉手长时间问候，且问候内容广泛，如身体、工作、家庭、父母、妻儿以及庄稼等，几乎都要问一遍。

马里撒哈拉沙漠地区的人与客人见面格外亲切，彼此除了热情握手和长时间寒暄外，还要互咬一下手臂，留下痕迹作为纪念。分离时，常常相互下跪虔诚祝愿，挥泪道别。

无论在城市，还是在乡村，人们虽不富裕，但都乐善好施，热心帮助有困难的人。路人讨水喝、求宿，甚至路费短缺，都会得到帮助。

客人来访，主人更是热情招待，先献上清香的薄荷茶，再端上精美饭菜。客人表现越随意、吃得越多，主人会越高兴。反之，若客人客客气气，不大大方方吃喝，甚至谢绝主人的招待，主人会不高兴。

服饰

马里男子的传统服饰多为白色、天蓝色长衫"布布"，另头戴穆斯林圆顶帽，脚踏皮拖鞋。"布布"是将一块布对折，折处剪领口，将相对的两边缝在一起，在腋下开缝，形如圆筒。这种服装无领、宽肩、袖肥，走起路来四面生风，很适宜当地炎热的气候。女子穿的"布布"颜色鲜艳，做工考究，领口、胸部、袖口多饰以美丽图案。

不过，当今男青年更喜欢穿颜色鲜艳的衬衫和西装裤，而姑娘们更青睐紧身薄纱衫、腰围布，其线条优美，婀娜多姿。

马里女子的传统配饰有手镯、脚镯、项链、耳环、鼻环。耳环大且重，还附加两个坠儿，因此不得不用细绳拴在头上，以减轻耳朵的负担。鼻环分两种，小环套在鼻翼处，大环穿在两个鼻孔中间。

女士们讲究发式，常把头发梳成多条小辫，并编成自己喜欢的发型：高耸如鸡冠、鹿角，下垂似珠帘、垂缨，后梳像虎豹卷尾。由于梳头复杂，职业梳发师应运而生。

饮食

马里人口味清淡、偏微甜。主食是米、面、玉米、高粱等。肉类制品有骆驼肉、牛肉、羊肉、鸡肉以及鱼肉制品。蔬菜有胡萝卜、土豆、卷心菜、番茄等。平常在家里吃鸡肉的规矩是：鸡大腿给年长者或男人；鸡脯肉给妇女；鸡头、鸡翅、鸡爪通常留给孩子们吃。

烤全驼是马里招待贵宾的特色菜，制作工序颇为特别：通常是在驼腔内放置一头已经烤好的羊，羊腔内再置入一只已经烤好的鸡，鸡腔内还要放一枚熟鸡蛋。烤焖时不放佐料，待驼、羊、鸡腔层层封好后，再放入用干柴烧红的烤坑内，然后封闭坑口，焖制约两小时，配上调料，即可食用。

马里居民有捕食白蚁的习惯。油炸白蚁是当地佳肴，长寸许的成蚁和刚脱翼的幼蚁富含蛋白质，营养价值很高。

进餐时，城里人多用刀叉，乡下人则是用右手抓取食物。

习俗

马里人的传统婚姻多由父母包办，婚宴通宵达旦。由于崇尚黑色，出嫁前，新娘会用由散沫花树叶制成的黑色染料将手、脚、牙龈染成黑色。染牙龈时，需先用针刺，染料随伤口浸入内部，一旦染黑，终生不褪。

新娘用兽骨片和贝壳装饰头发，接着佩戴项链、耳环、鼻环、手镯、脚镯，再洒上香水，穿上漂亮的婚服。为遵守伊斯兰教女子不露发的习俗，新娘还必须包上艳丽的头巾。

如今山区、乡下迎亲，仍带有抢婚色彩。婚礼当天傍晚，新娘打扮完毕，只待新郎前来迎娶。夜幕降临，新郎便在几个身强力壮的小伙子的簇拥下，悄悄来到新娘家，轻轻推开虚掩的大门，进入新娘房间，然后不容分说，架着新娘快速离开，朝着男方家飞奔而去。

不过，如今在城镇，一般是由双方的父亲陪伴新人到政府相应部门办理结婚登记，签订结婚证书。

马里人多信奉伊斯兰教，因此禁食猪肉。他们认为左手肮脏，使用左手传递东西是侮辱对方的行为。

毛里求斯

国情

毛里求斯共和国（简称"毛里求斯"）位于非洲大陆以东、印度洋西南部，面积2,040平方千米，人口约126.1万（2022年），官方语言为英语，首都是路易港。

概况

毛里求斯各岛上都没有原住民，其居民都是从外面迁来的，主要有印巴裔、非洲裔、阿拉伯裔、华裔、欧洲裔及其混血人种。不同种族呈现出不同宗教信仰、文化、语言和礼俗等，但是经过长期融合，形成了现今多元和谐的毛里求斯。

交往

毛里求斯人的日常交往礼节基本与国际接轨，但也具有当地特点。如握手，他们为了表达热情，常常把手握到麻木叫痛；若是握手软弱无力，会被视为没有诚意、轻视对方。熟人握手后，不论男女，还会互亲面颊，一般是亲右左面颊各一下。社交场合的称谓，一般是"先生""夫人""小姐""女士"。

服饰

毛里求斯人没有统一的民族服装，城乡各族裔多穿西服，社交场合更是以西装为主。在正式礼仪活动、宗教活动中，也能看到民族传统服装，如印度的纱丽、非洲的裹身长袍、阿拉伯式长袍等。平时，街上的男女青年多穿西式长裤、牛仔装、白衬衫、花裙子等，也能看到从头到脚裹得严严实实的穆斯林女子。大家各行其是，各美其美。

饮食

毛里求斯的菜品十分丰富，呈现出外来菜系的特点。他们的主食以米、面为主，可品尝到印度咖喱饭、阿拉伯香饭、法国的各种面包等。街头常见的一种油炸面包，搭配豌豆酱、番茄酱、腌蔬菜以及蒜、姜等食用，堪称美味。

当地强调环境保护，其虽为岛国，捕捞的海鲜并不多，肉类食物以鸡肉为主。印度裔人士不吃牛肉，因此牛肉供应量不大。用咖喱、香料和鸡肉做的印度菜在当地颇为流行，法国菜和中式客家菜、粤菜也颇受青睐。当地华人的餐桌上，常常有酿豆腐、大盆菜、梅菜扣肉等中式传统菜品。

饮料有啤酒、梨味汽水以及用甘蔗酿造的朗姆酒等。由于地处亚热带，全年都有新鲜水果、蔬菜。当地进食方式也呈现出多元性，有人用刀叉，也有人习惯用手直接抓取食物，华人则多用筷子。

习俗

在毛里求斯居民中，印度裔人数最多，其节日习俗引人注目。如湿婆节在每年的2—3月举行庆祝活动，届时数万名印度教徒身穿白衣，手持扎满鲜花的木制坎瓦（kanwar，即湿婆的排位）前往圣水湖朝圣，从湖中采集圣水，在湖边做礼拜，彻夜不眠。

每年2月1日举行的扎针节则是毛里求斯泰米尔人纪念湿婆神儿子的节日。

这一天，泰米尔人赤脚扛着放有神像的花架游行，他们在炭火上行走，攀登利刃，在身上穿针，在舌头和脸颊上插签子。

塞卡（sega）是当地独有的民间音乐与舞蹈的统称，源自非洲黑奴，形成于法国殖民统治时期，是当地最受欢迎的娱乐节目。一般用手鼓拉瓦纳（ravane）、木沙盒马拉瓦纳（maravann）、三角铁等乐器伴奏，用当地克里奥尔语进行演唱，以现实主义手法表现人的生命状态、生活处境。塞卡舞以脚步滑移、臀部摇摆为特点，舞姿奔放，节奏激昂，表演风趣。

这里忌说"黑"（black）和"黑人"（negro）。打招呼忌用左手，礼貌的方式是举起右手，掌心朝向对方，此为友好的象征。不得对陌生人、私人房屋、家畜随意拍照。禁止钓鱼、采摘或践踏珊瑚。不可在酒店房间内煮食。严格禁烟，任何有屋檐的公共空间，都不允许抽烟。

该国宗教文化繁盛，信仰不同的居民，礼节亦有所不同。游览宗教圣地，要穿着得当，遵守秩序，保持安静。进入印度教寺庙，需脱下皮鞋，解下皮腰带。斋月里，穆斯林从黎明到黄昏都不可进食。

这里的华人信仰佛教、道教，逢年过节必祭祀祖先，清明必扫墓。春节他们会穿上崭新的红衣，燃放烟花爆竹，观看舞狮表演，成群结队去庙里烧香，并在供桌上恭恭敬敬摆上水果点心。身体不适或生病时，他们习惯服中药调理。

毛里塔尼亚

国情

毛里塔尼亚伊斯兰共和国（简称"毛里塔尼亚"）位于非洲西北部，面积103万平方千米，人口480万（2022年），官方语言为阿拉伯语，通用法语，首都是努瓦克肖特。

交往

毛里塔尼亚人笃信伊斯兰教。5时开始，穆斯林每天五次面向圣城麦加跪拜祈祷。祈祷前，要用清水将手、脸洗干净，无水时，可用沙土代水擦拭手、脸。

他们非常重视见面礼节，即使是熟人相遇，也要紧紧握住对方的手，热情问候、寒暄。不仅问候人，还要问候彼此的牛羊、骆驼好不好。

男女见面，男士不可贸然伸手与女士握手，只在女方主动伸出手时，男方才可与之相握。家中来了男客人，除非是很熟悉的人，妇女一般不会出面陪伴客人。与妇女说话，不可问她有几个子女，对这类问题，她不仅不会回答，还会感到生气。男女当众接吻被认为是伤风败俗之举。

迎接贵宾，主人会献上骆驼奶，客人应礼貌地喝一口。夹道欢迎贵宾时，主人会安排披红挂绿的骆驼群在前面开路，场面热烈壮观。

服饰

毛里塔尼亚人的服饰具有热带沙漠地区的穆斯林特色。以首都努瓦克肖特为例，人们基本上都是男袍女裙。男子穿白色或蓝色的肥大长袍，头上缠一条3米多的白色头巾，扎黑头圈，脚蹬一双露脚趾和脚后跟的皮凉鞋。大袍的里面缝着两个大口袋，可装钱物。大袍一物多用，既是上衣，又是大氅，还可在睡觉时当作铺盖，十分方便实用。

女人们的传统服饰是从头到脚一身黑衣，脸蒙黑纱，只露出两只眼睛，或是用头巾扎住头部，让脸庞露在外边。现如今，毛里塔尼亚女子的服饰已有所变化。在首都大街上，偶尔也能看到年轻姑娘穿着色泽鲜艳的花裙子，头上缠花头巾，甚至还能看到穿西装或牛仔服、T恤的女子。

饮食

毛里塔尼亚人以大米为主食，另有小米、玉米等。副食有羊肉、牛肉、鸡肉、鸭肉、鱼、虾等肉制品及卷心菜、辣椒、番茄、黄瓜、洋葱等蔬菜。他们口味偏辣，烹调常用胡椒粉、辣椒粉、丁香、玉果、椰子油、棕榈油等。重大节日到来，居民都要杀羊宰牛庆贺。

他们吃饭时间较晚，10时以后吃早饭，14—15时吃午饭，22时以后吃晚饭。他们习惯将食物放在大盘子里，摆在地毯上。人们席地而坐，围成一圈。餐前需洗手，进餐时用右手抓取食物，将肉、菜、米饭捏成一团，送进口中。因为饭团油性较大，所以不会粘在手指上。他们认为左手不洁，故不可用左手抓取和传递食物。

妻子不同丈夫一起进餐，一般在丈夫吃过后才可进食。他们每天喝浓茶，也常常请客人喝茶，通常是喝加糖的薄荷茶。根据教规，毛里塔尼亚人禁酒、禁食猪肉。

在首都努瓦克肖特，常见的美食有烤骆驼肉、红烧驼驮蹄及红烧大龙虾、螃蟹等大西洋海鲜。贵宾来访，主人会当场挤骆驼奶，用大葫芦瓢献给客人喝，并以烤全羊招待。

正式宴请外宾时，一般采用西餐方式，人们坐在桌前使用刀叉和其他西式餐具。国家元首主持的隆重国宴常在帐篷里举行。

婚俗

毛里塔尼亚女子的婚事由母亲做主，父亲不干预。小伙子看上一个姑娘，他的母亲便会带着礼物，到姑娘母亲那里求亲，若获同意，婚事当场便可商定下来。

公认的美人新娘不以长相和身高来划分，而是重视体态丰腴。女人丰满被视为富有的象征，因而妈妈们会想办法让女儿增肥，每天让她吃大量食物，喝数公升驼奶，而且不让其参加任何体力劳动和运动。不过，以肥胖为美的传统观念现在开始受到人们质疑，情况在逐步改变。

婚礼后，新婚夫妇共同生活一个星期，便返回各自父母身边；两个月后，再共同生活几天，随后再分开。这样反复循环，大约持续两年后，新郎才同亲朋好友一道，牵着数头骆驼来到新娘家，将新娘接回自己家去。

美国

国情

美利坚合众国（简称"美国"）位于北美洲中部，面积937万平方千米，人口3.33亿（2022年），通用英语，首都是华盛顿哥伦比亚特区。

交往

首次见面，可以用"先生"或者"女士"称呼别人，但大多数美国人认为这类称呼过于郑重其事。美国男女老少，无论职位高低，都习惯直呼其名，不称姓氏，甚至子女有时也直呼父母的名字，他们认为这是友好亲切的表示。除法官、医生、教授、神职人员、政府高级官员外，一般不称职衔。

美国人以不拘小节著称，不太强调等级观念。下属见到上司、学生见到老师，一般点头、微笑打招呼，或说声"嗨"。

虽然握手礼节很流行，但在非正式场合，常常可能省去。至于亲吻、拥抱礼节，则多半适合在亲朋好友之间使用。

美国人肢体语言丰富。交谈间拍拍对方的肩膀或把手搭在对方的肩膀上，表示肯定与鼓励；耸肩且面带不高兴的表情，表示惊讶；耸肩而面带笑容则表示肯定；打响指，表示鼓励、支持或自己有了一个新的主意；右手食指和中指分开，朝外呈V形，表示胜利、加油、鼓励；拇指和食指曲卷成环型，其他三指伸直，表示正确、同意、很好之意。

冲着别人伸舌头、用食指指人、竖拇指并指向身后或竖起中指等，是侮辱他人的肢体动作，轻易不要做出这类动作。

服饰

日常生活中，美国人着装较为随意，喜欢展现个性。美国流行牛仔装，甚至大学教授们也常着牛仔裤、运动鞋出现在讲堂上。

但是，白领在办公室的着装却很正式，男士着西服，女士着裙装。在音乐厅、宴会厅，人人都会着正装，有时甚至会穿上隆重的礼服。

参加婚礼、丧礼，需着黑色或素色的衣服。参加聚会、宴会时，请柬上会注明着装要求。如注明扎"黑领结"，那么男士一定要穿无尾礼服、系黑色领结，女士则须穿晚礼服。

饮食

在美国举行家宴，多采用自助形式，一般是按照冷菜、汤、热菜顺序进食。美国人口味偏甜，喜生、冷、淡的食物。就餐时，不宜发出响声或在餐盘里留下过多剩菜，否则会被认为不雅、不礼貌。

用餐结束，要把鸡骨、鱼刺之类简单收拾一下，将本人用过的刀叉收拢、放在餐盘上，将餐巾放回餐桌上。

招待客人常以女主人为首，只有当女主人招呼或动手后，用餐才算正式开始，餐后也由女主人带头离席。美国人很少在用餐时使用牙签，通常用牙线剔牙。

习俗

美国流行在圣诞节互赠礼品，常见的礼品有书籍、文具、巧克力糖或盆景等。探病大多是赠鲜花或盆景，朋友远行常送鲜花、点心、水果或书籍。美国人收到礼物后会马上打开，当着送礼人的面欣赏或品尝礼物，并向送礼者道谢。应邀到美国人家中做客，一般不必送礼。不宜给美国人送香烟、香水、内衣、药品以及广告用品。

服务性行业需付小费,如乘出租车、行李搬运、房间清洁等,在餐厅就餐会加收15%的小费。

"13日""星期五"是耶稣受难日,因而基督徒视其为不幸、不吉利的日子,"13"也被认为是不吉利的数字。

在美国,收入、年龄、婚恋、健康状况、学历、住址、种族、血型、个人性取向、宗教信仰等,都被看作个人隐私,冒昧谈及这些问题,不仅失礼,而且有干涉他人隐私之嫌。

家长打骂自己的孩子,可能会吃官司。

美国社会竞争激烈,不同情弱者,忌讳别人认为自己老,在地铁、公交车上也看不到年轻人给老年人让座。

蒙古国

国情

蒙古国地处亚洲中部，国土面积156.65万平方千米，人口约340万（2023年），主要语言为喀尔喀蒙古语，首都是乌兰巴托。

交往

蒙古人无姓氏，称呼使用全名。他们开朗、豪爽、真诚、好客，即使对陌生人，见面也必问候。平辈、熟人相见一般说"你好"，对初次见面的人则说"您好"。亲友相遇，常先问牲畜是否平安，再问对方身体。

未经允许，不可与老人并排而坐；骑马或坐车问安者，应下马、下车。日常交往，多行鞠躬礼或握手礼。蒙古人行鞠躬礼，是先把双手高高举过头，然后把右手放在胸前，身体前倾约30度。

贵客来访，传统礼仪是敬献哈达，有的还会同时献上一碗鲜奶。献哈达者躬身，双手将哈达挂到客人脖颈上，或递到客人手上，有时还吟唱吉祥如意的赞词。客人应低头致意或双手合掌于胸前，再将接过来的哈达挂在自己脖子上，并向献哈达者表示谢意。蒙古国的哈达由天蓝色丝绸做成，不同于我国蒙古族的白色哈达。进入蒙古包，可不脱帽；应主人邀请，可盘腿坐在地毯适当位置；若不会盘腿坐，也可将双腿伸向门口坐下。主人喜欢拿出自己珍爱的鼻烟壶让客人嗅闻，女主人招待客人会献上奶茶、奶豆腐和奶皮子等食品。客人应愉快品尝这些食品。饮用奶茶，应一饮而尽，忌讳小口品尝、咂巴滋味。

品尝食品时，应表示欣赏，热情赞美。

服饰

如今，在乌兰巴托等城市，穿新潮时装者不乏其人，西装、牛仔服和夹克衫等都很常见，而最具特色的还是蒙古传统服饰——蒙古袍。男女老幼一年四季都喜欢穿长袍，因而有单袍、夹袍、棉袍和皮袍。蒙古袍的特点是宽大、袖长、领高、右衽，下摆多不开衩，边沿、袖口、领口多饰以绸缎花边，做工精巧，美观大方。

冬天的袍子一般用毛皮制作，配圆顶雁尾帽和护耳套，脚上穿长筒厚底皮靴。夏天穿单袍，春秋穿稍厚一些的夹袍，颜色浅淡。男装多为蓝色、棕色，女装则为红色、粉色、绿色及天蓝色。妇女穿的袍子上绣花、纹饰更为丰富。节日里，蒙古袍颜色更加鲜艳夺目，特别是妇女更加讲究，有的甚至佩戴用玛瑙、珍珠、珊瑚、宝石、金银玉器等编织的头饰。

饮食

蒙古人的食物以牛羊肉和奶为主，手扒肉、烤全羊、石烤肉等，都是其民族传统菜品。招待客人时，通常由主人先切肉或先吃，然后客人应主人邀请才可进食。他们习惯左手拿肉，右手用刀切食，不用筷子。他们不喝汤，忌吃鱼、海味、肥猪肉，不吃糖醋、太辣和带汁液的食品，不吃鸡、鸭、鹅的内脏，也不太爱吃蔬菜。一般不喝水，每天必喝的是奶茶（由茶砖和奶以及食盐煮制）。马奶酒是他们常喝的饮料，有酒的醇香及奶酸味，度数不高，一般不会喝醉。

蒙古人待客的传统方式是宴饮时唱敬酒歌，有时一人唱，有时合唱，气氛热烈。主人通常将美酒斟在银碗、金杯或牛角杯中，宾客接过酒杯，用无名指蘸酒，分别向天、地、火炉方向轻弹一下，以示敬奉天、地、火神，然后再喝。若客人推让，不想喝酒，会被认为不愿以诚相待、对主人不恭。若真的不能喝酒，也可将酒杯轻碰嘴唇示意。

习俗

忌讳骑马快跑到毡房门前，因为这不仅会惊动人畜，还意味着有坏消息传来。马鞭、棍杖应立在毡房门口，不可带入主人的毡房。蒙古人把锅灶、火盆和篝火堆等当作火神加以崇拜，逢年过节、迁居或举办婚礼，都要进行祭拜。

敖包是蒙古人的保护神。行人路过敖包，要下马献上钱财，供上酒肉，或剪下马鬃、马尾缀系在上面。蒙古人喜爱红色、黄色、白色、绿色、蓝色，认为这些颜色是幸福美满的象征；认为黑色象征罪恶、不幸、背叛、妒忌、贫穷。当着主人的面，称赞孩子和牲畜是失礼行为；不可用手或其他东西指着清点人数；主人递过来的东西，特别是食品，客人应该用双手或左手接受；用烟袋或手指点别人的头部，是极不礼貌的举止。

孟加拉国

国情

孟加拉人民共和国（简称"孟加拉国"）位于南亚次大陆的恒河和布拉马普特拉河冲积而成的三角洲上，面积147,570平方千米，人口约1.7亿（2022年），孟加拉语为国语，英语为官方语言，首都是达卡。

交往

交际场合，人们互称姓氏加"先生""夫人"或"小姐"；十分熟悉的朋友，可只称名。当男士被介绍给其他男士时，应该主动上前与其握手，并问候"祝你平安"；被介绍给女士时，则一般不与其握手，但可问候她。第一次见面，常须互换名片。

佛教徒及具有印度血统的人与客人相见时，习惯行"合十礼"，即双手手掌伸直，合并于胸前或稍高一些，头部微低，以此问候或向对方致敬。受礼者也应双手合十还礼。

孟加拉人习惯以头部向左摇动的方式来表示赞同或肯定，而点头则表示反对或否定，这与我国的习惯不同。

孟加拉人时间观念较强，讲究准时赴约。该国实行五天工作制，星期五、星期六休息。

服饰

孟加拉国男人的传统服装是一种叫"笼其"的裙装，即用一块布缝制成的圆筒状裙子。女人穿着比较"花哨"，典型服装是纱丽（saree或sari）。它由一块长五六米、宽一米多的衣料制成，质地一般为棉、纱、丝、布、毛或尼龙混纺面料等，雅致而不落奢华，清婉而又不失庄重。在农村，不论婚否，女人都穿纱丽，在城里只有已婚妇女穿纱丽，姑娘们则多穿衣裤。

在孟加拉国，女子多在鼻下穿孔，挂上大小不同的金银饰品，称为鼻环；结婚时带上鼻环，一直到老。

由于孟加拉国地处亚热带，湿热多雨，现在男人们更喜欢轻便、凉爽、随洗随干的衣着。平时，人们衣着比较随意，西装革履者少见。城里人爱穿无领宽袖长衫。一年四季，人们都爱穿拖鞋。当地人冬天喜欢戴帽子，即使在并不冷的春秋季节，早晚也常戴帽子。

上班的男人在写字楼一般穿衬衣、长裤，只在会客时才穿比较正式的轻便套装。而在正式社交场合，人们的穿着比较讲究，多为西装革履。孟加拉国妇女参加社交活动较少。

饮食

孟加拉人以大米为主食，副食爱吃牛肉、羊肉、鱼、鸡、鸭、蛋类以及青椒、土豆、豌豆、黄瓜、番茄等蔬菜；爱用的调料有咖喱、胡椒粉、番茄酱、糖、味精等。他们口味偏爱辛辣，尤以咖喱等辛香料调味的食品最为常见。菜肴习惯用涮、烩、煎、炸等烹调方法制作。除在社交场合有时使用刀叉外，当地人通常习惯以右手抓取饭食。

孟加拉国男女通常分开就餐，家中妇女常在男子吃过饭之后才用餐。吃饭时，忌讳把食物从一个人的盘中移至另一个人盘中，即便是夫妇也不行。

他们常喝的饮料有红茶、咖啡、矿泉水、橘子汁等。

习俗

孟加拉国素称"歌舞之乡",音乐别具特色。乐器多用当地独有的手鼓"托普拉"和一种类似手风琴的"哈姆尼姆"。歌者边奏边唱,以音色纯清、音域宽广见长。他们喜欢微笑,认为这是友好的表示。他们表示拒绝时,通常回避直接说"不"。谈判时,若回答含糊、不明确,则表示不同意。

他们特别喜爱荷花,称其为"花中君子",视其为吉祥、平安、光明、纯结的象征。该国街道上的汽车皆靠左边行驶。他们搬动重物,不是扛在肩上,而是顶在头上。在旅馆住宿或在餐厅就餐,一般需付15%的小费,乘出租车则不需付小费。

中国人在行握手或拥抱礼后,有时拍拍对方后背以表亲切,但在孟加拉国,拍后背是极不礼貌的表现。未经同意,擅自给孟加拉人拍照,会引起他们反感。在孟加拉人面前跷起大拇指,不仅不礼貌,甚至会被视为侮辱性行为。

孟加拉人大多信奉伊斯兰教,少部分人信奉印度教、佛教和基督教。一般忌讳数字"13"和"星期五",他们认为数字"13"和"星期五"象征着灾难和厄运。每逢星期五,忌讳在众目睽睽之下吃东西。斋戒期间,忌讳在众人面前吸烟。穆斯林每天祷告五次,恪守禁酒的教规,禁食猪肉,还忌讳谈论有关"猪"的话题。

密克罗尼西亚联邦

国情

密克罗尼西亚联邦（简称"密联邦"）属大洋洲，位于夏威夷西南、菲律宾以东的太平洋上，陆地面积702平方千米，人口约10.48万，英语为官方语言，首都是帕利基尔。

概况

"密克罗尼西亚"意为小岛、群岛，陆地面积不大，海域面积广阔。这里是台风的发源地之一，但台风造成的灾害却不多。不同岛屿上的居民讲着不同的方言，有九种之多，且互不相通。这里九成以上居民是密克罗尼西亚人。此地民风淳朴，政局稳定，治安状况良好。

该国雅浦州和波纳佩州延续着地方族群领袖封衔传统。被选出或被封为本区域的领袖，享有宪法规定的特殊礼遇，族人对其有特定的膜拜仪式。晚辈族人从树上摘取鲜花，编成花边帽、花环，单腿跪地，恭敬地给领袖戴上，并低头向其敬食、敬献萨考汁（酒）。晚辈族人在领袖面前不得喝酒、抽烟。

雅浦州建有专门的"男人屋"，即用草搭建的长方形高脚屋，是领袖训话或商量本族大事的场所。男人们围坐在领袖四周，中间设两三个火盆，用来烤肉。

密联邦普遍使用美元，而雅浦州的居民却以石头作为货币，称其为"费"（Fei）。"费"呈扁圆形，中间有孔，形状似中国古代铜钱，但体积要大得多，小的直径为几十厘米，大的可达数米。用于土地、房屋买卖交易的石币，直径达四米，重量可达五吨。

因为石币携带、搬运不便，所以多露天存放。交易只是变更主人姓名，在石币上做出标记，表明所有权已经易人，并不挪动石币。在这里，石币与其说是货币，不如说是一种全民公认的信用记账系统。制作石币的石灰岩产自帛琉岛，经切割后装船渡海，运到雅浦岛。

著名的纳马杜（Nan Madol）古城遗址，坐落在波纳佩岛的东南端、泰蒙岛边缘的数个岛礁上。据考证，它距今约800年，被称作"太平洋上的威尼斯"。2016年7月15日，纳马杜古城遗址被列入世界文化遗产名录。

交往

该国某些地方有女婿与岳母互相回避的习俗。逢年过节或办婚丧之事，常送活猪当礼物。各州的居民较闲适，时间观念不强。在公共场所，妇女讲话较少，交谈时轻声慢语。外人不得随便同妇女开玩笑。

雅浦州的居民性情温和，待人友善。交往时要避免从人前走过，因为那样会被认为是冒犯或打扰对方；不得已要从人前走过时，需躬身并轻声致歉。不得伸头窥视他人私宅，进入当地私家土地，应提早得到许可。

在科斯雷州，星期日为宗教活动日。当日在公共场所，禁止饮酒，且不得从事体育、文娱活动。

服饰

密联邦气候炎热，人们着装以短裤、短袖衬衫为主，脚穿拖鞋。男子参加节庆活动或出入正式场所，一般穿西装裤和花衬衫，不系领带；女子一般穿连衣裙。每年的3月1日是雅浦节，当地男人穿着腰布（用一条白布包裹下身，酷似相扑运动员），妇女头戴花冠、颈挂花环，身穿五颜六色的过膝草裙，载歌载舞。有些岛上还保留着原始的生活方式，如女人穿草裙、男人穿兽皮等。

饮食

当地人的主食多为番薯、芋头、面包果等。水果有椰子、香蕉、杧果、木瓜、菠萝等。

这里的海产丰富，金枪鱼产量占全球产量的70%。招待客人离不开鱼、虾，主食一般是大米。当地人制作肉类食物以烧烤为主，如烤鸡翅、烤鱼、烤虾、烤牛排、烤猪腿等。当地的甜品是由大米、可可奶、糖和鸡蛋做成的布丁。很多人爱咀嚼槟榔，有时还夹着石灰粉和烟叶。

当地人请客吃饭时，为展现对客人的真诚和尊重，会将剩余的饭菜打包，让客人带走。

缅甸

国情

缅甸联邦共和国（简称"缅甸"）位于中南半岛西部，国土面积676,578平方千米，人口5,417万（2022年），官方语言为缅甸语，首都是内比都。

交往

缅甸人只有名字，没有姓，但是一般需要在名字之前加上一定的称谓词，以表明其性别、年龄、地位等：成年男性或晚辈，名前加"貌"（Maung），意即自谦为"弟"；称呼平辈或年轻的男子，名前加"郭"（Ko），意即为"兄"；称呼前辈、长官或受尊敬的男士，在其名前加"吴"（U），意即"叔""伯"或"先生"。例如，一男子名"丹"，幼年时，大人和小同伴们都称他为"貌丹"；长大以后，与他年龄相仿以及比他年轻的人都叫他"郭丹"；长辈既可叫他"郭丹"，也可以叫他"貌丹"；上了年纪或者拥有较高社会地位以后，一般人都会尊称他为"吴丹"；而与他年岁相仿的人也可称他"郭丹"，但是他本人仍应谦称自己为"貌丹"或"郭丹"。

缅甸女人的通称是"玛"（Ma），意思是姐妹，属于自称或昵称；而年龄较大、受人尊敬的妇女，不论婚否，都可称其为"杜"（Daw），意思是姑、姨、婶或女士。缅甸妇女婚后，仍保持自己原来的名字。

缅甸人谦逊、礼让，注重礼仪、礼节。晚辈给长辈递送东西，必须用双手。晚辈从长辈面前走过，要躬身低首。常见礼节包括以下几种：

合十礼——两手合掌，举至胸前，手掌上部略向外倾斜。社交场合或路遇僧侣常施合十礼，施礼时需摘下帽子。

坐拜礼——两膝着地，臀部坐在小腿及脚跟上，面向受拜者。一般是来者看到熟悉的老人、领导或学者正坐在地板上，要行坐拜礼。

站拜礼——立正、两脚并拢，双腿挺直，两手自然下垂，双眼平视前方。多见于升国旗、奏国歌、大会主席步入会场或老师走进教室时。

此外，缅甸还流行鞠躬礼、佛家的顶礼等。外交场合也行握手礼，但男士不可主动和女士握手。

服饰

缅甸人不论男女都穿筒裙，即"纱笼"。男式筒裙叫"笼基"，女式叫"特敏"。男裙、女裙色彩都很鲜艳，但穿法略有不同。男裙多用方格布，女裙则多用花布，且左右裙端扭成带状，互相结住。男女上衣均右衽，也有对襟的。

男上衣为短外衣，无领、对襟、长袖；内穿衬衫，头戴素色薄纱或丝质头巾——"岗包"，头巾留有一角，垂到右耳。女上衣多为斜襟长袖衫，袖长而窄，颜色多为乳白色或粉红色，内衬多用抽纱滚边的白色胸衣。正式场合，女士着盛装——白色蝉翼纱上衣和红色筒裙，佩戴金手镯、金项链等。男士通常佩戴金项链、金戒指、金纽扣。

缅甸人不论男女，平时或光脚，或穿拖鞋、有洞的凉鞋。

饮食

缅甸主食是大米，肉食多是鸡、鸭、鱼、虾以及猪肉等。缅甸人忌吃牛肉。以鱼虾为原料制作的食品非常普遍，烹调惯用咖喱等佐料。缅甸人口味喜酸甜、清淡、微辣，除吃普通蔬菜外，喜用杧果、椰子等水果做菜。

遵照佛教习俗，缅甸人日进两餐，进餐时间为9时与17时。烹调方法多以炸、烤、炒、凉拌为主。进餐时，大家围于矮桌四周，或蹲或盘腿而坐。人们不用筷子、刀叉，而是用手抓取食物，即用右手的拇指、食指和中指把饭菜送进口中。汤盆里放汤匙，以备公用。在对外宴请时，人们使用刀、叉、匙进食。

习俗

缅甸人视牛、乌鸦为神，喜爱孔雀；视东亚兰花为美好和吉祥的象征。

佛家不杀生，但在缅甸可食肉，这与其他佛教国家不同。缅甸人家中供奉佛像，但不烧香，而是奉献鲜花。进入寺庙、佛塔，必须脱鞋。

男主人的座位是固定的，别人不得占据。触摸别人的头部是莫大侮辱。睡觉时，头必须朝南或朝东。

办事应避开星期二，当地人认为星期二办事须两次才能成功；忌星期五乘船渡河；忌星期天送东西给别人，尤忌送衣服；忌在"安居期"（缅历4月15日至7月15日）结婚、宴请、迁居、娱乐。

摩尔多瓦

国情

摩尔多瓦共和国（简称"摩尔多瓦"）位于欧洲中部，与乌克兰和罗马尼亚为邻，面积3.38万平方千米，人口251.3万（2023年），官方语言为罗马尼亚语，通用俄语，首都是基希讷乌。

概况

摩尔多瓦是个满目田园风光的农业国家，其风俗受俄罗斯和罗马尼亚影响较大。

摩尔多瓦气候温暖湿润，阳光充足，树木生长茂盛，到处都是葡萄园，环境宁静优美。农民的传统房舍多为四边形平房，用石块、土、木头建成。屋内有四壁彩绘，客厅正面通常挂着父母、儿孙的照片。

当地人钟爱水井，尽管家家户户都通自来水，但是仍然要在庭院中挖掘水井，并以主人姓名命名，一般还会在井上建一个用于装饰的精心雕刻的小房子。井水可用来灌溉，也可作为礼物赠予他人。

交往

摩尔多瓦人用面包与盐、葡萄酒欢迎贵宾。客人撕一小块面包，蘸一点盐吃下，并喝一口葡萄酒以回礼。重要节日，家庭和好友聚会必跳舞、唱歌。

客人造访，主人通常会端上"茶酒"招待。茶酒是一种用葡萄汁发酵酿制的饮料，因其颜色类似于茶的淡黄色，故名。茶酒度数很低，散发着葡萄酒的芳香。不管乡村还是城镇，几乎每家都要酿制这种茶酒，以自用和待客。

服饰

摩尔多瓦年轻人喜爱欧式时装、休闲装，平时穿得时髦又漂亮。第二次世界大战以后，当地人逐渐适应了西装，不过，民族服饰在农村老年人中仍有保留。节庆期间，人们会穿着民族服装聚会、跳舞，民族服饰是摩尔多瓦民族艺术的象征。

摩尔多瓦的民族服装多用家织亚麻布缝制，颜色尚白。男子喜穿白衫、白细腿长裤，配呢制背心。到了冬季，他们则穿羊皮坎肩或毛坎肩，外着短羊皮袄，头戴羔羊皮筒帽，脚蹬自制皮靴。男子腰间常束红色、绿色或蓝色腰带，腰带宽且长，可达三米，装饰华美。

典型的女式民族装束：头扎大方巾，上穿无领宽肩白底彩绣衫衣，外罩深色素雅装饰的坎肩，腰缠彩色醒目的窄布腰带，下穿过膝宽大的白色布裙，白裙外罩着筒裙。筒裙多为深色毛料或亚麻布制成，上面绣有五彩几何图案。冬季，妇女则穿皮毛外套，脚蹬皮靴。

饮食

摩尔多瓦人的主食是面包，白菜、青椒、黄瓜、番茄等蔬菜受到欢迎，荤食多为羊肉、鱼、奶、蛋制品。平日里，家家户户最常见的食品是马马立加（mamaliga），是一种黄色麦片粥或玉米粥，常与熏鱼、腌肉、羊奶酪、用葡萄叶卷肉做成的菜卷、洋葱末拌豌豆、蒜泥等一起食用。过节时，当地人常吃鸡肉、猪肉冻。宴客的餐桌上，常见烤羊肉、馅饼以及各种素菜，同时，象征友谊的蛋糕也必不可少。宴客必喝酒，通常喜喝自家酿制的葡萄酒，当地几乎家家都会酿制葡萄酒。

习俗

摩尔多瓦人的结婚仪式一般在秋季举行，安排在"幸福宫"。婚礼前还有求婚、订婚、答谢等仪式。婚礼当天，新郎携带礼品，到丈母娘家迎接新娘。新娘的父母向新人表示祝福以后，带着嫁妆，送女儿到婆家。新郎家会举办隆重的婚宴。新郎新娘手持点燃的蜡烛，向双方父母行礼。婚礼过程中，穿插诗歌朗诵、唱歌和跳舞。参加婚礼的亲朋好友会彻夜尽情狂欢。黎明时，人们让新娘抱上一个婴儿，以此祝福她多生贵子。然后，新郎携新娘走进屋门。在他们跨过门槛之际，众人向他们头上、身上抛撒粮食，祝福他们年年丰收、幸福。

新年之夜，家家户户的房门都要留一条缝，意味着让旧的岁月从门缝里悄悄溜走，让新的一年、新的希望随之走进家门。除夕夜绝大部分人彻夜不眠，有些年轻人头戴马、熊、羊等动物面具，挨家挨户拜年、唱祝福歌，主人则以糖果招待他们。

复活节到来，家家户户准备彩色鸡蛋，并赠送给邻里。人们将煮熟的彩蛋敲碎，相互转告："耶稣复活了。"3月1日是摩尔多瓦人迎接春天来临的节日。节日期间，人们在胸前戴上红白绸线做的小花，以示大自然"复活"，给人类带来健康和力量。

客人不应拒绝主人的盛情款待，如饮酒，应与主人一起干杯，一饮而尽。

摩洛哥

国情

摩洛哥王国（简称"摩洛哥"）位于非洲西北端，面积45.9万平方千米（不包括西撒哈拉），人口3,667万（2022年），阿拉伯语为国语，通用法语，首都是拉巴特。

交往

摩洛哥人待客热情、慷慨，注重礼节。相见和告别，特别是初次见面，一般以握手为礼，只有亲朋好友之间才拥抱、吻脸颊。摩洛哥人与人握手后，还会亲吻一下自己的手，或者以手抚摸自己胸部或额头，以示郑重和敬意。女子见到贵宾，一般会施屈膝礼。

摩洛哥人左右手分工严格，凡递送或接受物品以及握手、用餐，必须用右手。使用右手，属于高贵的圣行，即使右手正忙着，也得赶紧腾出来完成上述动作；若用左手，则属于极不恭敬、极不礼貌的行为。在他们的传统观念中，左手不洁，只能用来如厕，至多是辅助右手撕扯食物。

摩洛哥人生活节奏慢，时间观念不强，常常会说"demain"（意为"明天"）。他们认为约会迟到不但不失礼，反而是有风度的表现。

应邀到摩洛哥人家中做客，进门先脱鞋，用餐后喝完第三杯茶就应该起身告辞。做客时，多半看不到女眷。如果见到女主人，可表示问候，但不必主动去握手。

受教规约束，摩洛哥人一般不饮酒。旅客在走路、坐车、购物或参观过程中，不宜与陌生的女子搭话。外国人若与热情好客的摩洛哥人打交道，尊称年长者为"阿蒙"或"哈吉"，他们会很高兴。

服饰

摩洛哥与西班牙隔海相望，其服饰文化受到欧洲影响。

城里人西装革履，但更多的人仍青睐传统民族服装。最典型的装束是身穿白长袍，头戴缀黑流苏的硬壳红绒帽，脚穿生羊皮尖头拖鞋。城里的女孩子穿戴很时髦，与欧洲女孩无异，戴面纱者少。年长一些的摩洛哥女子多穿传统长袍，以白色、灰色居多。

在摩洛哥乡村，人们的服饰与城里人有明显区别。农村妇女常常全身披裹白色或黑色的斗篷。受伊斯兰教影响，有的人戴黑面纱，也有的人用宽大的盖头布作头饰，需要时可用以遮脸。

摩洛哥妇女有披金戴银的习惯。有的女子戴四五个金手镯，有的新娘子扎纯金做的腰带，重量可达1千克。新娘子的礼服极为华丽，通常是色彩艳丽、用金银丝绣成的长袖长袍，外罩柔软光洁的丝绸衫。婚鞋也是由金银丝绣成的，闪闪发光。她们以番红花做胭脂擦脸，脖颈上用琥珀或金项链点缀。

饮食

摩洛哥人以面食为主食，喜食圆饼，副食有牛羊肉以及鱼、虾等。他们尤其爱吃羊肉，每逢传统的献羊节，家家户户都要设羊肉宴庆贺。他们爱吃的蔬菜有黄瓜、番茄、洋葱、土豆等，调料爱用橄榄油。他们的口味喜清淡、偏微辣，讲究菜肴的香、脆。

摩洛哥人素以好客闻名，款待来宾"倾其所有"，饭菜十分丰盛，宴请活动会持续三四个小时。待客常用的名菜有烤全羊、烤鱼、烤虾等，而腌渍橄榄果也不可缺少。

就餐时，若在公共场合，多使用刀叉；在家里，一般习惯用手抓取饭食。

茶在当地日常生活中不可缺少，宁可一日无食，不可一日无茶。招待宾客必上茶，客人不应谢绝，否则即为失礼行为。他们爱饮绿茶，惯加白糖和新鲜的薄荷叶，特别是婚宴上的茶，要放很多糖，非常甜。

习俗

绝大多数摩洛哥居民是穆斯林，忌食猪肉、动物血液、自死动物及非以安拉之名宰杀的动物。禁止饮酒，斋月期间，日出至日落的时间段内禁止在公共场合饮食。

在公共场合，青年男女不可过分亲密。给女性拍照，男士夸奖女孩漂亮、身材苗条等，均属禁忌之列。忌讳当面称赞摩洛哥人的某件物品，易被认为是变相向人索要此物。交谈时，忌讳打听别人的年龄、收入等隐私内容。

摩洛哥人喜爱鸽子、骆驼、孔雀图案。他们认为"13"是不吉利的数字，而"3、5、7"和"40"是招人喜爱的数字。他们喜欢绿色和红色，红色是其国旗的主色，绿色象征吉祥，寓意美好。

摩纳哥

国情

摩纳哥公国（简称"摩纳哥"）地处法国南部，南濒地中海，面积2.08平方千米，人口约3.9万（2022年），官方语言为法语，通用意大利语、英语，首都是摩纳哥城。

概况

摩纳哥公国没有军队，没有边防，没有海关，甚至没有自己的货币（使用欧元）。然而，这个小国却有着强大的魅力，吸引着世界各地的观光者和富豪。这里有碧海蓝天、和煦的阳光、光鲜的楼宇和精美的雕塑。这里的酒店奢华、博彩火爆，富人、贵族往来其间。

摩纳哥亲王世袭，拥有国家最高权力。摩纳哥的百姓很富足，享受各项高标准社会保障。居民彬彬有礼，笑迎八方来客。

摩纳哥常住人口39,050人，其中摩纳哥籍9,686人（截至2022年12月）。这里法兰西人最多，还有来自意大利、英国、荷兰、加拿大、瑞士等上百个国家的富人。此外，每天大约还有3.9万人从法国和意大利过来打工。

富人聚居地的物价非常昂贵，房价为每平方米5万—10万欧元，不过，当地居民买房、租房会享受很大优惠。

据统计，摩纳哥全体国民中，1/3是百万富翁，20人中就有一人身价超过千万美元。

世界各地的富人和贵族们来这里，要么是度假，享受这里的悠闲安逸，要么是到赌场一试身手。正是这些从世界各地源源不断赶来的富豪给这个小国带来了滚滚财富。赌场对外国人开放，普通摩纳哥公民却不得进入。

摩纳哥杂技节、国际礼花节，特别是汽车大赛，享誉全球。在如此拥挤狭小的地方，人们却偏爱汽车拉力赛，每每举办，高手云集。此地赛道狭窄、弯曲，完成赛程要绕78圈，赛车的最高时速达273千米，十分惊险、刺激，奖金也十分诱人。

服饰

当地居民日常穿着比较随意，注重舒适，追求个性。正式社交场合，如出入高级餐厅、剧院以及参加重要节庆活动时，穿着要得体，有风度、有气质。

饮食

当地居民的饮食以精致的法式餐饮为主，一般包括前菜、主菜、甜品、咖啡。代表性菜肴为法式蒸深海鳕鱼，口感酥滑，味道鲜美。

莫桑比克

国情

莫桑比克共和国（简称"莫桑比克"）位于非洲东南部，面积799,380平方千米，人口3,040万（2019年），官方语言为葡萄牙语，首都是马普托。

交往

莫桑比克人平时很重视称谓。至爱亲朋常常用爱称；见到老人，即使不认识，也会敬称"老爷爷""老奶奶"；对于那些比自己年长的人，称"大叔""大妈"；朋友之间，称"兄弟""姐妹"等。社交场合的尊称是"先生""夫人""小姐"或者"姑娘"。对于无法判断婚姻状况的女子，除年轻姑娘之外，一般均可称为"夫人"。在莫桑比克，"夫人"一词还有"女士"的含义，是对成年女性的一种礼貌称谓。

在职场，多称头衔、职务，或再加上姓氏。对于政府高官，则要称"阁下"，如"总统阁下""部长阁下"。上下级之间等级鲜明，下级对上级的称呼毕恭毕敬，通常是将职务与"先生"相连。上级对下级则是直呼本名，显得自然、亲切。

当地人的姓名一般由本名、母名或母姓、父姓组成，一般称父姓。"同志"的称呼见于执政党内部或友党之间。

莫桑比克人性情温和，待人热情，重视礼貌，讲究礼仪。他们生活节奏较慢，常说的一句话是"明天再说"。走在大街上，即使彼此不认识，他们也会友好地打招呼："朋友！你好！"见到客人时，他们总是主动问候。

男性朋友见面，礼节一般是握手。久别重逢时，为了表示亲密、友好，除握手致意外，他们还会相互拥抱、亲面颊。女士之间的见面礼节是亲吻面颊。男女见面时，一般握手，但比较亲近的同事或朋友常常互吻两腮。男女初次见面，一般点头示意，女士主动伸出手，男士才可与其握手。到莫桑比克人家中拜访，赠送有纪念意义的礼品给主人，会让他们感到高兴。

服饰

莫桑比克人讲究衣着。凡在正式场合，即使天气炎热，男人也要穿上西装、打上领带。条件不好的，也会尽量穿上体面的衣服。女子穿戴更为讲究，衣服颜色艳丽，且佩戴各式各样的金属饰物。

莫桑比克女子身上最引人注意的是叫作"卡普拉纳"（capulana）的花布，花布一般为棉质，上面印有形色各异的图案，如花卉、花果、谷穗、羊角、球体、抽象画或几何图形等，展现出丰富多彩的民族特色。作为非洲传统服饰的代表，它以统一的尺寸出售，一般是1.20米×1.80米，故称"布块"。在莫桑比克商业活动中，它有时甚至可充当货币使用。

饮食

莫桑比克北方以玉米为主食，南方多吃大米。不过，木薯是莫桑比克全国最普遍的日常食品。肉食类最多的是牛肉、羊肉、鸡肉，猪肉很少。另外，海鱼、海虾等海产品丰富，也是当地人喜爱的食物。虽然当地气候和土壤适宜蔬菜生长，但人们并不爱吃蔬菜，其种植也不是很多。

大部分地区的人就餐时使用刀叉，偏远的贫困地区习惯用手抓取饭食。当地人若用大米饭招待客人，一般有两种吃法：一种是白米饭煮至八成熟后，往上面浇一层滚开的牛肉番茄浓汁；另一种是米饭煮熟后，加入肉丁、胡萝卜丁、盐等，再焖到烂熟。这两种吃法，味道都很鲜美。

他们的特色传统食品有"希玛"等。"希玛"是用玉米面制作的，需先把水烧开，将浓玉米面糊投入锅中，煮至干稠，然后翻个面，再放入锅中烤，直到散发出香味，即可出锅食用。这些食品不仅于日常食用，待客也不可或缺。

腰果，因其形状和人体的肾相似而得名。莫桑比克素有"腰果王国"之称，到处生长着高大繁茂的腰果树。在当地，家家都少不了腰果，当地人平常吃腰果仁，喝腰果汁、腰果酒，也用腰果待客。

墨西哥

国情

墨西哥合众国（简称"墨西哥"）位于北美洲西南部，面积196.44万平方千米，人口1.29亿（2023年），官方语言为西班牙语，首都是墨西哥城。

交往

墨西哥人姓名由教名、父姓、母姓三部分组成。一般场合，可只称其教名和父姓，或姓氏加"先生""小姐"或"夫人"等尊称；只有对熟悉的人，才可直呼其名。对于有社会地位的人，称其头衔，诸如"博士""教授""医生""法官""律师""议员""工程师"等。

见面礼节，主要是拥抱礼与亲吻礼，也流行吻手礼。不过，跟陌生人初次相见时，常常是报以微笑或握手。赴约一般都会迟到一刻钟甚至半小时，这被视为待人的风度和礼貌，并无怠慢之意。墨西哥人热情、礼貌、主动、友好，容易交朋友。社交场合，无论站立或就座，都喜欢相互靠近些。讨论问题时，打断别人谈话不算失礼。舞会上通常是女士邀请男士，而不是西方习惯的男士邀请女士。

服饰

墨西哥人著名的传统服装有"恰鲁"和"波婆兰那"：前者为男装，类似西方骑士服，帅气、亮丽，一般为白衬衣、黑礼服、红领结、大檐帽、宽皮带、紧身裤、高筒靴；后者则是女士裙装，高贵、大方，多黑色为底，金色滚边，红、白、绿三色绣花，无袖、窄腰、长可及地。

日常，城镇男子爱穿格子衬衫、紧身裤。乡下男人则着传统绣花衬衫、白色或米色长裤，戴宽边草帽，脖子上系着红绸花领巾，有时还会套上马甲或斗篷。妇女爱穿艳丽的绣花衬衣、长裙，外出时罩上披肩。正式场合，男士、女士才穿西装、西式套裙。墨西哥人在公共场合着装严谨、庄重，男子不穿短裤，女子必穿长裙。墨西哥妇女喜欢将头发梳得很高，常常插上花朵装饰，有的还用五颜六色的羊毛线编织头发。

饮食

墨西哥菜独树一帜，颇为有名。传统食品是玉米，国宴上的盘盘美食基本都由玉米做成。"托尔蒂亚"类似中国的春饼，是在平底锅上烤出来的玉米面薄饼，香脆可口；"塔可"包着鸡丝、沙拉、洋葱、辣椒，是用油炸过的玉米卷，而以蝗虫做馅的"塔可"最为高档；"达玛雷斯"是玉米叶包裹的玉米粽子，馅里有鸡肉、猪肉、干果、青菜等，味道鲜美，兼有肉和嫩叶的芳香；"蓬索"是玉米粒加鱼或其他肉类熬成的鲜汤。此外，国宴上的面包、饼干、冰激凌、糖、酒等，也是以玉米为主料制成的。墨西哥人还爱吃辣椒，不仅用来佐餐，甚至吃水果、喝酒时也离不开辣椒。蚂蚱、蚂蚁、蟋蟀等昆虫，也可制成美味佳肴。内地居民还常用龟、蛇、斑鸠、松鼠、石鸡做菜。仙人掌与香蕉、菠萝、西瓜一样，既可当水果吃，也可入菜。

墨西哥人好饮酒，一种用龙舌兰酿成的名为"特基拉"酒被誉为国酒。宾客来访，当地人会首先以酒款待，而且常采用手臂交叉的"伊达尔戈"的方式饮酒，但一般不劝酒。

习俗

墨西哥人外出时，丈夫习惯随行于妻子身后，以示尊重，此为绅士风度的体现。墨西哥人喜欢白色，认为其可以驱邪；厌恶紫色，认为紫色不吉利，只有棺材才用紫色。忌将黄色或红色的花朵送人，前者意味着死亡，后者则会带给他人晦气。他们十分喜爱仙人掌，誉其为带给人幸福和美好的国花；视雄鹰为英雄化身，是勇敢、美好的象征，尊其为国鸟；认为蝙蝠凶恶、残暴，是吸血鬼的化身。他们认为骷髅象征公正，不但不惧怕，而且乐于以骷髅图案进行装饰。骷髅艺术盛行全国，他们还用做成骷髅形状的糖果进行祭祀，并赠送给情侣或朋友。

墨西哥人讨厌数字"13""666"与"星期五"。在我国，人们常以掌心向下比画孩子身高，而在墨西哥，这一动作仅可用来比画动物的高度，若用来比画人，则有侮辱的意味。在墨西哥不少地方，客人不能一进门就摘下帽子，否则可能被怀疑是前来寻仇。

在墨西哥收小费现象普遍，如行李搬运、酒店房间保洁、餐厅服务、汽车加油等，皆收小费。

纳米比亚

国情

纳米比亚共和国（简称"纳米比亚"）位于非洲西南部，面积824,269平方千米，人口259万（2021年），官方语言为英语，首都是温得和克。

交往

纳米比亚居民姓名多由两节组成，前为名、后为姓，也有由三节组成的姓名，即在中间加上父名。女子婚前姓父姓，婚后则随夫姓。社交场合，常尊称对方的姓名、职位、学衔、军衔等，朋友之间则称兄道弟。对外国客人，称"先生""女士""夫人""小姐"等。

纳米比亚人善良、淳朴，一向有"敬老尊长"传统，遇到长者，会让道、让座，对长者称呼"大叔""大婶"。

纳米比亚人的见面礼节多是握手及热情问候。久别重逢的好友常热情拥抱，并亲吻对方的面颊。遇见熟悉的外国朋友，他们习惯摸摸对方的右手拇指，然后紧紧握住对方的手，开始热情问候和交谈，把话说完才会将手松开。纳米比亚妇女性格开放，热情大方。交际场合，即使在不相识的男士面前，她们也会主动伸出友谊之手与人相握。

服饰

外交场合，纳米比亚人穿戴整齐、讲究，男士西装革履，女士裙装华贵。平时，大多数男子爱穿白色的非洲式长袍，妇女则穿各种花色的连衣裙。首都温得和克的奥万博族女子，喜爱传统的粉紫色裙子。北部的赫雷罗族女子沿袭殖民时期的打扮，爱穿19世纪维多利亚时代的长袍裙装，多以红、蓝、绿三种颜色搭配，头戴牛角状的帽子。

平时，当地女子喜欢戴颈链、耳环、手镯等饰品，有的也戴鼻环。因气候炎热，乡下的辛巴族女人常常赤裸上身，但颈链总是不可缺少。孩子出生后，妈妈会迫不及待地给他（她）戴上颈链。

饮食

当地人的主食一般是用玉米面、高粱粉、小麦粉及豆粉制作的饼类等食物。对外宴请多是西餐，在家里招待客人则通常吃传统饭菜，其中最有特色的美食是"乌嘎里"。其制作方法是：将水烧沸后，陆续倒入玉米面中，用木勺搅拌均匀后，制成蛋糕状的面坨，放入锅中烘烤，直到散发出香味；用番茄、辣椒、牛肉或者鱼块熬制浓汁肉汤，熬好后将汤汁浇在蛋糕状的玉米面坨上。当地的特色饮食还有油炸昆虫帝蛾和白蚁以及土酒"布萨"。"布萨"是当地政府唯一允许销售的酒类饮料。

纳米比亚人吃饭不用桌椅，往往是围成圆圈，席地而坐，吃饭时忌讳将饭菜撒在地上。他们不使用刀叉，而是直接用手抓取食物。饭毕，长者未离席时，晚辈要静坐等候；在主人示意后，客人才可起身离开。

习俗

辛巴族姑娘出嫁时，人们会聚集在一起，踏着节拍跳舞、唱歌和鼓掌。新娘要用香料涂抹全身，即"馨香美容"。当地人还在婚服上洒满香水和橘子水等果汁。所用香料由红赭石、奶油脂、香草和树脂合成。红色寄寓新娘多生子女。进入洞房前，还要在新娘身上涂抹奶油脂，这些奶油脂取自新郎家的奶牛。

拉哈里沙漠部族有男方婚前到女方家"服役"的风俗，即在求婚获女孩同意后，小伙子要搬到姑娘家里，为姑娘家干一段时间活，若女方家长满意，便会把女儿嫁给他。

纳米比亚人的舞蹈节奏明快、强烈，头、颈、肩、胸、腰、胯和四肢都要表现有力，尤为突出头部的甩动、腰部的屈伸以及胯部的摆动和旋转。据说，这种舞蹈历史悠久，在岩洞里发现的数千年前的壁画上，就有类似的描述。以前舞者的装束十分简单，仅在腰间系一个遮挡的东西。随着社会的发展，贝壳、羽毛、上了颜色的种子、小珠子、各种金属制品、植物纤维编织物以及各种兽皮等，都会被精心加工美化，用作舞者的装饰。

纳米比亚人忌讳数字"13"。宗教活动场合，不得吸烟、不可戴鸭舌帽。宰杀动物时，孕妇不可在场。寡妇不得参加葬礼。兄弟姐妹长大成人后，男女间必须相互回避，兄妹、姐弟不可两人单独待在茅屋里。

南非

国情

南非共和国（简称"南非"）位于非洲大陆的最南端，面积1,219,090平方千米，人口5,962万（2020年），官方语言有11种，通用英语、阿非利卡语，首都有三个——比勒陀利亚、布隆方丹、开普敦。

交往

南非黑人和白人的社交礼节不同。

英国式的白人社交礼节广泛流行于南非社会，如绅士风度、女士优先、守时守约等。见面一般以握手为礼，称呼社交对象为"先生""小姐"或"夫人"等。

一般来说，黑人的社交礼节明显不同于当地白人。如黑人的握手礼就比较独特，即先用自己的左手握住自己的右手腕，再用右手去与人握手。遇到特别亲密的人，则先握一下自己的手掌，然后再握对方的拇指，最后紧紧握一下对方的手。当地黑人握手时十分用力，甚至会让人感到麻木。如果握手无力，则显得虚情假意，会让人不快。

城里的黑人女子相见，双膝微屈，行屈膝礼；而农村的黑人妇女们相遇，则是一边围着对方转，一边发出有节奏的尖叫声。当地黑人的姓名虽然大多已经"西方化"，但他们喜欢在姓氏之后加上相应的辈分，如称"乔治爷爷""海伦大婶"等。男子对女子一律尊称"妈妈"。在广大农村，黑人习惯将鸵鸟毛或孔雀毛赠予贵宾，客人应将这些羽毛插在自己的帽子上或头发上。

南非的黑人情感外露，肢体语言十分丰富，常用不同手势表达喜怒哀乐，如举起和挥动右手并竖起大拇指，双目注视，表示尊敬。当地白人则大多显得较为矜持，喜怒不形于色。

服饰

在城市里，不论黑人、白人，着装基本西化，正式场合穿色彩偏深的西服套装或裙装；而在日常生活中，大多穿休闲装。黑人偏爱色彩鲜艳的服装，尤其爱穿花衬衣。

南非不同部族的黑人，在着装上仍保留着各自特色。如科萨族男子习惯赤身裸体，腰间围一块布遮住下身，年长和较有地位的男人，则披一块毯子或棉布，但也有人喜欢用兽皮做成斗篷，将自己从头到脚遮在里面；未婚女子一般裸露上身，已婚妇女则把全身包得严严实实，还要围上镶有花边和珠子的围裙，戴一种"头巾帽"。波波族妇女在丈夫离家外出时，会把头发留长，"夫去不理发"。马可洛洛部落妇女要在嘴唇上穿个"呸呸来"铁环，否则会被人看不起。有的部族要求妇女必须拔掉门牙，这样才能在微笑或用餐时不露出牙齿，以此为美。一些部族中的已婚妇女佩戴的首饰通常比未婚女子少，据说这有助于表现出对丈夫的忠贞。

饮食

英国式、荷兰式餐饮在南非影响较大。南非白人多吃西餐，爱吃牛肉、鸡肉、鸡蛋和面包等，爱喝咖啡与红茶。油炸非洲白蚁，烤羊排、牛排，搭配浓稠的玉米粥和特殊的洋葱酱，堪称当地美食。南非黑人的主食是玉米、薯类、豆类，他们喜欢吃牛肉和羊肉，吃猪肉和鱼者较少。与其他许多国家的黑人相比，南非的黑人不喜生食，一定要吃熟食。

南非黑人十分好客，常以新鲜的牛奶、羊奶或者自制啤酒待客。按照当地习俗，客人应尽量多喝一些，主人必定会更高兴。平常南非黑人吃饭并不使用刀和叉，而是用手抓着吃。他们围坐成一圈，将饭盒、菜盒放在中间，就餐时习惯用左手按住饭盒或菜盒的边沿，然后用右手抓取自己面前的饭和菜。需要注意的是，不能将饭菜撒在地上，当地人对此十分忌讳。

南非最著名的饮料"如宝茶"，被称为南非国饮，其英语本意是"健康美容的饮料"。"如宝茶"深受推崇，与钻石、黄金一起被称为"南非三宝"。

习俗

南非人性格直爽，与人交谈喜欢直来直去，过分委婉或者兜圈子会让他们反感。南非黑人十分敬仰祖先，忌讳任何对祖先失敬的言行，不能容忍他人非议黑人的古老习俗和传统。

信仰基督教的南非人忌讳数字"13"和"星期五"。日常生活中不可瞪眼看人，否则寓意被看的人可能灾祸将至，或者死神要找上他。不可向生了男孩的家庭表示祝贺，在许多部族中，这种事并不令人感到那般高兴。

南苏丹

国情

南苏丹共和国（简称"南苏丹"）位于非洲东北部，面积约62万平方千米，人口1,459万（2022年），官方语言为英语，通用阿拉伯语，首都是朱巴。

交往

南苏丹人朴实、热情，性格坚强。与人相见时，问候内容丰富，时间较长，同时会握手或拥抱。异性之间见面，通常是点头微笑。若被邀请到家里做客，一定要热情应邀，拒绝邀请是失礼的行为，可能导致绝交。

服饰

南苏丹终年高温，他们虽不重视衣服，却非常在意身上的配饰，手镯、项链等不可缺少，它们被视为身份和地位的象征。

丁卡人有文面习俗。为孩子举行成年仪式时，要在孩子前额用刀刺出六条疤痕，这不仅是族群的标记，也是成年的象征，此后就可以结婚了。文面时，孩子若因疼痛喊叫、抖动，导致线条不直，则会一生遭受鄙视。

饮食

南苏丹生产力水平较低，粮食不能自给。当地常见的粮食作物是豌豆，烹调方法是将豌豆放在锅里煮熟，用木铲将其碾成豌豆泥，再加些调料，就着烙饼吃。南苏丹人将花生作为美食的调味剂，即将花生用木炭火烧烤，再经手工磨成粉，加入炖菜中，以提升菜肴的美味。他们制作咸鱼干的方法比较特别，即将鱼除去鱼头、内脏，撒上盐和烟叶粉末，晾成鱼干。在南苏丹，烟叶不仅可制作卷烟，而且被当作防腐和烹饪的香料。食用咸鱼干时，将其切块下锅，加水和番茄、洋葱、青椒一起炖。

当地流行的饮料是姜汁咖啡。咖啡豆不烘烤，而是在铁锅里加食用油翻炒，再放在石臼里碾成粉末，之后放进水里，与干姜末一起煮沸。喝的时候也不过滤，倒入半杯砂糖即为当地独特的姜汁咖啡。当地的茅草屋咖啡馆很常见，人们在周末去茅草屋里喝杯咖啡，是时尚的消费。

习俗

在南苏丹，牛是财富的象征。牛是当地各部族人家生活的依靠，不可或缺。蒙达里人对白色瓦图西长角牛爱护有加，会用生命保护它。

南苏丹的努巴人勇猛尚武，喜爱摔跤运动，一年一度的摔跤比赛是这个部族的盛大节日。上场比赛前，选手们从头到脚涂抹牛奶拌的灰土，赤裸上身，腰束土布，上系牛尾。发令之后，牛角号齐鸣，比赛开始。摔跤健儿个个龙腾虎跃，奋力向前，大显身手。冠军得主会受到英雄般的尊崇、敬仰，被人们抬着巡游各个村庄。冠军去世，族人会为他举行隆重葬礼，要宰杀50头牛，割下的牛尾巴、耳朵及牛角分赠给死者的亲友，留作永久性纪念。

南苏丹人忌讳游客在当地随意拍照，尤其是对人拍照。

瑙鲁

国情

瑙鲁共和国（简称"瑙鲁"）位于太平洋中西部、赤道南侧约42千米。全国陆地面积21.1平方千米，海洋专属经济区面积32万平方千米，人口约1.3万（2024年）。该国不设首都，行政管理中心位于亚伦区（Yaren District）。英语为官方语言，瑙鲁语为通用语。瑙鲁多为密克罗尼西亚人种。居住在澳大利亚的瑙鲁人约2000人。它于1968年独立。现无军队，防务由澳大利亚协助，有警察100名。无本国货币，通用澳元。居民多信奉基督教新教，少数信奉天主教。

概况

瑙鲁由一座独立的珊瑚岛及周边海域构成。全岛长6千米，宽4千米，海岸线长约30千米，最高点海拔61米。这里属于热带雨林气候，年均气温24℃—38℃。

虽然其国土面积小，但风光迷人，海滩上的细沙如绸，景色如诗如画。许多电影曾在此取景拍摄。这里还盛产金枪鱼、对虾和龙虾等。

瑙鲁向他国渔船发放捕鱼证。进口产品主要来自澳大利亚，少量来自新西兰、斐济、日本。出口目的地主要是韩国、澳大利亚、印度。

瑙鲁人体格健壮，头发又浓又黑，皮肤为棕色。男子平均身高为1.7米，女子稍矮一些。他们擅长捕捉、训练、饲养"导航鸟"。人民曾经生活富足、舒适、悠闲，住别墅，开豪车，每个家庭平均有两辆汽车。打发时间的方式，常常是驾车在只有20分钟车程的环岛公路上兜风，或者喝啤酒。

交往

正式对外交往场合，男人着西装，女人穿连衣裙。他们待人真诚热情，而且慷慨大方，会把人们称赞羡慕的物品当场赠送。交际活动中通常行握手礼，称呼人的方式也与国际上一致。这里的日常工作和生活节奏较慢。年轻人爱喝酒，常常聚友豪饮，但醉酒惹是生非乃至争吵打斗现象十分罕见，未闻岛上发生过盗窃现象。

饮食

食品店货架上摆满人们喜爱的各种甜食，饭馆里供应的多为油炸食品，而水果、蔬菜较少。当地产有椰子等热带水果。岛上几乎没有淡水，饮用水靠进口。

岛上传统食物是椰子，被做成菜肴和甜品。富含淀粉的水果有面包果和木薯。椰子蟹是当地美食。饮料主要是卡瓦，由卡瓦胡椒树的根制成，有轻微的辅助睡眠作用，常用来招待贵宾。

人们一日三餐常为高热量的油炸肉、鱼、面食、甜点，且缺乏充足运动来消耗这些食物产生的热量。他们平日行动缓慢，较少参加健身活动，更少从事体力劳动。民众中糖尿病、高血压、心脏病等高发，平均寿命仅53岁。

文化

受太平洋岛屿文化影响，瑙鲁人的传统技艺是绘画、编织、木雕和石雕等，表达方式颇为奇特。编织技艺被用于制作篮子、帽子等实用品。舞蹈、音乐也很有特色。常见乐器有钉鼓、芦笛、木鱼和小提琴。传统文化中，神话传说和民间故事的内容丰富感人。当地居民相信各种植物、动物和地形都有自己的灵魂。

这里传承古风，以肥胖为美，故大多数人体重都严重超标。他们很喜欢举办"大就是美"的选美比赛。根据世界卫生组织数据，该国肥胖率为世界第一，达到61%。

鸟粪

瑙鲁孤悬于大洋中，距离最近的岛屿也有300千米。海鸟在此停留，其粪便长期积累，与岛上的碳酸钙形成磷酸盐。全岛3/5曾为磷酸盐所覆盖。这可是个好东西，是国际贸易中的抢手货。20世纪七八十年代，凭借磷酸盐出口收入，该国一举成为世界上最富足的国家之一，国民生活随之发生翻天覆地变化。例如，国家几乎免费给国民提供别墅型住房，而教育、医疗等各项免费福利应有尽有。瑙鲁国内无大学，到国外上大学的一切费用均由国家支付。磷酸盐储量并不是无穷无尽的，现已近乎枯竭，高福利已难以为继。随着财政赤字不断增加，该国只能靠借债和国际援助度日。

尼泊尔

国情

尼泊尔位于喜马拉雅山脉中段南麓，面积约14.7万平方千米，人口3,000万（2020年），尼泊尔语为国语，上层社会通用英语，首都是加德满都。

交往

尼泊尔人姓名包括本名、姓氏。尊称常在其姓名后加"吉"字音。朋友见面以"兄长"称呼。

尼泊尔人热情诚实，谦逊好客。最常见的礼节是"合十礼"，即双手合掌，举于胸前，并说"那马斯德"（您好）。他们尊敬长者，在长者面前习惯低头致意，而长者的还礼方式是将右手放在对方头上，予以祝福。他们的日常习惯是"摇头"（左右晃头）表示同意。

去当地人家里拜访，需在门外脱鞋。主人常向来访的朋友赠送尼泊尔小帽，以表尊敬和欢迎；向他人递送物品时，需用双手奉上，如不便，也需用右手递上，但应以左手指尖抵住右臂。

尼泊尔人欢迎贵宾时，通常安排五名女童敬献鲜花，从机场到宾馆，一路搭起数道拱门，拱门两侧各置一个黄铜罐，罐内插满鲜花。

服饰

尼泊尔男子的传统正装是：头戴黑色或彩色圆顶小帽；上穿白色礼服长衫，下摆长及膝盖，外罩西服外套；下穿长裤，亦为白色，裆宽而腿瘦；脚上配以黑色皮鞋。在农村，男人衬衫外往往会罩坎肩，下穿短裤，且在腰上系带子。

女士多穿裙装，或穿轻盈曼妙的纱丽。常见的饰物有戒指、项链、手链、耳环、鼻环以及脚镯等。另外，她们的前额眉间必点"蒂卡"（tika）。其传统做法是将朱砂、糯米和玫瑰花瓣等捣碎至糊状，点在眉心。不同颜色的"蒂卡"有不同的意义，如红色代表幸福，黄色代表智慧。她们还喜欢在脚指甲上涂抹鲜艳的红色或者紫色。

除穿正装的公务人员、穿制服的军警以及穿西服的城市年轻人以外，男女老少，很少有人穿袜子，大多数人都喜欢赤脚穿凉鞋或者拖鞋。

饮食

尼泊尔人的主食一般是大米，山区多是玉米、小米和荞麦。许多尼泊尔人每天吃两餐，9—10时吃早餐，19—20时吃晚餐，下午只吃些点心。标准的尼泊尔餐有汤、米饭和以咖喱调味的蔬菜和肉类，口味尚酸、辣、甜。他们喜欢吃鸡肉、羊肉，市场上也有鱼肉、猪肉出售，亦可食水牛肉。水牛肉价格便宜。主食和肉、菜盛放在盘子里，当地人习惯用手抓取食物。

尼泊尔人宴请宾客时，喜欢在宴席上点起酥油灯或蜡烛，以示"光明""温暖"和"友情"。他们爱喝奶茶，一般是用红茶煮成，再配以牛奶或羊奶，有时会加入一点生姜。

习俗

在尼泊尔，黄牛、水牛有天壤之别。水牛可被役使、宰杀，而黄牛是"国兽"，被当成神供养。黄牛不必耕地或拉车，而且可以在大街上自由活动，即便在交通繁忙的马路上，也可以卧在地上睡一觉，行人和车辆必须绕行、让路。黄牛可以随意吃庄稼或树上的果实，人们只能想方设法将其引开，而不能驱赶或殴打。黄牛奶养育了尼泊尔人，其肉被严格禁食，其皮革制品也被禁用。伤害、宰杀"神牛"，要受到法律制裁。

此外，尼泊尔人认为狗是吉祥动物，视狗为勇敢、神圣的象征；认为乌鸦是吉祥之鸟，对其倍加爱护。

尼泊尔人格外喜爱杜鹃花，视其为美好幸福之花，并将其绘制在国徽上。尼泊尔人偏爱红色，深红色为尼泊尔"国色"。初春3月，万物复苏，尼泊尔人以洒红节庆贺。届时，无论达官贵人，还是寻常百姓，不管相识与否，他们走在街上都可以往对方脸上、身上撒彩粉，泼红色的水，尽情表达节日的快乐。

在尼泊尔，用脚触碰物品是冒犯行为；男女公开亲昵、大声叫喊等，被视为有伤风化。头部高贵而神圣，外人触摸孩子的头部极不礼貌。尼泊尔人认为火是神圣的。

尼泊尔的印度教徒众多，进入寺庙要脱鞋，要按顺时针方向绕寺庙或佛塔行走。

尼加拉瓜

国情

尼加拉瓜共和国（简称"尼加拉瓜"）位于中美洲中部，东临加勒比海，西临太平洋，南北分别与哥斯达黎加和洪都拉斯两国接壤，面积13.04万平方千米，人口684.4万（2023年），官方语言为西班牙语，首都是马那瓜。

概况

首都马那瓜坐落在该国西部的青山绿水之间，西班牙式陈旧建筑和现代化大楼并存，市内多数居民住房仍是低矮平房。该国城镇街道没有名称，住户也没有门牌号码，地址以附近明显地标作为参照。农村多茅屋，用土坯做墙，圆形屋顶上覆盖棕榈叶或稻草、芦苇等。

该国开展扫盲和成人教育颇有成效，很多女性有机会接触科学文化知识。掌握了立足于社会的必要技能，因而妇女就业率逐年提升。政府部长中，女性比例甚高，2020年该国被世界经济论坛评为"男女最平等的国家"。不过，由于离婚现象严重，2004年该国单亲母亲的比率高达31%，而离异男性对其子女常常不能尽到抚养责任，致使大量妇女生活压力沉重。

交往

受西班牙影响，尼加拉瓜人姓名由三或四节组成：前一节或两节是本人名，后两节分别是父姓、母姓。口头可只称父姓，或第一节名字加父姓。妇女婚后一般从夫姓。

男士见面，通常握手为礼，关系亲密者则互相拥抱、拍背。妇女见面，轻轻拥抱，并互吻脸颊。小型聚会时，主人习惯把主要来宾介绍给在场的每位客人。

当地人性格豁达、从容大方，遇有喜庆大事或过年过节，众人聚集起来，手拉手纵情歌舞。他们尊敬父母，关爱老人，在长辈面前毕恭毕敬。同人说话，忌讳将双手背在背后，不能仰着头和别人说话。此外，他们指示某物或方向不用手指，常用"努嘴"表示。

服饰

节日期间，男子传统服装是深色礼服、白衬衣，宽大浅色裤子，腰带上饰有缨穗，戴大草帽；妇女穿色彩鲜艳、露出肩膀的短袖上衣，胸前挂彩色串珠，下穿绉边的长裙。印第安人则头戴鹰羽冠，脸上画夸张的彩绘，其民族服装颜色亮丽、配搭复杂。平时，城市居民也爱穿白衬衫，配黑长裤、黑皮鞋，庄重场合则穿西装；农民常穿无领彩色衬衫。原住民女孩习惯在双鬓各扎一个小花球，以表示自己尚未婚配。尼加拉瓜全年高温多雨，因此四季必备草帽、遮阳帽以及各式雨具。

饮食

尼加拉瓜人喜食玉米，玉米面中加入各种调料，通过烤、炸、蒸、烙，能做出上百种美味可口的食品。主食有各式玉米面包圈、面包片、饼类、包子、粽子、面条等。尚未结粒的小嫩玉米轴，则用来做菜，炒、炖、腌或凉拌，都让人垂涎欲滴。他们还将玉米粉加糖或盐，做成饮料，甚至可加工成玉米甜酒、古功萨烈酒等。当地最常见的早餐是豆类、大米和鸡蛋做成的杂烩饭。午餐少不了牛肉、鱼虾、蔬菜。比较特殊的习惯是将蜥蜴入菜，孕妇以及体弱多病者常吃其肉、喝其肉汤，以补养身体。尼加拉瓜街道上不时会有蜥蜴爬过，个头大的可长达一米。一般来说，当地人不喜酸味和蒜味。

节日

每年9月26—28日是尼加拉瓜玉米节。节日期间，各地成千上万的农民聚集在一起，举办各种玉米美食展，各种美食形形色色，花样翻新，百花齐放。人们从中评选出优胜者，进行表彰。此外，他们还要推选出当年玉米单产冠军和歌颂玉米的最佳流行歌曲。

节日的压轴戏是从数以万计的年轻貌美的农家姑娘中选出24名优胜者，参加"玉米皇后"竞选决赛。每位参赛者的服饰各具特色，皆由玉米的各部分制成。通常，她们的上衣和裙子用白净柔软的玉米皮编织，花冠用玉米叶做成，耳环、项链和手镯则用玉米粒串成。

从决赛中脱颖而出的"玉米皇后"，会乘坐用玉米叶、杆装饰的彩车，在欢快的音乐伴奏下，在热烈欢呼的群众中间缓缓巡游，载歌载舞的农民形成成千上万的人流，把玉米节推向欢乐的高潮。

尼日尔

国情

尼日尔共和国（简称"尼日尔"）位于西非撒哈拉沙漠南部，面积126.7万平方千米，人口2,590万（2022年），官方语言为法语，首都是尼亚美。

交往

在对外交往中，尼日尔人称呼客人为"先生""夫人""女士""小姐"，或在名字后面加职务、学衔等。豪萨人有其独特的称呼：父母对长子不直接叫名字，只叫代称。多数尼日尔人信奉伊斯兰教，每天祈祷。城市里的穆斯林女子比较开放，可以进入社交场合。

尼日尔首都尼亚美几乎没有高楼大厦，常见头顶重物的当地妇女，在街上叫卖小商品。部分男人坐在街边的椅子上，用木炭烧上一壶浓茶，烧开后放糖，然后大家一起喝茶聊天。虽然大多数尼日尔人并不富裕，但他们安然闲适，生活快乐，每天工作6个小时，业余时间喜欢跳舞、唱歌。

服饰

尼日尔男性穆斯林一般着阿拉伯式长袍、肥大的灯笼裤。女性穆斯林出门有戴面纱的习惯。游牧部族的男性多是上身赤裸，下穿短裤，一般用兽皮缝制；妇女大多穿短上衣，用一块缠腰布从腰缠至脚踝。她们习惯在鼻翼右侧穿插装饰品，喜欢在头上编辫子，且认为辫子越多越美，有的妇女还热衷于文身。

若孩子头上只扎一条小辫，表示其父已故；若扎两条小辫，表明其母已不在人世。图阿雷格人以骁勇著称，男子外出经常佩带手工锻造的短刀。图阿雷格人还有一个特点，就是男人也戴面纱，甚至睡觉都不摘下，吃饭、喝茶时，只是撩开一角而已。

饮食

尼日尔人的主食有小米、高粱、玉米、木薯、土豆等。普通民众经常吃的是煮土豆、木薯和汤，如能配上牛羊肉，那就很不错了。尼日尔的大米产量有限，价格高，只有少数人吃得起。

牧区的人们多食牛羊肉及奶制品；尼日尔河流域的人们多食鱼类。

香蕉和烤羊肉是尼日尔人日常待客的最佳食品，而对外宴请时，餐桌上常见的是法式牛排、鸡排、蔬菜、面包等。主要饮料是可可和咖啡。豪萨人吃饭时，席地而坐，用手抓饭。若有宾客在场，主人会先捏一个饭团给客人，客人食用后，要照样捏一个饭团回敬。这是知礼的表现。

习俗

尼日尔的博罗罗人有男性选美的习俗，一般是在每年10月至次年5月，在北部印加勒地区举行。选手比拼身材修长、牙齿雪白、眼神威武、发辫浓密且光亮的程度。男子有发辫是参赛选手必备条件。虽然博罗罗人男女都留发辫，但是男子的发辫比女子的长。

选美集会时，年轻小伙子们个个盛装出场，先参加"萨罗"成年仪式。仪式的一项重要内容是经受磨炼和考验，即在全族女孩子面前，接受长老的鞭笞和棒打。多数小伙子能够做到一声不吭地通过考验。之后进入选美的关键阶段，即晚上的舞蹈狂欢。小伙子们往往以其美妙的舞姿获得年轻姑娘们的欢呼和赞美。由于姑娘众多，审美各有不同，可能同时有几个小伙子胜出。获胜的美男子可在众多女"粉丝"中挑选一人带走，与其生活。不过，这并不是正式的婚姻。一年后，不管有无孩子，原则上都可分手，男子再参加下一年的选美。

尼日尔普通牧民举行集体婚礼，多选在凉爽的雨季。男女青年聚会，通过一起跳舞，找到心上人。待双方父母同意、报告酋长后，准备彩礼。彩礼一般是牛羊或现金，不太贵重。酋长主持集体婚礼，新婚夫妇以及在场的人双膝跪地，面朝麦加，祈求安拉保佑新婚夫妇幸福美满。新婚夫妇还要拜谢酋长、双方父母、亲属、朋友。亲友向新婚夫妇赠送礼品或钱币。男方家庭联合举办婚宴。宴会后，新郎新娘们同众人一道翩翩起舞，尽情歌唱，持续到次日清晨。

尼日尔桑海族人有"倒插门"的习俗，即由岳父负责建造新房。待房子盖好，新郎带着母亲过来，与新娘成亲。婚后家务活全由婆婆做，并悉心教导儿媳跟着学。一年后，婆婆回自己家，把一应家务事郑重其事地交给儿媳，新婚夫妇便可开始独立生活了。

在尼日尔，忌讳摸小孩头，也不得把布娃娃送给客人的小孩。颇尔人睡觉时，忌讳脸部朝东。图阿雷格男人不直接吃别人递来的食物。

尼日利亚

国情

尼日利亚联邦共和国（简称"尼日利亚"）位于西非东南部，面积923,768平方千米，人口2.22亿（2023年），官方语言为英语，首都是阿布贾。

交往

尼日利亚人的名字是名在前、姓在后，多是单名、单姓。平时称呼姓氏即可，朋友之间喜欢称兄道弟。社交场合，对男士称"先生"，熟悉者可以称"朋友"或"兄弟"；对年长者常称"爸爸"或"妈妈"，如系外国人，则与客人的国家名称联称，如"中国爸爸"或"英国妈妈"等；对于女性，多称"夫人""女士"或者"小姐"。他们等级观念分明，下级对上级多称职衔、学衔或者军衔，并常常冠以"先生"，如"局长先生""教授先生""少校先生"等；对国家高官称"阁下"，如"总统阁下""部长阁下"；对酋长称"陛下"。

尼日利亚人爽快大方，待人真诚，热情好客，注重礼仪。当地流行握手礼，但与通常握手的方式略有不同：一般是先在对方右手上轻轻弹扣几下，以示敬意。若是初次见面，握手时先用自己的左手握住自己的右手，再用右手与对方相握，否则会被视作失礼。豪萨人与亲密好友相见，常常是彼此用自己的右手使劲拍打对方的右手。久别重逢的朋友握手后，即将手抽回贴在胸前，接下来还要拥抱、问候。问候内容丰富，从身体、工作到父母、孩子，甚至连家禽、家畜、庄稼都会问候到，有时问候时间可达十多分钟。晚辈见长辈，行屈膝礼，即双膝弯曲，向前躬身；平民见到酋长，需行跪拜礼。

常见礼品多为钱币、衣服和首饰。送礼一般是长辈送晚辈，上级送下级，有钱者送无钱者。通常受礼者需用双手去接，以示尊重。

服饰

对外交往时，男士多是西装革履，女子则着西装套裙。在日常社交活动中，人们则穿民族服装。男人着长袖衬衫、瘦腿裤，外罩白色长袍，戴一顶白色无檐小帽，服饰色调主要是白色、黄色和棕色；女子通常是将彩色花布裹在身上，若穿汗衫，一般把一块艳丽的花布束在腰间，像一袭裙装。她们常戴的首饰品种繁多，有耳环、项圈、手镯、脚镯等，但不爱戴戒指；女人的头发短且卷，一般会将一块布缠在头上。利亚埃加族妇女喜欢梳高发，即将假发、棕榈丝填充到头上，扎成高髻，称"高髻族"。未婚、已婚、老妇、孀妇，发型各不相同。也有一些少数民族妇女习惯上身赤裸，鼻上戴饰物。平常人们一般赤脚或穿拖鞋。

饮食

尼日利亚人以面食为主食，喜食粥、汤，口味喜辣忌咸，不饮酒、不吸烟，水果吃得也少。北部豪萨-富拉尼人以畜牧业为生，但吃肉不多，日常饮食以牛奶或乳制品为主，吃番茄、葱头等蔬菜时，常常将其掺杂在牛羊肉当中。他们平时爱将传统的"五色饭"（黄色玉米面、浅黄色木薯面、咖啡色豆类面、绿色蔬菜、红色番茄混合在一起）做成糕状或糊状食用。他们习惯用右手取食，在正式场合也使用刀叉。用餐时通常要分成三组——男人、女人、小孩，即使客人也一样被分开，由各组主人陪同进餐。

人们常用柯拉果招待客人。该果状如栗子，皮薄呈浅红色，味苦而涩，咀嚼后可提神。已婚妇女忌讳吃鸡蛋，认为吃鸡蛋会影响生育。

习俗

尼日利亚人肢体语言很丰富：用拇指和食指发出声响，表示对谈论的话题很赞赏、完全同意对方的意见；用手指头从自己的耳朵上由后向前很快刮过，表示"妙不可言""尝到了美味佳肴"或是"听到了朋友出的妙计"；举起手臂则表示"极大尊敬"；拍腿、跺脚表示追悔莫及；伸出拇指同时挥动手臂，表示尊重；耸肩表示否定；伸出舌头并在嘴唇上舔一圈，表示嘲笑或蔑视；用食指指人是挑衅举动；伸出手掌并张开五指面向他人，是极粗暴、侮辱人的手势，相当于辱骂他人祖先。

伊博族女孩以胖为美。穆斯林喜爱绿色、白色；基督教徒认为数字"13""666"代表厄运和不祥。

求人帮忙，须付小费，否则会被认为是不尊重人。

纽埃

国情

纽埃位于南太平洋中南部的岛屿上，在新西兰东北方向2,400千米处，陆地面积260平方千米，人口约1,700人（2018年），是与中国建交国中人数最少的国家，通用纽埃语、英语，首都是阿洛菲。

概况

纽埃议会由20名议员和1名委任的议长组成，任期3年。其中，14名议员由12个村落以及首都阿洛菲的南北两部分各选一人，其余6名由全国普选产生。再从当选议员中，选举出总理。该国没有军队，只有为数不多的警察，其防务、外交由新西兰代管。纽埃人同时享有纽埃和新西兰双重公民身份。

纽埃资源匮乏，生产、生活物资都需从新西兰进口。其首要贸易对象是新西兰，主要出口鱼、芋头和蜂蜜等，主要进口食品、饮料、机械和建筑材料等。

该国没有公共交通设施，也没有交通信号灯，只有出租车和自行车。这里治安很好，基本没有犯罪现象，居民可以夜不闭户。

纽埃地处的海岛自然风光美丽，到处可见榕树、椰树、棕榈树。村庄里，低矮的房屋散布在教堂附近，掩映在树丛中。居民原先的住房由树木和草搭建，四周无墙，比较简陋；现在的住房牢固了许多，多由木条以及珊瑚、石灰混合成的胶泥建造。有的住户在住房周围开辟了小花园，安逸自在。

纽埃流通两种货币——新西兰元和纽埃币，且两者等值。此外，该国还发行纪念币，既可收藏作纪念，也可用来购物。这种纪念币设计颇为奇特，一面是"Niue"（纽埃）国家标志，另一面的内容五花八门，有白雪公主、唐老鸭、米老鼠、蜘蛛侠、变形金刚、星球大战等，甚至有华裔电影明星李小龙。纪念币设计、制造非常精美，深受游客喜爱，售卖纪念币是该国一项不菲的财政收入来源。

纽埃人谈不上富裕，但家家都有房产、汽车，医疗、教育以及覆盖整个国家的无线网络全部免费。他们主要从事农业、渔业和旅游业。务农者种植山芋、果树，饲养猪、羊、鸡，编织草席、网袋等；渔民白天很少下海，等到日落时分才纷纷划着独木舟出海钓鱼。

服饰

由于天气炎热，这里的人们穿着随意，以短衫居多，脚踏人字拖鞋或赤脚便可到处行走。男孩子常常裸露上身，下穿短裤或短裙；女孩子喜欢穿裙装。酒店女服务员上班时穿着整齐，喜欢在头上装饰大红或白色的花朵。

乡村有一些女性，到了50岁才穿上衣。按当地人的说法，人能活过50岁是神的护佑，50岁后可直接与神交流，因此需要穿上衣服。

饮食

当地人的传统主食是山芋，副食以鱼、虾、蟹等为主。奇怪的是，当地没有海鲜市场，也没有出售海货的商贩。当地法律规定，为保护海洋资源，虽不准用网捕鱼，但可以钓鱼。要想吃鱼就得自己去钓，或者向垂钓者购买。

岛上螃蟹很多，主要是椰子蟹。它们擅长爬椰子树，并用其双钳弄破椰壳吃椰肉，故得名。椰子蟹白天通常躲在石缝和珊瑚礁里，晚上出来觅食，夜晚捕蟹也是吸引游客的重要游乐项目。这种蟹体形硕大，体重可达6千克，烹饪后味道十分鲜美。

纽埃岛孤悬在太平洋上，距离最近的岛屿也有500多千米。岛上动物种类不多，缺少天敌，此地成为土鸡的天堂，在村庄周围、房前屋后都可见其身影。这里的土鸡善飞，雄鸡叫声洪亮，且雌雄成双成对，晚上飞到树上栖息。其实，这里的土鸡原本就是家鸡，不知何时到了这里，由于从来没人喂养，逐渐被视为野鸡。岛民不习惯食其肉，只吃进口的冻鸡肉。据说，岛上有一户华人有时会捉土鸡，并将其做成美味佳肴。

习俗

纽埃人的习俗与新西兰人大致一样，原住民的传统习俗已很少见到。他们大部分信仰基督教，星期日不工作，到教堂做礼拜。星期日，商店、超市和绝大部分餐馆闭门谢客。

挪威

国情

挪威王国（简称"挪威"）位于北欧斯堪的纳维亚半岛西北部，国土面积38.5万平方千米，人口548万（2022年），官方语言为挪威语和萨米语，首都是奥斯陆。

交往

挪威人大多性格内向，实在、低调、保守，平常话语不多，办事有板有眼。他们重实效而不重形式，讲规则而不讲人情。挪威人不主动与人交往，而一旦成为朋友，却十分热情。他们认为准时赴约是文明的表现，待人真诚热情，不讲排场，不搞奢华。初次见面时，略显拘谨，谈话聊天习惯相互距离稍远一点。

挪威人见面多以握手致意，朋友之间也流行拥抱礼，女士相见多施贴面礼。在称呼上，一般以姓加"先生"或"女士"相称；朋友、熟人可直呼名字。女性受到社会尊重。复活节前后或七八月份，人们忙于休假，对在这段时间找他们办公事的人，不会太热情。商店星期一至星期六营业，节假日关门，营业时间一般为9—16时。去挪威人家里做客，需准时赴约。礼品不必太贵重，送女主人鲜花、巧克力等比较合适。

饮食

挪威人口味喜偏酸、甜。一日三餐中，早、午餐较简单，基本为冷食，只有晚餐吃热菜。宴会上敬酒碰杯要看一下对方眼睛，然后说"skal"（干杯），互相碰杯后，再次与对方对视，之后一饮而尽或慢慢啜饮。一般聚会总少不了喝咖啡，同时配糕饼。

习俗

婚礼上，新郎穿黑色礼服，新娘穿白婚纱。丧事活动中，男女均穿黑色衣服。城市交通遵循行人优先的原则，在路口即使是绿灯，司机也会主动停车，让行人先过。

挪威人视宠物狗和宠物猫为家庭成员，对其关爱备至。他们酷爱户外运动，如跑步、爬山、划艇等。挪威的国花是欧石楠，花朵较小，呈白色、桃色或紫色，能在雪地里竞相开放，不仅给大地带来生气，也为驯鹿提供食料，受到挪威人关爱。河鸟象征自由，被尊为国鸟。

夏季七八月间，全家老少远离都市喧嚣，到有阳光的地方休假，享受沙滩日光浴，或者带着帐篷、睡袋和小狗，到森林中漫步、钓鱼，尽享山川、森林野趣。冬季白雪皑皑，爱好运动的挪威人也会充分利用大自然的恩赐，到山上滑雪。他们很舍得为旅游"买单"。

挪威人环保意识强烈，深知人与大自然共存的重要性。他们从小就接受文明环保教育，不乱扔废物、不随地吐痰、垃圾分类以及节能节水等环保观念深入人心。挪威人爱护公共环境，以法律形式禁止室内吸烟，旅店、餐馆、商场、剧院等均属禁烟区，一些公共场所设有烟雾报警器。

挪威人注意保护个人隐私，通常不谈论诸如个人职业、薪金和社会地位等问题。他们忌讳"13"和"星期五"；认为交叉握手或交叉式谈话是不雅、不礼貌的行为。同性婚姻受法律保护，未婚同居等现象亦不少，外国人对此不可妄加评论。

葡萄牙

国情

葡萄牙共和国（简称"葡萄牙"）位于欧洲伊比利亚半岛西部，面积92,226平方千米，人口1,046.7万（2022年），官方语言为葡萄牙语，首都是里斯本。

概况

葡萄种植是葡萄牙的支柱产业，葡萄牙也是世界上重要的葡萄酒生产和出口国，以波尔图（Porto）出口的葡萄酒最负盛名。波尔图是葡萄牙第二大城市，该国国名"葡萄牙"（Portugal）即源自该城之名。

葡萄牙的葡萄酒很便宜，是该国男女老少每餐必备的饮料，同时葡萄牙人也喜欢用它来招待客人。葡萄牙人认为，只有饮酒的男人，才是男子汉。他们在招待外国客人时，若客人不喝酒，会认为客人瞧不起他们。

葡萄牙人饮佐餐酒的方式更具体：饭前喝开胃酒，以增食欲；饭后喝餐后酒，以助消化。他们讲究菜肴与酒的搭配，根据菜品配备不同葡萄酒：肉类一般配红葡萄酒，冷盘配玫瑰香葡萄酒，点心配葡萄汽酒，干酪配陈年红葡萄酒。这种严格的搭配，已成为该国在交际场合和家庭宴会中的一种不可或缺礼节。

交往

葡萄牙人待人彬彬有礼。称呼人时，需在姓氏前加上尊称，如"先生""夫人""女士""小姐"等。见面时通行握手礼，而熟悉的男性之间习惯热情拥抱并互拍肩膀，女子之间则常亲吻对方双颊。葡萄牙人从容、优雅、稳重，做事认真，但节奏较慢。他们性格豁达开朗，感情真挚、细腻，喜欢社交。

外国人拜访，须事先电话预约或写信提出请求。通电话时，他们往往会先问候对方的家人，然后谈正事。工作时间和参加社交活动，男士爱穿传统保守的老式西装，并注意扎好领带或领结，即便天气炎热，也是西服笔挺，不随意脱衣；女子则多穿华丽的西式套服或连衣裙。应邀去葡萄牙人家里做客，应向女主人献上一束鲜花。葡萄牙视石竹花为国花，寓意革命和胜利，常被用来表示祝贺，或在交际往来中互相赠送。此外，在社交场合，薰衣草和雁来红也很常见，他们认为这些花草预示快乐和幸福。交际活动中，讲究坐姿端正，尤其女子应注意双腿并拢。交谈话题经常是家庭、个人爱好以及国家的成就等。他们待客热情，总是提前在门口迎候，送客人都会亲自送到门口。

饮食

葡萄牙人以面食为主，喜食面包，有时也吃米饭。他们爱用大蒜、番茄、橄榄油和海盐作为调料，使用香料不多。他们习惯吃西餐，也很喜欢中餐。家宴喜以烧猪肠招待客人。他们口味浓重，爱吃辣味，肉食以鸡肉、牛肉、猪肉、海鲜等为主。名品如葡式蛋挞、炭烤鳕鱼等，享有盛誉。节假日，人们喜爱到郊外野餐，水边、树林、古堡、花丛等都是合适的地方，而且附近凡有人经过，都会受到盛情邀请，一起享用餐点。

习俗

葡萄牙人习惯从元旦当天的天气判断全年的年景：刮南风，新一年会风调雨顺；刮西风，会是个捕鱼、挤奶的好年景；刮东风，则水果丰收。

　　每年6月的城市节是当地最隆重、最热闹的狂欢日。城市节始于20世纪80年代，是以敬奉城市"守护神"为主题的文化节。节日期间，居民倾城出动，载歌载舞；礼炮齐鸣，爆竹阵阵。游行从21时开始，一直要持续到第二天凌晨两点多。

　　葡萄牙也有斗牛比赛。与西班牙斗牛不同的是，葡萄牙人骑马斗牛，不将牛杀死，只是刺伤，并抱住牛头将牛制服，因此被称为"文明斗牛"。

日本

国情

日本国（简称"日本"）位于亚洲东部太平洋西岸，陆地面积约37.8万平方千米，人口12,457万（2023年），通用日语，首都是东京。

交往

外国人称呼日本人，最好使用"先生""小姐""夫人"。在称呼某人为"先生"时，在他的姓氏后面加上日语的"San"字，对平辈和小辈也可在其姓氏后加一个"君"字，或在姓氏后加上职位，如经理、课长等。不要直接称呼还不太熟悉的日本人的名字，因为日本人的名字只有家里人和非常亲密的朋友才能称呼。在正式场合，可以称呼日本人全名。在日本国内，"先生"一词常常被用来称呼教师、医生、年长者、上级或有特殊贡献的人。

日本传统见面礼节是鞠躬，但在对外交际时，握手礼也很流行，有时握手后还鞠上一躬。90度鞠躬，是最郑重、恭敬的礼节方式，表示特别感谢或者郑重道歉；45度鞠躬，多见于初次见面中，鞠躬后多需交换名片；30度鞠躬，一般用于熟人之间打招呼。鞠躬礼讲究身份，晚辈、下级、女子要先向长辈、上级、男子行礼，后者必须用同样规格的礼仪还礼。鞠躬时，身体直立，上身前倾，男子手贴裤线或双手手心向内垂于身前，手指至膝盖，头随颈部弯曲向下；女子则是上身前倾，低头，双手交叉于腹前，一般是左手盖在右手上。鞠躬礼讲究毕恭毕敬，行礼之人手中不得拿东西，头上不得戴帽子，更不得把手插在衣袋里。

饮食

日本人招待客人，忌将饭碗盛得过满过多，但也不可一碗仅盛一勺饭。作为客人，就餐时忌只吃一碗，这会被视作宾主无缘。第二碗饭即使是象征性的，也应要求再加一些。忌把整锅饭分成若干碗的份饭，因过去给囚犯盛饭时才用这种方法。用餐过程中，不可整理自己的衣服或用手抚摸、整理头发，这既不卫生，也不礼貌。吃饭或喝汤时发出声响，在西方和很多其他国家是十分忌讳的，日本人对此却并不在乎。吃饭特别是吃面条发出响声，被看作吃得香甜、开心，是对供餐者的认可、赞美。

饮酒是就餐礼仪的重要部分。日本人斟酒时，酒杯不能拿在手里，要放在桌子上，右手执壶，左手抵着壶底，但不能碰酒杯。主人斟的头一杯酒，客人一定要接受、喝下，否则是失礼的行为；而第二杯酒是可以拒绝的。在日本，一般不强劝客人饮酒。主人为客人斟酒后，客人要马上接过酒瓶，再给主人斟酒，相互斟酒以表主客之间的平等与友谊。

习俗

去日本人家里拜访，一般不送鲜花。日本人讲究送礼成双成对，但送新婚夫妇红包时，忌送2万日元或"2"的倍数。日本人认为"2"容易导致夫妻感情破裂，以送3万、5万或7万为宜。礼品包装纸的颜色也有讲究，黑色和白色代表丧事，绿色为不祥之色，也不宜用红色，最好用花色纸包装礼品。送的东西派不上用场时，他们也不会在意，因为可将其转送给别人。接送礼物需用双手，不当面打开礼物。日后见到送礼人，应提及礼物并表示感谢。日本人喜欢松、竹、梅、鸭子、乌龟等图案。

大拇指和食指比画成一个圆圈，在西方表示"OK"，在日本则表示圆形硬币，意指金钱。而用大拇指和食指捏成一个不封口的圆圈，动一动手腕，表示饮酒。食指弯曲做出要钩东西的样子，代表小偷和偷窃行为。

日本人习惯以奇数表示"阳""吉"，用偶数表示"阴""凶"，但"9"与"苦"发音相同，也应避用。死者的装束与生者相反，因此人们平时向右掩衣襟，而人死下葬时，则向左掩衣襟。睡觉时，忌脚南头北，因停放灵柩才这样。

日本人认为紫色代表悲伤，绿色代表不祥。日本人忌荷花，视其为丧花。探望病人，忌送山茶花及淡黄色、白色的花。进入日本住宅，必须脱鞋。做客时，窥视厨房是不礼貌的行为。接受结婚贺礼后要将装贺礼的器物空着退回，并忌在里面放东西。忌在人前嚼口香糖。

瑞典

国情

瑞典地处北欧斯堪的纳维亚半岛东南部，国土面积45万平方千米，人口1,052万（2022年），官方语言为瑞典语，首都是斯德哥尔摩。

交往

瑞典人在日常场合相互多直呼名字，认为称姓加"先生"或"女士"过于正式。同时，不论口头或书面，均有称其职务的习惯。通行握手礼，相见时由主人先伸手，告别由客人先伸手。如欲告别，客人应在与主人握手后，再穿外衣，挥手离去。与人交谈时，应直视对方，这是尊重对方的表现。忌讳谈论个人隐私，如年龄、收入等；不宜在公共场合过分亲昵。瑞典人时间观念强，一般不迟到，早到者应在门外稍等。"谢谢"一词常挂其嘴边。

服饰

在国家正式场合穿正装，晚宴穿晚礼服，一般社交活动穿西装即可。在瑞典大多数工作场合，可穿休闲服装，但不能穿牛仔裤。男子传统服饰是短上衣和背心，紧身齐膝或长到踝部的裤子，头戴高筒礼帽或平顶帽子；女子传统服饰有各种花色的长裙，有的腰间缀有荷包。已婚女子多戴帽子，少女一般不戴帽子。

饮食

瑞典人口味清淡，少用调料，烹调尽量保持菜品原味；喜食生冷食品，如肉片和鱼块都是半熟的。面包和马铃薯是主食；鱼类产品种类很多，菜肴基本以鱼为主，也爱吃鸡肉、牛肉、猪肉、野味和新鲜蔬菜；喜喝浓汤，猪肉豌豆汤被誉为国菜。一般情况下，在主人、年长者或级别较高的人敬酒后，才能回敬他们。这点与我国习惯不同。若人们想在家里喝酒，需持"购酒特许证"到指定地点购买，还要交纳数额不菲的税款。在瑞典酒后驾车会受到严厉惩罚。

习俗

瑞典冬季时间长，人们喜欢夏天，七八月份多休假，商务活动最佳时间是2—5月和9—11月。瑞典人爱惜花草树木，保护飞鸟走兽。

瑞典人遵守交通规则，红灯亮起，即使马路没有车辆行驶，也决不横穿马路。他们注意环境清洁，决不乱扔废物。他们喜宁静幽雅的环境，人街小巷，秩序井然，无乱停车、乱鸣笛现象。

出租车小费占消费总额的10%—15%，夜间应适当多付一些。饭店服务小费已附加在账单内；餐厅可以餐费尾数作为小费，留给侍者。

瑞士

国情

瑞士联邦（简称"瑞士"）位于欧洲中西部，国土面积41,284平方千米，人口873.8万（2023年），官方语言为德语、法语、意大利语及拉丁罗曼语，首都是伯尔尼。

交往

瑞士人举止端庄、文雅大方。"谢谢""请"等礼貌用语使用频繁。与人相见都会问好，一般握手为礼，而点头礼也常见，熟人之间行拥抱礼。会见宾客，身着西服，备名片，与对方握手须注视对方眼睛。女士见面常互吻面颊。在公共场合，讲究"女士优先"。

服饰

在社交活动中，瑞士人通常穿西服套装或套裙，只在出席宴会、音乐会等隆重礼仪场合，人们才穿礼服。瑞士人衣着讲究剪裁合体，优雅大方。瑞士的传统服装平时并不多见，常在节日或庆典活动中展示出来。最为常见的传统服装是：男子上身穿大袖衬衫、短夹克，下身穿长裤；妇女则是上身着丝质上衣、天鹅绒背心，下身穿大摆长裙。

饮食

瑞士人喜吃土豆，更爱将葱头制作成各种美味佳肴，甚至还用葱头制作各种艺术品。用餐时，坐姿端正，忌餐具碰撞发出响声，喝汤和饮料不出声。瑞士人宴会菜单简约，除冷盘和甜食外，往往仅一汤一主菜。饮酒比较讲究，有开胃酒、佐餐酒、餐后酒。

瑞士人若在家里招待客人，常爱端上干奶酪，客人带来的酒是首选。

习俗

一瓶酒、一束花或者一盒巧克力，是到朋友家做客最常见的礼物。瑞士人献花有讲究，特别珍视国花雪绒花，象征至高无上的荣誉。瑞士法语区有个传统，在每年5月1日，人们互赠铃兰花以示祝福。瑞士人送礼注重情谊，贵重礼物常常亲手制作。从山区度假回来，带给好友的礼物可能是一罐当地产的蜂蜜，或者是一张风景画、明信片。

瑞士人爱清洁，居室住所干净整齐，并注意保持公共场所的卫生，无人乱弃废物。垃圾分类规定具体，人人自觉。

瑞士各地区在语言、文化等方面均有差异。无论褒贬，外国人应避谈他们的内部事务，不宜在某一地区人面前议论另一地区的是非。

因宗教信仰影响，瑞士人普遍忌讳数字"13"和"星期五"。

萨尔瓦多

国情

萨尔瓦多共和国（简称"萨尔瓦多"）位于中美洲北部，西濒太平洋，面积21,040平方千米，人口648.6万（2021年），官方语言为西班牙语，首都是圣萨尔瓦多市。

概况

现代萨尔瓦多人多属于印第安人同西班牙人的混血人种，也有少数白人、黑人、华人等。

萨尔瓦多人信奉天主教，其礼俗受西班牙影响较大，城市居民饮食、服装以及建筑等均带有西班牙风格。首都圣萨尔瓦多市风景秀丽，气候宜人，街道布局呈方格状。

同时，萨尔瓦多人的风俗习惯保留了印第安人的传统。印第安人曾经在这片土地上创造出玛雅文明，在天文、数学以及水利灌溉等领域达到很高的发展水平。

交往

在社交场合遇到客人，萨尔瓦多人通常称呼其姓加尊称，握手、问候时注视对方并面带笑容。日常见面时，男性只拥抱亲近的朋友，而女性则会对所有刚认识的女性礼貌性地拥抱。他们认为以背部对人是失礼行为。与人交谈时，他们常常配以手势，但若以手指指人，则属于严重冒犯行为。在交际场合或出席隆重仪式，他们一般会着西装，赴宴时习惯给主人带些礼物。

饮食

萨尔瓦多人的饮食在城市和平原地区受西班牙影响较大，在乡下则以印第安人的传统饮食为主。过去，萨尔瓦多人的三餐一般是豆类、玉米配南瓜、番茄、辣椒、热带水果、可可豆以及野味。后来，西班牙人引进了水稻，如今大米也成为当地人的主食之一。

黑豆或红豆依然是他们每日必吃的食物，有时他们将豆子进行炖煮，有时将豆子碾成豆泥，再与洋葱炒食。至于玉米，他们通常是拿来做成薄饼。萨尔瓦多著名的夹心饼"布不萨"（pupusa）是用玉米薄饼包入炸猪皮、奶酪或黑豆等馅料，将饼皮四周粘住，在油里烹炸而成，一般与卷心泡菜一起食用。当地人还常将法式面包、火鸡肉、酸泡菜做成三明治。当地特色菜有椰奶煨牛肉、猪肉白豆煲、水果酒煮鸡等。玛雅人的炖肉煲叫"拍比安"（pepián），它用烤过的南瓜子来勾芡，使汤汁黏稠，味道颇佳。萨尔瓦多人常将肉、鱼、禽类以烧烤方式入菜。

当地热带水果丰富，香蕉、椰子、杧果、橙子等品种很多。饮料以可乐、啤酒、咖啡等最常见。特别是咖啡，质量上乘，芳香、柔和，甜度适宜，略带微酸。最普遍的酒类是甘蔗酿制的朗姆酒，还有以朗姆酒为酒基调制出的各种酒。

习俗

与欧洲人混血的萨尔瓦多原住民多属于印第安人各个分支，如皮皮尔人、博塔尼德人、卡奇克尔人等，主要分布在内陆省份农村。他们崇拜精灵，遇事习惯占卜，居住的房舍多涂成红黄、绿、蓝等颜色，十分耀眼。他们种植甘蔗、咖啡和棉花，擅长纺织，保留着编制棕榈叶帽子、制作陶器、泥塑等民间传统技艺。娱乐时，他们喜欢演奏木琴、吉他、六孔竖笛等乐器。举行宗教仪式、节日庆祝以及游行、足球赛、选美等大型活动时，必然伴有激昂的音乐、民间土风舞。在古老的"嗨嗨节"上，求雨的印第安人做着许多令外人难以理解的巫术动作。

生活在城里的萨尔瓦多人，其婚姻习俗受西班牙影响——穿着白婚纱、黑礼服，在教堂举行婚礼。男女一旦履行婚约，就不得擅自毁约。在农村，流行印第安传统婚俗，只要情投意合、双方父母同意，就可以结婚。他们不在意对方家庭是否富有，只盼望男方聪明能干，女子身体健康、勤俭持家。

他们认为，结婚生子是神灵赐给夫妻的"礼物"，因此必须请祭司主持婚礼、祈福，让孩子受神灵的保护。其婚礼朴实简单，不铺张浪费。亲戚好友、左邻右舍个个身穿色彩艳丽的民族服装前来祝贺。

结婚后，如果夫妇性情不合、不愿意继续生活在一起，只要举行一次简单的仪式，即可宣告二人分手，一般不会纠缠财产分割之类的问题。

当地的天主教徒忌讳数字"13"。遇上13日又适逢星期五，一般不安排对外活动。妇女忌讳别人问及年龄和丈夫的情况。

萨摩亚

国情

萨摩亚独立国（简称"萨摩亚"）位于太平洋南部的萨摩亚群岛西部，陆地面积2,934平方千米，人口20.5万（2021年），官方语言为萨摩亚语，通用英语，首都是阿皮亚。

概况

萨摩亚因位于太平洋南部的萨摩亚群岛西部，故称"西萨摩亚"，而面积较小的东萨摩亚现属美国。萨摩亚森林密布，资源丰富，当地人吃有面包树结的果实（果实富含淀粉），穿有桑树皮做成的"布"，无衣食之忧。当地男人身体强壮，男女均以胖为美，体重超过100千克者不乏其人。该国无军队，仅有警察，犯罪率较低。城乡无门牌号码，也无路牌。街上私家车较多，右舵左行，公共汽车较少。

当地属热带气候，乡村传统房屋是凉棚，当地称作"法雷"，即由若干面包树木柱支撑，由树叶覆盖房顶而成。房屋四面没有墙壁，木柱与房顶横梁衔接，不用钉子，采用卯榫结构。木柱之间挂上草帘，下雨时可挡雨，无雨时将草帘卷起，可通风。室内基本不置家具，晚上席地而眠。

首都阿皮亚居民的住宅多为两层木楼，用绿漆或红漆铁皮作房顶，用白粉刷墙，有的还装上百叶窗。家家户户的房门几乎都不上锁。主干大街旁多为公共建筑，最吸引眼球的是银行、航空公司、元首府等建筑物。

交往

萨摩亚的传统迎宾仪式隆重，程序固定，最重要的是向贵宾敬献黄褐色的卡瓦（kava）酒。宾主均席地而坐。贵宾饮酒前，应先在地上撒一点，表示祭奠。此酒不可推辞，需要一饮而尽。喝酒时，应盘腿坐地，以示恭敬。仪式结束，贵宾需要向主持仪式的人赠送礼金。"卡瓦"是盛产于南太平洋的胡椒类植物，其根可制成粉末，加水溶解成饮料（酒）。初饮，舌尖有麻木感，继而会感到身心松弛、舒适。

服饰

过去，萨摩亚人没有穿衣服的概念，不论男女，只在腰间围一块用桑树皮做的三色（白、棕、黑）"布"（tapa）。现在，桑树皮布已不多见。从国家元首、政府总理到平民百姓，不论男女，都爱着裙装，称为"拉瓦"（lava）。有身份的人上半身穿西服、打领带，下半身穿"拉瓦"，脚上穿一双人字拖鞋。平民百姓的裙子以色彩鲜艳为美，女子的裙子尤为如此；官员、警察等公务人员的裙子的颜色比较素淡。

此外，当地女性爱美，常把鲜花插在耳朵上。已婚者插右耳，未婚者插左耳。宴会和其他交际活动，一般穿便装或衬衫。

在公共场合打赤膊或穿无袖上衣、短裤，均属不雅行为。

饮食

萨摩亚人的传统主食是面包树果实和芋头，直到近些年居民才开始吃进口稻米和面粉。其副食多为鱼类。他们用地灶做饭，即把鱼、面包树果实、芋头、香蕉等用三层椰树叶分别包成小包，埋入烧红的石头中，上面覆盖打湿的椰树叶，待45分钟后，即可取食。

城里人的烹调方式以烤为主，调料仅为食盐而已。招待贵宾，常吃烤猪，餐后有西式甜点，如香蕉西米粥等。烤蔬菜也是该国特色菜之一，即用蔬菜加椰肉和盐，包在树叶里烤制。

当地人忌讳站着进食，更不能边走边吃东西。

习俗

萨摩亚文身者较多。文身被认为是力量和刚强的体现，是荣耀和勇敢的象征。男人通常文在手臂、胸膛或大腿上，线条粗犷。女子文身线条纤细，图案略小，留白较多，通常文在膝盖以下一寸以及大腿上。文身常见图案有几何、人物、动植物形象等。近些年来，当地文身者较以前逐渐减少。

萨摩亚人擅舞。节庆日子，人们会穿草裙、戴花环、画面谱，聚在一起欢歌曼舞，其中以棒火舞最有特色。舞者一般为强壮男性，将棍棒两端蘸上松脂，燃起火焰，单手、双手或左右手分别舞动火棍棒，扑地滚翻，口中吞火、喷火，或躺在地上以两足玩风火轮。动作复杂、快速、惊险，火焰形成不同的形状，使观众目瞪口呆。现在，该国每年举行棒火舞比赛，传承和推广这项由抵抗外侮演变而来的民族文化遗产，同时其表演者也经常被邀请到世界各地表演。

塞尔维亚

国情

塞尔维亚共和国（简称"塞尔维亚"）位于欧洲东南部的巴尔干半岛中部，面积为8.85万平方千米（含科索沃地区1.09万平方千米），人口841万（含科索沃地区177万，时间截至2024年），官方语言为塞尔维亚语，首都是贝尔格莱德。

交往

塞尔维亚人热情、豪爽、喜欢交友，注重礼貌、礼节。初次见面，必尊称对方，如称头衔、"先生""夫人""小姐"，只有家人、亲密朋友才直呼其名。社交场合，他们会与被介绍的客人一一握手，并报出自己的姓名。亲朋好友相见，习惯拥抱并互吻脸颊。会见、会谈等，须事先预约。重要节日，朋友会互送礼品或鲜花。礼品一般为酒、服装及办公文具等，鲜花多为玫瑰、百合等，而菊花只送逝者。赠送礼品时，要当面拆掉包装纸，展示并介绍礼品。塞尔维亚人家宴，习惯请客人品尝本地酿造的烈性果酒，喜欢邀请熟悉的客人或朋友到郊外或旅游胜地游览，以促进交流、增强感情。

服饰

塞尔维亚最古老、最典型的民族服饰是长裤、衬衣、坎肩、短上衣、长斗篷，腰带又长又宽，十分华丽，脚上穿软皮皮鞋。塞尔维亚女子的民族服装往往装饰着各种美丽图案、流苏和小钱币。女式绣花衬衫配上围裙、腰带、各种坎肩、短上衣、连衣裙，鲜艳美观。平时，塞尔维亚人穿衣比较随意。年轻人常穿夹克衫、牛仔裤，女孩子的迷你裙颇为讲究、时髦。社交活动中，衣着要整洁得体。

饮食

塞尔维亚人以西餐方式进食。面食为主食，土豆也常用作主食。副食有牛肉、羊肉、猪肉等肉类，奶制品，蛋类，鱼虾等水产品和各种蔬菜等。调料爱用生葱、大蒜、辣椒、胡椒粉、奶油等。菜肴烹调采用煎、炒、炸、焗、烧、烤等方法。

早餐、晚餐简单，他们重视午餐，口味偏微酸。正餐通常是以汤开始，常见主菜有烤猪、牛肉或鸡肉。饮料、酒类多冰镇，当地人一年四季习惯喝冷饮。就餐时，他们常将调味品，如细盐、酱油、醋等，放在餐桌上，喜将烤肉蘸着盐和其他调味品吃。男人喜欢喝酒，葡萄酒常用于佐餐。在塞尔维亚城市中，法式餐馆较多，街头也可看到烤肉摊点以及土耳其式烘饼夹肉。现今，塞尔维亚饮食文化的代表之一是腌制卷心菜，其制作方法类似朝鲜泡菜。当地人都说，可以不吃肉，但是离不开酸菜。塞尔维亚中部小镇姆尔查耶夫齐的酸菜闻名遐迩，此地多次举办过酸菜节，当地腌制的酸菜出口到荷兰、奥地利、法国等国。

习俗

与西方其他国家相比，塞尔维亚东正教的圣诞节和复活节在日期、习俗上均有所不同。1月7日是塞尔维亚人的圣诞节，按照古老的传统习俗，12时整，首都贝尔格莱德面包师协会将在市中心举行活动，把新烤制的巨型圣诞面包掰成小块，分发给在场的老人和孩子，其中所获面包里藏有金币的人将是年内的幸运者。节日来临，家家户户打扫干净，杀猪宰羊，准备节日食品。节日晚餐，除面包、葡萄酒外，豆子、核桃和李子干等也是不可缺少的传统食品，餐桌上一般还点缀着麦苗。

鸡蛋象征生命，复活节期间，信仰东正教的人们会互送彩蛋（染色的鸡蛋）祝贺。塞尔维亚东北部小镇莫克林的居民创造了彩蛋互碰比赛，先是流行于当地，后逐渐演变成一项国际赛事。参赛者用煮熟的彩蛋相互碰撞，鸡蛋不破者获胜。获胜后，需当场把鸡蛋切开，参赛者和裁判员各吃一半，以防弄虚作假。1991年举办第一届复活节国际碰蛋比赛，自此每年都会举办这一赛事，吸引了周边国家碰蛋爱好者携带彩蛋前来参赛，更有大量游人前来观赛，其现已成为一项热门旅游项目。

塞尔维亚农民酷爱吹铜号，西部小镇古察被称为国际"吹号之都"。当地人举办婚礼、洗礼、生日聚会、盖新房、采摘水果和送子参军等，都爱请号手前来吹号助兴，以表达愉快心情和美好愿望。1961年10月，古察举办第一届吹号节，之后经常举办这项节日表演比赛，吸引了很多国家的号手前来参赛，对促进当地发展起到了良好作用。

塞拉利昂

国情

塞拉利昂共和国（简称"塞拉利昂"）位于非洲西部，面积71,740平方千米，人口754.87万（2021年），官方语言为英语，首都是弗里敦。

交往

塞拉利昂人心地善良，生性乐观，富有同情心。他们的日常生活离不开唱歌、跳舞，歌舞节奏明快、激昂。他们爱好体育活动，年轻人喜欢踢足球，更多的人喜欢拔河运动，全国有200多个拔河爱好者俱乐部。

人们日常交往常见拥抱、贴面、吻面、握手等礼节，但埃博拉病毒蔓延期间，这种肢体接触性的礼节受到限制，大家见面多以微笑、点头致意，至多用胳膊肘互相触碰一下。

服饰

穆斯林袍装服饰在塞拉利昂很常见。在日常生活中，各部族的服装色彩鲜艳，男子爱穿白色、蓝色大袍，女子头裹花头巾，身穿花裙或袍装。城镇女子喜欢化妆、佩戴耳环和项链，有的还戴假睫毛。即使家里穷困，妈妈们也会设法给女儿买耳环。

为了弘扬民族文化，每逢星期五，上班族、知识分子、生活比较宽裕者，以及上学的孩子们，都爱穿上民族服装。这是一种自觉行为，逐渐形成了习惯。

公职人员很注重着装礼仪。在首都弗里敦，虽然天气炎热，但男性公职人员都是穿西服、打领带，女性穿西服裙装。即使是路边条件简陋的检查站，其执法人员也是西装革履。衣帽不整、未穿正装者，一般都会被拒绝进入政府办公楼。

饮食

平民的主食以木薯、红薯为主，一般一天只吃一顿饭，多数人习惯用手直接抓取食物。街头巷尾摊贩出售的食品，常见的是用木薯粉或面粉作为原料的油炸制品。日常米饭的做法是，将米淘洗干净放入锅里后，加入水、木薯叶汁、辣椒、洋葱、熏鱼、棕榈油及盐等，进行蒸煮。

牛肉、羊肉、鸡肉、鸭肉、鱼等的烹调，基本上也是以煮、炖为主。他们喜欢吃肉，对绿叶蔬菜不太感兴趣，不经常吃。常见的蔬菜有茄子、黄瓜、辣椒、番茄、黄秋葵、红薯叶、野生空心菜等。

塞拉利昂的水果品种繁多，有杧果、香蕉、菠萝、木瓜、柚子等，无论旱季、雨季，长年不断，品质颇佳，属于绿色食品。当地人爱喝棕榈酒（在棕榈树上钻孔取汁，经发酵制成），其酒精浓度较低；而当地人酿制的紫红色杧果酒，度数可达42度，容易醉人。当地市场上有产自欧洲的威士忌、香槟、葡萄酒等出售，价格昂贵。

习俗

当地人搬运物品，不用肩扛、背驮、担挑，而是习惯顶在头上。他们在头上垫一个托盘，或把毛巾制成垫圈放在头顶，不管什么物件，像水罐、水果筐、食品箱乃至木头、水泥等，均可顶在头上，少则1—2千克，多则10多千克，爬坡、上山，如履平地。特别是那些沿街叫卖的妇女们，头顶售卖品来来往往、有说有笑，成了当地一道独特的风景线。头顶物品，据说最初是为了减少太阳照射，后来逐渐形成习惯。照理说，头顶重物容易将腰背压弯，或者使人患上颈椎病，然而他们个个腰板挺直。

塞拉利昂的城里人，多是自由恋爱、结婚。结婚需准备三枚婚戒：男方在结婚时用一枚，女方在订婚、结婚时各需一枚。婚礼前一晚，双方分别在自己父母家中举办告别单身聚会。婚礼一般在傍晚开始，持续到凌晨四五点钟，热闹非凡。

婚礼上，新郎要送新娘两种水果——卡拉巴斯果、可乐果。将卡拉巴斯果切开掏空，放入米、油、盐、衣物以及针线，寓意未来衣食无忧。可乐果是一种药用植物果实，暗喻夫妻之间相互保护。另外，该果会结很多籽粒，亦寓意子孙满堂。

乡下的各部落婚俗有所不同，但大多依照老传统由父母包办。在孩子幼年时，由父母为他们预定娃娃亲，待他们长大，男方有能力支付婚礼费用时，双方家长才商量何时举办婚礼。

曼迪族仍沿袭母系家族制，一夫多妻（不超过三位），子女成年后皆属于母亲部族成员。

塞内加尔

国情

塞内加尔共和国（简称"塞内加尔"）位于非洲西部凸出部位的最西端，面积196,722平方千米，人口1,774万（2021年），官方语言为法语，首都是达喀尔。

交往

塞内加尔人友善好客，与人见面往往热情握手问候。女性习惯行屈膝躬身礼，身份高的女性有时也会主动伸手同男性客人握手。社交场合，称呼"先生""夫人""女士"或"小姐"。

塞内加尔最重大的节日是宰羊节（即古尔邦节），这是一个增强亲情、团结，发扬乐善好施传统的节日。节日清晨，穆斯林到广场上集体祈祷礼拜，然后回家宰羊。羊肉除了自己食用，还要分赠亲友、散施给贫困者。

服饰

塞内加尔男子的传统服饰是白色或浅蓝色大袍，头戴白色或彩色圆帽，脚穿皮拖鞋。农村有的人把头剃光，只在左耳上方留下一些头发。女子一般穿颜色鲜艳的长裙，肌肤不外露，并扎围头巾将头发包住。城里人不论贫富，不管天气多热，都不会光膀子上街。上班族一般是西装革履，一丝不苟。清真寺、政府机关等场所，禁止穿短衣裤者入内。即使在海边慢跑，也绝少见穿短衣裤者。至于服装颜色，他们喜欢明亮色，如男子常穿亮黄、粉红、大红衬衣，或者各种色彩鲜明的印花T恤等。

饮食

塞内加尔人的主食是玉米、大米、高粱等，副食以牛羊肉为主，当然也有产自大西洋的海鲜，如海瓜子、海胆、鲍鱼等。蔬菜有番茄、萝卜、胡萝卜及豆类等。口味喜香、辣，不忌油腻。特色菜是烤羔羊，一般用来招待贵宾。羔羊烤熟后，放在金属盘子里，端到餐桌上。客人们洗手后，用右手掰食。他们习惯吃大块的牛羊肉，不爱吃以肉片、肉丁或肉丝烹制的菜肴。

城里人爱吃法式西餐，其早餐一般是面包、黄油、浓咖啡。城镇人已经习惯坐在椅凳上，使用刀叉在桌前就餐，但乡下人吃饭时常常席地而坐，以手抓取饭菜而食。

他们忌吃虾、蘑菇以及形状古怪的鳝鱼、甲鱼、鱿鱼等。由于宗教原因，他们忌食猪肉，在公共场合禁止饮酒。

艺术之乡

塞内加尔是西非闻名的艺术之乡，文化艺术氛围浓厚。在首都达喀尔西北角坐落着一个叫作"苏贝琼"的手工艺村，这里也是一个大型手工艺市场，雕刻、绘画、首饰、装裱、编织、皮革制品等琳琅满目，游人如织。其中，尤以木雕最为有名。木雕取材于乌木，因木质黝黑、坚硬，有"黑色大理石"之称。木雕种类丰富，多为人物像、人面具，也有各种动物形象等。作品构思奇特，如人体比例不循常规，头部大，躯干长，下肢短，一对圆睁的大眼，占去脸部的一半，嘴巴大张，大得让人看不见鼻子和眼睛。木雕作品线条粗犷，造型夸张，油光黑亮，艺术感染力强烈，深受人们青睐。

习俗

当地居民喜欢跳舞，每当聚会、过节或者平日遇到高兴的事，便会聚集在一起，以手击鼓，扭臀、踏脚，各自尽情展示舞技，以表达兴奋的心情。在首都达喀尔街头，随处可见健身慢跑的人们，有年轻人，也有老人、妇女，全民参与，凸显了当地人的活力与朝气。

塞内加尔是世界上重要的花生出口国之一。每到花生收获季节，人们便欢天喜地举行"垒花生"比赛，吸引众多围观群众。赛事由酋长主持，分成若干个组，每组50人。参赛选手们在规定的区域内码放装满花生的麻袋。比赛开始，选手们肩扛头顶，来回奔跑，满头大汗、气喘吁吁。围观者不断欢呼、加油鼓劲。花生袋越垒越高，至最后一袋垒放到"金字塔"顶端结束。获胜组每人可得到一麻袋花生奖赏。

这种比赛也为男女青年社交创造了机会。优胜者可能会成为女孩子心目中的"白马王子"。女孩子不仅为获胜者欢呼，还会跑上前去，给他们递上擦汗手帕或送上清凉饮料。如果男青年对女青年有意，便会在三天内回赠手帕和蜂蜜，表示愿意同她组成一个甜美的家庭。

塞浦路斯

国情

塞浦路斯共和国（简称"塞浦路斯"）位于地中海东北部，面积9,251平方千米，实际控制区人口91.8万（2021年），主要语言为希腊语、土耳其语，首都是尼科西亚。

交往

塞浦路斯居民宽厚实在，喜欢交际，不太讲究虚套礼节。他们健谈、乐于助人，让人一见如故。游客在酒馆喝酒，可能会有当地人为其付款，付款者仅微微一笑，即挥手而别。

与客人初次见面，他们往往是轻轻握手、点头致意或招手示好，忌讳在人面前用手指指点点。久别的亲友相见，既握手又拥抱。在交际场合，人们会有礼貌地尊称对方，并与初识者交换名片，主动做自我介绍。

应邀到塞浦路斯人家中做客，一般要带些食品和鲜花等小礼物。主人若邀请客人吃饭，客人应热情回应，除非不便，最好不要回绝，否则会很伤主人的感情。当地有句俗话："咖啡没凉就离开，是不礼貌的。"日常生活中，他们举止稳重、谈吐文雅、和蔼可亲。在大街上奔跑、喊叫、吃零食等，都属于不文明举止。

服饰

塞浦路斯的希腊族群中流行的女子传统服装有两种：一种是被称作"卡帕斯蒂科"的白色长衫，长及小腿、领高而圆、袖子宽松，外罩紧身外套；另一种是黑色天鹅绒夹克，配一条丝绸或棉布长裙。

男子大多爱穿"萝卜"式黑裤，裤脚塞进黑色长筒靴里。在参加舞会和音乐晚会时，人们一般都穿深色西服或晚礼服，有时也穿夹克衫。

塞浦路斯人注重穿着整洁体面。进入教堂时，禁穿短裤及无袖衣服。

塞浦路斯的香水工业比较发达，不论在公共场所，还是在家庭居室内，常常可以闻到沁人心脾的淡淡幽香。

饮食

塞浦路斯虽为岛国，但海鲜类价格昂贵。平时人们的肉食以牛肉、羊肉和猪肉为主，烤全羊等为其传统菜品。当地居民的主食是黑面包，常见食品还有酸乳酪等各种奶制品。

由于日照充足，塞浦路斯的水果、蔬菜常年可以收获。常见的果品有橄榄、葡萄、甜瓜、西瓜、柑橘等。请客时的酒席有一个特殊的名称——麦滋，餐桌上相当丰盛，有时竟然有20—30道菜。讲究的宴请，使用银餐具。虽然按照传统要求，复活节前40天内应吃素，但多数人只是象征性地在每个星期五吃素。他们平时不是特别讲究吃，只是到了周末喜欢到郊外的橄榄树下或圣庙旁烤肉、焖肉，就着生菜沙拉吃。他们喜欢喝葡萄酒，搭配海鲜、山羊奶酪、炸鱿鱼和炸土豆，韵味独特。这里的葡萄酒酿造历史悠久，有甜味的，也有辣味的。

他们非常喜爱喝咖啡，有的咖啡馆24小时营业。

习俗

塞浦路斯希腊族群的传统婚俗中，有小伙子唱歌求爱的习俗，长长的"百句情话"歌词，必须下点功夫才能唱出情感，打动姑娘的芳心。塞浦路斯传统婚姻，大多由父母包办。年轻人结婚，与其说是娶新娘，不如说是娶新郎，婚事操办由新娘父母负责，不仅要准备彩礼、丰厚嫁妆，如衣物、首饰等，新娘的父母还要为一对新人准备一套新住宅。新婚夫妇一般住在新娘陪嫁过来的房子里，不与双方父母一同居住。

婚礼一般会在月圆后的第一个星期日举行，先在教堂由牧师主持祈祷、祝福，一对新人交换戒指，接着就是热闹隆重的婚宴舞会。

农村的希腊族群还有一项传统婚俗——装填床垫，即用红线缝制褥子，通常由5名或7名（必须为奇数）已婚年轻妇女来做。她们一般是坐在草席上，在乐队伴奏下完成。缝好后，主婚人抱来一名小男孩，把他包在新褥子里，朝四面八方转一圈，以此祝愿新人早生贵子。

婚宴时，来宾们把赠送新人的纸币别在新人的衣服上。礼毕，来宾会得到一个甜饼，象征大家分享了新人的甜蜜。

塞浦路斯居民主要是希腊（多数）和土耳其族群，各自保留着自己的传统和宗教信仰。希腊族群信奉希腊正教，其主教至今还手执拜占庭帝国皇帝钦赐的权杖，举行仪式时身披紫袍，用朱笔签署文件。而土耳其族人讲土耳其语，保持着穆斯林习俗，过开斋节和古尔邦节等。

塞舌尔

国情

塞舌尔共和国（简称"塞舌尔"）位于非洲大陆以东的印度洋上，陆地面积455平方千米，人口10万（2022年），官方语言为克里奥尔语、英语、法语，首都是维多利亚。

概况

塞舌尔是非洲陆地面积小、领海面积大的群岛国家，115座岛屿明珠般地散落在印度洋西部的广阔海域。这里在非洲属于富足之地，有蔚蓝的海水、晶莹的白沙、蜿蜒的海岸线，环境优美，适宜居住，是世界著名的旅游度假胜地。这里有郁郁葱葱的森林和植被，是热带动植物特别是鸟类的天堂。

首都维多利亚街道整洁，幽静秀丽，乳白色的楼宇掩映在绿树繁花之中。这里的旅游设施高雅、别致、奢华，但因物产匮乏，生活必需品仰赖进口，使得物价相当昂贵，普通的酒店住一晚也要100美元以上，高档的动辄要花上千美元。

塞舌尔居民属于克里奥尔人（Creole）。在200多年前，其先人从欧、亚、非三洲漂洋过海来到这里，因此肤色多不相同，白色、黑色、棕色、黄色均有。经过多年通婚，逐渐形成了一个新的种族——克里奥尔人。他们既讲法语、英语，也讲克里奥尔语（以法语词汇为主的混合语言）。"克里奥尔"原意就是"混合"的意思。

这里多数人信奉天主教，也有少量印度教和伊斯兰教的信徒。不同宗教信仰的人彼此和睦相处，没有隔阂。他们性格温和，生活悠闲自在，一切都可以慢慢来。由于自然环境优越，因而各国游客如织，当地百姓热情友好、彬彬有礼地欢迎来宾。为了保护好这一块得天独厚的旅游胜地，塞舌尔政府颁布法律，禁止捕鸟、捕龟、钓淡水鱼，即使砍一棵树也得上报国家环境部门审批。

服饰

塞舌尔虽然属于海洋性气候，但因地近赤道，还是比较炎热的。人们平时着装比较简约：在大街上、商场里，大多数人着短衣、短裤，穿拖鞋、凉鞋；在有空调的地方，人们穿薄外套或者披一条纱巾。当地官员会见外宾时，很少穿西装、打领带。出席各类交际活动，穿短袖衬衫也不会被拒之门外。

饮食

鱼虾等海产品是塞舌尔人日常饮食的主要食材。由于塞舌尔曾长期是法国的殖民地，因此当地的饮食习惯受法国影响较深。现如今，当地的克里奥尔餐饮更为大众化，其特点是原汁原味或略偏辛辣。当地人擅长鱼和贝类的烹饪，名菜有鹦鹉鱼糊、杧果汁生鲷鱼片、茄子咖喱鸡等。名贵的龙虾和石斑鱼在当地的价格相对便宜，深受游客青睐。

塞舌尔常见的蔬菜有茄子、葫芦等。这里水果品种丰富，有香蕉、杧果、鳄梨、柚子、荔枝、菠萝、瓜类、酸橙等。饮料有葡萄酒、啤酒、茶水等，啤酒以英国产的黑啤酒贵乃斯（guinness）最为流行。这里禁止在公共场合饮酒，游客可以在有营业许可证的旅馆里畅饮一番。

习俗

当地习俗，常有女人戴一只耳环，据说可避邪。当地人很重视女子婚前的贞洁。结婚游行是塞舌尔的传统婚俗。新婚夫妇赴婚宴途中，行走在乡间小道上，前面有乐队伴奏，中间有宾客陪伴，吹吹打打，好不热闹。婚礼后，新郎父母必须探洞房，据说这一习俗来自法国农村。

塞舌尔人热爱音乐，人人能歌善舞，他们常常在夜间点燃篝火，在塞加（Sega）音乐的伴奏下，跳穆蒂王舞、四组舞，尽情摇摆，热情奔放。

每年的狂欢节是人们大显歌舞才能的好机会。塞舌尔维多利亚国际狂欢节每年4月举行，持续三天，邀请世界各地的艺术家前来参加。届时，首都维多利亚成为欢乐的海洋，除了激情的歌舞，还有形式多样、风格各异的花车巡游，尽显世界各地的灿烂文化，如欧洲的滑稽小品、印度的音乐舞蹈、印尼的武士表演、中国的杂技绝活等，都给观众留下了难忘的印象。

在塞舌尔与人握手，若软弱无力或懒洋洋的，会被视作不礼貌行为。女士独自出门逛街、出入戏院或餐厅，会被视为品行不端。

沙特阿拉伯

国情

沙特阿拉伯王国（通称"沙特阿拉伯"，简称"沙特"）位于阿拉伯半岛，面积225万平方千米，人口3,617万（2022年），官方语言为阿拉伯语，首都利雅得。

交往

沙特人待人热情友好，举止高雅、大方，尊重国际礼节，以礼相待各方来客。相见通行握手礼，而亲朋好友之间常把左手放到对方的右肩之上，轻吻对方的面颊。贝都因人见面的礼节是，用鼻子去触碰对方的额头，然后紧紧拥抱在一起。

一般称国王为"陛下"，而法赫德前国王曾下令，让人们称他为"两圣之仆"，即麦加和麦地那两座圣城的仆人。对王储和王子称"埃米尔殿下"，对各部落酋长称"谢赫"，普通人之间称"兄弟"，对外国人称"先生""女士"。在正式场合使用全名，简称时可只称名字，社会地位较高者以其姓氏作为简称为好。相见时，招呼用语是"您好"，或者使用阿拉伯国家流行的问候语"在你面前的是你的亲人"等。

事先有约会，但迟到15—30分钟是常有的事，据说这是有风度的体现。赴约时，有时会带上几个未被邀请的人一同前往，这样被认为是给对方面子。当地妇女不参加有男士的社交活动，也不宜问候和谈论沙特人的女眷。男士拉手同行，表示友好。年长者受重视，不论其社会地位如何，都应对其表示必要的敬意。

沙特人习惯盘腿而坐，递送东西只用右手的头三个指头，不可用左手，一般也不必用双手。做客时，拒绝第一杯咖啡是失礼行为。

在沙特，外国单身妇女入住旅馆，须由本国驻沙特机构出具行为担保函；逗留期间，出门上街需要穿上黑袍，包住全身，戴上头巾，遮住头发，但可不罩面纱。

服饰

沙特炎热少雨，男人传统服装是白色宽松大袍，长及脚背，无领长袖。上层人士往往会在白袍外边罩一件黑色或金黄色镶边的披风。男士头巾多为白色或红白色相间的方格薄纱，并以圈头箍固定。头箍用驼毛编成，多为黑色。头巾、头饰颇为重要，任何场合，外人都不可要求他们将其摘下。妇女多穿黑色或咖啡色斗篷式长袍，严密包裹身体和头发，并用黑面纱遮住脸部（仅露双眼），甚至连声音也不让陌生男人听到。由于天气炎热，沙特人大都习惯穿拖鞋，只在庄重场合穿皮鞋。外国男士在沙特宜穿式样保守的西装。

饮食

沙特人的主食是大饼、面包、面条、米饭等，肉类以牛肉、羊肉、鸡肉为主，但不得带血。每日早晚两餐：早餐主要是"弗瓦勒"（一种高粱糊糊）蘸奶油；晚餐通常吃大饼，抹上奶油、蜂蜜等。他们口味偏甜、辣。招待贵宾，一般是烤全羊、烤全驼，羊的眼睛被视为席上珍品。

招待外国客人，多用西餐餐具，当地人则习惯用手抓取饭食，捏成团，送进嘴里。若手指沾上饭粒，则在清水罐里涮一下。手抓饭的一般做法是，先将大米煮至半熟，然后加椒盐、黄油等拌匀后放在锅内蒸，再加入羊肉末、番茄酱、胡萝卜、葡萄干、杏仁、洋葱等作料，用猛火炒至熟透，直至软硬适度、油光可见，即可食用。做客进餐时，用过的盘子里最好剩一点饭食。饮品有驼奶、红茶、咖啡。斋月里，人们白天不得进食，当然病人、孕妇、哺乳妇女和日出前踏上旅途的人除外。

穆斯林忌食猪肉、有贝壳的海鲜、无鳞鱼等。

习俗

男女常隔离开，坐车、乘电梯、逛公园等，分男女区。有专门开设的女性银行、医院、学校，无论其管理者还是来客，均为女人，男人不得进入。除了去清真寺做礼拜，妇女上街皆需家人陪同，若偶然单独出现在街头，往往是低头无声疾行。

沙特人崇尚白色（代表纯洁）、绿色（代表生命）、蓝色（代表希望），忌讳黄色；喜欢的宠物有隼、雄鹰、骏马。

沙特没有夜总会；不搞唱歌、跳舞等娱乐活动；禁止偶像崇拜，禁止对宗教活动拍照、录像，忌用人物像、洋娃娃等作礼品送人；禁止饮酒，违者处罚严厉，也不得当众吸烟；忌猪和类似猪的图像，也忌讳十字架、六角星等图案。

穆斯林每天祈祷五次。祈祷时间一到，店铺会放下门帘，或在货物上盖红布，表示暂停营业。祈祷时间，非穆斯林人士应保持肃静，不得喧哗。

圣多美和普林西比

国情

圣多美和普林西比民主共和国（简称"圣多美和普林西比"）位于西非几内亚湾内，面积1,001平方千米，人口21.9万（2020年），官方语言为葡萄牙语，首都是圣多美。

概况

该国由圣多美和普林西比两个主要岛屿以及其他共14个岛屿组成，曾为葡萄牙殖民地。据记载，圣多美岛命名时恰逢"圣多美日"（"多美"，即托马斯，耶稣十二门徒之一），便因此得名。普林西比岛的名称则源于当年葡萄牙国王曾将此岛赐予王太子（"普林西比"，葡萄牙语意为"太子"）。

这两座岛屿均属火山岛，终年湿热，离赤道和子午线交叉点最近，故有"世界中心"之称。岛上热带雨林广布，绿意盎然，海岸沙滩洁净，自然环境优美，但因尚欠开发，这里的财政、物资离不开外援。

圣多美和普林西比以农业生产为主，其中最主要的作物是可可，于1822年引入种植，所产可可豆主要用于出口。当地肥沃的火山灰土壤和湿热环境，为可可生长提供了良好条件。可可果实是做饮料和巧克力的主要原料，营养丰富，味道香醇。

20世纪初，该国是世界最大的可可豆生产国，被誉为"巧克力双岛"。现在其产量已被科特迪瓦、厄瓜多尔和秘鲁等超过，但仍拥有生产优质可可豆的能力。

圣多美和普林西比的国鸟是非洲灰鹦鹉，属于大型鹦鹉，尾短、头圆、面部毛长，喜攀爬，不善飞翔。其喙强劲有力，以各类坚果、种子、水果、花蜜、浆果等为食。这种鹦鹉以善于和人类"交谈"闻名，故而受到人类的喜爱。

圣多美岛上的火山山峰，海拔2024米，顶部的火山口深不可测，被欧洲基督教徒视为"地狱之门"。常有勇敢的旅游者备上绳索到这里攀爬，有恶行者则会到这里忏悔自己的罪过。

该国首都圣多美的中心是独立广场，每年的庆典在这里举行。圣多美城里街道整洁，没有高楼大厦，市内比较像样的民宅多是两层小楼或者带庭院的平房，环海而建，融合了葡萄牙和非洲的建筑风格。也有些居民住的是比较简陋的高脚木屋或茅草房。

首都最宏丽的建筑是中国援建的人民宫。白墙红顶的圣母大教堂，双塔耸立，是当地有名的宗教活动场所。

这里的犯罪率较低，治安状况良好。整个岛上没有一个红绿灯，交通出行全凭自觉。在优美的环境下，人们的生活颇为悠闲，平均寿命69.4岁，该国为非洲长寿国之一。国家格言是：团结、纪律、勤劳。

交往

近九成圣多美和普林西比居民是黑人，还有黑白混血以及葡裔白人，绝大多数人信奉天主教。社交场合，男士着西装，女士则穿各式各样的美丽裙装。男人之间见面或告别时，一般是握手或拥抱；女子之间或男女之间，则握手或贴面。

圣多美和普林西比人热情好客。客人来访，主人常用具有当地民族风味的水果宴招待。

饮食

圣多美和普林西比人的口味偏辛辣。其主食是木薯、玉米、香蕉，蔬菜有番茄、洋葱、马铃薯等，肉类有猪肉、羊肉、鸡肉等。当地人的烹调以烧、烤为主，烤木薯、烤香蕉、烤面包果是常见食品。面包果产自当地的面包树，成熟的面包果大如足球，烤熟刨开后，果肉呈土黄色，富含淀粉，口感像面包或芋头。

该国的国菜是卡路路（calulu），由植物叶配合鱼肉或鸡肉做成，一般要煮三四个小时。酒店常以自助餐招待客人，宴请活动中常有歌舞表演。

这里的水果四季不断，常见的有木瓜、香蕉，还有波罗蜜、山竹、阳桃、百香果、番荔枝、鳄梨等。

棕榈酒为国饮，由棕榈树汁液发酵而成，酸甜可口。虽然该国盛产优质咖啡，但当地人多不喜喝咖啡，而比较爱喝茶。

圣马力诺

国情

圣马力诺共和国（简称"圣马力诺"）位于欧洲亚平宁半岛东北部、意大利境内，面积61.2平方千米，人口33,698人（2022年），官方语言为意大利语，首都是圣马力诺。

概况

欧洲微型国家，如摩纳哥、安道尔、列支敦士登等公国，多由历史上的亲王封地形成，而圣马利诺由石匠马力诺（Marinus）创建，至今已有1700多年的历史。

马力诺出生在今克罗地亚之达尔马提亚群岛，靠采石为生。由于他宣传当时尚属非法的基督教，受到罗马帝国皇帝迫害，便跨海来到现今的意大利中部，在蒂塔诺山洞里住下来，继续做石匠和宣传基督教。后来，其他受迫害的基督徒便聚在这里避难，形成"石匠公社"，并逐渐演变为国家。1243年，该国开始实行双执政官制，20年后制定了共和法规，建立了世界上最早的共和国。该国与意大利的共同边界长39千米，面积61.19平方千米，550多年来一直未变。

圣马力诺在14世纪初就出现了"大议会"。现今，大议会有60名议员，任期5年。议员由普选产生，警察、宪兵不可参选，父子只能一人参选。每年3月和9月，由大议会在其60名成员中选出两位执政官，即国家元首，同时是政府和议会首脑，对外代表国家，对内主持大议会和国务（政府）会议。

两位执政官权力平等，不分正副，任职六个月，不得连任，但三年后可再次当选。每年4月1日和10月1日，举行新执政官就职仪式。正式场合，执政官所穿官服的领口上绣有国旗图案。

任职届满后，执政官不享受国家任何特权和津贴，作为一介平民，当医生、农民或教书、开饭馆等。由于轮换频繁，在该国随处可以见到前"元首"。

圣马力诺有一项法律规定，若某位当选的执政官不想干、拒绝就任或中途撂挑子，则必须缴纳一笔巨额罚款才能脱身。

小国寡民，却不畏强权，敢于接纳和庇护避难者，如意大利统一战争的领导者加里波第，就曾逃到这里避难，受到友好接待，这为圣马力诺继续保持独立奠定了基础。圣意边境不设防，圣马力诺仅有一座国门与意大利相通，以白漆线标示两国边界。进出圣马力诺国境无须签证，无哨所、关卡、边检。

圣马力诺人民生活富裕。旅游和邮票发行是国民收入的重要来源。圣马力诺有"邮票王国"之称。据说，该国是世界上第一个开展邮政业务的国家，1607年便出现了邮政所，1877年开始发行邮票，1923年发行了世界上最早的快递附捐邮票，1970年发行了世界上第一套迪士尼卡通邮票。

圣马力诺邮票仅在其国内通用，绝大部分成为世界各国集邮爱好者的收藏品。如今，对外出售纪念邮票、集邮册、硬币等，是该国财政收入的重要来源。该国邮票设计精美，主题时尚，色彩鲜艳，品种繁多，将历史遗迹、人物以及山水、动物等融于方寸之间，无不惟妙惟肖，因而其邮票驰名世界。

有趣的是，圣马力诺虽然实行出入境免签制度，但是该国签证贴纸仍有出售，类似大号邮票，标价五欧元，是颇受外国旅游者喜爱的纪念品。

交往

圣马力诺人注重交往礼节，通用的称谓有"先生""夫人""小姐""女士"。见面行握手礼，一般会互换名片。与人约会，注重准时赴约。应邀到当地人家中做客，应向主人献上一束鲜花。接受主人招待时，在咖啡和白兰地未上桌之前，客人不可吸烟。

在办公室工作、餐馆就餐或街上行走，圣马力诺人都会注意服装整齐，一般需穿外衣，不可只穿衬衫、短裤。

饮食

圣马力诺人的饮食习惯与意大利人一致。传统正餐通常有四五道菜，头盘冷菜一般是奶酪、沙拉，主菜通常是意式面条，原料多为杜兰小麦面粉，呈黄色，耐煮，口感好。另外，还有意式馄饨、饺子。

这里的意式比萨以及多种口味的香肠、冰激凌等，颇受人们青睐。

该国出产的橄榄油和葡萄酒颇有名气。

斯里兰卡

国情

斯里兰卡民主社会主义共和国（简称"斯里兰卡"）位于南亚次大陆以南的印度洋上，面积65,610平方千米，人口2,215万（2021年），官方语言为僧伽罗语、泰米尔语，上层社会通用英语，首都是科伦坡。

交往

斯里兰卡人注重礼节，初次见面或告别时，普遍互施合十礼。最规范的合十礼节，是把双手合掌，举到脸部，同时说"阿尤宝温"（意为"你好"）。外国人向当地人行双手合十礼时，常伴随点头致意，这让他们感到奇怪，认为没必要。

跪拜礼也是斯里兰卡传统礼节，一般在礼仪场合中信徒、晚辈对高僧长老或父母行的礼节。行跪拜礼时，需双膝、双手和前额触地，同时要用右手抚摸一下受礼者的脚背，以示尊敬。受礼者则以右手抚摸施礼者的头顶，表示祝福。

斯里兰卡人多信奉佛教，当地佛教文化盛行，僧侣备受尊敬。乘公交车，普通人从后门上车，僧人则从前门上车，车厢前部设有僧人专座。居民与僧侣说话，无论是站着，还是坐着，都会设法使自己的头略低于僧侣的头部。佛教徒不骑车、不快跑、不戴手表、不乘母畜拉的车、不进娱乐场所，在庙宇内行走需要赤足。

斯里兰卡人对外交往或接待外宾时，多行握手礼，而对来访贵宾，常常敬献以兰花扎成的花环，并将其套在宾客的脖颈上。在当地做客，入室要先脱鞋，而后席地而坐。

他们重视守时守约，认为这是有礼貌的表现。相互交往中，他们习惯以头衔称呼对方。

服饰

斯里兰卡地处热带，男女喜穿纱笼、纱丽。典型的民族服装是：男人穿长袖紧口短褂，下身着纱笼；妇女上身穿短袖紧身短褂，下身裹以彩色纱丽。男女一般均穿拖鞋，不穿袜子。纱笼是由两块布拼成的筒裙，从上腰一直拖到脚面，干活时将之撩起掖在腰间，好像一条短裤，舒适而方便。而大多数妇女喜欢穿的纱丽，是一整块料子，将其一端在腰间缠绕、折叠，另一端则搭在肩上。纱丽"在把全身裹起来的同时，又能把身体的整个线条凸显出来"。纱丽端庄大方，是斯里兰卡女士们参加社交活动的不二选择。

饮食

斯里兰卡人以大米、椰肉、玉米、木薯等为主要食物，做菜多放咖喱、辣椒、椰子油等，口味偏辛辣，有时吃水果也要加盐和辣椒。具有民族风味的食品有椰汁饭、香蕉、烤面包果或蒸熟的波罗蜜等。当地百姓用手抓食进餐，但上流社会以及外交场合的人们使用刀叉。用手抓食进餐时，是用右手的拇指、食指、中指拿起食物食用，忌讳用左手。每人面前摆放两碗水，一碗清水供净手用，另一碗凉开水供饮用。

斯里兰卡人有喝上午茶和下午茶的习惯。他们喜喝红茶，爱加糖和牛奶。在家招待客人，常献奶茶。乡下人喜欢饮用椰花酿造的淡酒。

在斯里兰卡，吃喝不能出声。僧侣禁止饮酒，也不吃蘑菇类食品。

习俗

在斯里兰卡，参观寺庙等佛教名胜古迹，不可穿短衣、短裤，也不可戴帽子。进入寺院，必须脱掉鞋子和袜子，要赤脚步行。他们不能容忍任何对佛无礼的行为，如踩、跨、骑佛像或亲吻佛像，在佛像前跳舞等。这些都是违反该国法律的行为，可能会受到严厉惩罚。

接受当地人礼物或给当地人送礼时，要注意用右手接送。

在奠基仪式、店铺开张或宗教仪式上，必请贵宾燃灯，他们认为这是事业繁荣和生活幸福的象征。

斯里兰卡人喜欢红色、白色、咖啡色、黄色、天蓝色、草绿色和黑色等。

他们尊蓝色睡莲为国花，并视其为友谊的象征。他们尊黑尾原鸡为国鸟，认为它给人们带来了美好与幸福；乌鸦在斯里兰卡被视为神鸟和吉祥物；他们认为大象能给人们带来吉祥；狮子象征着勇敢、威严和力量，在斯里兰卡的国旗上有狮子的形象。

他们的婚俗很特别，如小舅子为新郎洗脚、系"同心结"、砸破椰子；新娘要把新郎送的花布围在腰上，将鱼形发卡戴在头上，且结婚费用由女方承担。

斯洛伐克

国情

斯洛伐克共和国（简称"斯洛伐克"）是地处中欧的内陆国家，国土面积4.9万平方千米，人口546万（2022年），官方语言为斯洛伐克语，首都是布拉迪斯拉发。

交往

斯洛伐克人热情友善，见到客人一定会问候"您好"，目光正视对方，并告之自己的全名；若有必要，还会递上自己的名片。介绍人们相识，会在姓氏前加职称或衔称。亲朋好友之间，彼此只称名字、不称姓。

与客人见面时，以握手礼为主，分别时会再次握手。公共场合，口头问候后，可以握手，也可以不握。关于男女握手，他们并不计较谁先伸手，男士先伸出手与女士相握很常见。

关系亲近的妇女相见时会互亲脸颊，男子相见则拥抱，男女之间互贴面颊。长辈亲晚辈额头，父母子女之间亲脸、亲额头，平辈亲友贴面颊。男子对尊贵的女宾有时会行吻手礼。斯洛伐克人等级观念较重，上级与下级、管理者与被管理者的区别明显。

受邀去当地人家里吃饭，最好带上葡萄酒或白酒作为礼品，并给女主人献上鲜花。

斯洛伐克人注重隐私，与人聊天不涉及对方的私事，即使是近邻、亲友，未经约定也不可随意登门造访。交谈时，两人会保持适当距离，不习惯靠得太近。除了握手、拥吻，不习惯勾肩搭背等其他身体接触行为。朋友之间送礼，一般不送贵重物品。高声说笑、歇斯底里、敲桌子等，被视为不文明的粗鲁行为。

服饰

庄重场合，斯洛伐克男士会穿深色西装、扎领带，女士穿庄重的礼服或套装。喜庆日子或过年过节时，乡间的人们常穿民族服装：男子常着白衬衫、肥大的白色裤子，外罩黑马甲，腰缠彩色宽腰带，足蹬黑色长皮靴，头戴黑色礼帽，马甲、衬衣上均缀有美丽的刺绣花纹，其色彩多为红色或金色；女子民族服饰为千层百叠、色彩艳丽的裙装，饰有花边、缎带、流苏等。

未婚女青年爱用鲜花、绿叶扎成花冠戴在头上，已婚女性习惯扎白头巾。新娘常常身着蓬松宽大的白色百褶裙，配上浅蓝色紧身围腰，外罩白色大披肩和饰带，头戴为结婚特制的帽子。新娘服饰华丽精美，绣着象征吉庆的花卉百草，帽子上点缀着醒目花纹或几何图案。

饮食

斯洛伐克人的早餐一般是面包、鸡蛋、牛奶、麦片粥等，同时他们也很爱吃奶油做的各种点心。午餐、晚餐最重要，喜炸、焖、烹的菜肴。特色饭菜有羊乳酪酱拌面条配土豆汤、鸭肉或鹅肉炖白菜、土豆面团加白菜制作的蓬松汤团等。烤猪肉是斯洛伐克人最爱吃、最普及的菜，常常配上酸菜和馒头片吃。酸菜可减轻猪肉的油腻感，这种吃法很像我国西北地区流行的肉夹馍。晚餐一般要喝汤，如清汤、蘑菇汤、白菜汤等。

斯洛伐克盛产葡萄酒，比较知名的酒品多产自托考伊或小喀尔巴阡山等葡萄种植区。此外，这里还有啤酒、梅子白兰地、草药苦酒等。

习俗

作为斯拉夫人的斯洛伐克人，其迎宾习俗是，由主人亲自或由身穿民族盛装的女青年捧着托盘，向客人献上面包和盐。客人应撕一小块面包，蘸盐吃下。这一礼俗的寓意是，主人即使清贫到只有面包和盐，对朋友也会热情欢迎、无私款待。

互赠彩蛋在斯洛伐克有悠久传统。复活节时，他们把煮熟的鸡蛋染上各种颜色或画上图画，作为家里的装饰品，或当礼物送人。彩蛋的颜色和图画不同，含义也有区别：蛋壳上画着红心，是爱情的象征，是情侣之间的礼物；蛋壳上画花鸟山水，则属于具有普遍意义的一般性节日礼物。2017年，在斯洛伐克的一个村庄里，村民用1,600个彩蛋装点村里的一棵大树，以美观、欢庆的心情庆祝建村800周年。

斯洛伐克某些地方有崇拜狼的习俗。节日期间，到处都挂着狼的图片，互送的礼品中，也必有绘有狼形象的图画，人们装扮成狼互致节日问候，陪伴新郎新娘的人也要扮成狼，洞房门口挂上用纸做成的狼。

斯洛文尼亚

国情

斯洛文尼亚共和国（简称"斯洛文尼亚"）位于欧洲南部，面积2.03万平方千米，人口211万（2022年），官方语言为斯洛文尼亚语，首都是卢布尔雅那。

交往

斯洛文尼亚人属于斯拉夫人种。他们传统、自信、勤勉、智慧，家庭观念强。节假日，多数人待在家里，在园地干活或维修、擦洗自家汽车。他们热情好客，与人交往彬彬有礼，信誓守诺。与客人见面，以握手为主礼，拥抱、吻面、贴面颊等仅限于亲人、熟人之间。在公共场合，关系亲近的妇女之间吻面，男子之间拥抱，男女之间贴面颊。对尊贵的女宾，往往是亲其手背，表示尊敬。传统迎宾礼节是，主人或女青年身穿鲜艳民族服装，捧出面包和盐，请客人品尝。客人撕一小块面包，蘸盐吃下。

服饰

社交场合，斯洛文尼亚人注重服饰文明，一般是西装革履，女子多穿裙装。休闲时间，常见的是运动装、牛仔装。民间节日或公共活动，有时会看到人们穿民族服饰：男子的标配是白衬衣、深色马甲、宽大的长裤和高筒皮靴等，头戴黑色圆礼帽或上细下粗的白色圆筒帽，白衬衣的领部、袖口和马甲上均绣有美丽花纹；女子的民族服饰甚为复杂，颜色图案搭配十分讲究，基本装束有短衬衣、马甲、百褶裙、围裙、腰带、披肩、头巾等。

新娘一般是身穿白色婚纱，按有些地方的传统习俗，新娘常常穿母亲当年披过、精心保留下来的婚纱。

饮食

斯洛文尼亚饮食文化深受意大利影响，其烹饪颇有名气。其肉类加工方法独特，如火腿、香肠和炸猪排，都很有特色。

斯洛文尼亚人也吃馄饨或饺子，其做法与我们相似，是用肥瘦适当的鲜猪肉搭配洋葱、马郁兰、韭菜拌馅，用擀面皮包裹，煮、蒸而成，但吃法却不同。他们吃时，搭配用蘑菇汁、鸡油、羊肉制作成的一种叫作巴卡尔卡（bakalca）的酱料，使味道更加鲜美。他们通常将馄饨或饺子作为开胃小菜、小吃，有时也当主食。伊德里亚的馄饨最为出名。

这里的蛋糕类点心也不错。如波提卡（potika）是花卷状蛋糕，通常以胡桃、葡萄干、香草、松软干酪等为原料，有的是酥皮夹鲜奶油或卡仕达酱，也有的配上草莓和巧克力。

斯洛文尼亚酿酒历史悠久，当地的人们喜欢喝酒，但酗酒者少见。

节日

每年2月的第三个周末是斯洛文尼亚的驱寒节。届时，人们会戴上面具，走到大街上，去"驱赶"冬日的严寒。此节已有数百年传统，现在逐渐演变成一种大众狂欢节。

驱寒节上，人们装扮成各种传统的人物形象，最有代表性的人物是斯洛文尼亚传说中执掌生殖与丰收的"享乐之神"卡伦图（Kurent）。他身披山羊皮，头戴牛角、鸟喙面具，伸着长舌头，腰间缠五彩缎带，腰系沉重的铁铃。扮演者在街道上狂奔、跳舞，用铃铛响声和挥动的木棍"驱赶冬日的魔鬼和晦气"，迎接温暖的春天，期盼丰收的年景。

每年的驱寒节都会吸引众多国内外游客，促进当地旅游事业的发展。

婚俗

一般情况下，男女双方在确定关系后，会在教堂举行一个简单的仪式，只邀请近亲和好友参加。父母不会干涉子女选择配偶，不会为即将结婚的子女买房买车，不会为子女的婚事大操大办，如安排车队迎亲、张罗排场的婚宴等，父母关心的是"你跟他（她）在一起是否幸福"。青年人选择对象，重在爱情、志趣相投，不在意门当户对，不关注对方是否富有、从事什么工作。

在斯洛文尼亚，男女同居现象较多。法律规定，同居两年以上，即看作事实婚姻。结婚或同居期间，双方租房居住，每个人为自己的花费买单，生了孩子，共同抚养。孩子从出生起，医疗、教育全部由政府买单，因而抚养孩子对家庭来说花费不多。

苏丹

国情

苏丹共和国（简称"苏丹"）位于非洲东北部，面积188万平方千米，人口4668万（2022年），官方语言为阿拉伯语，通用英语，首都是喀土穆。

交往

苏丹人为人诚恳，孝敬父母，热情待客。见面流行握手礼，即使是熟人，一天内见面数次，也必握手。亲朋好友见面，不仅握手，还相互拥抱、拍打对方肩膀。感情亲密的友人常行吻礼。

他们注重问候礼节，问候时间往往有数分钟，不仅问候彼此，还会问候家属、亲朋好友等，从身体到生活，从学习到工作，甚至气候、交通等，都会问遍。男女之间相互点头、微微一笑，也表示问候。

给孩子起名字，不使用含有"发财""得胜""高贵"等意思的词汇，喜欢用"天仆""天悯"等词汇。外来人可称呼苏丹男子为"先生"，可称呼女子为"夫人""女士""小姐"等。相互交往中，习惯称呼头衔与姓氏。若朋友邀请赴家宴，拒绝是瞧不起人的表现，甚至有侮辱其人格的含义。到苏丹人家中做客，若只有男性参加，一般不与家中女性接触。做客时，应带礼物给对方，但不可送其太太或其他女眷礼物。握手、端饭、敬茶等均用右手，若用左手，会被视为失礼的行为。

服饰

大多数苏丹人崇尚民族服装，只有在首都喀土穆等大城市，人们出入对外正式场合，才做西装革履的打扮。人们遵循伊斯兰教教规，衣着须符合自己的社会地位和身份。男子禁穿纯丝织衣服，色彩不可过于鲜艳，不佩戴金银饰物。苏丹男子多头缠白巾，身穿阿拉伯式长袍。平时，在长袍外，女子身披白色或其他颜色的薄纱。

到清真寺做礼拜或参加葬礼等，男子必须戴弁，即上小而尖、下大而圆的帽子。妇女进清真寺，则戴面纱、盖头。另外，苏丹妇女认为黄色最美，因而喜欢洒烟雾浴，使肤色变黄。

苏丹男人、女人都有文面、文身习俗，不少人脸上带有数条深浅不同的刀痕，有的呈平行状，有的呈十字或者双十字状。据当地人说，这能增强美感，还可以避邪。一般男孩在四五岁、女孩在十岁左右纹永久性的文身、文面标记。

饮食

苏丹人的主食有面包、麦饼、豆饼、面饼等。肉食以牛羊肉为主，还有骆驼肉、鸡肉、鸭肉等。常吃的蔬菜有番茄、洋葱、黄瓜、马铃薯、豌豆；水果有香蕉、葡萄、桃子、橘子、西瓜等。他们爱用辣椒、胡椒粉、芝麻等调料。烹调时，或烤或炸或炒，喜馥郁软滑、麻辣焦香味道。

苏丹待客最高礼仪是用新宰生羊肝敬客。主人用小刀把羊肝切成片状，整齐地码放在盘中，撒上辣椒面和香料。平时用餐，以右手抓食。他们不饮酒，不吃猪和不反刍的马、驴、骡、狗、鸟的肉，也不吃动物内脏、没有鳞的水生动物以及鳝鱼、甲鱼、鱿鱼等形状怪异的动物。

干旱地区炎热少雨，人们会把雨水收集起来，储存在挖空的泰伯尔迪树洞里，以备日后取用。他们爱喝红茶，其中的"苏丹红"由晒干的玫瑰茄紫花煮成，呈红色，口感清凉甘甜、略带酸味，是备受欢迎的解暑饮料。

婚俗

苏丹人的传统婚礼场面豪华、仪式繁多。婚礼上，新娘穿传统红色长袍突博（toob），满身金饰；新郎穿的长袍是佳拉比亚（jalabiya），头戴小帽，腰间佩戴刀剑。新郎见到新娘后，拔出刀剑并展示给众人。新娘则扭动腰肢，在其他女眷陪同下跳起舞来，以此展示新娘身体完美无瑕。舞毕，新郎收起刀剑，与新娘并排坐在华丽的大床边。管事之人把一种特殊的粉饰喷在他们的额头，给新人的手腕、胳膊以及脖子围上护身符，并让新郎、新娘各喝上一口牛奶含在嘴里，之后，把一块彩色大丝巾罩在他们头上。

伴随着大家的欢呼声，管事之人慢慢将丝巾扯下来，新郎和新娘把含在嘴里的牛奶喷向对方，以此表示爱情纯洁，预示婚后生活如同奶汁那样香甜。

苏里南

国情

苏里南共和国（简称"苏里南"）位于南美洲北部，面积16.4万平方千米，人口61.3万（2021年），官方语言为荷兰语，首都是帕拉马里博。

居所

苏里南的农村房屋种类较多，有用木头盖的平房，也有用棕榈叶盖顶的草房。首都帕拉马里博市内，街道宽阔，多热带树木、花园，建筑物以木结构为主，其中印度、印尼、荷兰等风格的建筑最为醒目。印度人的住宅前，一般在竹竿上挂有白色或红色小旗；圆顶清真寺附近，色彩淡雅的建筑肯定是印尼爪哇人的住宅；荷兰人则集中居住在克普莱因大街上，那里有庄重低矮的教堂；硬木结构、树叶屋顶的A形茅屋，则是黑人的住所；罗马风格的木结构教堂是信奉天主教的欧洲人聚会的场所。

交往

苏里南气候炎热，社交活动一般安排在晚上。苏里南虽然面积不大，但是民族众多，且都保留着各自的宗教、习俗，交往礼节丰富多样。例如，苏里南华人多来自广东，春节是法定节日。节日期间，华人互相拜年、恭贺佳节，赶庙会是重要的节日活动之一。

由于苏里南曾为荷兰殖民地，因此荷兰语为官方语言，社交场合使用的语言有英语和相关民族语言。荷兰等欧美国家礼仪文化在当地比较流行，客人见面、告别时，一般会相互握手并互致问候。亲朋好友相见，会行拥吻礼。最常用的称呼是"先生""夫人""女士""小姐"，称呼行政职务或学术职称也很流行。

服饰

苏里南地处热带，人们在正式场合的着装才比较正规，男士西装革履，女士则穿裙装。平时，人们服饰比较简约。虽然各个族群的服饰有差异，但就整体而言，其特点是颜色浅、质地薄、尺码大，为的是防晒、宽松透气、穿戴方便。

在日常生活中，男人多穿短袖衬衫、T恤、长裤或短裤等；妇女穿短袖衫、短裙或连衣裙、无袖裙、吊带裙等。人们一般喜欢戴帽子或头巾，既可防晒，又是一种装饰。

过去，不同族群的服饰差异主要表现在民族宗教活动中。现在的青年一代，上同样的学校，同时参加各种社交活动，使得苏里南各族民众的服饰日益趋同。

饮食

苏里南餐饮文化十分丰富，可以说汇聚了亚非欧各国的精华，当地正规餐厅可以提供数十种外国菜肴。荷兰、印度、南非、印度尼西亚等国的餐饮，都占有一席之地。当然，中式餐饮更是不可缺少，中餐八大菜系的名菜都可在当地品尝到。

当地居民的主要食物有大米、猪肉、家禽、海味等。特色菜有鸡肉馅点心、鸡肉或牛排米饭、青豆土豆鸡丝汤和芭蕉花生汤。苏里南蔬菜及水果颇为丰富。

社交招待会一般是22时开始，持续到第二天的2时，多选用自助餐形式。宾主互相敬酒致意，喝多喝少随意，没有劝酒、灌酒现象。烈性酒一般是在宴会快结束时才递到客人手上。招待会气氛达到高潮时，在动听的音乐伴奏下，主人、客人会翩翩起舞，也有人会动情地一展歌喉。

习俗

居住在河边的印第安人，捕鱼有绝活。他们用木制弓箭射鱼，且一般都能射中。他们手持弓箭，静静地守候在河边，一旦发现鱼，就立即射出一支用结实木头制成的箭。真正的渔民必须一箭射中，如果脱靶，就会受到人们耻笑。印第安男子向姑娘求婚，常常送鱼以表心迹，以此证明自己精通捕鱼技巧，能够自力更生，是个能够承担起家庭重担的男子。如果姑娘满意，就会亲手把鱼烹成美味，回赠给求婚者。

在苏里南，基督教、印度教、伊斯兰教、佛教都有信徒，各有自己的风俗忌讳。如印度教信徒不吃牛肉，不用牛皮制品；伊斯兰教民众不吃猪肉。

当地依照西方习惯，不宜询问妇女的年龄。

索马里

国情

索马里联邦共和国（简称"索马里"）位于非洲最东部的非洲之角索马里半岛上，面积637,657平方千米，人口1,544万（2019年），官方语言为索马里语、阿拉伯语，首都是摩加迪沙。

交往

索马里人热情好客，见到客人会主动打招呼、握手致意。熟人见面常拥抱，问候周到，内容广泛，除了涉及身体健康、家人、事业，还会问候家里的骆驼。人们社会等级观念强，见到身份高的贵客，会右腿跪地行大礼。异性相见不握手，问候语也很少，只是以点头微笑表示问候。在乡下一些地方，遇见外来贵宾，男女老少常常围着客人唱歌跳舞。

应邀到索马里朋友家中做客，主人会在门外迎候，女主人会带领全体子女与客人见面，一一向客人行礼，然后退出，只由男主人招待客人。男主人会先请客人喝骆驼奶或茶，以及其他饮料。

索马里的传统饮料是骆驼奶，北方游牧民族喜欢用茶招待客人，而迪基尔族人和拉汉文族人则用酥油煮绿咖啡豆待客。他们先让客人品尝煮好的酥油咖啡豆，之后请客人喝煮过咖啡豆的热汤，并请客人将汤涂擦在胳膊和头发上，还教客人将酥油吸进鼻孔里。这些东西有刺激神经的作用，令人爽快。主人还会点燃铜炉中的木炭并撒上香料，顿时香气盈室，沁人肺腑。在这样温馨、愉快的氛围中，宾主开始交谈。

服饰

在正式场合，索马里人非常重视着装打扮，有身份的人西装革履。而在日常生活中，男人喜欢穿民族服饰——宽大的棉织长袍或筒状裙子，头上戴小圆帽，肩膀上搭着叠成细长条的各种花布，以此显示身份和地位。由于天气炎热，富人喜爱穿露出脚后跟的凉鞋，平民百姓则穿泡沫塑料拖鞋。妇女也是长袍加身，不过长袍色彩更为丰富，虽不一定戴面纱，但必须把头发包住。

城市里的时尚女子，注重发型美观。流行的发型是，将头发梳成横向小辫，然后收拢于脑后，打成髻。摩加迪沙大街上，常常可以看到红头发、红胡子老头，这不是自然长成的，而是用凤仙花染成的。他们觉得，头发、胡子白了不好看，特意为之。

饮食

索马里人招待外宾，一般是在饭店、宾馆，多采用意大利式西餐。也有许多富裕的索马里人喜欢举行家宴，将朋友请到家中，用传统饭菜款待客人。索马里饭菜制作独到，煎炒炸烤，风味特别。居民就餐方式多是手抓，即使吃面条，也是直接下手。他们一日三餐离不开香蕉，除了生吃，还将其做成香蕉饭、香蕉饼，甚至香蕉酒。总的说来，索马里人的饮食结构以牛羊肉和奶制品为主，粮食类主食为玉米、大米、高粱，此外有椰肉以及鸡、鱼、蛋等。如果雨水充足，瓜果蔬菜也很丰富。居民谨遵伊斯兰教教规，不饮酒，但香蕉酒是例外。这种酒度数低，实际上是当水喝，每逢节日、婚丧之时，当地人更是开怀痛饮。

习俗

骆驼在索马里人生活中起着重要支撑作用。他们将骆驼作为衡量家庭财富的标准，用作支付、赔偿的手段。人们爱惜、敬重骆驼，交谈时不容许有亵渎骆驼的话语，也禁止人们给骆驼拍照，以免惊扰它们。

索马里是著名的"香料之邦"，历史久远，素享盛名。在做礼拜、婚庆活动和款待宾客等场合，人们喜好燃烧乳香，因为一来香气使人愉悦，二来可以增加喜庆气氛。

索马里居民多是穆斯林，谨遵伊斯兰教教规。清真寺神圣，未经允许，外人不得擅自进入；进入清真寺，需将鞋子留在门口。

按照传统，男方父母牵着两峰母骆驼作为聘礼，去向女方家求婚。订婚后，小伙可到姑娘家帮忙干活，并住在单独为他准备的房间里。两个年轻人可以在一起窃窃私语，甚至晚上男子也可进入姑娘的卧室。但信奉伊斯兰教的索马里牧民十分注重姑娘的贞洁，严守新婚检验姑娘贞洁的传统，因此婚前双方不得有越轨行为。

如果一切顺利，订婚四五个月后，双方举行婚礼。届时，新郎西装革履，新娘一袭白纱，婚宴热闹非凡，载歌载舞，通宵达旦。

所罗门群岛

国情

所罗门群岛位于澳大利亚东北方、巴布亚新几内亚东方，由超过990个岛屿组成，陆地总面积2.84万平方千米，人口约72万（2024年），官方语言为英语，通用皮金语，首都是霍尼亚拉。

概况

所罗门群岛是西南太平洋上的岛国，900多个大小岛屿星罗棋布。群岛自然景观壮丽、秀美，山峦起伏，森林、草木繁盛，虽境内多火山，但仍不失为"幸运岛"。

所罗门群岛居民多属美拉尼西亚人种，一般住在沿海平原。居民靠海吃海，从事捕捞业，同时种植粮食和蔬菜，几乎家家都有自己的菜园。养猪是他们的主要生计，当地以拥有猪的多少衡量贫富。土地不属于政府，为原住民所有，世代相传。地主一般为族中辈分高者，富裕且受人尊敬。

首都霍尼亚拉没有高层建筑，居民多住两层木屋。城市中汽车不多，车辆开过往往会尘土飞扬。

交往

所罗门岛民皮肤黝黑，头发卷曲，脸宽鼻阔，身体强壮。他们亲族观念深厚，凡父母辈的兄弟，都会受到父亲般的尊敬。

所罗门人善良朴实，对观光客热情友善。见面礼节是握手，称呼外国人为"先生""女士""夫人""小姐"。

服饰

由于天气炎热，乡间男子通常穿短裤，有时在腰胯间围一块布或围一串树叶，有时则在胸前挂树皮。妇女通常穿裙子，酷爱将贝壳或花瓣串起来挂在颈上、垂于胸前或挂在双臂上，也有的喜欢用草扎成图案，戴在头上作为装饰品。

当地男女都习惯戴耳环和项链。玻璃球串成的项链中，常夹杂贝壳和动物牙齿。有些男子爱文身，花纹越多、越精细，就越美观。

饮食

所罗门的粮食、蔬菜基本能够自给。日常食品有甘薯、猪肉、鸡、海产品，以及杧果、柑橙、菠萝、香蕉、芭蕉、木瓜、椰子等。当地猪肉的制作方法一般是放在火上烧烤，或用树叶包裹放在烧红的石块上焖制，一小时可熟，用手撕着吃。

所罗门的金枪鱼、龙虾等诸多海产品，物美价廉。当地帝王蟹重数千克，制作方法一般是加作料烤、煮，也可用来煲汤；生蚝味道鲜美，滴上柠檬汁可生食。当地人就餐以手直接抓食，吃饭也不定时。饮料一般是生水和椰子汁。

习俗

所罗门居民生活中的乐趣是跳舞。男舞者脸上涂抹白色颜料，用树叶做裙子，跳战斗舞蹈时，会手持长矛，身上插着花草。

所罗门一些部落的传统婚俗是父亲为儿子挑选媳妇。男女双方同意后，男子的父亲会给女子的父母送一块贝币或者送一头猪作为定亲礼。然后，双方父亲商议聘金，通常是贝壳货币、红羽毛货币或鲸鱼、猪、海豚的牙齿。聘金通常由男孩的母亲送给女孩的母亲。此外，男方还应送一些布匹作为聘礼。婚礼前，女孩由父亲等家庭成员送去未来的婆家，并在那里度过六个月，其间不能同她未来的丈夫共寝。经过六个月的相互了解，女孩再回到自己家里，等待新郎前来迎娶。

塔吉克斯坦

国情

塔吉克斯坦共和国（简称"塔吉克斯坦"）位于亚洲中部，面积14.31万平方千米，人口1,001万（2023年），塔吉克语为国语，俄语通用，首都是杜尚别。

交往

塔吉克斯坦人热情友好，与客人相见多以握手为礼，并说"萨拉姆马力空"（意为"您好"）。亲朋好友以及比较熟悉的人相见，也常行拥抱礼、贴面礼。日常生活中，通行于穆斯林之间的抚胸礼节也很常见。男子行抚胸礼时，一般是右手按于胸前并鞠躬，女子则双手按胸躬身为礼。

塔吉克斯坦人提倡孝道。见到长辈时，一定要恭敬地问候，然后躬身捧起长辈的右手吻其手背；长辈则亲切地摸晚辈的头顶，或亲吻其面额。晚辈骑马，见到长辈，要下马问好、行礼。落座时，座次有长幼尊卑之分，长辈和客人入上座。

塔吉克斯坦多数民众信奉伊斯兰教。

服饰

塔吉克斯坦人新奇、时髦，男青年平时喜穿牛仔裤、皮夹克，女孩子爱穿连衣裙。公职人员多穿西装、西服裙。他们重视帽子，不论男女长幼，穿西服还是穿民族服装，都喜欢戴一顶圆顶绣花小帽。男人的小帽颜色多为黑白相间，女子的小帽则为彩色。讲究传统的塔吉克斯坦女子在欢庆场合常戴圆筒状高帽，其装饰更为华丽，外出时还要在帽子上罩一块大方头巾。

男人的传统民族服饰是宽大的长袍，扎腰带或以方巾围腰，头戴绣花小帽或缠头巾，脚穿软质皮靴；女子的传统装束是蓝紫或墨绿以及其他花色的长袍，长袍下面配红黄色灯笼裤，脚穿拖鞋，头上扎花头巾或戴绣花小帽。塔吉克斯坦女子还喜欢用粗黑的眉笔把两条平直的眉毛连在一起，形成"一字眉"。此外，不少人有镶金牙的习惯，女人尤其多，据说这是时髦和家庭富裕的象征。

饮食

塔吉克斯坦人日常主食是馕和抓饭。肉食主要是羊肉、牛肉、骆驼肉制品。民间宴饮，多席地而坐，围成一圈，在地毯上铺白布，将食品摆在上面。经常喝的饮料有茶、奶、啤酒、葡萄酒等。

就餐时，客人、年长者在上位就座。进餐比较安静，不高声说话或嬉笑。若用羊肉招待客人，宰杀前主人会将羊牵至客人面前，待客人表示满意后才能宰杀。进餐时，先向贵客献上羊头，客人需在羊头上割一块肉吃掉，双手把羊头送还主人；主人会再向贵客献上一块夹羊尾油的羊肝，待贵客吃后，大家才开始进餐，一般是由主人分肉给大家。

抓饭，是用右手的拇指、食指、中指抓取米饭，送进口中。这种米饭一般用大米同羊肉一起焖制，油性大，容易捏成团。不过，现今塔吉克斯坦人吃抓饭，也开始使用勺子。

按穆斯林传统，就餐者食毕，往往会同时举起双手做"都瓦"（祈祷），即双手捂在脸上，自眉毛往下擦抹脸部。餐饮结束，在餐具尚未收拾完、主人没有离席前，客人不能随便起身走动。

习俗

当地新年是纳乌鲁斯节，每年自3月21日起，延续3—15天不等。届时，家家户户清扫庭院房屋，穿上节日盛装，到各家互相拜节问候、祝福。妇女们等候在大门口，往来客左肩上撒白面粉。各家会准备抓饭、抓肉、奶子面、羊羔肉汤等美食招待客人。节日期间，还会举行各种比赛活动，如赛马、摔跤、刁羊、马球等。

小孩出生时，亲友邻里都要去祝贺——送礼物、撒白面粉。男孩出生，鸣枪三响或大喊三声；女孩出生，要在其头前放一把扫帚。

塔吉克斯坦人认为，免冠同人说话不礼貌，故必须戴着帽子同人说话。用手指着人说话，是对人的侮辱。用左手递送东西或食物，是失礼行为。他们认为星期三和星期日不吉利，故这两天不与人交际、不做生意、不还债。忌讳用脚踩食盐或其他食物。骑马时，遇到羊群要绕过去，不能直接穿过，也不得骑马接近主人的羊圈或用脚踢羊。忌讳谈论"猪"，禁食猪肉、狗肉、骡子肉、驴肉及一切自死动物的肉和血液。

泰国

国情

泰王国（简称"泰国"）位于中南半岛中部，面积51.3万平方千米，人口7,160.1万（2021年），泰语为国语，首都是曼谷。

交往

泰国被称为"微笑国家"，人们平和有礼，对外国人客气和蔼。

泰国人名字在前，姓氏在后。泰国人互相只称名、不称姓，只在正式的场合或通信时才使用姓。平时口头尊称，不论男女，一般只在其名字前面加一冠称"kun"，意思是"您"或"先生""太太""女士"。

泰国人的见面礼节是双手合十。双方行合十礼，必须以同样礼节还礼，否则就是失礼，但僧侣对平民不一定回礼。一般是年轻人先向长者打招呼、行合十礼，长者随即也合十回礼。行合十礼时，要稍稍低头，口说："萨瓦迪！"萨瓦迪，即为"您好"。

用手指着对方说话是不礼貌的行为，而接吻、拥抱甚至朋友见面时搂腰拍背等举止，也被认为有伤风化。

进入泰国人家要脱鞋，不能踩门槛。部分泰国家庭不设座椅，人们席地而坐。这不是盘腿而坐，而是小腿着地，屁股坐在小腿上，并且不可露出脚底。从坐着的人面前走过时，要略微躬身，表示礼貌。若在椅子或沙发上就座，绝对不可以脚尖撞人或指人。

当地人认为，人的头部最为神圣。孩子的头，外人不得触碰，只有国王、高僧或父母才可抚摸。理发师在理发前要先说声"对不起"，然后才可开始理发。向人传递东西，切勿越过他人的头顶。

服饰

泰国男子的传统民族服装是"绊尾幔"纱笼和"帕农"纱笼，前者是用一块长约三米的布包缠双腿，有点像我国的灯笼裤；后者则是用布缠裹腰和双腿的服装。如今，泰国城市里的男子大多穿制服、西装，女子则喜欢穿西服裙。泰国人喜爱金首饰，男子常常佩戴小金佛像。

泰国人喜爱红色、黄色，忌褐色；习惯用颜色表示一个星期中的某天，如星期日为红色，而星期一至星期六分别为黄色、粉红色、绿色、橙色、淡蓝色、紫红色。人们常于不同的日期穿不同色彩的服装。过去白色用于丧事，现在改为了黑色。

饮食

泰国人以大米为主食，个别地区人民吃饭不用匙筷，而是以手（右手）抓着吃。在泰国，民族风味的"咖喱饭"（大米、鱼肉、香料、椰酱、蔬菜等配上咖喱粉烹制而成）很普及。泰国人特别爱吃辣椒，且越辣越好，他们也非常喜欢用味精和鱼露调味。他们不喝热茶，习惯在茶里放冰块。

泰国人送礼多用色彩亮丽的包装纸和缎带包装，礼品常为食物。接受泰国友人的礼品前，应先行合十礼，表示感谢；除非对方要求，否则不要贸然当面打开礼品。

泰国人吃饭以及给别人递送东西均用右手，以示尊敬；用左手会被视作鄙视他人。不得已要用左手时，应先说声"左手，请原谅"。在比较正式的场合，递送东西要双手奉上。

习俗

在泰国，寺庙、佛像、僧侣备受尊重，不得对其做出轻率的举动。每天早晨，人们自发准备各种食物，供养托钵僧侣。遇到僧侣，要让其先行，甚至绕行。女性不许与僧侣握手，在汽车上不得与僧侣邻坐，即使是僧侣主动前来打招呼，也应礼貌拉开距离。由于僧人绝对不能和女性进行任何接触，因此女性要想送给僧人东西，必须经过男性的手转递，或者僧人展开供养布，让人把东西放在供养布上。遇见托钵化缘的僧侣，千万不可送现金，这是破坏僧侣戒律的行为。

进入佛殿，必须脱鞋，并且要衣冠整洁。上装需带袖，衣袖不得翻卷，衬衣下摆要塞进裤腰里面；裙裤过膝，不得穿短裤进入佛寺。佛日禁止杀生，因此杀猪、宰鸡等都要在前一天完成。重大佛日，禁止赌博，甚至赛马、拳击比赛等也在被禁之列。

坦桑尼亚

国情

坦桑尼亚联合共和国（简称"坦桑尼亚"）位于非洲东部，面积94.5万平方千米，人口6,174万（2022年），斯瓦希里语为国语，与英语同为官方通用语，首都是多多马。

交往

坦桑尼亚人有名字，没有姓氏。最正式的称呼包括本人名、父名及祖父名，平常称呼本人名及父名，朋友之间则只称呼本人名。已婚妇女，一般会保留自己的原名，或在本人名后加上夫名。客人受到尊重，通常尊称男客人为"爸爸"、女客人为"妈妈"。对于有地位、有身份的人，称"阁下"。日常交往中，最常以"朋友""兄弟"相称。官方活动中听到"同志"的称呼，则是针对"自己人"。

对外交往中，握手或拥抱是坦桑尼亚人最常见的礼节。这里的迎宾礼节比较特别。一是拍肚。在迎接贵宾时，习惯先拍拍自己的肚子，接着热烈鼓掌，然后与客人握手。这是表示他们"心口如一、热烈欢迎"之意。二是举拳。这是最高级别的礼节。行礼者高举握紧的右拳或双拳，轻轻地晃动或上下反复晃动。这表示行礼者见到对方十分高兴，对对方无比爱戴与崇敬。三是尖叫。在乡间，妇女在迎接女宾时，习惯围绕着客人转圈跑动，同时口中发出有节奏的尖叫声，以表示客人光临倍感喜悦。四是屈膝。妇女们见到身份高的人士或长者，通常屈膝向对方致以崇高敬意。

坦桑尼亚人有敬老传统，日常生活中亲近、信赖、关爱父母，对老年人多有关照，称呼他们为"老人家"。当家庭和村子讨论重大事情时，他们都要征求老年人的意见；在解决矛盾、调解纠纷中，长老的意见至关重要；在年长者面前，说话要恭敬，站立或坐姿要端庄，不可跷二郎腿；就餐时，年轻人不可先于老年人离席。

服饰

正式场合，男士一般是西装革履，女士则穿套裙。平时，城镇男子喜欢穿猎装或T恤。典型的女子民族服装是：上穿月牙背心或圆领汗衫，下穿色彩艳丽的裙子，或者是将两块颜色不同、长约两米的布料搭在身上，在腰部一围一搭，然后用同样的方法将另一块布料缠绕在身上，而头部则包一块花头巾。有的部族仅在下身围一块兽皮。

妇女普遍重视发型美观。最时髦的发型被称为"索科莫科"，即把头发从前向后梳，在脑后收拢，打成两结，形成一道一道均匀的花纹。有的姑娘爱将自己的头发编成一排一排的细小发辫，并在发辫上缀以种种饰物。马萨伊族女人以剃光头为美，男子则爱好梳辫子。马康迪人常在自己脸上刺花纹。有的部族，男子戴耳环或臂环，女子则饰脚铃或足环；有的部族，其妇女佩戴项圈越多，就表示年龄越大。

饮食

坦桑尼亚上流社会偏爱英式西餐，对外宴请也以西餐为主。当地百姓以玉米、大米、甜薯为主食，用玉米面加糖和椰子油做成的手抓饭是他们平日最爱吃的食物。他们口味较重，喜食辣味食品；爱吃的肉类是牛羊肉，忌食猪肉、动物内脏以及鱿鱼、海参、甲鱼等。他们吃蔬菜不多，而各类水果消费量很大，特别是香蕉最受青睐。香蕉既是水果，又可做菜、做点心及酿酒。

哈亚族人忌吃飞禽，也不吃鸡和鸡蛋，养鸡只是为了报晓和用作祭品。

克拉依人常用蛇饭待客。所谓蛇饭，就是将一条红花蛇与饭一起蒸煮，蛇不去头尾、不剥皮，仅去除内脏。主人请客，客人必须吃掉蛇饭，且不宜吐蛇皮，否则会被认为是对主人不恭。

坦桑尼亚人一般爱喝啤酒、咖啡、汽水，个别部族禁止饮酒。

习俗

元旦前夕，坦桑尼亚沿海的斯瓦希里族人，家家户户要用木炭爆玉米花，并撒在屋内各个角落，以示驱散妖魔，祈求幸福。他们还用玉米和菜豆煮饭，盛在碗盘里，放在门前，供访亲者或路人随便食用。元旦当天，人们鸡鸣即起，姑娘们身穿彩裙，走街串巷唱民歌，互相祝福，异常欢乐。但是，他们一般不喜欢生人进入家门，更不喜欢其进入卧室。客人来访，主人会在家门外恭候。客人必须从前门进入，后门则只供主人一家自己使用。

将坦桑尼亚人称为"黑人"是失礼行为。信奉基督教的人士认为数字"13"不吉利，会给人带来厄运。

汤加

国情

汤加王国（简称"汤加"）位于太平洋西南部赤道附近，陆地面积747平方千米，人口10.02万（2022年），通用汤加语、英语，首都是努库阿洛法。

交往

汤加人性情豁达，热情好客，生活悠闲自在。与宾客见面，常以握手为礼，热情问候，礼貌寒暄。日常称呼，一般是直呼对方名字，只在表示特别尊敬时，才用姓氏加头衔相称。当地人拜见身份高者，习惯施"莫伊—莫伊"吻足礼。

到汤加人家中做客，女主人会把亲自制作的花环戴到客人脖颈上，以表示热情欢迎。他们只在亲密朋友之间送礼，鲜花不被看作礼品。

欢迎贵宾，当地人不论男女都会穿上盛装，即用树皮布做的裙子，腰间还围着状如围裙的腰席。妇女们头上插着香气袭人的鲜花，发髻上饰以高耸的白色羽毛，脖颈处佩戴兽牙颈环。远道而来的贵宾会被邀品尝"卡瓦酒"，其传统的规矩是，客人要以双手击掌三下，从主人手中接过用椰壳装的酒，一饮而尽，然后将空壳还给主人，再击掌三下，以示程序完成。卡瓦酒是一种胡椒科灌木的树根捣碎后溶于水中的液汁，并不含酒精，饮后会使身心镇静、松弛、舒适。

服饰

对外场合，汤加男士有时穿西服套装，有时只穿西服上装，下着裙装。在汤加，不论男女，都会穿裙装，尤以草裙最有特色。按当地习惯，普通人的草裙都比较新鲜、美观，而身份高者反而穿破裙。这是因为年代越久远的草裙，其故事越多，越显得珍贵，穿上它才显得更隆重。只有地位崇高的人，才会注重保存自己的草裙。

另外，欢庆节日时，男女老少都会穿上节日盛装，即用"塔帕布"制成的华丽服装。塔帕布是当地富有民族特色的树皮布，由一种嫩桑树皮制成，树皮经过浸泡、反复捶打，其韧皮就会变成薄如蝉翼、清凉透气的布料，晾干后用姜黄属植物和天然靛青等印染，加工成精致绚丽的布料。汤加人一生离不开塔帕布，出生后的褓褓、结婚的彩礼布料，直至死后裹尸，都用得着塔帕布。谁家的塔帕布料多、摞得高，不仅代表其富有，还代表其社会地位高。

饮食

汤加人的食物十分丰富，肉食以猪肉、鸡肉等为主，素食有木薯、芋头、芭蕉、面包果、香蕉、椰子、地瓜以及各种热带蔬菜。招待客人最名贵的菜品是"烤全猪"，其中"海鲜猪"尤为珍贵。"海鲜猪"能在浅水区游泳，能到附近的珊瑚礁捕食蟹、蚌、海藻和鱼等，其肉质略带咸味，烤制后味道十分鲜美。

参加宴会时，男人们身上有各种饰物，腰间系着"拉伐拉伐"草裙，或再加围一条腰席；妇女们头上、颈上佩戴各种鲜花。宴会开始，宾主席地而坐，通常是长者带领大家祈祷后，亲手割下第一块肉，献给客人先尝，然后众人才可一起分享。当地人进食，多以手直接抓取食物。

习俗

汤加人的传统观念是以胖为美、为荣、为贵。特别标致的妇女，必须身体肥胖、脖子短粗。女子腰身细长被视为丑陋，她们会想方设法增加腰围，如用布一圈一圈将腰身缠起来。女子只有胖到一定程度，才能嫁得出去。

不过，过分肥胖不仅在日常生活中有诸多不便，对身体健康也十分不利，这是当今世界的共识。汤加人"以胖为美"的传统观念正在悄悄发生变化。早在数年前，国王就开始亲自在全国推动"瘦身运动"，并以身作则，带头减肥。如今汤加大街上胖人虽然仍有不少，但是特意增肥者已不多见。

汤加的乡下人习惯居住以椰树为材料建造的房屋。房屋以椰树树干作为支架，用枝条编墙壁，尖尖的屋顶搭上树叶和茅草。房屋只有门，没有窗户，虽简陋，但符合当地人日出而作、日落而息的生活习惯。汤加椰树遍地，取材方便，且成本低廉，即使房屋被大风摧毁，也不会伤人，再建不难。

汤加人多信奉基督教，因此忌讳数字"13"。星期日是神圣的安息日，除教堂举行的宗教活动外，禁止其他社会活动。公共场所严禁袒胸露背。吃饭时，需保持安静，高声说话是不文明的举动。

特立尼达和多巴哥

国情

特立尼达和多巴哥（简称"特立尼达和多巴哥"）位于小安的列斯群岛东南端，面积5,128平方千米，人口142.1万（2022年），英语为官方语言和通用语言，首都是西班牙港。

概况

特立尼达和多巴哥是由特立尼达和多巴哥两个岛屿组成的国家。特立尼达岛较大，原名叫"伊利"，在印第安语中是"蜂鸟"的意思。蜂鸟是特立尼达和多巴哥人民不畏强权、热爱独立和自由的象征，其身小如黄蜂，飞行时两翅振动发出嗡嗡声，故名。多巴哥岛较小，形状像一支雪茄，"多巴哥"最初被原住民称为"Tavaco"，即当地人使用的长柄烟斗。

1498年哥伦布登上"伊利"岛时，正值基督教三位一体主日（Trinity Sunday），遂以"特立尼达"（Trinidad）为该岛命名。同年，哥伦布发现多巴哥岛时，用"烟草"为其命名。

如今，该国是闻名遐迩的旅游胜地。

特立尼达和多巴哥首都西班牙港位于特立尼达岛西北部，原为印第安人村落，因400多年前一度沦为西班牙殖民地而得名。这是个美丽的滨海花园城市和深水良港，依山临海，接近赤道，终年炎热，四季常青，自然景观秀丽。市区街道整齐，布局错落有致，格调高雅清新。建筑多为西班牙式两层楼房，也有英、法、意老式哥特风格建筑，尖拱簇柱，颇为壮观。市内除了欧式教堂，也能看到富有东方色彩的印度庙宇和阿拉伯清真寺。200多年前，华人来到这里。为纪念华人的到来，当地政府将10月12日定为"华人抵特日"。

闻名世界的钢鼓是特立尼达和多巴哥最具民族特色的乐器，各种庆祝活动都少不了它。一支完整的乐队，队伍庞大，有数十人到300余人不等，分8个声部，其声音雄浑、典雅，从乡土气息浓厚的加勒比民歌到贝多芬、肖邦的名曲，均可演奏。

交往

当地居民多为印度裔人、黑人和混血种人，多信奉天主教、印度教。他们讲礼貌、重礼节，见面问候时会互相握手。

饮食

当地人的饮食风格多样，最受欢迎的汤有牛尾汤、牛肉汤、炖蹄筋汤、玉米浓汤以及卡拉露（callaloo，一种用蟹肉、蔬菜和各种佐料煮成的浓汤）。他们的早餐通常是夹层饼，内有辣鹰嘴豆馅。

这里的肉类或豆类都可以用来炖菜，风味独特，尤以鸡肉和红豆最受青睐。他们喜欢往肉里添加咖喱粉，以咖喱鸡、咖喱鸭、咖喱羊肉最为美味。中餐的芋头扣肉，在当地也很有名。当地特色食品还有印度手抓饼，饼内包有咖喱鸡或咖喱牛肉、咖喱羊肉。

常见的蔬果有番茄、黄瓜、菠萝、茄子等；甜点有煎薯仔饼、椰子软糕、鲜奶球裹甜酱；饮品有椰子汁及各种酒类。

节日

狂欢节于每年2—3月的某个星期一开幕，而各种预备活动会在数星期前陆续开始。

　　首都西班牙港的活动是选出"国王"和"王后"并进行加冕，并围绕"国王""王后"举行两天的盛装游行。头一天是泼彩日。当日凌晨4—5时即开始，参与者伴随着震耳欲聋的音乐沿街跳舞巡游，同时互相涂抹、泼洒油彩或涂料、泥巴甚至巧克力酱，身上的颜料越多的人越开心。次日为盛装巡游日，是狂欢节的核心。表演者按照神话或宗教故事，身着由染色羽毛粘的各种服饰，尽显大自然绚烂色彩。

　　不同地区或俱乐部的队伍，装束、色彩、主题各不相同。这里踩的高跷高度可达三米。路边狂欢的人群随着音乐节拍扭动身躯，边舞边唱，忘掉一切，沉浸在幸福欢乐之中。

土耳其

国情

土耳其共和国（简称"土耳其"）位于亚洲西部、欧洲东南角，地跨亚欧两洲，面积78.36万平方千米，人口8,527万（2022年），土耳其语为官方语言，首都是安卡拉。

交往

称呼土耳其人，应在姓氏前加上"先生""女士"，或者加上官衔、职称，只有交往很深时，才可称呼对方的名字。女子婚后随夫姓。

土耳其人对老年人很恭敬。晚辈拜见长辈，行捧手碰额礼，即捧起长辈右手轻吻，并使之轻触自己额头。社交场合，对不太熟悉的人一般是握手，穆斯林女士也不回避与男士握手。同亲朋好友相见时，互吻对方双颊且不停地问好。

应邀到土耳其人家中做客时，可带上鲜花，也可带上酒。土耳其家庭整洁，铺满地毯，进屋须脱鞋。他们待客殷勤、慷慨大方，会摆上咖啡、香烟、点心、水果，热情请客人品尝。送别时，主人会行交手鞠躬礼，即先将双手交叉于胸前，同时90度鞠躬。

服饰

在信奉伊斯兰教的国家中，土耳其人的穿着打扮是比较开放的。

土耳其的传统服装：男人戴毡帽或呢帽，穿长袍与灯笼裤；妇女则穿长袍、戴头巾和搭配披肩。这种传统服饰如今在一些农村尚可看到，在城市日常生活中已不多见。

土耳其男子讲究蓄须，穿着多为西装革履；妇女穿着因人而异。到清真寺做礼拜时，妇女必须包头巾。送给新娘的礼物一般是金手镯，若新娘两个手臂上戴满金手镯，寓意日后衣食无忧。

饮食

土耳其餐饮业发达，烹调闻名于世。主食以面食为多，人们喜食大饼，常用面粉、牛奶、糖和榛子做各种甜品。副食有羊肉、牛肉、鸡、鱼、蛋类等，转烤羊肉、砂锅羊头、纸包羊肉等菜肴颇有名气。肉食中以羊脑髓最为珍贵，视为上等补品；忌食猪肉、甲鱼等。沿海地区人们爱吃鱼虾等海味。蔬菜主要有茄子、胡萝卜、青椒、洋葱、黄瓜、土豆、白菜、番茄等，以茄子烹制的菜肴名品众多。调料爱用橄榄油、玉米油、蒜、糖、胡椒等。

他们口味喜微甜，讲究菜肴的鲜、脆、嫩，就餐方式同西餐完全一致。饮料多为红茶、凉开水、牛奶、咖啡。土耳其咖啡有名，饮用方法别具一格：通常不过滤，带渣一起装杯，并加入大量糖，但不加奶。酸奶源自土耳其，市面上各类酸奶随处可见。出于古老习俗，人们普遍对大蒜怀有特殊感情，部分民众喜欢在自家门口挂上几辫蒜，希望逢凶化吉。

蒸汽浴

土耳其蒸气浴"哈门"（hamam）世界闻名。传统浴室的墙壁呈环形，用石头建造，墙壁内侧有许多热水管和小水槽。室内中间设大理石平台，供浴者躺卧，约半米高。平台下面不断冒出股股蒸汽，弥漫室内，平均温度为60℃，也可为80℃以上。浴者置身于浴室内的高温之中，会迅速大汗淋漓，再以温水或冷水淋浴，达到清除污垢、舒活筋骨的目的。浴室内都配备按摩师，可推、拿、揉、按，使浴者全身皮肤发红，血脉顺畅，顿觉轻松、舒适。蒸气浴可消除疲劳、减肥、美容、改善睡眠、调节人体神经及内分泌系统，但贫血、高血压患者以及体弱多病的人不宜洗蒸气浴。

习俗

在土耳其，郁金香是幸福的象征、爱情的信物，被尊为国花。

土耳其人大多信奉伊斯兰教，进入清真寺需脱鞋。向前点头表示"赞同"；摇头表示"我不明白"；双手上举至头部表示赞叹等情绪，有时还配以轻微点头。

穆斯林民众忌讳以左手传递东西或食物。公共场合，男女过分亲昵，属不雅行为。

土库曼斯坦

国情

土库曼斯坦位于亚洲中部，面积49.12万平方千米，人口705万（2022年），官方语言为土库曼语，通用俄语，首都是阿什哈巴德。

交往

土库曼斯坦以良马、地毯著称。首都阿什哈巴德街道干净、整洁，治安良好，居民夜不闭户，犯罪率低。

土库曼斯坦民风淳朴，有着良好的社会风气。人们注重礼貌，讲究信义，举止文雅，和蔼可亲；重视敬老爱幼，孝敬父母。在公共场合，交谈一般是低声细语，忌讳大声说笑、叫喊，他们认为吵闹是不体面的行为。

穆斯林相见的礼节是右手自然抬起，放在胸前，上身微微前倾，先互问安好，后再交谈。同辈相见行握手礼，关系亲密者行拥吻礼。穆斯林到清真寺做礼拜，对安拉感恩、赞美、恳求和禀告。做礼拜前要先行净礼，如水净，即沐浴全身或洗手和脸；若无水，则用土净，用手拍打净土、净沙、净石。礼拜毯是土库曼斯坦穆斯林日常必备之物，毯上通常饰有象征清真寺或《古兰经》等的图案。

服饰

政府规定，国家公职人员，男士着西装，女士着民族长裙。土库曼斯坦男子的民族服装是肥大裤子、长袍以及经过精心修饰领口的长衬衫，头戴用黑色、白色或褐色羊皮缝制的毛茸茸的高筒帽，冬暖夏凉；女子长裙，长及脚踝，领口、胸前、腰间、袖口镶有精美刺绣。银首饰是土库曼斯坦女子穿民族服装时不可缺少的装饰物。

上中小学的女生通常穿绿色裙子，女大学生则穿红色长裙更多见。女子长裙多为单色，以胸前的绣花来判定其档次，手工绣花最为昂贵。姑娘们在出嫁前，大都头戴小帽，梳一对长长的麻花大辫，有的发梢缀有饰物。已婚妇女会把头发扎到五颜六色的头巾里。

饮食

土库曼斯坦人口味偏咸，并爱甜、辣；其主食以米、面为主，最常见的是馕；副食有牛肉、羊肉、鸡、鸭、蛋类等，蔬菜主要有豌豆、菜花、土豆、胡萝卜、白菜、番茄、葱头。他们爱用丁香、番红花、洋葱、茴香、薄荷等调料，烹调多用煎、烤、烧、炒等方法。

食中珍品是羊头、羊蹄和羊脑髓，一般用来招待贵宾。日常生活中，羊头、羊蹄常献给老人吃，而羊脑髓一般给孩子吃。家常饭有肉汤泡碎饼、抓饭、烤羊肉等。里海沿岸的人爱吃鱼、通心粉等。

人们平时爱喝奶茶，夏季喜喝凉驼奶。他们的饮食严格遵守教规，禁止饮酒，忌食猪肉等，不食生葱、生蒜等有异味的东西。穆斯林宰牲，要念经祈祷。

他们用餐时，席地而坐，吃饭不用刀叉，习惯以右手抓饭、端饭、敬茶、递物，忌用左手。陪同客人就餐，主人尽量不多说话，让客人吃饱后再说话，他们认为这才是有礼貌的表现。

习俗

若小伙子看中某位姑娘，其父母便会携带礼品去女方家拜访。如对方父母满意，就会收下送来的礼品。

土库曼斯坦人的婚礼常常定在周末，杀牛宰羊，大宴宾客，非常隆重。新娘离开娘家时，人们向其头上抛撒糖果、硬币和小礼品。新娘的首饰纷繁复杂，较重要的有头饰、胸饰、腕饰以及戒指等。新娘的传统礼服是丝绸长袍，佩戴避邪用的三角香囊，上面写有诗文或格言，用皮革和丝绸制成。新娘的盖头为白底配红色花纹，边缘缀有流苏，直到婚礼结束才能摘掉盖头。

现代的土库曼斯坦人结婚很讲究。新娘穿白色婚纱，婚礼现场多以白色为主调。此外，盛大的婚宴、鲜花和彩带装饰的车队，都给人留下深刻印象。

土库曼斯坦政府鼓励生育，生育9—10个孩子的妇女，会获"英雄母亲"称号，国家为其提供免费住房。

白色是首都阿什哈巴德的主色调，如总统府、机场等标志性建筑，均用白色大理石建成。土库曼斯坦人忌讳黑色，禁止进口黑色汽车，从2018年1月1日开始，当地禁止黑色汽车上路。土库曼斯坦人一般在家里最明显的地方摆放被咬掉几口的面饼，据说这是为了缅怀那些出征而未能返家的亲人们。公共场所禁烟、禁酒。出席葬礼，要戴帽子、围巾。

突尼斯

国情

突尼斯共和国（简称"突尼斯"）位于非洲北部，面积16.2万平方千米，人口1,200万（2022年），官方语言为阿拉伯语，通用法语，首都是突尼斯市。

交往

突尼斯人与外国朋友初次见面，一般是握手问候致意，称呼"先生""夫人""女士"或"小姐"。握手后，他们还要把右手放在胸口。见面时，他们一般是等外国朋友主动伸手后，才伸出手来相握。熟人之间相见，会握手、拥抱，并且会吻对方面颊，有时会亲吻三次。见面问候时间较长，问候内容广泛，称呼对方为"兄弟""朋友"。对年长者或有身份、有地位的客人，他们会毕恭毕敬站立一旁，右手握拳，高高举起，前后晃动，称呼对方"大叔""大婶"或者"阁下"，问候愈加恭敬。

妇女习惯以点头微笑、弯腰鞠躬的方式向客人表示欢迎和敬意。现在比较开放的年轻女性，在社交场合也常常主动同男性客人打招呼，并主动伸手与男士们握手。社交场合，当面夸赞当地某女士长得漂亮，会令她高兴。与他们交往，赠送的礼物最好是糖果、茶叶、布料、鲜花等。

突尼斯一些地区的传统待客方式颇为新奇。突尼斯南部一些地区，对第一次来访的贵宾，为了表示隆重欢迎和尊重，主人家男女老少会簇拥客人到河边、溪畔、湖岸或者水塘旁，请客人洗脸、漱口，主人甚至会亲自以手捧水，浇到客人脸上，有时还会浇湿客人的衣服。客人若表现得非常高兴，乃至欣喜若狂，主人会非常满意。

服饰

突尼斯乡下有不少中老年人穿传统阿拉伯袍装，女子外出还要戴面纱。在城镇，人们更喜欢穿西式服装。当地人大多喜欢穿牛仔裤，头上常常戴一顶红色高筒帽。据说，带穗的红帽子是他们民族服饰的标配。女子有时会在西服外面套上传统的长袍。

饮食

突尼斯人的主食有面包、大饼、大米饭等。正餐开始，先上一道用香料熬成的鱿鱼汤。贵客到来，会用烤全羊招待。

突尼斯的特色美食丰富，如鱼杂烩、瓦罐羊肉、油炸蛋三角等，味道颇佳。被称为国菜的"古斯古斯"，是用面粉、蔬菜、肉类做成的，风味独特。正餐毕，他们会端上橄榄、椰枣、西瓜、香蕉、桃等水果和甜品。

传统饮料是薄荷茶、咖啡及果汁、矿泉水等。过去，突尼斯人是以手抓取饭食，现在除南部一些地区，大多已习惯使用西式餐具。

习俗

12月是当地的雨季，这时气候温和湿润。地处沙漠边缘的杜兹镇，每年都会举行以骆驼为主角的撒哈拉联欢节。届时，手执长枪、身披盔甲的壮士，骑着骆驼威武行进，举刀向观众致意；人们载歌载舞，有的坐在骆驼背上的花轿里，再现当地人结婚喜庆的盛况，间或有骆驼叼瓶、喝橘汁等滑稽表演。

最吸引人目光的表演有两个。一是骆驼赛跑。平时温驯、略显迟钝的骆驼疾跑如飞，时速可达60千米。二是骆驼格斗。当两头公驼碰到一起，便会疯狂地嘶吼、追逐打斗，一经交锋，互不相让，头撞头，脚踩脚，场面异常激烈。

不过，为了不致伤残，即将分出胜负之前，主人便会把它们拉开、牵走。入夜时分，人们围坐在篝火旁，观赏阿拉伯舞蹈，品尝烤羊肉。热闹的联欢节为当地吸引来大量外国游客。

当地人遵循伊斯兰教传统，禁食猪肉，忌用酒作为礼品。进入清真寺，不可穿露背的上衣、短裤和高跟鞋等。

忌与当地人过多谈论政治、宗教等话题，不得在政府或警察局门口照相；忌饭前提及公事；递接物品以右手，忌用左手。

瓦努阿图

国情

瓦努阿图共和国（简称"瓦努阿图"）位于太平洋西南部，陆地面积1.22万平方千米，人口约32万（2021年），官方语言为英语、法语、比斯拉马语，首都是维拉港。

概况

瓦努阿图由83个岛屿组成。这里年平均气温25℃，没有明显的季节之分，属于热带海洋性气候。瓦努阿图自然环境优美，放眼望去，可见蓝天、绿岛、碧海、白帆，一派诗情画意。此地海水清澈透明，沙滩细软白净，风吹椰林，鸟语花香，犹如世外桃源。

瓦努阿图最漂亮的建筑是教堂。城市居民的住宅多是平房或者两层水泥砖瓦房，整个街道干净整洁，居民院子里的草坪平整。乡下人的住房多是圆形或者椭圆形的茅草屋，篱笆为墙，树叶盖顶，而一些学校等公共建筑则比较规整。

瓦努阿图的每个家庭都有一块土地，要么是祖传的，要么是酋长分配的。人们过着日出而作、日落而息的日子。

这里的人们虽不富裕，但没有饥饿现象。当地的水果资源丰富，终年不断，到处都可采摘到香蕉、杧果、木瓜、菠萝等。饿了可以吃水果，渴了可以饮山泉水。他们天生乐观，幸福指数颇高。

　　瓦努阿图人对环境的保护意识很强，每逢星期六，都会有许多中小学生和普通民众走上街头，拿着政府分发的垃圾袋，在路边、公园等公共场所捡拾垃圾。

　　蹦极在该国历史悠久。如今在彭特考斯特岛，每年四五月份为孩子们举行成年仪式"死亡跳"，就是现代蹦极运动。

　　跳塔高达30米，设不同高度的跳台供人选择。用藤蔓的一端拴住竞跳者的双脚，另一端则拴在跳塔最顶端的木架上。竞跳者向观众挥手致意，然后双臂向上高高举起，随着一声长啸，双脚一跃，便一头俯冲而下。观众们睁大眼睛、屏住呼吸，见证那惊险一刻。当看到竞跳者倒挂悬空、平安无事时，欢呼声、赞叹声、口哨声响成一片。

　　成年仪式上的勇敢俯冲，象征着竞跳者步入成熟阶段。

　　沙画是瓦努阿图原住民祖辈传下来的"绝活"。在露天沙地或在火山灰、泥土的地面上，他们用手指勾画出几何图形或者动植物的形象。在安布里姆岛上，发现的沙画图案竟有180种。

　　2003年，该国传统沙画成功入选联合国教科文组织第二批"非物质文化遗产代表作"名录。

服饰

　　瓦努阿图人的服装多用树皮布缝制，不过现在穿机织布料的衣服和西服、牛仔装、短裙的人越来越多。由于天气炎热，男人穿汗衫、短裤或者长裤等，妇女穿汗衫和短裙。

　　原住民通常穿草裙，赤裸上身。在北方的桑托岛，每当一个新村落成，都要举行新村落成仪式：男人们将全身涂黑，只在腰间裹一块树皮布，头上戴着羽翎，脚踝套着花环，手持长棍敲击着自制的木鼓，祈求上帝赐福。

饮食

　　当地人口味清淡，不吃辣。主食有薯类、芋头、香蕉、木瓜等；副食多为猪肉、鸡肉、蛋类及果蔬等。这里虽是海洋国家，海产资源丰富，但很少有人专门从事渔业，因而水产价格昂贵，品种有限，最有名的美味是椰子蟹。当地人的传统食物是"拉普拉普"（laplap），其制作方法是将树薯、山芋及香蕉等磨碎混合，加入稀释的椰奶揉成面团，上面放鸡翅或猪肉等，用芭蕉叶包裹，放在热石堆中烤熟。

这里的饮品是卡瓦酒，呈黄色，用卡瓦胡椒的根磨粉制成。初尝时，舌尖稍感麻木，继而有镇静、轻松、舒适的感觉。这是在南太平洋群岛流行的一种饮料。

习俗

瓦努阿图北部地区仍存有母系社会传统，南部则为父权社会。酋长对当地的传统习俗影响很大，对土地、文化、语言、捕鱼、打猎等问题拥有决定权。

当地妇女承担地里的大部分农活，男人们则干一些力气活以及技术活，如砍树、种植黑木薯和红薯等。当地人生活节奏较慢，对财物等看得较淡，物质欲望低。同部落人互相帮助，遇到困难，可随时向亲友求助，亲友们会爽快地拿出物品或金钱相助。

委内瑞拉

国情

委内瑞拉玻利瓦尔共和国（简称"委内瑞拉"）位于南美洲北端，面积91.64万平方千米，人口2,820万（2021年），官方语言为西班牙语，首都是加拉加斯。

交往

委内瑞拉人好客、热情、直爽、乐于助人。同人交谈时，为了表示亲近，他们喜欢彼此靠得很近，有时简直是脸对脸，几乎可以碰到对方的鼻子；谈话中间，可能会拍拍对方的肩膀，摸摸对方的领口；若是熟人，可能会抓住对方的双手说话。常见礼节是握手问候、拥抱吻面。他们非常重视称谓，平时称呼"先生""夫人""小姐"等，在外交场合称呼头衔，如教授、律师，或在称呼前加行政职务，如部长、校长、总经理等。

应邀到委内瑞拉人家中做客，主人会拿出家里最好的食物款待。做客时，一般应给女主人送些礼物，事后再寄一封感谢信。男士喜欢的礼品一般是一支好笔或其他办公用品；女士喜欢兰花。兰花是委内瑞拉国花，象征热烈的友情。

服饰

委内瑞拉地处热带，人们却习惯穿长衣、长裤。他们平时穿着比较随意，但在正式场合，男女都穿西装、皮鞋。男士的西服多为三件套，颜色较深，白色衬衫醒目，袖扣和领扣严整；女士穿套裙，注重外衣与衬衣色彩协调。境内的印第安人很少穿西装，他们服装式样繁多，一般喜欢戴草帽，脸上涂抹各种颜色。

按照委内瑞拉人的习俗，黄色代表财富，故而每逢岁末，老百姓都会热衷于购买黄色内衣，认为只要贴身穿着黄色衣服，来年财运就会降临。

饮食

委内瑞拉人的主食是玉米，玉米食品品种丰富多样，是城乡居民的最爱。除了玉米，日常主食还有大米、豆类等。涉外宴请时，多以西餐为主，其中以西班牙及意大利菜品口碑最佳，阿拉伯菜、中国菜等在各大城市也都能吃到。委内瑞拉的肉食消耗量大，多为牛肉、猪肉、鱼虾等海味、禽肉等；饮料有咖啡、茶、牛奶、可乐、啤酒、白酒和各类果酒。委内瑞拉人请客吃饭，有相互敬酒的习惯，不过按当地习惯，需要等主人敬酒后，客人才能敬酒。

"阿利亚卡"是该国典型的圣诞民族食品，其传统做法是将特制的肉馅包在玉米饼里，饼呈长方形扁平状，长5—7厘米，玉米饼外还需用烤过的芭蕉叶包扎，用线捆好，再用水煮一个小时，取出来晾凉，在冰箱里存放一天，待其入味后方可食用。

习俗

委内瑞拉是举世闻名的"美女之国"，至今已选拔出4个"环球小姐"和5个"世界小姐"。每年9月初，选美活动即拉开序幕，人们会沉浸在狂热和亢奋之中。特别是决赛时刻，万人空巷，人们停下所有事情，甚至连出租车也不拉客了，均围坐在电视机旁，等待那个激动人心的时刻。选美事关普通民众，很多人会毫不吝啬地把钱用在美容和服饰上。

新年来临，人们喜欢将大面额的纸币放在右脚的鞋子里，表示自己掌握了财富。不少老年人相信，如果想在新的一年发财，就应该在新年钟声敲响后祝酒碰杯，并将一枚金戒指放进酒杯中。新年宴席上的酒，首选香槟等起泡酒，他们认为泡沫象征着好运。爱好旅行的人，大多喜欢在新年来临之际提着行李箱在其住宅周围转一圈，提前享受来年外出旅游的欢快心情。

有些委内瑞拉人相信，随着新年钟声响12下，一连吃掉12颗葡萄，或者事先在纸上写下3个愿望待新年钟声之后烧掉，便能实现自己的愿望。为祈求来年收获甜蜜爱情和幸福婚姻，一些委内瑞拉妇女，特别是大龄女青年，会在新年到来之际，站在椅子上往地面跳，或者从桌子底下钻过去。

多数委内瑞拉人信奉天主教，忌讳数字"13"和"星期五"。他们认为，以刀、剑为礼相赠，会割断友谊。他们不爱吃味道浓郁的食品，不吃牛油点心，也不喜欢鸭梨等水果。

文莱

国情

文莱达鲁萨兰国（简称"文莱"）位于加里曼丹岛西北部，面积5,765平方千米，人口45万（2023年），马来语为国语，通用英语，首都是斯里巴加湾市。

交往

文莱人没有固定的姓氏，习以父名为姓，其姓名由本人名字及父名组成，中间用"之子"（bin）或"之女"（binti）连接。此外，还需在名前加尊称：男性为"阿旺"（Awang），女性为"达扬"（Dayang）；而对已经朝圣过的男女人士，分别尊称"哈吉"（Haji）、"哈贾"（Hajjah）。皇室及亲属名前加"本基兰"（Pengiran），非皇室出身的达官显要和有功人士，若被苏丹授予"佩欣"（Pehin）或"达图"（Dato）等封号，也应将其置于名前，同时他们的夫人被称为"达丁"（Datin）。当面称呼时，一般不直呼其名，可称其尊称，如"本基兰""佩欣""达图""达丁""阿旺""哈吉""哈贾"等。

文莱人重视伊斯兰教礼仪和马来族传统，言谈谦恭和蔼，举止文雅庄重。相见、告别惯行握手礼，轻轻一握，之后把右手收回，轻抚自己胸部，以示礼敬。若女性不主动伸手，男子则不可与之握手。从有身份的人或长辈面前经过，需侧身注目致意。晚辈见到长辈，应将双手抱于胸前，低头鞠躬致意。在长辈面前，不可过多言语，要站有站相，坐有坐相；长辈召唤，要及时而至。

招待客人时，席地而坐，男子盘腿，女子跪坐。传递物品用双手或右手，左手被视作不洁之手。指人或物，应用手掌，不能用手指，特别忌讳用食指指人。众人面前，不可吸烟、跷二郎腿。当地虽然生活富足，但社会风尚朴实，反对奢华、浪费、懒惰、不守公德。每天做礼拜五次，每逢星期五必须到清真寺参加聚礼和祈祷。

服饰

文莱虽地处热带，但人们衣着保守，忌讳穿短衣、短裤。男人上衣一般较为宽松，下身围纱笼；女子穿无领长袖连衣长裙（裙长必过膝），或穿长袖上衣和裤子，围头巾。进入清真寺，着装更需严整。一般交际场合，男人上身一般穿以蜡染的花布或以丝绸为原料做成的长袖衬衣，它们多宽大、轻薄、凉爽。在外交场合，男士服装以西装为主，女士多着西装套裙。文莱马来族妇女着装偏好红色、橙色、绿色以及其他鲜艳色调。黄色是文莱王室的象征，因此游客、平民不可穿黄颜色的服装进入王宫。

饮食

文莱人的主食是大米、面粉等，副食为牛肉、羊肉、鸡、鸭、鱼类。遵照伊斯兰教教规，禁止养猪、宰猪，禁止出售、食用猪肉。他们常吃的蔬菜有番茄、黄瓜、茄子、土豆等。文莱人口味喜辛辣，做菜爱用咖喱、虾酱、辣椒作为调料；辣椒、大蒜每餐必备；菜品讲究香、酥、脆，故喜干炸类菜肴。早餐常见椰浆饭，即用椰浆蒸煮的米饭，佐以红辣椒酱、黄瓜条、油炸小鱼干，再加上煎蛋、煎鱼、咖喱鸡、咖喱虾等，美味可口。午餐、晚餐中的牛羊肉、鸡、鱼等多用炭火烤制，并涂上沙爹酱、蜂蜜，故味道香甜浓郁。文莱的甜食味道不错，食材多选用糯米粉、椰蓉、椰酱、芋头和水果等。水果以杧果、榴莲等热带水果为特色。文莱人喜饮咖啡、可可和红茶。文莱禁酒，也禁止公开售酒，外国人过海关被限量带入酒类饮料。

在文莱需要注意的饮食礼节是，招待客人时，忌问"想吃什么""爱不爱吃""可不可口""喜不喜欢"等。

习俗

斋月期间，每天从日出到日落，广大穆斯林需禁食，非穆斯林人士也不宜在他们面前吃东西。不可从正在做祷告的穆斯林面前走过，非穆斯林不可踩踏清真寺内做祷告用的地毯。

在文莱，不可抚摩小孩的头部。当地人认为头部被触摸会带来灾难。用食指指人是很失礼的行为。若想用手指人，必须四指并拢，轻握成拳，大拇指紧贴在食指上。招呼出租车，要挥动整个手掌。

赠送礼物和纪念品，不得有人物头像或动物形象的图案。禁止穿着暴露的美女图片入境，禁止播放色情视频。在公共场合大声喧哗、边走边吃东西以及男女勾肩搭背等，被视作伤风败俗的粗野行为。禁止抽烟、随地吐痰，违者罚款。

为了避免发生不幸，文莱人出海打鱼时，不准说不吉利的话，所用工具不准任何动物践踏。

乌干达

国情

乌干达共和国（简称"乌干达"）位于非洲东部，地跨赤道，面积241,550平方千米，人口4,430万（2022年），官方语言为英语、斯瓦希里语，通用卢干达语等地方语言，首都是坎帕拉。

交往

在乌干达，与客人相见，一般只是握手；遇到身份高的客人，常举手致意，有时行半跪式屈膝礼。关系亲密的男士相见，一般会握手、拥抱。拥抱时，左手扶住对方的腰部，右手轻轻拍打对方的后背，嘴里不停地问候。对尊敬的客人，习惯呼"爸爸""妈妈"。女性见到男客，常行屈膝礼；见到女客，大多是相互拥抱；而见到女贵宾，通常是握手之后，再围着贵宾转圈，嘴里发出阵阵有节奏的尖叫声。

从英国留学归来的上层人士，注重仪表，崇尚绅士风度，不苟言笑，注重信誉和礼貌。见面需事先约好时间，准时赴约。他们注重交往行为规范，称谓得体。

在乌干达，信函普及，感谢、祝贺、慰问、道歉、告别等都离不开信函，且格式、行文规范，谦称、敬称恰当。

邀请乌干达人参加活动，必包括其夫人。

服饰

乌干达城镇居民与其他非洲国家城镇居民一样，穿戴既有袍装，也有西服、牛仔装。而在该国许多传统部落中，女性穿裤子属不道德行为，会遭受部落传统人士谴责。乌干达大中城市里的女孩子认为穿裤子时髦，因而舍裙就裤者越来越多。卡拉莫加人不穿裤子，也不穿裙子，他们认为穿任何衣服都会招致祸害。在他们族群里，男人和小孩通常全身一丝不挂，妇女有时只在下身兜一块兽皮。乌干达政府曾在那里推行过"穿衣运动"，遭到当地人强烈反对。

饮食

乌干达人的传统膳食，常用玉米、谷子、豆类、薯类烹制，有时还能看见炸蚂蚁、炸蝗虫等食物。

香蕉是乌干达待客不可或缺的食品，蒸、炖、炒、烤、炸烹制菜肴或榨汁、酿酒等，不管是日常饮食，还是举行国宴，都离不开香蕉。有客来访，通常是先敬一杯香蕉汁，再送上烤得微焦的香蕉点心。正餐"马托基"蕉饭，用一种不甜的香蕉作为原料，去皮捣碎，包在"马托基"叶里，经过蒸或煮，搅拌成香蕉泥，再按个人口味浇上适当调料，美味可口。它常常是国宴上一道不可或缺的主菜。

乌干达人的副食品是鱼、牛肉、羊肉、鸡、蛋类，蔬菜有辣椒、黄瓜、茄子、番茄、豆类；调料爱用椰子油、棕榈油、花生酱、辣椒汁、丁香、咖喱等。乌干达到处生长着香蕉、木瓜、杧果、菠萝、椰子等，水果品种丰富。他们爱喝的啤酒是用香蕉和高粱面混合发酵酿造的，味道香甜醇厚。他们喝酒时，将吸管插在酒坛内，吮管对饮。乌干达境内的卡拉莫贾人喜欢吃生的牛羊肉，喝生的牛血、羊血。

婚俗

乌干达人结婚，先到政府部门办理登记手续，遵照宗教习惯举行婚礼。他们的婚礼喜欢大操大办，大宴宾客，彩礼盛行。过去彩礼多是兽皮、象牙、鸟羽、串珠、贝壳或野菜等，仅作为联姻的信物；如今的彩礼则是牛、羊、现金。城镇彩礼较轻，越是偏远和落后地区，彩礼越重。若新娘长相出众，彩礼可达上百头牛。参加婚礼的客人，有的可能牵一头牛前来随礼。

"抢婚"旧俗仍在，不过现在的抢婚实际上是双方商量好的。新娘"被抢"时依旧哭喊，而一旦被"抢"到夫家，当公公将挂满现钞的彩带拴在媳妇腰间时，新娘便停止了喊叫和挣扎。这时，婆婆用手帕擦去媳妇脸上的汗水和眼泪，拉着她的手进入新房休息。

婚礼上，新婚夫妇要向酋长、有声望的长老及身份显赫的客人行额头贴地的跪拜大礼。双方父母的代表（多由当地的长老担任）致贺词，祝贺一个新的家庭诞生，嘱咐新郎新娘要忠于爱情。蜜月之后，新婚夫妇多半会离开父母，开始独立的小家庭生活。

禁忌

乌干达人忌讳数字"13"和"星期五"。伸左手，手心朝下，手指分开，是咒骂人的动作。用手指指人并讲话，是嘲笑对方为草包。不得向穆斯林打听其饲养牛羊的数量，不得左手传递东西或食物。同乌干达人讲话时用手指着牛羊，极为失礼，甚至可能会遭受棍棒教训。

乌克兰

国情

乌克兰位于欧洲东部，南邻亚速海和黑海，面积60.37万平方千米，人口4,113万（2022年），官方语言为乌克兰语，广泛使用俄语，首都是基辅。

称谓

乌克兰人的姓名组成是姓—名—父称。陌生人相见，一般互称"女士""先生"和姓，这是正式、礼貌的称呼。而称本人名字加上父名多见于熟人之间，是友好、亲切的表示。昵称、爱称是亲近之人间使用的亲密称呼，用于父母对子女、兄弟姐妹、夫妇、好友之间。另外，称呼"你""您"区别较大："你"是熟人之间友好、亲密的称呼；称呼"您"，一则表示尊敬、客气，二则表示彼此之间泾渭分明、感情上有距离。与乌克兰人刚刚结识，应用"您"称呼对方，熟悉以后，若想以"你"来相称，应征得对方同意。

交往

乌克兰人温文尔雅，喜爱结交朋友，礼节、礼貌周到。他们准时赴约，办事果断，不喜欢过多闲聊。握手和拥抱是常见礼节。男人之间握手比较有力，见到女士时，应等对方伸手后，才能相握。关系亲密者，见面时会拥抱并互贴面颊，特别是熟悉的女士之间，常互吻面颊。

乌克兰人尊重妇女，注意女士优先，如上下车、进出办公室，都会让女士先行；大街上常常可以看到丈夫挽着妻子手臂而行。小孩见到长辈，常常会躬身问好；成人习惯蹲下身来，同小孩谈话；家长竭力避免在孩子面前争吵或失态。

社交场合，一方作自我介绍后，对方可能不会马上回应，这时，不应直接询问对方，可稍后再打听，这才合乎礼仪。见面交谈，最好不要贸然询问："您身体怎样？"除非对方曾谈起健康状况，否则，无论对方健康状况如何，都会引起反感。这里打车方便，包括警车、邮政车甚至救护车在内，只要有人在马路边招手，都可以停下来，谈妥价格，便可以乘坐。

服饰

乌克兰人在正式场合着装比较严肃，多为质地高档的深色西装、大衣。平时，男人夏天爱穿夹克衫、衬衫、西裤或牛仔裤，冬天普遍穿羽绒服，年轻人喜穿皮夹克。乌克兰男子的民族服装是：衬衫外罩坎肩，裤子宽松，腰带较宽，裤脚塞进长筒靴。

女子夏装色彩艳丽，衬衫袖口、领子、肩部、胸部及衣襟等处绣有各种花纹图案，下装为短裙或健美裤、牛仔裤等。在冬天，她们多穿裘皮大衣，内穿毛衣或绒线衣，下装为短裙和连裤袜，脚蹬高筒皮靴。姑娘们头扎彩带或花头巾，节日里戴鲜花和树枝编成的花冠；已婚妇女则头戴包发帽或扎花头巾。女士外出必肩挂或手提小挎包，佩戴耳环、戒指，并化妆。

饮食

乌克兰人以面食为主，也吃大米，肉类有牛肉、猪肉、鱼类、禽类等，蔬菜是土豆、卷心菜、洋葱、胡萝卜、黄瓜等，这里也有各种乳制品。夏天蔬菜和水果较多，冬天只在节日饭桌上才能见到新鲜的蔬菜和水果。日常必备食品总少不了酸黄瓜、鱼子酱、咸鱼等。他们一般不吃乌贼、海蜇、海参和木耳。

宴会菜单通常是冷盘、汤、主菜、甜食水果。"乌克兰红菜汤""基辅肉饼""水果填鸭"等民族特色食品都很有名。甜馅饺子是乌克兰人日常喜爱的美食，即以奶渣、樱桃做馅，像中国人包饺子那样包起来，煮熟后搭配酸奶油等调料食用，清甜可口。此外，还有一种叫作"萨洛"的腌制肥猪肉，蘸细盐吃，据说这是国菜。

至于饮料，他们一年四季爱饮红茶、咖啡、啤酒，夏天街头到处都有格瓦斯出售。节日聚餐，男人爱饮伏特加、白兰地以及度数很高的"萨马贡"酒等，女人多饮葡萄酒、香槟酒、露酒。

乌克兰人讲究餐桌礼仪，如餐巾使用、刀叉的摆放、餐桌交谈等环节，都有比较明确的规矩和习惯。

习俗

乌克兰人喜欢蓝色、黄色以及红色、白色，厌恶黑色，认为黑色代表死亡；认为数字"13"和"星期五"会带来灾难。登门拜访，一般会送女主人鲜花，花枝必为单数，但不可送菊花、黄花。使用左手是不礼貌的行为。聊天谈话，忌讳谈论宗教信仰、年龄，尤其不可询问女士的年龄。

乌拉圭

国情

乌拉圭东岸共和国（简称"乌拉圭"）位于南美洲东南部，面积17.62万平方千米，人口353.1万（2020年），官方语言为西班牙语，首都是蒙得维的亚。

交往

乌拉圭人开朗、热情、讲礼貌，即使不认识的人见面，也会打招呼。打招呼的方式比较独特：竖起拇指，晃动两下，然后向对方微笑。

在社交场合与客人相见或告别时，一般都以握手为礼。在与亲朋好友相见时，男士之间通常是拥抱、贴面，女士则互吻双颊。

有些国家以"用名字称呼对方"表示亲切，在乌拉圭则有所不同，若想称呼对方名字，要征得他们的同意。日常交往中，他们习惯称呼职称、衔称，而对不太熟悉的人，则称"先生""夫人""女士""小姐"。前往乌拉圭人家里拜访时，通常在室外向主人致以问候，然后请求进入屋内。站立交谈时，双方习惯距离近些，以显得亲密。交谈时，忌手势过多，特别是手势运用不当，他们会摇头表示不悦。

乌拉圭人敬老和重视女士优先。在公共场合，他们一般都会礼让老人和妇女，帮他们提拿物品；进入室内，一般应让女士先行；在宴会上，要先给女士上菜。

他们次序观念强，该排队的地方不容有人加塞，但时间观念不强，参加宴会经常迟到。正式宴会大都在21—22时开始，至午夜才结束。按当地习惯，赴宴时常常带上蛋糕、酒等礼物。交际场合，恰当的话题是家庭、时事、体育运动等，特别是令乌拉圭人引以为傲的足球。

服饰

乌拉圭居民多为西班牙、意大利人后裔，其服饰风俗受欧洲影响大。男士在正式场合均着西服、打领带，日常着装则较随便；妇女也是多着欧式服装，以随意、舒适为要，注重个性化，不太喜欢赶时髦。

当地黑人和印第安人多留短发，穿着简单。有的男子上身围一块布，下边穿短裤；女子则在头上扎深色或花色头巾，并喜欢把头发盘起来。

饮食

乌拉圭人通常吃西餐：早餐通常是面包、牛奶、麦片、鸡蛋；午餐一般为三明治、牛奶、咖啡及罐头食品；晚餐为正餐，冷盘、热菜、酒水、甜点、水果等一应俱全。蔬菜有番茄、黄瓜、辣椒、青豆等；调料爱用胡椒、丁香、糖、味精等。

乌拉圭是世界上人均拥有牛羊数量最多的国家之一。他们的肉食主要是牛肉、羊肉以及猪肉，而小麦、玉米和稻米为其主食。烤肉馆随处可见，招待贵宾常常是烤全牛。最出名的特色菜是烤牛排，另外有牛排三明治等。

在乌拉圭，全民性饮料"马黛茶"被视为国饮。马黛茶叶是一种灌木叶子，深绿色，味苦，富含矿物质，冲泡后可解渴、提神、开胃。人们喜爱马黛茶，大街上可看到腋下夹着热水瓶、手里拿着马黛茶壶的人，他们走在路上或坐在海边，随时都会喝这种茶。茶壶一般用葫芦做成，做工精致考究，外壳用牛皮包制，有的还刻上美丽图案。他们泡茶叶的方法与中国人相似，不过他们是先把马黛茶叶碾成末，不用开水，而是用温水冲开。喝茶方法与我们中国不同，不是将茶水倒在茶杯里，而是用吸管直接从壶里吸，其吸管长约25厘米。

他们还喜喝咖啡、葡萄酒，不过吃牛排时更多喝啤酒。

习俗

乌拉圭人多数信奉天主教，但是国家没有带宗教色彩的节日。例如，圣诞节在这里叫作"家庭节"，复活节则称作"观光周"。他们偏爱茉莉花和桃红色的山楂花，认为这些花会给人们增添美好，带来新鲜的生活气息。但他们认为青色令人懊丧，会给人以压抑之感。

乌拉圭狂欢节于每年2月中下旬在首都蒙得维的亚举行，历时近一个半月。届时，人们涌向街头，唱啊跳啊，尽情享受节日的快乐。穿着暴露的女郎、千方百计取悦观众的小丑以及把脸涂得花花绿绿的群众，以他们各自滑稽幽默的表演博得人们的阵阵欢呼。狂欢节实际上是民间艺术大会演，吸引了国内外大量游客，其经济效益可观。

乌兹别克斯坦

国情

乌兹别克斯坦共和国（简称"乌兹别克斯坦"）位于亚洲中部，面积44.89万平方千米，人口3,602万（2023年），官方语言为乌兹别克语，通用俄语，首都是塔什干。

交往

乌兹别克斯坦人性格豁达、热情豪放、心地善良、待人忠厚，自古就有尊老爱幼传统。如说话，让长者先说；行路，让长者先行。二人外出，长者在前、幼者在后；男在前、女在后。长辈亲吻晚辈面颊或额头。男性见面，多以握手为礼，但在握手之前，要把右手放在胸前鞠躬；女性之间习惯拥抱，拥抱前也是把右手放于胸前鞠躬。男女握手，需女士先伸出手。如果与距离较远的人打招呼，则把右手放在胸前，稍微点头示意即可。与他们交谈，可询问他们及其家庭的任何事，如健康、工作、老人、儿女等问题，但一般不宜当众赞美其家庭中的女子。被当地人邀请到家里做客，按传统习俗，进屋时要脱鞋，并坐到主人指定的地方。客人的位置离房间或花园入口越远，表明越尊贵。客人可以伸直在桌子下面的腿，或者把胳膊放在靠垫上。

服饰

乌兹别克斯坦人平时喜欢穿民族服饰和西装，穿西装者以城里人和年轻人居多。传统民族服饰以精美刺绣闻名，如绣花小帽，色彩鲜艳，花式多样，做工精致，不论男女都喜欢戴。男人们穿长袍时，腰间常常系一条三角形绣花巾。女子喜欢穿白黑或红黑、金色相间的肥大丝绸连衣裙，外罩坎肩或短上衣，披彩色丝料或羊毛料披肩。女子扎头巾，但不遮脸，年轻人的头巾颜色花哨，年老者的头巾则多为素白色。她们喜欢的装饰品有项链、耳环、手镯、戒指等。

南部地区炎热，居民衣袍宽大，颜色艳丽。北部的费尔干纳和塔什干地区的服饰，时尚气息更浓，颜色以黑、蓝和绿色为主。

一顶手工制作的小帽和一件精心缝制的棉袍，往往用来作为礼品送给重要来宾。

饮食

乌兹别克斯坦人的饮食以肉、奶、米、面为主，他们爱吃羊肉、牛肉、马肉和奶制品以及馕。在家里吃饭时，长辈居上席，晚辈居下席，妇女带孩子另席就餐。吃饭时严禁脱帽，不可在客人面前咳嗽、擤鼻涕或者大声说话。

手抓饭具有民族特色。讲究的"抓饭"必须选用黄色胡萝卜做配料，用羊尾油把大米"焖"八九成熟，并略带点生"骨"，而拌饭吃的"主料"是精心烤制出来的羊脊骨肉。所谓"抓饭"，过去确实是用手抓着吃的，而现在城里人常用勺子舀着吃。馕是一种圆形的发面烤饼，常见的有两种：一种中间薄脆，四周松软，表面撒芝麻；还有一种要厚些，在面粉里加入黄油和鸡蛋，表面撒芝麻或其他调料。吃馕有规矩：馕心（洼陷的部分）必须朝上放；吃馕不能整个啃食，也不可用刀切，而是用手掰成数块；馕一般与熟肉、葱头以及酸奶、肉汁等伴食。

乌兹别克斯坦人喜喝马奶酒，也爱喝啤酒，不太爱喝烈性酒。此外，作为饮料，马奶、酸奶、奶茶都很流行。当地人喝茶，习惯先把茶水倒进茶碗，然后马上倒回茶壶，如此三次，据说是为了让茶叶翻滚，茶味更浓。

乌兹别克斯坦人大多为穆斯林，忌吃猪肉、狗肉、驴肉和一切动物的血液。

习俗

乌兹别克斯坦的主要传统节日有伊斯兰教的开斋节、古尔邦节和农历的新年（纳乌鲁斯节）。节日期间，处处张灯结彩，热闹非凡，特别是在清真寺里，人们讲经、赞扬先知穆罕默德的功绩，宰羊、宰牛、聚餐，尽情享受各种美味佳肴。由于盛产棉花，每年还有棉花节、歌咏节。此外，还有政府组织的官方纪念性活动——庆祝独立日。过节时，人们常喝一种加油和糖的麦芽粥，并载歌载舞将其分送至各家。

他们崇拜狼，把狼看成本民族的标志和神的化身，还常以羊羔祭祀。有的成年人经常怀揣祖传的狼牙、狼爪和狼尾，也有的把其视为珍品相互馈赠。

他们普遍喜爱绿色，认为绿色象征美好和幸福；忌讳黑色，认为黑色是丧葬的色彩。妇女落座时，忌讳撩裙、裸露大腿。新婚夫妻的房子及少妇在家时，忌讳外人来访。

西班牙

国情

西班牙王国（简称"西班牙"）位于欧洲西南部伊比利亚半岛，面积50.6万平方千米，人口4,820万（2023年），官方语言为西班牙语，首都是马德里。

交往

西班牙人的姓名组成常有三四节，口头应称其父姓，即倒数第二节，再加上必要的尊称，如"先生""女士""夫人"或"小姐"等；职衔、学衔等称呼也很普遍。他们等级观念强，对国王、王后称"陛下"；对王子、公主称"殿下"；对政府高官则以"阁下"相称。通行握手礼，而好久不见的亲朋好友相见会长时间拥抱。男女通常不会当众接吻，此举被视为有伤风化。

西班牙人时间观念不强，交际活动往往迟到20分钟至半个小时，但是参加斗牛比赛活动绝不会迟到。他们习惯午休，晚上就寝较晚，喜欢夜生活。有的公司人员11时才开始办公，14时前后用午餐，16—17时回到办公室，工作到20—21时，晚餐在20时左右开始。餐厅一般20时才开门营业，21时才有大批顾客光顾。

服饰

西班牙人着装比较保守。交际场合，男士通常穿深色西装、白衬衣，配

473

颜色庄重的领带和黑色皮鞋。赴晚宴或去剧院看演出，须着装整洁，但不一定非穿燕尾服。他们偏爱黑色，认为有教养的人在办公时间，特别是日落之后，必须穿黑色皮鞋，若是其他颜色，如棕色、白色或双色皮鞋，则被视为不懂规矩。妇女衣着讲究高雅、朴素，以素色套裙或连衣裙为常见，忌穿裤装，其传统服饰是披风。女士参加交际活动都会化妆并佩戴首饰，尤其重视佩戴耳环，不戴耳环会让人感到诧异。女孩儿幼年时，妈妈就会给她戴上耳环。

饮食

西班牙人以面食为主，爱吃鱼、羊肉、牛肉、猪肉以及虾、蟹等，猪内脏所做菜品也能接受。汤要喝冷的，不像我们中国人爱喝热汤。西班牙人口味偏酸、辣，不喜油腻。他们爱喝矿泉水、咖啡、啤酒和葡萄酒。

西班牙人通常以午餐为正餐，往往是全家人聚在一起用餐。西班牙大部分工作场所每天13时30分至16时30分不工作，以便人们回家就餐。西班牙名菜有烤乳猪、烤羊肉以及奶酪、海鲜等。餐厅一般按照传统风格装饰、布置，常点油灯和蜡烛，令就餐者备感温馨。

习俗

蒜瓣汤、葡萄是西班牙人年夜饭不可缺少的食品。为了祈求来年身体健康、快乐幸福，家家户户都会在大年之夜喝蒜瓣汤；当新年钟声敲响时，每人都会争着吃葡萄，钟声每响一次，必吃下一颗葡萄，连续吃下12颗，预示来年月月吉利。西班牙人还认为，元旦那天儿童哭闹、骂人、打架是不祥的预兆，为了避免出现这种状况，家长们往往会对小孩子百般迁就、讨好，以免他们淘气、惹是生非。

与西班牙人初次见面，不宜送礼，但赴家宴须向主人送礼品和鲜花。圣诞节前有相互送礼的习惯，常送的礼物有酒、巧克力、工艺品等。红玫瑰在这里也可送给女主人。进门时，就应将礼品呈上。主人会立即打开，并大加赞赏，或传示给在场的人。西班牙人喜爱石榴花，认为其富贵、吉祥，视其为国花，并绘制在国徽上。而菊花与大丽花只适用于丧事活动。西班牙人喜爱的颜色是红色、黄色、黑色，分别象征吉祥、高贵、庄严。

斗牛活动属于西班牙国粹，受到全民热爱，虽然遭到动物保护者反对，引发了争议，但外国人在西班牙不宜对斗牛妄加议论。同时，也不宜对该国内部政治纠纷、民族问题说三道四。他们还认为碰上数字"13""666"或"星期五"会倒霉，是灾难或厄运临头的征兆。

希腊

国情

希腊共和国（简称"希腊"）位于欧洲南部巴尔干半岛南部，面积131,957平方千米，人口1,043.2万（2022年），官方语言为希腊语，首都是雅典。

交往

希腊人豪爽大方，爱开玩笑；有时性子急，说话好激动，同人发生争吵在所难免，不过争吵后会很容易平息，事情一过，便会若无其事。

希腊人宁可自己吃亏，也绝不可丢面子。他们请客吃饭，客人若强行付费，会让主人难堪，甚至可能因此断送友谊。

希腊是文明古国，其人民对本国的悠久历史和灿烂文化引以为荣。希腊人热情好客，广为流传的一句民谚是："人也罢，神也罢，进了家门都应该被当成神来接待。"因此，即使客人突然造访，主人也会热情款待。

希腊人招待客人，通常是把家里最好的食物拿出来让客人品尝，有时还会邀请客人一同起舞。对客人所送礼物，不当面打开，如不喜欢所送礼物，也不会虚假地感谢。

希腊人肢体语言丰富而独特。如颔首微笑、右手捂心，表示"感激"；耸肩、撇嘴表示"不知道""没办法"。以上两条外来人士基本能理解。而竖起大拇指表示"够了""滚蛋"等，则与多数国家不同。还有，斜歪着脖子表示肯定（yes），仰头或点头则表示否定（no）。其他如招手、摆手等，在希腊被视为侮辱、蔑视别人的动作。凡此种种，外来者都需事先有所了解。

见面礼节多为握手与拥抱，吻礼也很流行。称呼别人，要称姓氏，对熟人可直呼其名。

服饰

希腊人讲究着装，中老年人更在意衣着端庄大方，外出一定要打扮一番，老年妇女爱穿颜色艳丽的服装。

婚礼上，新娘所穿婚纱多选白色，并配有面纱和花环；新郎穿黑色或白色礼服。社交场合，男子通常穿深色西装，打领带或系领结；夏季男士西装面料较薄，式样保守。

社交活动中，希腊男士西装上衣左口袋会放一块手绢，且会露出手绢一角，跳舞时往往会挥动手绢。女士着装，不过分暴露，穿长裙、戴头巾，色彩鲜艳。牧师穿黑色长袍，戴礼帽。妇女去教堂，要穿长衣长裙，不得露出胳膊，不可站在圣坛后。

希腊马其顿地区的妇女习惯以上衣装饰的颜色来显示她们的"身份"：穿绿色花边紧身上衣者为待嫁少女；穿白色花边上衣者为新娘；而穿淡紫色花边上衣者为寡妇。

饮食

希腊烹饪历史悠久，具有独特的饮食风格。现代希腊人爱吃全麦面包，所食肉类以牛羊肉为主，讲究"原味"；地中海菜蔬也不可少，如番茄、青椒、洋葱、茄子、小黄瓜、西洋芹、大蒜等，以及新鲜渔货、奶酪等，再配以橄榄油、葡萄酒及香料等，构成了希腊人基本的饮食图谱。

在希腊，无论午餐还是晚餐，他们都要喝酒；一年四季都十分喜欢饮用冰水，白葡萄酒必须是冰镇的，而早晨一般爱喝浓咖啡。希腊人的晚餐较晚，在雅典，一般22时以后才开始。

习俗

希腊老人在家庭中的地位较高，称呼长辈要使用尊称。

希腊的国树是橄榄树，寓意和平与智慧，橄榄枝则是和平、友好的象征。人们喜欢绿色、蓝色、蓝白相配等颜色，忌黑色。他们崇拜蛇和狼；视盐为圣物，在祭神的时候，盐是绝对不可少的供品。

15—17时是希腊人的午休时间，不能打扰；而22时给他们打电话，则不必有任何顾虑，因为他们的夜生活会持续到午夜。

新加坡

国情

新加坡共和国（简称"新加坡"）位于马来半岛南端，面积735.2平方千米，人口564万（2022年），马来语为国语，英语、华语、马来语、泰米尔语均为官方语言，首都是新加坡市。

交往

在新加坡，华人占居民的绝大多数，通行中文简体字，讲汉语普通话，其礼节、习俗与中国人多有相似，但也有不同之处。马来族和印度族居民也保持着各自的习俗。

新加坡人重视法制和礼仪文明。街头宣传文明礼貌的宣传画制作精美、引人注目，夜晚五颜六色的公益幻灯片不停闪动。内阁部长和议员们也常到民众中去宣讲文明礼貌的重要性。

新加坡重视孝道教育，是第一个为"赡养父母"立法的国家。新加坡国家小，多民族之间相处融洽、和谐，邻里见面必互相问候。商店店员接待顾客语言亲切，服务周到；警察对违反交规者进行处罚，也不会冷面相向。

新加坡人在社交场合惯用握手礼，但与东方人相见时，也行鞠躬礼。男女之间可握手，但应等女士先伸手。马来人常用双手与对方相握，然后把手收回，放到自己胸前。人们习惯称呼姓或头衔，而不直接称呼名字。

坐姿讲究端正规矩，站立时双手不可叉腰。社交聊天，忌谈种族摩擦、宗教是非和配偶情况等。在相互不太了解之前，应尽量少开玩笑。

服饰

新加坡是时尚之都，人们对穿戴很讲究。流行西装，民族服装也有一定地位。马来族男子头戴无边帽，上穿无领、袖宽的上衣，下穿长及足踝的纱笼；女子上衣宽大如袍，下穿纱笼。

娘惹服饰对华人影响较大。娘惹是早年华人与马来人通婚生下的女儿的称谓。娘惹装在马来传统服装基础上，改造成西洋风格的低胸衬肩式服装，其花边修饰以及点缀的图案具有中国传统风格，如中国传统的花鸟鱼虫、龙凤呈祥等图案是不可少的。华人妇女也爱穿旗袍。

饮食

新加坡被誉为"亚洲美食第一城"。饮食行业监督严格，食品安全有保证。当地人口味喜清淡、微甜。主食以大米为主，他们也喜欢吃中式包子，但不爱吃馒头；偏爱中国广东菜，当然其他中国菜，如川菜、东北菜等也能在当地餐厅找到，但是为了适应当地人口味，已与中国内地菜系风格不完全一致。水果以桃子、荔枝、梨为主。饮茶是当地人的普遍爱好。马来人遵从伊斯兰教教规，不饮酒。

马来族和印度族人常用右手代替筷子，用芭蕉叶代替盘子；华人就餐则用筷子和瓷匙。在华人餐馆，客人如能使用筷子，会被认为是恭敬的举止。由于受当地人进食习惯的影响，在华人餐馆就餐时，也可用右手代替筷子进食。

禁忌

按照法律规定，在电梯、电影院、政府办公大楼内及乘坐公共交通工具时，严禁吸烟。马路边吐痰、随地乱扔废弃物品或者如厕之后不冲马桶等，绝不是生活小事，可能是违法行为，且处罚相当严厉，甚至会吃官司、被鞭打。

政府官员禁止收取小费；禁止进口、贩卖或食用口香糖；喜庆活动或过年过节，严禁燃放烟花爆竹。新加坡人喜欢红色、绿色、蓝色，而黑色、白色、黄色、紫色为禁忌色；喜欢红双喜、大象、蝙蝠等图案，忌讳猪、乌龟等图案；认为数字"3"表示"升"，"6"表示"顺"，"8"表示"发"，"9"表示"久"，且都是吉祥数字，但忌"7""13""37"和"69"等数字。

中国流行的祝贺语"恭喜发财"在新加坡却被人忌讳，当地人将其理解为"横财""不义之财"或"为富不仁"。因此，此类祝愿往往被认为是对他人的侮辱和嘲骂。

在地铁等场所不可吃东西，甚至喝水、喝饮料也是无礼之举。公共场合，不可拥抱或亲吻，吹口哨也属失礼行为。人们讨厌男子留长发，对蓄胡子者也不喜欢。有的公共场所会竖立"长发男子不受欢迎"的告示。对嬉皮士入境管制相当严格，留长发、穿牛仔装、脚踏拖鞋者，可能会被禁止入境。

新西兰

国情

新西兰位于太平洋西南部，由北岛、南岛及附近小岛组成，面积约27万平方千米，人口522.81万（2023年），官方语言为英语、毛利语，首都是惠灵顿。

交往

在交际场合，新西兰人一般称呼姓氏或"先生""夫人""小姐"，熟悉之后可称名字。他们注重平等，不讲等级，不称官衔。男女相见需握手时，应等女方先伸手。新西兰人性格偏于保守，不习惯和陌生人接触，可是一旦相识，会很快消除陌生感。同新西兰人约会，最好事先联系，赴约时最好提前几分钟抵达，以示礼貌。

毛利人的传统见面礼节是与尊贵的客人碰鼻，即双方鼻尖互相触碰两三次。欢迎仪式上，毛利人除了载歌载舞外，还会遵照传统对客人们吐舌头、瞪眼睛、扮鬼脸。据说，这样既可以驱邪避灾，还可以察看来人是敌是友。

服饰

新西兰居民多为欧洲特别是英国移民后裔，以穿欧式服装为主。男士习惯穿式样庄重、保守的西服，在礼仪场合需穿深色西服或礼服。女士在礼仪场合要化妆，着盛装。一般场合，人们穿着趋于简约；休闲时，着装更随意些。妇女打高尔夫球时需穿裙子。

毛利人的服装颜色鲜艳简单，一般会配备披肩、围胸、围腰和短裙。最常见的是"比乌比武"（piupiu）短裙，用亚麻类植物织成，人们习惯称之为"毛利草裙"，男女均可穿用，现在多用作演出时的服装。毛利人最讲究的盛装是羽毛大氅，过去只有酋长才能披戴，现在遇有盛大庆祝活动，百姓也可穿其迎接贵宾。不过，现在的毛利人多半也是西装革履，与其他族群的人士差别不大。

饮食

新西兰人的餐饮以欧洲特别是英式风格为主，口味清淡，牛肉、羊肉、鸡肉、鱼肉需求量大，烹饪方法多为炒、煎、烤、炸。最常见、最具特色的新西兰食品有炸鱼、土豆条、帕夫洛娃甜点等。他们爱喝浓汤，喜欢啤酒。国家对烈性酒有严格限制，有的餐馆只售啤酒、葡萄酒。售卖烈性酒的餐馆，也只对吃正餐的人出售一杯。

新西兰人非常喜欢喝茶，特别是红茶。他们每日数次饮茶，分别是早茶、早餐茶、午餐茶、下午茶、晚餐茶和晚茶。茶馆遍布各地，机关、学校、工矿企业都有专门的饮茶时间。

毛利人爱吃的食物叫"夯吉"，即用地热蒸熟的牛羊肉和土豆。他们的高档菜叫作"烧食烤饭"，制作方法是在地灶中将鹅卵石烧红，泼上一瓢冷水后，将芋头、南瓜、白薯、牛排、猪肉、鸡肉、鱼肉等食材分层装入铁丝筐内，置于石上，用湿土和泥封住灶门，数小时后取出，撒上食盐、胡椒之后食用。

"国果"几维果，即猕猴桃，是新西兰人最喜爱的一种水果，也是其待客和出口外销的主要果品。

习俗

新西兰人生活水平较高，衣食住行比较讲究，业余时间多半用于园艺活动和整理环境。他们喜爱户外运动，爱看赛马和橄榄球比赛；喜爱动物，认为"勤奋的牧羊犬创造了新西兰";视几维鸟为国鸟,将其形象刻印在国徽和硬币上。

他们注重隐私权。根据法令,员工应聘时不必提供有关个人隐私的资料,如生日、婚姻、健康等。如果个人隐私被侵犯,可向隐私权委员会提出诉讼。他们奉行"不干涉他人事务"的原则,对他人的政治及宗教信仰等从不探究。

毛利人相信灵魂不灭,尊奉祖先的精灵。每遇重大活动,他们都要照例到河里去做祈祷,还要相互泼水,以此表示宗教仪式上的纯洁。毛利人不喜欢别人给他们照相。

同英国一样,新西兰的车辆靠左边行驶;人行道中间有一条分割线,行人靠左边走,来往互不影响。

新西兰人不喜欢用"V"形手势表示胜利。当众闲聊、嚼口香糖、吃东西、喝水、剔牙等,均被视为不文明行为。

旅馆、饭店不另收服务费。乘出租车不必付小费。

匈牙利

国情

匈牙利位于中欧喀尔巴阡山盆地中部，国土面积93,023平方千米，人口967.8万（2023年），官方语言为匈牙利语，首都是布达佩斯。

交往

匈牙利人性格开朗爽快，风趣幽默，言谈举止文雅，待人友好热情，十分好客。他们守时守约，不喜欢使用"不"这样生硬的词语。男人见面行握手礼，有时也行拥抱礼；女子对尊敬的人一般行屈膝礼，妇女之间则常常行拥抱礼或亲吻礼。若男女握手，应等女方先伸出手再握。

匈牙利人的姓名顺序与欧美人士不同，是姓在前、名在后。女子出嫁后随夫姓，并在夫姓后加一个读音为"妮"的后缀，意思为"某某的夫人"。

他们喜欢被称为"马扎尔人"，而不喜欢"匈牙利人"的称呼。交谈时，他们喜欢称呼对方的职务、头衔、姓氏或先生、女士、小姐。不熟悉者需以"您"相称，而不可称"你"，也不能直呼对方名字。在社交场合，他们不喜欢谈论政治或宗教话题，而恰当的谈论话题是食品、酒或赞赏匈牙利的成就等。

匈牙利人重视送礼，向何人送礼、送什么礼以及何时送等，都很讲究。逢复活节、圣诞节以及亲朋好友生日、命名日等都会送礼。命名日奶奶会送孙辈花瓶，丈夫会送妻子袜子等；过元旦，好友之间有互赠镀金镍币的习惯。鲜花是在日常交际中最常见的礼物。众多客人在场，送礼时要人人有份，否则宁可一个也不送。一般情况下，礼物要在到达的第一时间呈献给对方。

应邀去匈牙利人家里做客，常带的礼品除鲜花之外，还应带上一瓶上乘的进口烈性酒。主人接到鲜花，不会随便放置，礼貌的做法是插在有水的玻璃瓶里，以期让鲜花开放的时间更长些。

服饰

匈牙利人在社交场合注意服饰整洁，男子习惯穿庄重保守的西服，女子则大多穿西式上衣配裙子或款式新颖的连衣裙。在庆祝新年、圣诞节或参加婚礼等时，人们爱穿富于民族特色的服装：女子服装颜色多为红白相间，男子服装则是黑白相配。不论男女，衣服上都有鲜艳的刺绣及花边。参加宴会或听歌剧时，男士穿深色西装，女士则穿长裙或晚礼服。已婚男士左手无名指通常佩戴婚戒。日常休闲时光，人们穿着比较随意，青年男女更喜欢穿牛仔裤、夹克衫。

饮食

匈牙利人以面食为主，口味浓重，喜油大、微辣略带甜味的菜肴。肉食以猪肉、牛肉最多。著名的匈牙利国菜是土豆烧牛肉。他们不爱吃海鲜以及带骨刺或形状怪异的菜肴，如海参、蟹等；蔬菜类不爱吃菠菜和萝卜，爱吃土豆、洋葱、圆白菜、番茄、黄瓜、柿子椒、豌豆、辣椒等。

匈牙利人不用面条、通心粉及糊状食品招待客人，认为这是吝啬或寒酸的表现。过年时，人们喜欢吃烧乳猪，认为猪头是"幸福和兴旺"的象征；在除夕夜不吃飞禽和鱼，认为幸福会像飞禽那样飞走、像鱼那样游走。

匈牙利人的餐桌上必备啤酒、葡萄酒和咖啡。他们在早餐、晚餐和宴会等场合都有喝啤酒的习惯，宴会一般以喝咖啡结束。匈牙利人用优质葡萄酿制的"埃格尔牛血酒"很有名。

习俗

他们最爱的鲜花是郁金香，尊其为国花，称其为"百花皇后"。白色是民众最喜爱的颜色，他们认为白色象征"忠诚"，会给人们带来光明与幸福；而黑色是丧葬之色，若看到黑猫从面前跑过，他们会认为不吉利。

匈牙利人认为大蒜能驱邪、防病魔。妇女怀孕后，常把大蒜放在床上，以期保护母子安康。匈牙利农民习惯在新盖的居室内撒盐，据说是为了避邪。他们出门先迈右脚，递东西要用右手。他们认为打碎玻璃和镜子是不祥的预兆，会有灾祸发生。出门后，若发现忘记带该带的东西，不能回家去取，否则会招致祸害。受宗教影响，匈牙利人忌讳数字"13"和"星期五"。

叙利亚

国情

阿拉伯叙利亚共和国（简称"叙利亚"）位于亚洲西部、地中海东岸，国土面积185,180平方千米，人口1,929万（2022年），阿拉伯语为国语，通用英语、法语，首都是大马士革。

交往

叙利亚人的名字构成是本名—父名—姓氏，不过现代叙利亚人常常把父名省略，只保留本名和姓氏。一般来说，正式的礼貌称呼应该是名字加姓氏，简称可只称姓氏，熟人或亲朋好友之间常以名字相称。

礼仪场合，对叙利亚人以"先生""女士""小姐"相称，或加上其姓氏。称呼当地妇女时，名字前面加上阿拉伯语"西蒂"，意为"某某夫人"或"某某太太"。在成年男子名字前面加"艾布"，表示"某某之父"。

社交场合以及平时人们相见，最常见的礼节是先问候再握手。同性亲朋好友在久别重逢或离别时，会热情拥抱并亲吻对方腮部，男人习惯先吻左边再吻右边，女子则相反。男女之间，只握手，不拥吻。

拜访叙利亚人，须预先约好。客人到达，主人习惯端上苦咖啡招待，咖啡一般不倒满，其量仅占杯子容量的1/3左右。

叙利亚人在家中请客，一般只有男性出面招待。他们待客热情，好友之间感情真挚、亲密无间，同行时喜欢肩并肩、手拉手。

他们送礼时，不用酒或女人照片作为礼物。男客人送礼，只送男主人，不送女主人以及已婚女子。说话时，如将手插在裤兜里或双臂相抱，则被视为是辱人之举，非常失礼。

服饰

叙利亚处于阿拉伯世界与欧洲交汇的"十字路口"，其服饰以阿拉伯袍式服装为主，西式服装则在年轻人中间流行。人们喜欢穿白色、黑色等阿拉伯式大袍，扎腰带，头上披戴白色或红白相间的花格头巾，并以黑色或棕色头箍缠头或头戴白帽。

女式袍装颜色多种多样。穿彩色袍装者多为年轻女性，其头饰以金银、花朵为主；老年妇女穿着保守，多穿黑长袍，戴黑头巾，且戴面纱。

饮食

叙利亚人的主食以面饼和米饭为主。在首都大马士革街头，到处都有烤羊肉的小铺。他们待客最珍贵的菜品是烤全羊，将羊肚子内塞满大米及葡萄干、杏仁、松子等干果和调料，放在火上慢烤至羊肉焦黄、流油，便将其分割成块，与面饼一起吃，或用薄饼包起来食用。其他名菜还有羊肉"卡巴"（kebabs）、鸡肉丸（shish）、炭烤牛等，配香料和柠檬汁吃，颇为独特。

叙利亚的手抓饭是先将大米焖熟，然后撒上松仁、浇上奶酪酱。他们吃饭时，只用右手抓食，不能用左手。就餐忌讳发出声响。

叙利亚人的口味偏甜，几乎每餐必备甜食；常喝红茶，喜加糖；喝咖啡则加豆蔻，味略苦，但充满清香。

虽然穆斯林不喝酒，但叙利亚不像其他阿拉伯国家那样禁酒，在商店、饭店各种酒类均有出售，请客时备酒也很常见。宴请结束，主人送客人至门外，并给客人奉上糖果，以期让其留下甜美回忆。

习俗

在首都大马士革，流行沐浴相亲的习俗。若姑娘被看中，男方的母亲便邀姑娘与其母一同在公共浴室洗浴、聊天、进餐。若双方父母都满意，便再征求姑娘的意见。若姑娘连说三声"我愿意"，就算订婚了。

男方家庭要准备新房、贵重彩礼、金银首饰等。即使处于战争状态，叙利亚人对婚礼也很重视，有的新人依然穿白婚纱、大礼服。婚礼由男方家庭举办，婚宴配歌舞，盛大而隆重。

叙利亚人喜爱绿色，视绿色为吉祥之色；忌讳黄色，认为黄色代表死亡，令人悲伤。

穆斯林禁食猪肉，禁用与猪有关的制品。斋月期间，日出后至日落前不得进食，工作时间亦相应缩短，即使遇有外交宴请，也必须在日落之后举行。

牙买加

国情

牙买加是位于加勒比海北部的岛国，面积10,991平方千米，人口299.4万（2023年），官方语言为英语，首都是金斯敦。

概况

岛国牙买加，碧海蓝天，山川清秀，自然景色美丽壮观，是久负盛名的旅游胜地。

沿海旅游区的酒店、游泳场档次很高。在乡下，多见用水泥和砖瓦建的房屋，也能看到非洲式的土造小屋或以椰子叶作为屋顶的小旅馆。村庄一般都有小广场，是整个村子的活动中心，广场四周分布着医院、商店、长途汽车站等。

牙买加人以短跑闻名，他们的爆发力惊人，被誉为"闪电"。在100米、200米短跑项目上，牙买加处于世界领先地位，其历史上出现了数位男女"飞人"。

人口不到300万的牙买加在短跑项目上何以如此厉害？科学家研究了牙买加人的身体结构，认为他们腿部和膝盖的对称性好，是短跑取胜的关键。也有科学家指出，这与黑人的遗传基因有关，在牙买加人体内有一种叫"辅肌动蛋白"的物质，它可以改进与瞬间速度有关的肌肉纤维，促使运动员跑得更快。除此之外，不可忽视的事实是，该国人十分重视跑步，学校体育课的主要内容就是跑步。所以说，再好的先天条件，若缺少刻苦锻炼和科学培训，也难以成就他们在短跑项目上领先世界的荣誉。

交往

牙买加的居民多为非洲裔黑人，因历史上长时间是英国殖民地，故当地受英国影响较深。他们在生活中既保留了非洲人感情奔放的特点，又接受了英国人的交际习惯，如崇尚绅士风度等。他们最常用的称呼是"先生""女士""小姐""夫人"等，同时也习惯称呼对方的官衔或职称。

出席会议等活动时，当讲话人对在场者说"早上好""下午好"时，在场者应回应同样的问候语。牙买加人赴宴时，往往会给主人带礼物。他们不论男女老少，都喜欢跳舞，群体对舞和迪斯科非常流行。

牙买加人的忌讳与英国人相似，如不问女士的年龄、不喜欢数字"13"等。

服饰

牙买加人平时穿着比较随意，多见衬衫和短裤。只在严肃场合，男子才穿西装、女子穿裙装。探亲访友时，他们喜欢戴用麦秆编制的遮阳帽子。

牙买加女子的民族服装多为以红色为主的裙子，裸露手臂和腰部，头部、胸部、腰部一般饰有美丽的丝质花朵。

饮食

牙买加人的主食是大米、玉米和小麦制品，副食是肉类、海鲜和蔬菜等。蔬菜多需进口，价格较贵，家庭餐桌上的蔬菜多是圆白菜、洋葱和胡萝卜等。牙买加焗鸡、熏鸡、咖喱山羊肉以及酢浆草汁、甜玉米粥等，是当地人爱吃的食物。

牙买加的"阿开果"（ackee），由西非引种而来，被称为"国果"，是球状、红色的，果实分三瓣，内有黑核，未成熟时有毒不可食，待果实成熟自然裂开后，与鱼一起烹调，味道鲜美。"国果烹鳕鱼"是牙买加宴会上不可或缺的"国菜"。

牙买加的风味小吃有番石榴干酪和芭蕉馅饼等。圣诞节时，人们喜欢用深色水果和朗姆酒制作黑色蛋糕。

首都金斯敦东北部的蓝山山脉盛产咖啡，由于优越的地理位置和气候条件，蓝山咖啡味道独特，成为举世公认的极品。

牙买加还盛产甘蔗，当地人以此为原料酿造出他们引以为傲的朗姆酒，它在中美洲乃至世界各地享有美誉。

婚俗

牙买加人的婚恋观比较开放，对于结婚和组建家庭，他们并不太看重。虽然该国也颁布了关于婚姻家庭的法律，遵循一夫一妻制，但是往往只有富裕家庭才举办婚礼。对普通百姓来说，婚礼并不常见，注册登记结婚的家庭占比不到20%，许多单身母亲偕子女居住在娘家。

牙买加非婚生的孩子有很多，不少父亲不承担对其子女的抚养责任，因而在孩子的出生证明文件上，女方常常拒绝填写孩子父亲的名字。孩子生长在单亲家庭，缺少父爱，教育不完善，也带来一些棘手的社会问题。

亚美尼亚

国情

亚美尼亚共和国（简称"亚美尼亚"）位于亚洲西部，面积2.97万平方千米，人口296.1万（2022年），官方语言为亚美尼亚语，通用俄语，首都是埃里温。

交往

亚美尼亚人好客，性格温和，对外国人友好。与客人见面、告别时，都握手。社交场合，亲朋好友之间也常行拥抱礼。有时根据彼此关系，也行吻礼，有的吻面颊，有的吻手。

亚美尼亚居民多信奉基督教，星期日常到教堂做礼拜。进入教堂，应保持安静，不得喧哗。男士要脱帽，而女士必须扎上头巾。

服饰

对外场合，男士、女士多穿西式服装。传统民族服饰在乡下有一定影响力，其特点是讲究金银佩饰，色调样式各有特色。

男子留胡须者多，穿敞襟长上衣，配大裤裆灯笼裤，外罩毛料长袍，头戴皮毛毡帽，脚蹬皮靴。妇女穿对襟连衣裙、绣花衬衫，系宽腰带，头戴宝塔式丝绸高帽，帽上罩长纱巾。不戴帽子时，姑娘们总爱梳两条大粗辫子。

早先，可从亚美尼亚人穿戴判断其社会地位，而现在人们更重视服饰的实用、美观、大方。

饮食

亚美尼亚人以面食为主，点心喜用油炸。牛奶和面包是每日不可缺少的，而肉类特别是牛羊肉，消耗量巨大。当地高山和草原的地理环境为牛羊养殖提供了便利条件，牛羊肉及奶制品产出丰富。

当地人善于用牛羊肉烹制具有民族特色的菜肴。例如，有用小牛肉糜混合洋葱、香料和大米制成的"多尔玛"，有又嫩又软的牛肉饼"丘伏塔"，还有如纸般厚薄的大饼"拉瓦什"等。

当地人炖肉要炖得烂熟，烤羊肉串常放辛辣调料、香菜和石榴汁等。他们喜欢用菠菜、水果及各种香料烹制菜肴，调料有野草、花朵等300多种。

贵客临门，总要设宴。室内餐桌铺上雪白的桌布，摆上各种鲜果和食品；室外空地上，用葡萄枝生起篝火，用铁签子串上腌制好的羊肉块、葱头等，配上作料，放在火上熏烤，直到焦黄、散发出阵阵诱人的香味。在热烈、欢快的气氛中，主人把烤好的羊肉串端到客人面前。

日常用餐，人们一般习惯用手抓取食物，在社交场合则以刀叉作为餐具。亚美尼亚人喜欢喝烈性酒，喝酒一般不用酒杯，而是以牛角装酒，饮后传递下去，依次就饮，以表示彼此之间亲近和友好。

他们的饮料一般有咖啡、可可和红茶；喜欢的水果有葡萄、西瓜、香蕉、苹果等；干果有花生米、杏仁、核桃等。

习俗

当地居民的婚礼在教堂举行，由神父主持，新人给对方佩戴戒指。新郎身着庄重色调的西服，新娘则身披大方、飘逸的白纱。新人在伴郎、伴娘簇拥下走出教堂，等候在门外的亲友手持花瓣、彩色纸花片，向新郎和新娘身上抛撒。新人还要在教堂前放飞成对的白鸽，寓意要像白鸽一样飞向幸福、美满、和平、自由的新生活。

离开教堂后，迎亲车队驶向新郎家。早已在新郎家门外等候的邻居、朋友，在欢快的音乐伴奏下翩翩起舞，迎接、祝福新人。进门后，主人家以点心、水果和饮料招待客人。此时，新郎的母亲把两张"拉瓦什"大饼叠好，分别搭在新娘、新郎的肩膀上。紧接着，新郎的母亲端起一小碗蜂蜜，用小勺将蜂蜜喂进新娘、新郎的嘴里。饼和蜂蜜象征新人今后生活丰衣足食、幸福美满，像蜜一样甜。

祝酒讲话的往往不是新郎的父亲，而是新郎的母亲。祝酒词一般包括祝新人幸福、孝敬父母、儿孙满堂等吉利话。亲朋好友一起干杯，热烈祝贺。婚宴一般是在晚上于饭店举行，常常持续到深夜。各种美食佳酿自不必说，婚宴还是展示个人舞技的最佳机会。先是新郎新娘跳双人舞，接着是新娘独舞，然后是小朋友、亲朋好友，特别是那些待婚的年轻人上场一试身手，甚至连饭店的服务员也迈着舞步将菜品、饮料送到餐桌上。

亚美尼亚人喜欢红色，视其为积极向上的色彩。他们偏爱数字"7"，忌讳数字"13"和"星期五"。在餐厅里，忌讳碗盘碰撞的响声，忌讳咀嚼食物出声。用一根火柴给三个人点烟，是失礼行为。

也门

国情

也门共和国（简称"也门"）位于阿拉伯半岛西南部，面积52.8万平方千米，人口3,298万，官方语言为阿拉伯语，首都是萨那。

交往

也门人礼节周到，即使见到素不相识的人，也会主动问候一声"赛来姆"（意为"您好"）。也门人对客人的称呼是"先生""女士""小姐"，而在日常生活中，经常听到的称呼是"萨的格"（意为"朋友"）。

也门人的见面礼节形式多样，常见的有拥抱并亲吻面颊一至三次、握手后互吻对方手背一两次、握手后吻一下自己的手背。妇女相见，也是如此。在农村流行吻足礼，见于晚辈拜望长辈或即将长途远行与长辈告别时。晚辈先以双手拥抱对方，吻长辈脸部，然后跪下再吻长辈的大腿、小腿，以至脚背。

也门还有一项特别礼节，即摘帽请求礼。例如，想邀请某人来家做客，人们常常会把帽子摘下来，请求对方去做客。客人来访，主人会当着客人的面宰羊，把羊脑献给客人，然后请客人品尝带着鲜血的烤羊肉。

在也门，男女授受不亲，异性之间一般不握手。在城市里，若女方主动伸手，男士也可与之相握。日常交往，忌讳别人拍打自己的后背，认为那是一种极不礼貌和不尊重人的行为。

服饰

也门男子穿阿拉伯长袍：上层人士袍子多为白色，且外罩西服；中下层人士穿长袍，外套为对襟上衣。他们脚穿凉鞋，头部缠方头巾。年长者的头巾多为白色或素色，年轻人头巾的色彩较为鲜艳。此外，男子成年（15岁）后，就会扎上宽边皮带、佩带腰刀，代表此人已成为潇洒、英武的男子汉。如今，腰刀只是一件装饰品，已失去自卫意义，然而也门人仍忌讳别人随便抚摸、玩弄自己的腰刀。

在也门南部，男性流行穿裹裙，名为"麻阿瓦兹"，实际上是用一块花布缠绕在腰间。也门女子通常穿长裤，戴手镯、项链、耳环等首饰，有的还在手、脚和脸上画姜黄色的各种图案作为装饰。妇女虽然在家可以穿得很鲜艳，但外出时一般是黑色打扮，如长袍、头巾、面纱等都是黑色。各地区部落妇女一般也是戴黑色面纱，披一件黑色拖地长衫或杂色长袍，类似中国的披风。不过，现在知识分子和职业女性虽然仍用头巾缠头，外出仍穿黑袍，但已摘下面纱。

饮食

也门人的主食一般是用高粱、玉米和小麦面粉为原料做成的大饼，肉食主要有牛羊肉和鸡肉。招待客人的传统美食是手抓饭（大米与羊肉等蒸制而成），以右手抓取，忌讳用左手。

也门人遵守教规，禁酒、禁食猪肉。最著名的菜肴为烤驼羔，用以招待最尊贵的客人。其做法甚为特别：先是在取出内脏的驼羔腹内装入一只羊羔，再在羊羔的腹内填入一只鸡，还要在鸡的腹中填进一只鸽子，加上调料后在火上烘烤。餐后甜点是香蕉蘸蜂蜜，更隆重的是，在多层酥香烤饼上撒蜂蜜。

他们习惯喝茶和咖啡。喝茶时，常在茶水里加入咖啡豆壳；而喝咖啡时要放入香料和姜。他们吃饭、喝茶时不坐凳子，而是盘腿坐在地毯上。

咀嚼喀特是也门人日常生活中的一个重要组成部分。喀特树叶状似茶叶，扁长形，两头尖。入口咀嚼，初觉苦涩，后感甘甜，因其富含类麻黄碱，对脑神经有刺激作用，可让人产生愉悦感。

也门人采摘新鲜喀特树叶后，不经洗涤，便送入口中，慢慢咀嚼，吸食其汁水，吐出碎渣。在大街上，常常可以见到人们在咀嚼喀特。也门人将家里最好的房间辟为喀特屋，以供亲朋好友前来聚会聊天、咀嚼喀特树叶。据说，也门人咀嚼喀特已有数百年历史，此举耗去人们大量时间和金钱，政府曾试图改变，但收效甚微。

习俗

主人迎接贵客，常给客人熏香，即把檀香木放进香笼，点燃后飘出缕缕青烟香气，主人亲手解开客人上衣下部的纽扣，用嘴把香气吹进客人衣服之内。客人辞行时，主人用名贵香水喷洒客人的脸部、颈部及双手，让客人留下美好印象。北部哈希德部落的迎客方式更为隆重：当贵客来临时，酋长会组织群众夹道欢迎，打手鼓、吹喇叭、唱民歌、举起腰刀翩翩起舞，欢迎仪式达到高潮时，还要朝天鸣枪。

意大利

国情

意大利共和国（简称"意大利"）位于欧洲南部亚平宁半岛，领土还包括西西里岛、撒丁岛等，面积301,333平方千米，人口5,900万（2023年），官方语言为意大利语，首都是罗马。

交往

意大利的日常礼节主要是握手和打手势。吻礼也很流行，一般吻脸两三次，并发出声响。男性亲朋好友之间也行吻礼。男女拥抱，一般应由女方主动。对初次见面、不太熟悉的人以及长者、有地位的人，使用尊称"您"，或称姓并加"先生""太太""小姐"以及荣誉职称，不可直呼名字。平时说话，他们喜欢靠得近些。社交场合，注重女士优先。他们对宠物狗和猫特别关爱，视狗为家庭成员。意大利人性格豪放，感情丰富，足球比赛若出现精彩场面，观众会欣喜若狂。

意大利人手语丰富，其形式多种多样。例如，拇指、食指弯成环状，其余三指向上竖立，表示赞许；单独竖起食指，来回摆动，表示否定；食指顶在脸颊上来回转动，表示"好吃""味道鲜美"；食指侧面碰触额头，表示骂人"笨蛋""傻瓜"；摊手、耸肩，有时还加上撇嘴、摇头，表示"不知此事""无可奉告"；五指并拢，掌心向下，对着胃部来回转动，表示饥饿；用手轻捏下巴，表示"不感兴趣""快走"；交通拥挤时，若后面车辆按喇叭，前车司机会伸出手，向空中一挥，表示"我也没有办法"等。

服饰

意大利人讲究穿着打扮，喜欢标新立异。意大利服装款式新颖、花色繁多，享誉全球。办公场合着装比较正规，男士穿西服、系领带，女士则穿西服套裙。看歌剧演出，衣着和举止更讲究，要穿晚礼服。节庆期间，常举行盛大的化装游行活动，届时男女老少都会穿上各式各样的奇装异服。意大利人平时衣着随意，常穿T恤、夹克衫、牛仔裤等。妇女偏爱绣花衬衣、棉麻丝绸上衣、针织上衣、连衣裙、短裙等。到教堂或天主教博物馆参观，不论男女都不得穿短裤、短裙或无袖衬衫。应邀去别人家里做客，应在进门前将雨具放在室外，进门后将帽子放到帽架上。意大利人爱美，发型时尚，爱用香水，不擦香水觉得就像出门不梳头。

饮食

在西方，意大利菜肴很有名，可与法国大餐媲美。而意式馄饨、饺子、面条及其面酱等，与中餐相似。另外，与大多数西方人不同，意大利人爱吃辣椒，中式饭菜在意大利很受欢迎。他们吃面条是用叉子卷好送入口中，尽可能闭嘴、不出声。他们认为，口中含食说话是没教养的行为。在意大利，不论男女，都爱喝酒，有饭前、佐餐、饭后三种酒：饭前喝开胃酒；席间视菜品饮用不同的佐餐酒，海鲜、肉类应分别饮白、红葡萄酒；餐后喝少量甜酒或烈性酒，以助消化。餐桌礼仪讲究较多，如不要过界拿取食品和调味品，若食物没摆在本人面前，应请邻座的人代拿；忌讳将钱或钱包放在餐桌上。意大利人的时间观念不强，出席宴会、招待会等活动经常迟到，晚到20分钟是司空见惯的事。

习俗

意大利人辞旧岁迎新年非常热闹。元旦前夕是意大利传统的狂欢之夜，人们涌向街头，燃放烟花爆竹，甚至鸣枪、放炮。人们在弥漫着硝烟的爆竹声中唱歌跳舞，尽情狂欢。午夜时，人们会将家里一切可以砸碎的破旧坛坛罐罐、盆盘碗碟等扔出户外，摔个粉碎，以求驱逐烦恼、厄运，求得来年吉祥如意。这种尽情狂欢会一直持续到第二天早晨。

意大利人忌数字"13"和"星期五"；认为手帕是亲人离别时擦眼泪用的不祥之物，不可作为礼物送人。平常送人鲜花，需送单数枝，但忌用菊花，因菊花用于丧葬场合。游览胜地，不可随意坐在地上休息，否则可能被罚款。

伊拉克

国情

伊拉克共和国（简称"伊拉克"）位于亚洲西南部，面积43.83万平方千米，人口4,335万（2022年），官方语言为阿拉伯语、库尔德语，首都是巴格达。

交往

伊拉克人没有姓，彼此习惯称名。他们名字的组成是本人名—父名—祖父名—曾祖名等。流行职衔、学衔等衔称。与客人见面，行握手礼；客人告辞时，行贴面吻别礼。熟人相见，也常行穆斯林传统礼节，即拥抱、贴面，然后鞠躬、抚胸，说祝愿的话。女子之间，施贴面、吻礼，更为多见。

日常交往中，人们见面常常会微笑和点头，这不是表示赞成，而是出于对人的礼貌。与人交谈时，注意要正视对方，不可目光游移旁视，目光游移不仅失礼，而且甚至被认为是在侮辱对方。交谈时，忌讳双手交叉，这是令人厌恶的失礼行为。

伊拉克人赴约不在乎迟到，认为其是风度的体现。政府机关上班时间是8—14时，有午休习惯，星期四为周末。与伊拉克人交往，不要赞美他们所拥有的物品，否则他们会将其作为礼物送给对方。按照他们的习惯，这种赞美暗含"我想要"的意思。若赞美他们的太太漂亮，会引起其丈夫不满，甚至可能会因此而断交。

服饰

在巴格达市及其周围地区，人们的穿着较为开放一些，男士穿西服者众多，而女士戴面纱者渐少。在伊拉克不同地区，人们的着装也有所差异。

常见的民族服饰中，男人的白衬衫又长又大，裤子是白色棉布做的"谢奥尔"，脚穿敞口鞋或皮凉鞋。北方库尔德男子在衬衫外罩一件宽松的外衣，脚穿软底拖鞋或凉鞋。虽天气炎热，但男士一般不穿短裤外出。伊拉克男子有"蓄须为美"的习俗，凡是成年男子，一般都蓄须。

巴格达妇女一般穿长袖宽松的束腰连衣裙，称作"哈夏米"，以黑色和绿色为主。她们喜欢戴金银手镯和珠宝项链。中部和南部妇女常在束腰衣裙袖边上绣花或镶上花边，蓝色衣服绣白色、金色丝线，醒目美观。

饮食

伊拉克人以面食、大米为主食，副食以牛肉、羊肉为主。最普通的面食是烤制的发面大饼，将其撕成块，夹上牛肉或黄瓜吃。米饭的做法是，在大米上面撒上绞碎的米粉、豆子和葡萄干或干果，蒸熟后，搭配烤羊肉或者烤鸡块以及浓汤一起吃。用水果制作的甜食、馅饼以及酸奶、酸乳渣和奶酪等，是餐桌上常见的食品。

肉类菜肴味道浓烈，必须蒸熟、煮透。佐料是辣椒、葱、蒜及其他香料。首都巴格达人喜欢吃烤鱼，即将未刮鳞的鱼放在火上烧烤，再浇上酱汁，配上番茄、洋葱和辣椒一起吃。

伊拉克人喜食橄榄，几乎家家户户都会腌一大罐橄榄。当地的蔬菜种类不多，常见的主要是黄瓜和番茄，一般是切碎加橄榄油或柠檬汁生吃；水果有桃、香蕉、西瓜、哈密瓜、橄榄等。椰枣富含糖分，是当地居民的主要食品之一，产出十分丰富，出口世界各地。

在伊拉克，可以买到酒类饮料，当地人也可以喝酒。他们喜喝加糖红茶，习惯把枣汁和牛奶、羊奶混在一起饮用。

日常家庭就餐，他们习惯以右手抓饭入口。他们认为用左手传递东西或食物，是对人的一种侮辱。女主人也可以出席家庭宴会。忌讳客人在宴会餐毕不及时洗手就告辞，但若迟迟不告辞，则会被疑为贪吃和不礼貌。

习俗

在伊拉克，伊斯兰教是国教，伊斯兰教的许多重大节日被规定为国家节日。节日期间，机关放假。

人们钟情于玫瑰花，认为它高雅，象征着幸福与圣洁，视其为国花；认为鹰是力量与智慧的象征。他们对孔雀顶礼膜拜，甚至忌食公鸡，只因公鸡形象如孔雀。因绿色代表伊斯兰教，故商业上禁止使用橄榄绿；红色为客运行业专用，灰色为警车专用，黑色用于丧事。

伊朗

国情

伊朗伊斯兰共和国（简称"伊朗"）位于亚洲西部，面积164.5万平方千米，人口8,502万（2022年），官方语言为波斯语，首都是德黑兰。

交往

握手时上身微微前倾，是伊朗传统的见面礼节。与客人相见时，必说"萨拉姆"（意为"你好"），然后亲吻对方的双颊。由于教规限制，男女之间不可握手或亲吻。伊朗人有时爱用"鄙人"自称，对客人则以"您"尊称。称呼别人姓氏，一般要加上职务、职称或者学衔。在伊朗，对不太熟悉的人直呼其名是不礼貌的。女子出嫁后，多保留其娘家的姓及名，但称呼"某某夫人"时，需用丈夫的姓。应邀赴家宴，习惯做法是送鲜花或糖果。

落座谈话时，应将两手放平。若双手交叉说话，会被视为傲慢，甚至有挑衅之意。在伊朗，微笑和点头只是礼貌的一种表示，并不一定表示同意。在接触、传递东西时，需用右手。在公交车上，需给老人、带小孩的妇女让座。妇女不同丈夫以外的男人同行，夫妻外出必须带上结婚证书。参观清真寺必须脱鞋，头部需用帽子或手帕等罩住。

服饰

伊朗男人传统服饰是上身着宽大的长衫，衫长不超过膝盖，下穿围裤，头裹头巾，留胡须。他们也穿西服，但一律不扎领带。西服内的白衬衫一般为小立领，且领扣多为深色，要扣好。

伊朗土库曼民族的女性爱穿灯笼裤，用大块布包头，常佩戴许多饰物，有时还会把银币缝在衣服上作为饰物。在德黑兰、库姆一带，女性穆斯林的标准服饰是黑袍罩身，包住头发，只露出眼睛和鼻子。其实，表面上封闭的伊朗妇女性格多豁达、豪爽、干练，与其他伊斯兰国家妇女相比，伊朗妇女就业率最高。

一般来说，在伊朗的外国妇女虽不必将身体裹得严严实实，但也不能太暴露，如不宜穿超短裙，不可袒胸露背等。

饮食

伊朗人爱吃羊肉、牛肉，口味微辣。用餐时，仅备盘子与水杯，用右手取食。游牧地区以牛奶、黄油、奶酪为主食；农业地区主食有面饼、米饭等。土库曼族人最爱吃羊头肉、羊脑和羊脚，认为其营养价值最高。

按照伊斯兰教教义，禁食猪肉，不食自死、病死或未经阿訇、毛拉念经宰杀的牲口，也不吃外形不端正的动物肉，忌吃无鳍、无鳞的鱼；禁酒和含酒精的饮料。

斋月期间，即使非穆斯林白天也不能在公开场合吃东西、喝水或吸烟。

按当地传统，每逢节庆喜事，人们必定先喝红茶，然后载歌载舞。伊朗人喜欢与朋友聚在茶馆，要一壶红茶，佐以榛子、杏仁、阿月浑子、葡萄干等欢快地聊天。

习俗

伊朗人春节的习俗同中国有相近之处。伊朗春节"诺鲁兹",一般在公历3月下旬。伊朗人视金鱼为吉祥之物,置办的年货中必有金鱼,同我国"年年有余"的习俗类似。春节期间,伊朗人有走亲戚、晚辈去长辈家拜访、长辈给晚辈压岁钱等风俗。此外,在春节这个月的最后一个星期三,还有一个"跳火节"。这天,家家户户都在门前或院子里点燃火堆,全家人依次从火堆上跳来跳去,表示烧掉"晦气"。伊朗人还会于春节期间在家中养麦苗,据说麦苗可以吸收掉家中的晦气。

伊朗素有敬重长者、敬重老人的传统。这里禁止赌博、卖淫。妇女不得从事唱歌、跳舞等职业。不得用手触摸小孩的头部,忌讳议论婴儿的眼睛。忌讳以竖大拇指夸赞人。忌讳交谈时背对着另一个人。高声谈笑是粗鲁行为。乘坐公交车,男女需分开,地铁有女士专用车厢,男士不得入内,但女士可乘坐男士车厢。

他们认为"7"是象征吉利的数字,而"13"是不幸的标志;崇尚绿色、宝剑等具有伊斯兰教色彩之物。他们晚上看到新月后,随即看到一种美好的东西,如金子、镜子、水等,就会认为很幸运。伊朗人喜欢鲜花,玫瑰花被尊为国花;喜欢狮子,认为它神圣而吉祥。

以色列

国情

以色列国（简称"以色列"）位于亚洲西部，目前实际控制区面积约2.5万平方千米，人口959万（2022年），官方语言为希伯来语，通用英语，1948年建国时首都在特拉维夫，1950年迁至耶路撒冷，但未获国际社会普遍承认。

交往

以色列人注重仪表，举止文雅，同人交往精明、稳重、自信、理性。初次见面，多以握手为礼；关系好的男士们见面，也可行拥抱、贴面礼，但拥抱之后，应再握一次手。而犹太教徒一般不行拥抱、贴面礼。

参拜耶路撒冷等宗教圣地礼节严格。如进入犹太教堂，男性需戴"基帕"（kipa）；进入清真寺，要脱鞋；进入基督教堂，必须脱帽等。

在以色列，问候老年人，常说："祝您活到120岁。"许多妇女不与丈夫以外的异性握手。在公开场合，阿拉伯族男女不会表示任何形式的亲热，也不会相互搀扶。在人面前不停地跺脚，用力吹气、吸气，以及在同人说话时身子歪斜或双手抱在胸前等动作，是不文明行为。如果在以色列犯了什么过错，光说"抱歉""对不起"是不行的，必须虚心检讨犯错的原因，并与对方探讨、交流，以求得谅解。

服饰

以色列人衣着整洁、庄重，不喜欢大红大绿或颜色对比强烈的穿着打扮。男子平时穿夹克衫、牛仔裤，衬衫比较宽松，即使穿西服，也多不扎领带，夏秋常着凉便鞋外出。出席礼仪活动或隆重社交场合，一般穿礼服或深色西服。女子平时爱穿连衣裙，而传统服装是宽松长袍，系腰带、包头巾。犹太教宗教人士则是一身黑色服饰，戴黑礼帽，穿黑长袍，留着大胡子和卷曲的鬓发。

按照犹太教规定，男性应头顶小圆帽。这种帽子在希伯来语中叫"基帕"。以色列人出于对上帝的敬畏，认为头上应有天，不可光着头。小圆帽多为黑色、蓝色，白色的较少，一般由布、丝绒做成。由于帽子小而轻，扣在头顶上容易脱落，因此常需用发卡别住。平时不少人特别是年轻人并不戴这种帽子，但是去犹太教堂时不可不戴。

饮食

以色列人传统用餐规矩很多，遵照教规，必须吃洁净食品。他们的主食是小麦或大麦面粉烤制的大饼，食用时通常不用刀切，而用手掰；肉类主要是羊肉、牛肉、鹿肉，但因病、因老或非正常死亡的动物肉不得食用，且不得同时食用肉与乳制品，须间隔六小时以上。犹太人和穆斯林一样，禁食猪肉。他们还禁食兔肉、马肉、骆驼肉、动物血液以及无鳍、无鳞鱼类等。

以色列人过逾越节时，通常举行家宴。家宴上，家长身着白袍，举杯祝福，并将生苦菜蘸上盐水分给每个家人，之后便开始诵读祷文。家宴传统食品是烤羔羊、未经发酵的面饼等，另外不可或缺的还有喜庆食品，如象征"甜甜蜜蜜"的蜂蜜蘸苹果、象征"多福"的石榴以及象征"步步高升"的梯形食品和象征"安康和平"的鸟状食品。

在以色列，人们喜欢喝啤酒、果汁、可乐以及自酿的红葡萄酒等饮料，但喝白酒较少。

习俗

犹太教规定，安息日即星期五日落以后到星期六日落之前为圣日，不工作，原是让劳作了六天的人们放下手里的活计，在宁静的休息中自省，机关停工、商店停业，甚至连公交车也要停运。

对严守教规的犹太人来说，安息日还应注意一些禁忌。如不能启动开关，因此电灯不能扭开（可预先扭开，一直亮着），不能开车（打火），不能坐车（开门），不能坐电梯（可预先调整为每层都停、自动开关），不能做饭（可预先设置保温），雨天不能打伞（张开），不能打电话（按钮）等。在安息日驾车进入犹太社区，是严重的冒犯行为。

此外，犹太人居住区禁止拍照，特别是不可对着军人、警察拍照。在传统教区，不得穿无袖T恤和短裤。

印度

国情

印度共和国（简称"印度"）位于南亚次大陆的印度半岛，面积约298万平方千米（不包括中印边境印占区和克什米尔印度实际控制区30多万平方千米），人口约14.36亿（2023年），官方语言是印地语、英语，首都是新德里。

交往

双手合十是印度古礼，后为各国佛教徒所沿用。行礼时，两掌相合，十指伸直，举至胸前，身子略前躬，头微低。若一手持物，则可举右手施礼，但不可举左手。对长辈举手宜高，以示尊敬；对平辈宜平，以示对等；对幼辈则低，以示关怀。外国人初到印度，学双手合十礼，有时会不断点头，这不符合印度人的规矩。现今，在印度握手礼节也很流行，只是妇女不习惯与异性握手。

另外，在印度，特别是在印度南部地区，表示"同意"或"肯定"时，先把头稍微歪到左边，然后立刻恢复原状。也就是说，以偏头方式表示"知道了""好的"。

服饰

虽然在社交场合流行西装革履，但民族服装也很常见：男子上身穿"古尔达"，即宽松的圆领长衫，下身则穿"陀地"，即以白布缠绕下身、垂至脚面的围裤。在正式的场合，则在古尔达之外加上一件外套。妇女的服装则是纱丽，即将一大块丝制长巾披在内衣之外，好似一件长袍，从腰部一直围到脚跟，使之形成筒裙状，其末端下摆披搭在肩头，自成活褶。纱丽色彩鲜艳，图案优美，是印度社会一道独特的风景线。

印度妇女大多习惯在自己前额上点红色"吉祥痣"，过去是用来表示妇女已婚，而今则主要用于表示吉祥如意。此外，印度妇女喜爱佩戴项链、耳环、鼻圈、戒指、脚镯等饰物，但寡妇不能戴任何首饰。出于宗教原因，男锡克教徒有不理发、不剃须、夹发梳、带铁手镯、佩带短剑的习惯。

饮食

印度的主食是大米和面食。他们烹调爱加入辛辣香料，如咖喱粉等。家庭的基本食品是米饭、家常饼等。普通的佐餐品是干青酸辣菜和香菜叶。

正餐宴请常以汤菜开始，通常是稀薄咖喱，其余菜肴一次送上，不依次上菜。正餐之后，还会再上一些食物，通常是沙拉和酸奶。甜食多为冰激凌、布丁以及水果等。主人一般会殷勤地为客人布菜，客人一般不能自行取菜。餐后客人要向主人表示敬意，赞扬食品好吃。

印度素食者多，地位越高的人越忌荤食，甚至有人不吃鸡蛋。

印度人就餐使用盘子，不习惯用刀叉和筷子，通常以手取食，因而饭前格外注意洗手。以手取食的规矩是，用右手抓取食物，且只用拇指、食指与中指。餐后通常给客人端一碗热水放在桌上，供客人洗手。

忌用左手或双手递送食品和敬茶。他们认为左手肮脏，除上洗手间外，均需使用右手。印度人大多不喝酒、不吸烟，但爱喝茶，红茶是他们的主要饮料。

在印度请客时，往往会请在座者中最有钱的人或者最受欢迎的人付账。到印度人家里做客，宜给主人、孩子带些水果、糖果作为礼品，但女主人往往不跟客人聊天，也不同客人一起吃饭。头是身体最神圣的部分，不可触摸印度陌生小孩的头部。

习俗

进入印度的庙宇或清真寺，要脱鞋子；进门时要跨过门槛，不能踩着门槛走过。

印度教视牛为神圣的动物，爱牛、敬牛，牛可随意漫游街头；不许打牛，更禁吃牛肉，也禁用牛皮制品。印度人对动物有特殊感情，如凶猛的眼镜蛇被看作"神的朋友"，印度人对其顶礼膜拜。此外，猫、狗、龟、鼠等动物，也都各有崇拜者。

印度人忌吹口哨，若以此招呼人，则为冒犯人格的严重失礼行为。

印度尼西亚

国情

印度尼西亚共和国（简称"印尼"）位于亚洲东南部，地跨赤道，陆地面积1,913,578.68平方千米，人口2.76亿（2022年），官方语言为印尼语，首都是雅加达。

交往

文雅、谦恭、和蔼是穆斯林公认的美德。在印尼，见面常行握手礼，但一般不主动与异性握手。合十礼也很流行。穆斯林行礼时，常伴随阿拉伯语的问候"愿真主保佑你"。

在印尼，等级观念强，对成年男子一般称呼"Bapak"或者"Pak"（"您""先生"之意）。下级对待上级，即使后者年纪较轻，也应称呼"Pak"。在长者、上级、客人座位前经过，要弯腰，并将右手伸至右膝处，以示敬重。跟有身份的人打交道，最好以其正式头衔相称。通常不宜询问印尼人的姓名。男子有互称兄弟的习惯。

印尼人待人讲究谦恭，不爱讲别人的坏话，认为"笑口常开"是社交中不可缺少的礼貌。

服饰

印尼的国服是传统民族服装"巴迪"（batik）衫，它是一种蜡染纺织品，绘有图案，有的绣以金丝等作为点缀。正式社交场合，男士穿巴迪、深色裤子，有的会头戴黑色无边礼帽或扎头巾。

按照传统，穆斯林男子到了成年就应戴上无边黑色礼帽。参加庆典时，有的男子喜欢在腰间挂一把精致漂亮的"克里斯"（短剑），据说可辟邪驱秽，同时是社会地位和风度的体现。男士在办公室工作时通常穿西装、白衬衫并打领带。

女子着装朴素、大方。她们喜欢佩戴首饰，如项链、耳环、手镯、胸针等。女士在办公室上班时，穿裙子和有袖的短外套，但应避免色彩过于鲜艳。在社交场合，女士一般穿裙装，配丝绸披肩。参观清真寺，需衣冠整齐，不可穿短裤、短裙、无袖服、背心或裸露较多的衣服，进门前需脱鞋。

印尼穆斯林妇女一般不戴面罩。由于天热，印尼人一般不穿袜子，平时男女都喜欢穿拖鞋或木屐，不过现在也有很多女子爱穿高跟鞋。

饮食

印尼人的主食多为大米、玉米或薯类，他们也吃面食，如面条、面包等；菜肴多为鸡肉、鱼、虾、牛肉等制品。他们喜辛辣和油炸食品，调味时会加多种香料。

穆斯林不吃甲鱼、鱼肚。他们在宴会上使用刀、叉等，有的人平时习惯用手抓取饭食。用手抓取饭食时，先把米饭盛在盘上，然后用右手手指将饭捏成小团，送到口中。饭桌上常放一罐清水，手指不时蘸清水，以免米饭粒粘在手指上。印尼人饭后习惯喝咖啡或红茶。聚餐时，他们常喝凉开水、矿泉水、冰红茶、果汁等。穆斯林不饮酒。斋月时，非穆斯林也不能在公共场合饮酒。他们把客人来访看作荣幸，即使客人突然造访，来不及准备，主人也会想方设法端上一些食品，热情招待来客。

习俗

印尼婚礼一般较为隆重，经济条件好的家庭会在酒店举办婚礼，而普通家庭会在家门口用白布搭建篷子举办仪式，招待亲朋。巴厘岛上的妇女搬运物品时，习惯将物品叠放成塔状，放入托盘，顶在头上。头部神圣不可侵犯，摸别人的头被视作侮辱和挑衅。他们忌用左手打招呼、接受礼物或递交物品，不得不使用左手时，一定要说声"对不起"。

当地人偏爱茉莉花，视其为纯洁和友谊的象征。他们敬蛇如神，认为蛇是善良、智慧、德行和本领的象征；厌恶乌龟和老鼠，视前者为侮辱和性的化身，认为后者不仅肮脏，还会带来瘟疫和灾难。

在公共场合拥抱和亲吻，会被视为粗野、没有教养。在街上走路时，不可吃东西。爪哇岛上的居民，晚上出门忌吹口哨，认为此举会招来幽灵。

印尼斗牛与西班牙斗牛不同，前者是牛与牛相斗。斗牛主人为了使自己的赛牛取胜，把它打扮得十分威武，把牛角削得十分尖利，并且给牛灌上药酒，使其兴奋，还把牛放在阳光下暴晒，使其暴躁。斗牛开始，先牵一头母牛进场，再把参赛的两头公牛分别从两边牵入场内。两头公牛见到母牛，便会疯抢母牛。这时人们迅速把母牛牵走，两头公牛便怒目相向，一场凶猛的决斗便开始了。两头牛相斗，分出胜负即止，一般不致使牛死亡。此外，东爪哇等地还有赛牛的风俗。

英国

国情

大不列颠及北爱尔兰联合王国（简称"英国"）位于欧洲西部，隔北海、多佛尔海峡、英吉利海峡与欧洲大陆相望，国土面积24.41万平方千米，人口6,702.6万（2021年），官方语言为英语，首都是伦敦。

交往

一般应将英国人称为"不列颠人"，或具体称为"英格兰人""苏格兰人""威尔士人"等。对男士、女士的正式称呼是"先生"（sir）、"女士"（madam），不带姓，虽显疏远，但带有敬意。礼貌称呼男士"先生"时，需加姓；而对不熟悉的女士或不知其婚否时，称"女士"；称已婚女士为"夫人"，均需加姓氏。对熟人可只称名，关系更近的人则用昵称。上层人士喜称荣誉头衔，如"伯爵"等；涉外交际活动中，常见的称呼是"阁下""先生""小姐""夫人"。

英国人崇尚绅士风度、淑女风范，讲究女士优先。见面一般用握手礼，不像美国人那样用"嗨"打招呼。英国人注重使用礼貌用语"请""谢谢""对不起"等。在英国，握手时要先摘下帽子，且握手不可交叉，也不交叉干杯。尽管在英国也流行拥抱、亲吻等，但英国人不像法国人那样感情奔放，认为太热情有失风度。非工作时间不进行公务活动，忌讳就餐时谈公事。英国人时间观念强，日常活动按事先安排好的日程进行。与人交往时，英国人"不问他人是非"，一般也不喜欢别人加入自己的生活圈内，邻里之间很少来往。一旦被邀到英国人家里做客，客人也应该特别小心，诸如进入室内是否脱鞋以及想使用洗手间等，都需征求主人的同意。主人家里的家具和物品摆设不可随意触摸。

服饰

英国人派头十足，仪表堂堂，讲究着装。社交活动，男士一般穿深色西服，但忌扎条纹领带；女士则着西式套裙或连衣裙。出席宴会或晚会，他们习惯穿黑色礼服，衣裤须烫得笔挺。晚宴根据其正式程度，邀请人会在请帖上注明服装要求。其中"white tie"（白领结），即要求客人穿大礼服——燕尾服，扎白色领结。这种宴会最为正式，如英国女王为来访的外国元首举行的国宴。而晚间聚会，如外交宴请活动，礼仪隆重程度稍逊，一般要求穿黑色不带燕尾的小礼服，其翻领为闪闪发光的黑缎面，并扎黑色领结。在上述这些场合，女士也应穿上相应的大礼服、小礼服。结婚仪式上，新郎穿礼服，新娘则身着白衫、白裙，头戴白色花环，还要罩上长长的白纱，手持白色花束。

饮食

家庭宴会可稍微迟到一会儿，但不要超过10分钟。餐桌上餐具摆放：正前方是餐盘，左边放叉，右边放刀，刀叉数目相等。汤匙在刀右，甜点匙或叉在餐盘前。面包、黄油碟在餐盘左前方，而水杯、酒杯在右边。吃鱼、鸡肉应喝白葡萄酒；吃牛羊肉喝红葡萄酒。说话声高、边嚼边说、嘴里有东西时说话、餐具碰撞发出响声或就餐过程中出声，均是失礼行为。喝汤时，用匙的一侧从里往外舀。一般宴会只上一道主菜和沙拉、一道甜食。如果没有吃饱，可请求添加。吃完一道菜后，刀叉并拢放在垫盘上，汤、咖啡喝完后，匙均应放在垫盘上。离开餐桌时，男士要帮女士挪动椅子。英国人习惯在15—16时放下手中的工作休息一刻钟，喝一杯红茶或玫瑰花茶、奶茶，再配上精巧、风味各异的点心，颇为温馨、雅致。

习俗

家庭送礼多为鲜花（单枝）、巧克力、名酒。苏格兰威士忌是通行的礼品，但烈性威士忌则不宜。初次见面，礼物不宜过重，受欢迎的礼品多为具有民族特色的工艺品。宴会后表示感谢，可派人送宴会主人以盆栽植物。英国人接到礼品，会当着客人的面打开，共同欣赏。无论礼品价值如何，主人都会热情赞扬，并表示谢意。英国服务行业有付小费的习惯。

英国人讲究秩序，即便只有两三个人，也会自觉排队，视插队为不文明行为。他们忌谈个人私事、家事、婚丧、年龄、职业、收入、宗教信仰等。他们认为购物砍价是丢面子的事情；认为"13"是不吉利的数字、"星期五"是不吉利的日子。他们不以王室的隐私作为谈资。他们忌白象、猫头鹰、孔雀商标图案；忌打喷嚏，认为流感是重病。中指、食指分开竖起，手心朝外成"V"状，象征胜利；但若手心朝内，则是蔑视他人的恶意姿势。

约旦

国情

约旦哈希姆王国（简称"约旦"）位于阿拉伯半岛西北部，面积8.9万平方千米，人口1,129万（含巴勒斯坦、叙利亚、伊拉克难民），官方语言为阿拉伯语，通用英语，首都是安曼。

交往

约旦人举止文雅，从容不迫。他们与人交谈时喜欢距离近些，且习惯注视着对方，若目光旁视或东张西望是不尊重人的行为。

社交场合相见，多以握手为礼。女士一般可同男士一起参加各种社交活动，男士与女士也可握手寒暄，只是需待女士主动伸手时，才能与之轻轻相握。与亲朋好友相见，男性之间习惯拥抱和贴面，女性之间多行握手或贴面礼。应邀到约旦人家中做客，多由男主人出面接待，服务工作也由男性承担。客人谈话，不主动提及对方的妻子、儿女等。客人可送礼物给男主人，不必单独为女主人准备礼品。当地日常馈赠的礼物，多为日常消费品，忌讳赠送酒类或女人照片。

约旦人上午工作到13时，15—18时为工作时间。他们赴约、赴宴有时迟到，认为这是有风度的体现，不算失礼。

服饰

在约旦的社交场合，既能看到穿阿拉伯袍装、系头巾者，也能看到着西式服装者，一般来说，城里人穿西装更多些。在首都安曼街头，游牧民族贝都因人的装束颇引人注目，他们喜欢穿黑色阿拉伯长袍，头裹红方格头巾。夏季平常日子，当地人是轻装便服。年轻人的牛仔装、女孩子的短裙装，与欧洲城市无异。城镇老年人和农村人仍喜欢传统服饰，即色彩、图案、形状各不相同的长袍和斗篷，并缠头巾。女性不蒙面，穿黑色、茶色或黑蓝相间的宽松斗篷，内穿下摆很长的衣服。遵照当地习俗，中老年妇女的穿着比较保守，一般不穿暴露和紧身的服装。不论男女，都不佩戴有宗教意义的珠宝首饰。

约旦冬天不太冷，加件外套和毛衣即可。

饮食

约旦人的主食是发面饼、玉米饼、米饭等，副食是牛肉、羊肉、鸡肉制品，饮料是咖啡、茶、酸奶等。他们习惯饭前饭后洗手，吃米饭时一般用右手将米饭捏成团，再送入口中。遵照伊斯兰教习惯，穆斯林不饮酒，因此正式宴请不上酒；而私人场合并不禁酒，饭店、餐厅也有酒供应。

约旦人男女分开进餐。早餐常见焖蚕豆、干酪、酸乳酪等，午餐、晚餐除了牛羊肉，蔬菜、水果不可少。进餐的顺序是开胃菜、主菜、甜食、咖啡或茶。手抓饭曼萨夫（mansaf）是约旦国菜，即将米饭、松仁、羊肉、奶酪酱用薄面饼包起来吃。炭烤肉是常见主菜，烤的是无骨鸡肉或牛羊肉，通常和面包、沙拉一起吃。

斋月期间，不能抽烟。晚宴于21时以后开始，直至第二天清晨。主人热情招待客人，客人不要矜持，更不可拒绝，最好是接杯即饮。饮毕，若不想再喝，递还杯子时，可将杯子在手中晃两下，侍者便不会再添加。

习俗

在约旦，西式婚礼很常见，而传统婚礼在乡间很流行。约旦人的求婚方式比较特别，通常是男方家长请德高望重的人士做中间人，向女方家长求婚。中间人对女孩父亲说："我们想喝你家的咖啡。"如果对方不接话茬，表明不同意；对方也可能说："好啊，我们一起喝吧！"这表示求婚成功。

婚礼上，富裕者会向客人抛撒金币，不富裕的常以铜币代之。客人会捡拾金币，带走留念。约旦人的婚礼仪式大多在晚上进行，音乐、舞蹈、饮宴通宵达旦。

新郎穿西式礼服或民族服装，而新娘身着带有刺绣的白婚纱，佩戴金银首饰，头上罩着绿色盖头。贝都因人的婚礼除了跳舞、唱歌，还会朝天鸣枪庆贺。

约旦人认为左手不洁净，只用右手与人握手、传递物品和食物。他们忌讳他人的脚掌朝向自己。不得摸孩子的头部。理发时，理发师须先念两句经文才能触及人的头部。约旦人认为黄色象征死亡，故忌讳黄色。交规明令禁止车辆鸣笛，但婚礼彩车除外。不可对着妇女摄影、拍照。这里忌谈中东政治、宗教以及妇女权利等话题。

越南

国情

越南社会主义共和国（简称"越南"）位于中南半岛东部沿海，国土面积329,556平方千米，人口9,847万（2022年），主要语言是越南语，首都是河内。

交往

越南人说话要先称呼对方，尤其对长辈更应如此。越南官方人士之间一般称"同志"，但熟人也常称兄道弟。夫妻习惯以兄妹相称，对长辈称"大爷""大妈"或"伯伯""叔叔"，对平辈称"兄""弟""姐""妹"，对儿童称"侄""孙"。近年来，称职务、职衔也很流行。

越南人的姓名与我们中国人的姓名相似，多数由三个字组成。连名带姓称呼人不礼貌。平时，只称呼名字的最后一个字，且在其前加上表示辈分的称呼，如叔、伯、兄、弟等。

他们自称时不用"我"，而是用弟、妹、侄之类的谦辞。对群众称乡亲们、父老们、同胞们。通行握手礼，不拥吻客人。日常生活中，作揖、合十礼也能看到。

他们尊老爱幼，注重孝道，家中祖父母、父母受到尊重；尊崇死去的先人，平时忌说祖辈、父辈的名字。

越南人说话声音较小，温文尔雅。家庭、工作、收入、子女等，被西方人看作隐私的内容，常是越南人聊天的话题。他们很好客，喜用酒、肉招待朋友，还习惯把自己种的水果、蔬菜和加工的食品送给来客。

与越南人交往，可赠送有纪念意义的礼品，但其价值不能太高，否则有行贿之嫌。

服饰

越南人的服饰简单朴素，色彩淡雅。大多数越南人都穿对襟上衣，无领窄袖，下身是宽松肥大的深色裤子，以黑色、白色、褐色常见。由于气候炎热，因此服装讲究轻便、透气。城市里，人们只在比较郑重的场合才穿西装，日常只穿长裤、衬衫、拖鞋，在家里则常赤脚，男人们喜戴帆布硬壳帽子。

虽然现代城市的女青年对牛仔裤、西式裙装很青睐，但多数越南妇女还是喜穿国服奥黛（ao dai）长衫。它的形状类似我国的旗袍，是越南女性独有的传统服装，多以丝绸制作，自腰以下高开衩，配同花式或白布料宽松长裤，色彩艳丽，飘逸美观。她们多留长发，喜戴项链、戒指，有的喜戴蒲葵编制的锥形花帽。

饮食

越南人口味清淡，烹饪方式以水煮、煎炸、烧烤为主。主食多为大米，也常见玉米、薯类、豆类等。副食多为鱼类、肉类、蔬菜等。吃鱼的方法很多，如煎、炒、炸、煮、蒸、腌等，尤其喜用鲜鱼加工鱼露。鱼露是越南最大民族——京族日常生活中不可缺少的调料。

越南有名的小吃有螺蛳粉、牛肉粉、鸡粉以及虾饼、灌肠、炸春卷、粽子等，都很有特点。粽子有肉丁、五仁、豆沙等多种馅儿，外包芭蕉叶，各地形状不同，但多为方形和圆形。

他们爱吃生、冷、酸、甜的东西。各种腌制的黄瓜、茄子、卷心菜等，是一日三餐必备食品。他们讲究青菜生吃，生菜、绿豆芽、香菜、薄荷等，蘸着鱼露、醋或鲜柠檬汁食用。越南人的餐具与我国大同小异，只是筷子稍长。喝茶也很普遍，他们饭后喝茶，或者边吃饭边喝茶。越南人喜欢喝啤酒、糯米酒、槟榔酒等。

习俗

按照越南京族传统，男孩、女孩十七八岁，到了成亲年龄，开始咀嚼槟榔。通常是将其切片，与蚌壳粉等一起入口咀嚼，此后牙齿逐渐变得又黑又亮，他们以此为美。

在北方京族家里，由最老一辈的男人作主；南方的京族由最老一辈的女人当家。越南人非常喜欢狗，认为狗忠实、可靠、勇敢。他们喜爱红色，视其为吉祥、喜庆之色。他们认为荷花纯洁、美丽，是吉祥之花，称其为国花。

在越南，忌讳三个人合影，也不能用一根火柴或一个打火机连续给三个人点烟。他们不愿让人摸头顶，席地而坐时，不能把脚对着人。他们不喜欢别人用手拍自己的背，也不可用手指着人呼喊。进屋须脱鞋，否则会被认为是看不起主人。日常生活中，他们忌说新生儿长得好看、漂亮，认为这会引起神的妒忌。

赞比亚

国情

赞比亚共和国（简称"赞比亚"）位于非洲大陆中南部，面积752,614平方千米，人口1,890万（2021年），官方语言为英语，首都是卢萨卡。

交往

赞比亚人热情好客，待人真诚。见面问候详尽周到，身体、工作、家庭等，都会一一问到。社交场合，惯行握手礼、拥抱礼。妇女之间握手时，习惯用左手托住右臂。妇女一般不与男人握手，只在女士主动伸手时，男子才可与之相握，但不可太用力或长时间相握。

赞比亚人见到年长者、酋长、贵宾时，喜欢边拍手边俯身下蹲或下跪。农村地区，妇女见到外国女宾客时，通常热情问候并围着女宾客转圈，嘴里发出阵阵有节奏的尖叫声，以此表达友好情谊。客人来访，主人会亲自开门迎接，并热情献上饮料、水果等，但主人不会亲自招待，而是将杯子交给客人，由客人自斟自饮。他们认为，劝吃劝喝是强加于人，是不礼貌的做法。招待最尊贵的客人，他们一般用铜制器具。如果路人口渴，上门求水，他们也会友好招待。

赞比亚人在社交场合大多称呼"先生""女士""夫人""小姐"等；爱称多用"兄弟""朋友"等；对有身份、有地位以及自己崇敬的人士用敬称，如"主人""阁下"等；称呼职衔也很普遍，如"局长先生""市长先生""教授先生"

等。他们对男外宾敬称"爸爸"，对女外宾则敬称"妈妈"，且与客人的国家名称联称，如"中国爸爸""英国妈妈"等。其实，在赞比亚，特别是这里的乡村地区，人们对所有男性、女性都称 "爸爸""妈妈"，甚至对自己的儿女们也这样称呼，忌讳直呼其名。

赞比亚有尊老传统，年轻人遇见年长者时，都会恭敬地打招呼，行礼致意，并规规矩矩站在一旁，给年长者让路。年纪大也是有威望的象征，特别是在农村地区，夫妻争吵、家庭纠纷、邻里矛盾等，均由年长者出面调解，作出裁决。对于年长者的话，晚辈或者年轻人必须听从。家族或者村庄里的大事，一般都由德高望重的几位老人商量，作出决定。

服饰

受英国影响，赞比亚的官员、商人等特别注重衣着，在对外场合必穿西装、系领带。由于天气比较炎热，所以人们的西服颜色较浅，质地较薄。普通百姓的穿着比较随便。夏天，男人日常不穿上衣，只穿裤子或围一块布；气温降低时，才穿上短袖或无袖衫。女子一般穿短上衣和裙子。富裕家庭的女子爱戴耳环、项链，有的脖颈上戴好几串大小不等的项链。赞比西河上游的巴托克部落的人，以拔掉上门牙为美。

饮食

赞比亚人的传统主食有大米饭、麦面饼、玉米糕和甜食等，肉食有牛肉、羊肉、鸡肉及鱼、虾制品。他们习惯把玉米面煮成很稠的玉米糊"喜马"，再把沙丁鱼熬成汤，然后用"喜马"蘸着鱼汤吃。家境富裕者，会煎牛排、煮青豆等，和"喜马"一起吃。"喜马"作为一道民族特色食物，常常出现在招待国宾的宴会上。

赞比亚人平时吃饭，是用手抓取食物，而社交场合习惯使用刀叉吃西餐。宴客进餐习惯是，主人不主动给客人让菜、让饭，而是先让客人提出要求，再将食品递到其面前。为了表示敬重和欢迎，他们还喜用鲜羊肝招待贵客。客人进门，把刚宰的羊的肝切成片并整齐地码放在瓷盆里，撒上辣椒末和香料，端到客人面前，请客人品尝。

习俗

赞比亚女孩到结婚年龄后，便被家人藏在屋里，与外界隔离，不许接触任何人。藏的时间长短不一，有的是几星期，有的是数月，甚至长达一年。这段时间内，由一年长妇女送饭，并传授做妻子、家庭主妇的经验。这里的结婚仪式并不铺张，但很隆重，一般由宗教神职人员主持。

在赞比亚，拍摄有禁忌。不经同意，对着女人、小孩等拍照，会被当地人视为莫大耻辱，因而会引起麻烦。总统官邸、政府建筑物、邮政局、警察署、桥梁、机场等，都是拍照禁区，违者将被视为间谍行为，可能会遭到警卫人员开枪射击。赞比亚人认为偶数吉利，忌讳数字"13"和"星期五"；忌讳有人从自己背后穿过，从面前穿过才是合乎礼仪的举止。政府规定，国家公职人员不得接受馈赠，特别是不能接受贵重的礼品。

乍得

国情

乍得共和国（简称"乍得"）位于非洲中北部，面积128.4万平方千米，人口1,718万（2021年），官方语言为法语、阿拉伯语，首都是恩贾梅纳。

居所

乍得北方的房屋多为阿拉伯式。富人家居，华贵温馨，壁饰花布，地铺地毯，熏香盈室。进入厅室，需把鞋留在外面。室内一般无椅凳、沙发，人们多是席地而坐。

南方较热，人们习惯建造一种鸡蛋形状的屋子，称作"蛋形屋"。屋内地面直径三四米，屋高超过五米。屋门较小，屋内无柱，墙壁抹泥，底部墙壁厚度二三十厘米，往上逐渐收缩变薄，顶部收缩成一个通风小口，以使空气对流，保持屋内凉爽。房屋内壁光滑平整，有的还塑出柜子、书架，可以装些衣物。屋内还立有小木桩，可挂衣服、搭渔网。屋子外部表面塑出一些棱柱，作为装饰，也可当作阶梯，爬上屋顶。蛋形屋造型别致，适于当地沙漠炎热环境。

交往

乍得人开朗、乐观。他们部族、家族观念重，同家族的人可以随意到一个人家里吃饭、住宿，因而家境条件好、生活富裕、有权有势的人家里常常是亲族盈门，主人乐此不疲。

乍得人同国际友人交往，也颇注意礼貌礼节。他们称男士为"先生"，称女性为"夫人""女士""小姐"，见面时会热情问候并握手。穆斯林见面，"萨拉姆"（意为"你好"）不离口，行右手抚胸礼，较亲密者会拥抱。他们每天向安拉祈祷，正点准时，与朋友约会则常迟到。

服饰

乍得气候炎热，南北方居民服饰有所不同。

北方阿拉伯族群男人，头戴白帽，穿白色、浅蓝色无领长袍（"布布"），袍袖肥大，裤子宽松、透气；北方女人，特别是已婚妇女，更传统一些，一般是短上衣配裙子，外罩袍装，再以同色的薄纱缠裹全身，连头也包裹住。薄纱长约五米，讲究者以金银饰边，且多有印花图案。妇女们一般佩戴各类首饰，如耳环、手镯、踝饰等。有些民族的妇女在右鼻孔上穿一个小孔，佩戴鼻饰。

南部地区的人们穿着比较现代一些。南部的民族服装为棉质宽松的上衣和裤子，颜色较深，以赭、深绿为多，上衣多绣金银彩线图案。妇女们都喜欢长发，梳头时将黑线夹在头发里面，扎出许多辫子。

饮食

乍得人的主食是木薯、小麦、小米、玉米、高粱、豆类等；副食有牛羊肉、鱼类、各种蔬菜等。人们习惯吃高粱米捣成的糊糊，偶尔也吃大饼，不少人每天只吃两顿饭。此外，小米常被做成面团，在北部、南部分别称其为"奥里士"（alysh）和"比亚"（biya），一般是蘸酱汁食用。节日盛宴多是烤全羊。

作为内陆沙漠国家，乍得出产淡水鱼，这也是该国居民的流行食物，通常是晒干后烟熏成"萨兰加"（salanga），较大型的烟熏鱼称"班达"（banda）。而烤鱼以注入乍得湖的最大河流——沙里河里的上尉鱼（马鲅）最为美味。宴席上的餐具，多为亮晶晶的铜盘。

伊斯兰教信众禁食猪肉，也不喝酒，人们通常喝用木槿叶制成的甜味饮品

"卡尔卡杰"（carcaje）。含酒精的饮品在南部比较流行，人们喜欢喝用红白小米酿制的啤酒"比力—比力"（billi-billi）和"考沙特"（coshate）。乍得盛产杧果，价格很便宜。

习俗

乍得法律允许一夫多妻。信奉伊斯兰教的乍得人，可以娶四个妻子，南方的天主教徒也有娶二房的。

牛、羊是新郎家必备的彩礼。婚礼上，新娘身穿传统礼服蓝色连衣裙，头戴道业（doek）礼帽，肩披一块方巾。新郎家的女眷们围着新娘边唱边跳。铁锅架在炭火上，煮着食物，新娘拿勺搅一搅，以示她将成为一个好妻子、好厨师，照顾好家人。

人们簇拥着新娘，在屋里绕两圈。这时新郎家的人将一头绵羊作为礼物献给新娘，新娘用手摸一下羊，表示接受。在上述过程中，新娘保持缄默，不说话。当新娘绕屋走到第三圈时，婆婆会在门口欢迎她，并对她嘱咐一番。之后，开始宰杀绵羊，祭祀祖先，全家围坐在一起吃团圆饭。

乍得南部居民以脸上的刀痕作为部族标志。孩子四五岁时，父母常常依照传统习俗，用刀划割伤孩子的脸部，留下数道明显的伤痕。部落族群不同，所割伤痕也有所区别。近年来，这种状况有所改善。

智利

国情

智利共和国（简称"智利"）位于南美洲西海岸，面积756,715平方千米，人口1,949万（2021年），官方语言为西班牙语，首都是圣地亚哥。

交往

智利人最常用的称呼是"先生""夫人"或"太太"。对未婚青年男女称"少爷"或"小姐"，而熟人、朋友之间可直呼其名。在正式场合，称呼姓氏并加行政职务或学术头衔。

见面礼节多是握手，熟人之间会拥抱和亲吻。女士相见，一般亲面颊；男士见到熟悉的女士，也可亲面颊。上了年纪的人见面，爱行举手礼或脱帽礼。常用问候语是"您好""见到您非常高兴""感谢上帝让我们相识"等。

智利人的时间观念比较强，凡事都习惯按预定的时间进行。到智利人家中做客，要在门外等候，待主人邀请后才能进门，一般要送一束鲜花给女主人。在公共场合，年轻人会礼让老人、妇女和孩子。

服饰

智利男子传统服装是白色绒布衬衣或绸衬衣，再套上坎肩和浅色布短衣，腰系红色布带。天冷时要披斗篷，斗篷用色彩鲜艳的毛料织成，上面饰有花纹。2004年在智利召开的亚太经合组织领导人非正式会议上，主办国为与会国领导人制作的民族服装"查曼多"像盔甲一样，给人留下深刻印象。

在正式场合，居民一般穿西装，式样庄重保守，而颜色多为单色，如蓝、绿、红、黄、白等均可见到。沿海地区人们着装色彩一般比较明快。内地大都属矿区，服装上的金属装饰比沿海地区种类多。

参加正式晚宴，讲究着深色西装及打颜色庄重的领带；参加午宴时的西装颜色深浅均可。女子着裙装：未婚女子裙装配圆领衫，且裙子多为红色、绿色或蓝色，圆领衫大都用浅色亚麻布做成，头发梳成辫子；已婚女子一般穿深色服装，裙子较长，梳发髻。

饮食

智利人习惯一日四餐：早餐多为咖啡、吐司；13时左右进午餐；16时加餐，以咖啡、吐司为主；21时进晚餐。他们口味喜清淡、微甜，主食多为面食，也吃米饭。牛羊肉多烤制，常吃的蔬菜有土豆、黄瓜等。智利人待客，常见的食品有"乔克洛"玉米糕（用新鲜的玉米面制成）、"肉汤菜饭"（用大米、玉米粉、肉汤和蔬菜制成）、馅饼（用奶酪、海鲜或肉末、葱头、葡萄干、油橄榄、鸡蛋等做馅）。

作为滨海国家，智利海产品丰富，质量上乘。他们认为活鱼的眼、头、内脏味道最美。智利的水果有苹果、柑橘、葡萄、桃、李子、杏、荔枝、西瓜、甜瓜和山橄榄等。智利人爱饮酒，待客必有酒，低度白酒和红白葡萄酒在餐桌上不可缺少。他们常把掺进柠檬汁和砂糖的酒作为开胃酒。

习俗

智利传统舞蹈分为集体舞和独舞，在重大庆典或欢庆活动中表演。集体舞是人们手拉手轮盘式旋转、跳动，象征大地或太阳自转；独舞是模仿某种动物，展示其跑、跳、爬、扑、斗等动作，或模仿猎人捕获动物的各种姿势，惟妙惟肖。

智利的"围牛"表演很独特，牧民骑马把散布在牧场上的成百上千头牛围拢在一起，场面热闹、壮观，成为一项重要的旅游观光项目。智利牧区地广人稀，牛群分散，牧民把牛赶回牛栏，或把它们圈起来清点数目，需要掌握围拢它们的娴熟技巧。多年的围牛实践，逐渐演变为表演项目。每年9月至次年3月，在全国范围内进行预选赛，4月初在中部城市兰卡瓜举行决赛。

智利人钟爱百合花，视其为民族自由的象征；喜爱山鹰，视其为国鸟，它象征民族解放、捍卫国家独立的英雄烈士。

智利人忌讳数字"13"和"星期五"。发生口角时，受辱的一方常用"扫帚"一词还击，意思是把对方的污言秽语清扫掉。他们认为黑色和紫色丧气、不吉利。送礼忌选用刀剑，智利人认为刀剑是斩断友情的表示。对菊花的忌讳也很明确，即只能献给逝者，放在死者灵前，不可摆放在房间里，更不能拿菊花当作礼物送人。

智利人喜欢听客人谈论他们的家庭，特别是孩子；回避议论国家政治和居民宗教信仰。生意未做成前，忌讳送礼，否则会令对方心生疑窦，增强戒备致使生意谈判失败。

中非

国情

中非共和国（简称"中非"）位于非洲大陆中央，面积62.3万平方千米，人口511.9万（2022年），官方语言为法语、桑戈语，首都是班吉。

交往

对外交往中，中非人的常见礼节是握手。熟人之间或者见到女士，则拥抱、相互贴脸。贴脸时，先右后左。有些部族的男子与客人握手时，会将左手搭在自己的右臂上，以表尊敬之意。中非人有尊重长者的传统，凡见到长者、酋长等，要低头、屈膝。在农村，有些人握手时略微屈膝、低头，以示谦卑。农村妇女除了与客人拥抱、贴脸，有时还会行吻礼。日常生活中，人们不愿见到穿黑色丧服的妇女，若躲避不及时，与之打招呼只是点头致意，不会握手。

服饰

对外场合，男子多为西装革履，女子打扮也很讲究，服饰颜色艳丽，喜欢佩戴耳环、项链等首饰。中非妇女喜欢把头发梳成各种形状，常见的有凤头型、钉子型等。由于天气炎热，平民百姓的穿着都很简单，一般是以布裹身。四五月间，雨季开始，气温降至30℃以下，住在当地的外国人略感爽快惬意时，当地人却觉得"寒冬"来了，不少人即穿上"御寒"的厚衣，戴上厚帽，围上围巾。富拉尼族人特别爱好文身，少男少女需接受面部针刺、刀割，留下疤痕，以此作为自己民族的特殊标记。

饮食

中非普通百姓的主食是木薯、玉米、小米、芭蕉等。木薯根茎不仅可蒸煮食之，也可切块炒、炸或磨面，木薯的枝叶可做配菜。他们喜欢烤肉，即把牛肉的里脊、肋条、腿根肉切成块状，放在铁丝网上烧烤，烤熟后撒上洋葱丝、盐、胡椒粉等作料，和熟木薯、啤酒一起食用。他们还在森林里采集蝴蝶卵，调味后食用。中非的热带水果，如香蕉、菠萝、木瓜等丰富，不少人以水果代餐。他们用棕榈叶汁与一种不知名的树皮酿制土酒，它的酒精度数不高，呈淡乳色，味道纯正甘甜，受到各阶层人士喜爱。中非人就餐时，一般不用桌椅，大家围坐在一起，以手抓取食物。男女不同席，特别忌讳女婿和丈母娘、儿媳和公公一起就餐。即使男女是直系亲属，也必须分开就餐，儿子孩提时可和母亲一起就餐，长大后便要和父亲一起就餐。

习俗

中非一般是一夫一妻制，也有一些部落，如巴吉尔米、富拉尼族中存在一夫多妻现象。信教群众的婚礼在教堂举行，世俗婚礼则由当地官员主持。结婚送彩礼不可缺少，彩礼形式主要是现金、首饰、衣料、牛、羊等。富拉尼族人认为牛是财富的象征，送牛越多，表明男方家庭越富有。彩礼越贵重，新娘在未来家庭中的地位越高。当地人有个习惯，即孩子成年以后，不可进入父母的房间。

男性死亡，家里人及亲友为其守灵三天；女性死亡，需守灵四天。当地习惯，不管是父母，还是其他亲属死亡，家属或亲友不号哭，而是遵照习俗，为死者唱葬歌、跳葬舞。下葬前夜，死者生前亲朋好友、左邻右舍轮流守灵，通宵达旦。下葬满41天时，还要为死者举行一夜的祭拜活动。

在中非，每个家庭都崇拜一种动物，视其为力量的象征，不能捕杀，更不能食用。妇女不能吃蛇肉和豹子肉，孩子不能吃豹子肉。中非人喜欢偶数，不喜欢奇数。一些人会随身携带一种头顶罐子的木偶人，用来镇治病魔。

中非的阿卡族人身材矮小，平均身高约1.40米。他们居住在中非共和国西南部洛巴伊等省份的原始森林中，处在原始社会阶段，平均寿命不到40岁。他们严格实行一夫一妻制，女孩长到8—9岁时，就已经发育成熟，开始组建家庭、生儿育女。阿卡人用芭蕉、棕榈的枝叶搭建椭圆形茅屋，把兽皮和杂草铺在地上当床。男人狩猎，女人采集野果、哺育孩子。除了食用猎物、野果外，他们还爱吃白蚁。

他们的财产归集体所有，没有私有观念，没有数字和时间概念。他们没有文字，传统依赖口头传授。他们用芭蕉叶、棕榈叶当衣料，用象骨、甲虫、羚羊角、龟背壳等做项链、手镯等。他们穿的衣服都是游客所赠，自己并不会制造。

附录 183国与中国建交时间*

1	俄罗斯	1949年10月2日
2	保加利亚	1949年10月4日
3	罗马尼亚	1949年10月5日
4	朝鲜	1949年10月6日
5	捷克	1949年10月6日
6	斯洛伐克	1949年10月6日
7	匈牙利	1949年10月6日
8	波兰	1949年10月7日
9	蒙古国	1949年10月16日
10	阿尔巴尼亚	1949年11月23日
11	越南	1950年1月18日
12	印度	1950年4月1日
13	印度尼西亚	1950年4月13日
14	瑞典	1950年5月9日
15	丹麦	1950年5月11日
16	缅甸	1950年6月8日
17	列支敦士登	1950年9月14日
18	瑞士	1950年9月14日

---

* 按各国与我国建交时间先后顺序排列。若建交日期相同，则以国家名称字母顺序为序。

19	芬兰	1950年10月28日
20	巴基斯坦	1951年5月21日
21	挪威	1954年10月5日
22	塞尔维亚	1955年1月2日
23	阿富汗	1955年1月20日
24	尼泊尔	1955年8月1日
25	埃及	1956年5月30日
26	叙利亚	1956年8月1日
27	也门	1956年9月24日
28	斯里兰卡	1957年2月7日
29	柬埔寨	1958年7月19日
30	伊拉克	1958年8月25日
31	摩洛哥	1958年11月1日
32	阿尔及利亚	1958年12月20日
33	苏丹	1959年2月4日
34	几内亚	1959年10月4日
35	加纳	1960年7月5日
36	古巴	1960年9月28日
37	马里	1960年10月25日
38	索马里	1960年12月14日
39	刚果（金）	1961年2月20日
40	老挝	1961年4月25日
41	乌干达	1962年10月18日
42	肯尼亚	1963年12月14日
43	布隆迪	1963年12月21日
44	突尼斯	1964年1月10日
45	法国	1964年1月27日
46	刚果（布）	1964年2月22日
47	坦桑尼亚	1964年4月26日

48	中非	1964年9月29日
49	赞比亚	1964年10月29日
50	贝宁	1964年11月12日
51	毛里塔尼亚	1965年7月19日
52	加拿大	1970年10月13日
53	赤道几内亚	1970年10月15日
54	意大利	1970年11月6日
55	埃塞俄比亚	1970年11月24日
56	智利	1970年12月15日
57	尼日利亚	1971年2月10日
58	科威特	1971年3月22日
59	喀麦隆	1971年3月26日
60	圣马力诺	1971年5月6日
61	奥地利	1971年5月28日
62	塞拉利昂	1971年7月29日
63	土耳其	1971年8月4日
64	伊朗	1971年8月16日
65	比利时	1971年10月25日
66	秘鲁	1971年11月2日
67	黎巴嫩	1971年11月9日
68	卢旺达	1971年11月12日
69	塞内加尔	1971年12月7日
70	冰岛	1971年12月8日
71	塞浦路斯	1971年12月14日
72	马耳他	1972年1月31日
73	墨西哥	1972年2月14日
74	阿根廷	1972年2月19日
75	英国	1972年3月13日
76	毛里求斯	1972年4月15日

77	荷兰	1972年5月18日
78	希腊	1972年6月5日
79	圭亚那	1972年6月27日
80	多哥	1972年9月19日
81	日本	1972年9月29日
82	德国	1972年10月11日
83	马尔代夫	1972年10月14日
84	马达加斯加	1972年11月6日
85	卢森堡	1972年11月16日
86	牙买加	1972年11月21日
87	乍得	1972年11月28日
88	澳大利亚	1972年12月21日
89	新西兰	1972年12月22日
90	西班牙	1973年3月9日
91	布基纳法索	1973年9月15日[①]
92	几内亚比绍	1974年3月15日
93	加蓬	1974年4月20日
94	马来西亚	1974年5月31日
95	特立尼达和多巴哥	1974年6月20日
96	委内瑞拉	1974年6月28日
97	尼日尔	1974年7月20日
98	巴西	1974年8月15日
99	冈比亚	1974年12月14日
100	博茨瓦纳	1975年1月6日
101	菲律宾	1975年6月9日
102	莫桑比克	1975年6月25日

---

① 1994 年 2 月 2 日，中国宣布终止与布基纳法索的外交关系。2018 年 5 月 26 日，中国与布基纳法索恢复外交关系。

103	泰国	1975年7月1日
104	圣多美和普林西比	1975年7月12日
105	孟加拉国	1975年10月4日
106	斐济	1975年11月5日
107	萨摩亚	1975年11月6日
108	科摩罗	1975年11月13日
109	佛得角	1976年4月25日
110	苏里南	1976年5月28日
111	塞舌尔	1976年6月30日
112	巴布亚新几内亚	1976年10月12日
113	利比里亚	1977年2月17日
114	约旦	1977年4月7日
115	巴巴多斯	1977年5月30日
116	阿曼	1978年5月25日
117	利比亚	1978年8月9日
118	美国	1979年1月1日
119	吉布提	1979年1月8日
120	葡萄牙	1979年2月8日
121	爱尔兰	1979年6月22日
122	厄瓜多尔	1980年1月2日
123	哥伦比亚	1980年2月7日
124	津巴布韦	1980年4月18日
125	基里巴斯	1980年6月25日[1]
126	瓦努阿图	1982年3月26日
127	安提瓜和巴布达	1983年1月1日
128	安哥拉	1983年1月12日

---

① 2003 年 11 月 29 日，中国宣布终止与基里巴斯的外交关系。2019 年 9 月 27 日，中国与基里巴斯恢复外交关系。

129	科特迪瓦	1983年3月2日
130	莱索托	1983年4月30日
131	阿联酋	1984年11月1日
132	玻利维亚	1985年7月9日
133	格林纳达	1985年10月1日
134	尼加拉瓜	1985年12月7日[①]
135	乌拉圭	1988年2月3日
136	卡塔尔	1988年7月9日
137	巴勒斯坦	1988年11月20日
138	巴林	1989年4月18日
139	密克罗尼西亚联邦	1989年9月11日
140	纳米比亚	1990年3月22日
141	沙特	1990年7月21日
142	新加坡	1990年10月3日
143	爱沙尼亚	1991年9月11日
144	拉脱维亚	1991年9月12日
145	立陶宛	1991年9月14日[②]
146	文莱	1991年9月30日
147	乌兹别克斯坦	1992年1月2日
148	哈萨克斯坦	1992年1月3日
149	塔吉克斯坦	1992年1月4日
150	乌克兰	1992年1月4日
151	吉尔吉斯斯坦	1992年1月5日
152	土库曼斯坦	1992年1月6日
153	白俄罗斯	1992年1月20日

---

① 1990 年 11 月 9 日，中国宣布终止与尼加拉瓜的外交关系。2021 年 12 月 10 日，中国与尼加拉瓜恢复外交关系。

② 2021 年 11 月，中国宣布与立陶宛的外交关系降为代办级。

154	以色列	1992年1月24日
155	摩尔多瓦	1992年1月30日
156	阿塞拜疆	1992年4月2日
157	亚美尼亚	1992年4月6日
158	斯洛文尼亚	1992年5月12日
159	克罗地亚	1992年5月13日
160	格鲁吉亚	1992年6月9日
161	韩国	1992年8月24日
162	厄立特里亚	1993年5月24日
163	北马其顿	1993年10月12日
164	安道尔	1994年6月29日
165	摩纳哥	1995年1月16日
166	波黑	1995年4月3日
167	巴哈马	1997年5月23日
168	库克群岛	1997年7月25日
169	南非	1998年1月1日
170	汤加	1998年11月2日
171	东帝汶	2002年5月20日
172	瑙鲁	2002年7月21日[1]
173	多米尼克	2004年3月23日
174	黑山	2006年7月6日
175	哥斯达黎加	2007年6月1日
176	纽埃	2007年12月12日
177	马拉维	2007年12月28日
178	南苏丹	2011年7月9日
179	巴拿马	2017年6月13日

---

[1] 2005 年，中国宣布终止与瑙鲁的外交关系。2024 年 1 月 24 日，中国与瑙鲁恢复外交关系。

180	多米尼加	2018年5月1日
181	萨尔瓦多	2018年8月21日
182	所罗门群岛	2019年9月21日
183	洪都拉斯	2023年3月26日